U0793960

2013

中国林业信息化发展报告

Annual Report

on Forestry Informatization Development in China

■《中国林业信息化发展报告》编纂委员会

中国林业出版社

图书在版编目（CIP）数据

中国林业信息化发展报告2013 / 《中国林业信息化发展报告》编纂委员会编纂

— 北京：中国林业出版社，2013.5

ISBN 978-7-5038-7047-7

Ⅰ. ①中… Ⅱ. ①中… Ⅲ. ①林业－信息化－研究报告－中国－2013

Ⅳ. ①F326.2-39

中国版本图书馆CIP数据核字(2013)第098599号

出 版：中国林业出版社（100009 北京西城区德内大街刘海胡同7号）

网 址：http://lycb.forestry.gov.cn

E-mail：cfybook@163.com　　电 话：83282326

发 行：中国林业出版社

印 刷：北京华正印刷有限公司

版 次：2013年6月第1版

印 次：2013年6月第1次

开 本：787mm×1092mm 1/16

印 张：31.5

字 数：640千字

定 价：89.00元

《中国林业信息化发展报告2013》编纂委员会

Annual Report

on Forestry Informatization Development in China

《中国林业信息化发展报告2013》编写组

组　长	李世东
副组长	王福东

成　员	邹亚萍	张会华	靳爱仙	冯峻极
	顾红波	杨新民	李淑芳	高尚仁
	徐　前	温战强	高　崎	祝　巍
	张　翼	张洪军	封　雷	秦文涛
	高正社	谢宁波	赵　暄	乌日根
	王　辉	简　帅	白　莹	冯　戈
	刘利民	孟庆雯	胡　永	王锐强
	杜红梅	王为民	段　菁	马春林
	王向军	孙宏宇	钱　杰	吴小巧
	叶永钢	陈明安	刘翼霆	王青春
	陆　冬	王明印	罗　勇	卜柏青
	陈　尖	张庆志	覃荣俊	董大法
	陈小中	李王刚	文　彬	岳志磊
	薛恩东	吴克明	刘维栋	苏全岭
	陈　旭	吴博业	阎志刚	李洪涛
	陈　震	于子君	李陆宙	李飞峰
	刘子明	姜胜勇	胡振华	曹　波

前言

21 世纪是信息化的时代。信息化与经济全球化相互交织，重塑着全球经济竞争格局，深刻改变着全球发展方向。信息化在促进经济发展、提升产业竞争力、改善政府效能、加强金融监管、提高国民福利、推动节能减排等方面的作用进一步凸显。准确把握世界信息化发展的形势变化，是抢占未来发展制高点的迫切需要和必然选择。

按照《2012 年林业信息化与电子政务工作要点》要求，全国林业系统认真贯彻落实关于“加快林业信息化，带动林业现代化”的重要部署，坚持“五个统一”，坚持信息化服务林业大局、服务司局、服务基层、服务林农“四个服务”的工作理念，科学谋划、周密部署，扎实推进各项工作，为发展现代林业做出了重要贡献。

今后一个时期，林业信息化的总体要求是，紧紧围绕生态林业和民生林业，按照“加快林业信息化，带动林业现代化”的总体思路，突出建设、应用、保障 3 个重点；坚持强化基础、提升水平、拓展领域、深化合作、规范管理 5 项要求；积极建设中国林业云、中国林业物联网；大力推动发射中国林业星，努力做好北斗卫星应用示范等工程建设，促进物联网、云计算、IPv6、新一代移动通信等信息技术在林业行业的普及应用；大幅提升林业信息化的建设和应用水平，为改善生态、改善民生提供更加有力的支撑。

为及时准确掌握林业信息化发展现状，总结好的经验做法，加快林业信息化建设，国家林业局信息办自 2010 年起，每年编撰《中国林业信息化发展报告》。本书中既有先进的理念和经验，又有信息发展存在的难点，分析、预测林业信息化发展的新形势和新任务，对各地林业信息化建设具有重要的指导意义和参考价值。

编者

2013 年 4 月

目录

CONTENTS

地方篇

借鉴篇

评测篇

图表专栏

总论篇

Annual Report on Forestry Informatization Development in China

第一章　综合规划

2012年是全面实施《全国林业信息化发展“十二五”规划（2011～2015年）》的第二年。一年来，林业信息化工作以电子政务为重点，以资源整合为突破口，加快推进基础建设，全面提升服务水平，在建设网络平台、服务林业发展大局上做了卓有成效的工作，取得了优异成绩。

第一节　年度综述

一、建设进展

2012年是具有重大历史意义的一年来，林业信息化工作以按照国家林业局“加快林业信息化，带动林业现代化”的重要部署，坚持“五个统一”和坚持服务林业大局、服务司局、服务基层、服务林农“四个服务”的工作理念，科学谋划、周密部署，各项工作扎实推进，迈上了新的台阶。

（一）信息化服务领域不断拓展，服务能力显著增强

一是向资源监管领域拓展。完成林业资源综合监管服务体系试点建设项目，开发了森林资源监管、湿地资源监管、荒漠化资源监管、生物多样性资源监管等4个子系统，通过国家和省级交换平台，可方便提取业务数据。扩建了林业信息化基础平台，包括多级数据交换中心建设、林业应用服务架构平台建设和多元数据转化与集成系统建设，实现了国家林业局和省级两级资源数据的交换和共享，“全国林业一张图”取得重大进展，标志着林业信息化由基础建设向核心业务拓展。各省（区、市）稳步推进数据整合建设，辽宁省建成了数字林业核心平台，北京市建成了集林业资源、林业生态工程、林业产业和林业管理于一体的数据平台，吉林、福建、浙江、广东、江西、河南等省建成了林业信息资源整合与共享平台，实现了资源数据共享。二是向林业监测领域拓展。启动实施了国家卫星林业遥感数据应用平台建设项目，提供对林业资源综合监测所需的各类遥感信息及数据处理系统、数据产品发布系统以及综合监测遥感数据产品，通过多源卫星遥感数据的集中接入、管理、生产和分发，实现林业各监测专题的遥感信息及平台共享，并与国家林业局现有的公共基础信息、林业基础信息、林业专题信息以及政务办公信息等整合，提高林业监测的效率。三是向综合服务领域拓展。积极与国家发展改革委、财政部等沟通协调，推进“金林工程”、北斗示范应用、云计算平台、林农信息服务、林权交易平台等项目的审批立项，通过实施这些项目，将进一步提高林业信息化综合水平和服务能力。

（二）网站建设成绩突出，综合排名大幅提升

一是积极扩大网站规模。中国林业网站群规模进一步扩大，新建国有林场、森林公园、种苗基地、自然保护区子站1000个。整合全国市、县级林业门户网站，打造林业系统国家、省、市、县4级网站群。各省级网站群建设积极推进，辽宁省建成了由一个主站、100多个子站组成的网站群；甘肃省统一整合30个市（州）林业局和厅直单位网站，形成了省、市两级站群的整体形象；吉林、湖北、河南等省也重点加大网站群建设力度，加快推进网站群建设。二是精心做好信息发布。不断完善优化中国林业网，网站信息发布量、访问量快速攀升，已经成为快速高效发布各类政务信息的重要平台，外网访问量突破6亿人次。全年通过中国林业网发布各类政务信息30余万条，举办在线访谈和在线直播活动20多次。国家林业局办公网信息发布量突破100万条，访问量突破100万人次。中国林业网每日信息发布量突破100万字，每日访问量突破100万人次，由部委网站第十名跨越到第四名，取得历史性突破，荣获了中国互联网最具影响力政府网站、运维管理奖、精品栏目奖等重大奖项。辽宁林业网、湖北林业网的信息公开栏目，湖南林业信息网测土配方系统，浙江林业网新闻动态栏目及沈阳市林业局网络交易系统分别获得政府网站“精品栏目”奖。三是全力做好重大活动保障。全力做好全国林业厅局长会议、两会、十八大学习贯彻会议以及各种电视、电话会议等的保障服务，及时发布会议精神及贯彻落实情况。四是加强评测评估工作。积极开展全国林业信息化发展水平评测和全国林业网站绩效评估工作，优化并完善了评测指标、评测范围、评测方式，实现以评促建、以评促管、以评促用。五是积极营造良好的网络文化。积极开展全国林业信息化十件大事、全国林业十大关键词、全国林业信息化十大关键词评选和“信息改变林业”网络故事征文大赛、生态林业铸辉煌、民生林业的脊梁访谈、鹦哥岭专题等活动。

（三）电子政务应用水平不断提升，办公效率明显提高

一是升级应用系统。总结两年来的使用情况，结合新的需求，不断修改完善国家林业局综合办公系统，在“中国电子政务十年实践进程最佳案例颁奖大会”上荣获“中国电子政务最佳实践提名奖”。二是建立综合办公系统群。扩大京外和国家林业局院外直属单位办公自动化系统，实现全局全网全覆盖无遗漏，选定15个专员办先行推开。辽宁、湖北、河南等10多个省（区）积极建设综合办公平台，湖南省14个市州、100多个县市区林业局全部实行了无纸化办公，极大地提高了工作效率。三是研究推行电子签章。逐步取代手动签名，增加防伪性和规范性。四是移动办公全线推开。司局级领导做到了全部实现移动办公。

（四）网络信息安全措施得力，关键时期经受住考验

一是及时召开专题会议。组织召开全国林业信息安全工作电视电话会议，对全行业进行安全工作部署，特别是确保了十八大期间的网络信息安全。二是进行专项建设。启动实施国家林业局内外网安全等级保护建设项目，努力增强安全防护能力。三是组织开展各类检查。积极开展了林业系统信息安全、等级保护工作监督检查，完成了国家部署的网络与信息安全自查，取得了阶段性成果。四是部署建立保护系统。建设了全行业信息安全等级保护综合管理系统，完成信息系统等级验收，通过等级测评，实现了等级保护工作制度化、常态化。五是建立完备的应急机制。相关岗位实行全天7×24小时值守，保障了全年信息安全工作无事故。

（五）基础建设扎实推进，保障水平全面提高

一是开发建设新的数据库。研究建设中国林业数据库和中国林业数字图书馆，制作全国林业系统电子通讯录，提供更加丰富的内容和便捷的沟通交流渠道。二是完善基础设施。将国家林业局互联网出口带宽由100兆扩容至200兆，大大提高了网站的访问服务速度和质量。三是积极推动各地发展。首先是示范带动，及时总结示范省建设的好经验、好做法，积极组织开展林业信息化示范市、示范县建设，树立典型，培养典型。整体推进林业信息化工作。其次是检查推动，先后对甘肃、辽宁、吉林等省进行专题指导，组织开展湖南、辽宁等省林业信息化系列推介活动。再次是测评促动，在总体测评的基础上，组织开展了各地各单位网站绩效评估和单项指标评估。最新评估结果表明，湖南、辽宁、北京继续保持领先优势，甘肃、云南、四川、湖北快速发展；北京、湖北、福建、江苏、广东、四川等省（区、市）在全国42个省级单位网站评估中名列前茅。各省（区、市）在数据库建设、网站建设、管理保障、数据库使用、应用系统使用、数据库和应用系统支撑核心业务几项指标的得分率呈现明显增长趋势。四是积极推进技术合作交流。积极推进战略合作协议的签署，与北京林业大学、国家林业局干部管理学院正式签署战略合作框架协议，建立全国林业信息化教育基地、全国林业信息化培训基地。开展“国家林业信息化服务产业园”战略合作。联合清华大学、中国电信等单位，积极推动智能林业物联网应用示范项目实施，组织申报了物联网关键技术研发及产业化项目，申报了4个林业物联网应用国家标准项目，推进了示范项目实施方案的编制。五是改革完善管理机制。加强制度建设，研究制定了机房、安全保密、协作组会议、综合办公系统管理等几十项运行维护管理制度和基本管理制度。加强资金管理，印发了《林业信息网络资金管理办法》等制度，规定林业信息网络项目支出预算由信息办归口管理，为今后实现林业信息化资金统筹安排提供了制度保障。加强标准建设，林业信息化标准稳步推进，有5项标准即将正式颁布实施，14项标准完成评审上报工作。加强对外推介，编纂印发了《中国林业信息化发展报告2012》和《中国林业信息化》系列丛书，系统总结、推介林业信息化建设成果。

（六）自身建设扎实有效，整体素质显著提高

健全了组织机构，完善了干部队伍，强化了教育培训。信息办先后成立了党支部、党小组、工会，组织成立中国林业网编辑委员会。目前，省级林业主管部门拥有信息化独立机构的已达27家，占省级机构总数的2/3。辽宁、湖南等省还成立了市、县级信息中心，为林业信息化快速发展提供了组织保障。与有关高校联合建设了林业信息化教育基地、培训基地，举办各种林业信息化培训班，重点培训办公自动化（OA）系统使用、移动办公系统使用、信息安全等级保护、信息员培训等方面的内容，提高林业信息化素质。积极组织学习“十八大”精神，学习杨善洲、鹦哥岭优秀青年集体先进事迹，有效提高了党性修养，促进了业务建设和人员成长。

二、发展展望

2013年是全国林业信息化全面加快推进的第五年，也是“十二五”规划承上启下的关键一年。根据党的十八大、全国林业厅局长会议精神，2013年林业信息化工作的基本思路是，以邓小平理论、“三个代表”重要思想、科学发展观为指导，以推进生态文明、建设美丽中国为目标，再动员、再部署、再加力，召开一次会议，出台两个文件，抓好建设、应用、运维三个重点，强化服务大局、服务司局、服务基层、服务林农四项服务，提升信息服务、辅助决策、提质增效、安全保障、社会影响五大能力，努力使林业信息化取得新成效、实现新突破，为生态林业和民生林业建设做出新贡献。

（一）深化顶层设计，再次动员部署

组织编制《中国林业云发展规划》《中国林业物联网发展规划》和《中国智慧林业发展规划》。在《纲要》的基础上，深化顶层设计。组织召开第三届全国林业信息化工作会议。深入贯彻落实党的十八大、全国林业厅局长会议精神，结合全国林业信息化工作实际，认真总结分析“十二五”前期工作，深化认识，统一思想，研究部署“十二五”后期工作。研究出台《国家林业局关于全面加快林业信息化发展的若干指导意见》《关于加强网站管理和信息安全工作的若干意见》。通过意见的发布实施，为林业信息化建设发展提供政策指导。

（二）加快项目建设，拓展服务内容

启动支撑林业核心业务的“金林工程”。通过信息化龙头项目“金林工程”的启动实施，建设以维护国家生态安全、充分发挥林业生态主体功能为宗旨，以林业基础资源信息整合和建库为核心，形成覆盖林业主体业务、贯穿上下的政务信息化体系和规范、科学的网络化林业资源管理流程，全面提高林业支撑国家宏观决策、协同其他业务部门、服务社会和林农的基本能力。推进林权制度改革（以下简称林改）综合监管服务、林农服务平台建设。按照林业信息化服务基层、服务林农的思路，积极与林改司合作，深化服务内容。加强国家林业局自身信息化建设。加快推进云计算平台、物联网示范、高清视频建设等项目的立项审批，进一步改善局本级的基础设施条件，提升局本级的服务能力。建立林业产业监测、分析、预警体系。加强示范建设，进一步发挥林业信息化示范省、市、县作用。

（三）优化网站质量，提升应用水平

继续扩大市、县林业局、森林公园、自然保护区等站群，建设主要树种、珍稀动物等专业网站群。着手建立国有林场、森林公园、种苗基地子站，自然保护区子站、主要造林树种子站、珍稀动物子站及重点国家网站群，形成横向到边、纵向到底的中国林业网站体系，快速扩大网站群规模，提高网站的影响力。完善中国林业数据库、数字图书馆、网络博物馆、网络博览会。继续完善中国林业数据库，扩大数字图书馆规模，形成内外网分别部署的格局，为林业系统各单位提供文献信息服务。扩建网络博览会和网络博物馆，对部分功能进行升级、增加数据内容。进一步做好网站内容保障，积极推进全国林业信息化发展水平评测和全国林业网站绩效评估工作，形成常态化、制度化。建立林业综合办公系统群。提升办公自动化建设应用管理水平，优化升级办公自动化系统。做好局办文函的制版、印制工作。在成功举办首届全国生态作品大赛和网络故事征文大赛的基础上，依托中国林业网开展第二届全国生态作品大赛，丰富网络文化，促进生态文明建设。

（四）加强运维管理，保障信息安全

做好网络、网站、各应用系统的运行维护工作。加强运维精细化管理，提升运维服务水平。推进林业行业电子政务外网建设，力争60%的省级单位扩展到县。完成邮件网关管理系统升级工作，增强垃圾邮件隔离能力，改善邮箱使用环境。全力做好信息安全和等级保护工作。继续推进行业信息安全等级保护体系建设，指导行业等级保护测评和整改。发布行业等级保护定级指导意见及指南。完成新上线的系统的等级测评工作。开展等级保护的司局长培训及等级保护管理系统培训工作。全面完成等级保护项目建设。加强信息安全保障能力建设，以等级保护项目建设为契机，提升信息安全运维队伍建设。积极与相关司局和部门沟通，建立林业软件评测机构。引导新建信息系统加强信息安全、等级保护管理，倡导建立安全运维体系，建立稳定一致的行业测评体系。

（五）推进标准建设，深化培训交流

积极推进已立项标准的编制、修改和审查上报工作，确保按期完成编制任务；有计划地开展重点林业信息化标准的预研究工作；动态完善林业信息化标准项目储备库，加强国内信息化相关标准的梳理、汇编工作。在举办首届林业CIO（首席信息官）研修班的基础上，举办第二届林业CIO研修班；组织林业信息化专题技术培训班，整体提升信息员队伍素质；积极开展调研活动，采取系统内上下互动、左右交流等形式，促进各省彼此学习借鉴，缩小区域之间的信息化发展差距；指导各省级林业信息化主管部门举办信息化培训；积极参加有关司局组团的国内外信息化培训班。

（六）加强综合管理，抓好机关两建

扩大资金投入，稳定投资渠道。主动协调有关部门，积极争取将林业信息化建设纳入本级信息化总体规划。加大现有林业建设项目信息化投资整合力度。积极吸纳社会投资，加快推进林业信息化建设步伐。加强自身建设，提高信息化人员整体素质。健全国家林业局信息办组织机构建设，配齐班子成员，优化人员队伍结构。督促各地各单位加强林业信息化管理机构组建，切实承担起林业信息化的具体职责。建成信息办工作综合管理平台，进一步完善规范工作流，提高管理水平，提升工作效率。

第二节　重要会议

一、全国林业信息安全工作电视电话会议

2012年10月18日，全国林业信息安全工作电视电话会议召开。国家林业局副局长孙扎根在会上发表了重要讲话（专栏1-1），会议传达学习了中央关于信息安全工作的文件精神，研究分析了当前林业信息安全工作面临的新形势，安排部署了当前及今后一个时期林业信息安全工作任务。孙扎根强调：林业信息化和信息安全事关林业改革发展大局，必须高度重视，周密部署，重点安排，全力抓好。

专栏1-1

在全国林业信息安全工作电视电话会议上的讲话

孙扎根

（2012年10月18日）

这次会议是经局党组批准召开的一次十分重要的会议，主要任务是：研究分析当前林业信息安全工作面临的新形势，安排部署今后一个时期林业信息安全工作的主要任务。下面，我讲五点意见。

一、牢固树立信息安全意识，高度重视信息安全工作

没有信息安全就没有真正意义上的国家安全。当前，世界各国信息化快速发展，信息技术的应用对政治、经济、社会和文化产生重要影响，围绕信息获取、利用和控制的国际竞争日趋激烈，各种攻击与防护新技术、新方法层出不穷，保障信息安全成为各国的重要议题。我国信息安全新情况新问题不断出现，信息安全形势更加严峻复杂。党中央国务院高度重视信息安全工作。今年5月，温家宝总理在国务院常务会议上强调了做好信息安全的重要性和紧迫性。国家制定出台了信息安全系列政策制度，特别是最近《国务院关于大力推进信息化发展和切实保障信息安全的若干意见》，对信息安全工作进行了全面部署。林业信息化应用越来越广，信息安全保障的难度也越来越大。今年以来，我局抵御了多次网络攻击，个别司局的子站和地方林业局子站也出现了一些问题。各地各单位的负责同志、从事林业信息化工作的同志，要随时保持清醒的头脑，增强信息安全防范意识，充分认识当前林业信息安全工作面临的严峻形势，时刻绷紧信息安全这根弦，高度重视信息安全工作，千万不要因为认识的偏差、个人的疏忽而出现信息安全问题。

二、抓住时机，深入开展信息安全大检查

今年我局组织开展了两次全面的信息安全大检查，在检查中发现了一些比较突出的信息安全问题，个别单位由于对信息安全的重视程度不够，没有专人组织管理，导致信息安全工作责任落实不到位，年度信息安全教育培训欠缺，这说明对林业信息安全的重视不够、将林业信息安全纳入全局工作的力度不够。各地各单位要对网站、信息系统、数据库等进行全面检查，对重点部位、重点环节进行重点检查，做好信息系统定级备案、整改和监督检查，完善应急预案，加强灾备建设，防止黑客攻击、病毒侵害、信息泄密等问题的发生。要全面整改，千万不可掉以轻心，切实将问题发现和解决于萌芽状态，确保重要信息系统和基础信息网络安全。对缺乏管理、出现问题的单位要全局通报，要追究具体负责人及有关领导的责任。各地各单位要定期总结信息安全工作开展情况，及时将等保分保建设、机构队伍配备、信息安全事件、运维安全管理、自查等情况报送局信息办，局信息办要加强对信息安全工作的督导。

三、认真谋划，做好重要时期信息安全工作

具有重大历史意义的党的十八大即将隆重召开，这是全党全国各族人民政治生活中的一件大事，在这个重要时期，信息安全工作尤为重要。信息安全既是一项信息工作，也是一个政治问题。我们必须正确认识林业信息安全工作面临的严峻形势，站在全局和战略的高度进行超常部署，重点安排。各地各单位要认真学习、全面领会党中央国务院的指示精神和国家林业局的部署要求，牢固树立“信息安全是第一安全”的观念，思想上要认识到位，行动上要落实到人。各地各单位要重点安排，将林业信息安全工作列入重要议事日程，制定具体措施，采取行之有效的办法，确保各项工作落到实处，确保十八大期间等重要时期信息安全不出现问题。

四、进一步加强队伍建设，健全完善组织机构

健全完善的组织机构是做好林业信息安全工作的基础，也是保证林业信息安全工作的关键所在。没有建立独立林业信息化管理机构的省区，要争取尽早成立，尽快形成林业信息化管理网络，将信息安全管理工作落到实处。林业信息安全一把手要负总责，分管领导要亲自抓，各单位要进一步明确责任，指派专人负责信息安全工作，将网站内容保障和网络信息安全作为日常工作抓实抓好。要加强网络监控室、软件评测中心、运维呼叫中心和信息安全骨干队伍建设，提高风险隐患、监测预警和突发事件的处置能力。

五、切实加强领导，搞好信息安全资源供给

领导重视是做好信息安全工作的前提和保障。各地各单位负责同志要高度重视林业信息安全工作，切实强化对林业信息安全工作的领导，研究解决信息安全工作中存在的问题。要全面抓好林业信息化各项重点工作，加快推进林业信息化工程项目建设、信息化标准建设等各项工作，同时加大对各地各单位正在实施的信息化建设项目的整合力度，为林业信息安全提供基础保障。要完善林业信息安全机制制度，严格执行信息发布审核制度和保密审查等制度，坚持“谁制作、谁审核、谁发布”的原则，对信息的真实性、准确性、权威性及是否及时更新、是否涉密、能否公开负全责。要建立设备设施、信息备份、账号使用登记和操作权限等林业信息安全全程责任管理体系，全面抓好设备设施、密钥管理、漏洞扫描、防病毒软件管理等的运行维护。要努力增加资金投入，重点支持信息安全基础设施建设、标准制度建设、关键技术应用示范等的资金投入，保障网站和信息系统安全。

同志们，林业信息安全事关林业改革发展大局，责任重大，使命光荣。我们一定要切实转变观念，全面提高林业信息安全工作水平，为发展生态林业和民生林业提供可靠保障，以优异成绩迎接党的十八大胜利召开。

二、全国林业信息化工作座谈会暨信息办成立3周年总结会

2012年1月9日，全国林业信息化工作座谈会暨信息办成立3周年总结会在北京召开，国家林业局信息办主任李世东作了题为“我们有一个梦想”的报告（专栏1-2）和《我们三岁了》的致辞。大会认真总结了3年来全国林业信息化工作，座谈交流了林业信息化发展面临的新形势，安排部署了2012年林业信息化工作，要求各级林业信息化部门，扎实做好本地林业信息化工作，充分发挥林业信息化的带动作用，为推进现代林业科学发展做出新的贡献。

专栏1-2

我们有一个梦想

——在林业信息化工作座谈会暨国家林业局信息办成立3周年总结会上的讲话

李世东

（2012年1月9日）

在新年钟声刚刚敲响，新春佳节即将到来的特殊时刻，我们欢聚一堂，举行林业信息化工作座谈会暨国家林业局信息办成立3周年总结会，共同回顾过去，展望未来，感到十分高兴和无比激动。

3年前，一群有志于林业信息化事业的同仁，顺应全球信息化浪潮，响应局党组的英明决策，怀揣着一个美好梦想从四面八方走到一起。我们有一个梦想，就像一棵棵幼苗梦想着长成参天大树！我们有一个梦想，犹如一片片砖瓦梦想着变成摩天大厦！我们有一个梦想，即通过加快林业信息化早日实现林业现代化！

3年来，我们克服重重困难，冲破重重阻力，启动了中国林业信息化的腾飞之旅，铸就了中国林业信息化的“航空母舰”，取得了几十项第一，获得了几十项突破，创造了林业信息化发展最快、收获最丰、成效最好的光荣历史，书写了一段精彩纷呈、灿烂辉煌的华美篇章！

3年来，林业信息化顶层设计首先推出，发布了《全国林业信息化建设纲要》及《全国林业信息化建设指南》，制定了首个全国林业信息化发展五年规划，首次将林业信息化在全国林业发展五年规划中单独列章，科学谋划了林业信息化全面加快发展的新蓝图。

3年来，林业信息化全面加快发展的冲锋号角响彻全国，召开了第一届和第二届全国林业信息化工作会议，确立了“加快林业信息化，带动林业现代化”的发展思路和“五个统一”的基本原则，把林业信息化建设推向新的阶段。

3年来，我们狠抓工程建设，打造了首个中国林业网站群、首个集五大平台于一体的国

家林业局办公网，建设了覆盖各地各单位的国家林业专网，建成了高标准的国家林业中心机房，实现了无纸化办公和移动办公，开启了打破时空界限的电子办公新时代。

3年来，国家林业局信息化管理办公室和国家林业局信息中心正式成立，24个省（区、市）成立了独立的林业信息化管理机构，确立了两批全国林业信息化建设示范省，出台了一系列制度标准，连续发布了林业信息化年度发展报告，为林业信息化又好又快发展打下了坚实基础。

3年来，各地各单位信息化建设取得了重要进展。湖南实施了“测土配方”工程，辽宁实现了省、市、县三级网上协同办公，福建开发了综合营造林管理系统，吉林森工研发了经济运行系统，江西开发了林权交易系统，广东建设了林权管理系统，北京建设了网格化管理系统，河南建设了森林资源数据库，内蒙古开展了盟市信息化示范建设，浙江、山西建设了林权一卡通管理系统，山东启动了市县林政资源管理系统，陕西实现了无纸化办公，沈阳市建设了林农服务平台……各地各单位的积极举措，如繁星一般点亮神州大地，形成了全国林业信息化蓬勃发展的绚丽景象。

短短3年，全国林业信息化建设实现了大步跨越，发生了翻天覆地的变化。林业信息化已成为现代林业建设的一大突出亮点，成为展现林业部门良好形象的一张亮丽名片。

回首3年，我们走过了一条充满荆棘、异常艰辛、极其曲折的发展之路。大家付出了太多的汗水，承受了太大的压力，饱尝了酸甜苦辣，体会了人间冷暖。困难面前见真情，坎坷面前显英雄。我们没有退缩，没有言败，我们成功地顶了过来，站了起来，冲了上去。

3年来，林业信息化得到了中央有关部门和局党组的充分肯定。在2011年中国政府透明度报告中，国家林业局信息公开在中央部委中名列第二。国家林业局政府网在中央部委排名中，由2006年的第23名一直跃升至2011年的第10名，荣获中央部委“优秀政府网站奖”“中国政府网站领先奖”“品牌栏目奖”“精品栏目奖”等十几项奖励。各地各单位先后获得“全国林业信息化十佳单位”“全国林业十佳网站”“国家林业局十佳网站”等数十项荣誉。

3年来所取得的每一个成绩、每一点进步，归功于局党组的亲切关怀，归功于各部门的大力支持，归功于各地各单位的高度重视，归功于有关高等院校、科研单位、IT企业的积极参与，归功于社会各界朋友的关心鼓励，更归功于全体林业信息化同行的艰辛付出！在这里，请允许我代表国家林业局信息办，真诚地向大家道一声谢谢：衷心感谢在座各位的辛勤汗水和共同努力，衷心感谢所有同行的同舟共济和真情奉献！

各位同仁，朋友们，回顾过去，路途艰辛；放眼未来，任重道远！虽然林业信息化建设硕果累累，但这只是万里长征的第一步，我们美好梦想的实现之旅才刚刚开始。我们清醒地认识到，林业信息化的发展，与局党组的要求还有很大差距，与林业改革发展的需求还有很大距离，一些制约林业信息化发展的关键问题还没有得到根本解决，一些积极因素还没有全部调动起来。我们不能有丝毫的松懈，不能有任何的犹豫，必须奋起直追、不懈努力。当前，实现林业信息化的美好梦想，我们既面临着宝贵的机遇，也面临着严峻的挑战。

就机遇而言：一是历史时代之机遇。当今时代是信息时代，信息化发展潮流浩浩荡荡一路奔流，信息技术发展日新月异一日千里，信息化战略已成为全球共识，时代给我们提供了实现梦想的最佳舞台。二是林业发展之机遇。绿色增长成为时代强音，绿色新政成为世界共鸣，林业正处于大有作为的战略机遇期和黄金发展期，形势给我们提供了实现梦想的良好平台。三是领导重视之机遇。以两届全国林业信息化工作会议的成功召开为标志，“加快林业信息化、带动林业现代化”已成为整个林业行业的共同意志，内因给我们提供了实现梦想的决胜擂台。

就挑战而言：一是资源整合之挑战。由于种种原因，导致林业信息资源分散，思想认识保守滞后，资源整合阻力很大，有些地方甚至举步维艰。二是基础薄弱之挑战。基实才能筑厦，根深才能茂冠。林业信息化起步早，但不少地方体制机制运行不畅，复合人才十分短缺，基础设施非常薄弱，难以支撑林业信息化持续快速发展。三是深化应用之挑战。信息化应用的领域越来越广，要求越来越高，数量越来越大，时间越来越迫切。恰如逆水行舟，不进则退。

机遇稍纵即逝，时光千载难逢。我们要牢牢把握机遇，积极应对挑战。一张白纸能画最新最美的图画，我们要把挑战转化为机遇，把压力转化为动力，把劣势转化为优势，发挥自身特点，努力赶超跨越，实现美好梦想，不辜负大家的期待，不辜负领导的期望，不辜负时代的使命。

各位同仁，朋友们，今后3年，是我国林业信息化大有作为、充满希望的3年。《林业信息化“十二五”规划》已经印发，未来几年林业信息化发展的美好蓝图已经绘就。我们要紧紧围绕“发展现代林业，建设生态文明，推动科学发展”这个中心，突出建设、应用、运维3个重点，坚持强化基础、提升水平、拓展领域、深化合作、规范管理，推动林业信息化发展阶段由互联网向物联网推进，建设领域由电子政务向电子商务拓展，技术手段由现代信息技术向下一代信息技术提升，应用服务由局部向整体延伸，努力使林业信息化实现新的突破。再用一个3年，力争到2014年，提前实现“十二五”目标，在新一轮信息化浪潮中冲向各行业前列，引领林业加快实现现代化。

下一个3年，发展阶段要由互联网向物联网推进。紧紧抓住信息化从“互联时代”向“物联时代”发展的良好契机，组织实施好智能林业物联网应用示范项目，科学制定林业物联网发展规划，积极推进物联网建设，从“数字林业”到“智慧林业”，使林业尽快实现物联世界。

下一个3年，建设领域要由电子政务向电子商务拓展。在强化林业电子政务建设的同时，积极向林业电子商务、电子社区等领域拓展，建设中国林业电子商务大平台、大基地、大产业，促进信息化与林业生产服务全面深度融合，充分发挥信息化的引领、带动和支撑保障作用。

下一个3年，技术手段要由现代信息技术向下一代信息技术提升。积极建设中国林业云、中国林业物联网，大力推动发射中国林业星，努力做好北斗卫星应用示范等工程建设，促进物联网、云计算、IPv6、新一代移动通信等信息技术在林业行业的普及应用，大幅提升林业信息化的建设和应用水平。

下一个3年，应用服务要由局部向整体延伸。以提高服务保障能力为目标，加快林业信息化“八大行动”计划进程，在广度上推动信息化应用从点向面延伸，在深度上推动信息化应用由公共办公向核心业务推进。

各位同仁，朋友们，2012年是“两个三年”承前启后的一年，我们要认真落实全国林业厅局长会议和第二届全国林业信息化工作会议精神，集中精力，抓好以下几件大事。

一是加强资源整合。按照“五个统一”的要求，国家林业局和各地林业部门都要将已建的数据库、应用系统和网站整合到内外网统一平台上，要坚决打破条块分割，加大整合工作力度，确保实现互联互通，提高资源使用效益。

二是抓好项目建设。在实施好现有建设项目的基础上，积极推进国产卫星应用平台、云计算试点、物联网应用示范、等级保护等项目建设，尽快启动实施“金林工程”这一涉及林业信息化全局的龙头工程，争取林业资源多层次时空信息服务平台、林业高清视频会议系统、国家林业数据灾备中心、林业涉密网络系统等立项。同时，各地也要抓好工程项目建设，以重点工程建设带动林业信息化全局。特别是林业信息化示范省，要按照批复的示范方案，扎实推进示范工作，争取尽快取得实效。

三是强化运维管理。加强内外网内容保障，确保运行顺畅，保持部委领先水平。推进等级保护工作，完善安全保障体系建设。推动运维管理平台上线运行，将目前依靠人的管理转变为依靠规范制度和流程管理。制定机房安全、信息安全等措施，构建比较完备的安全防范体系。加快林业信息化标准建设，改选全国林业信息数据标准化技术委员会。

四是推进培训交流。在去年联合清华大学举办首届林业CIO研修班的基础上，举办第二届林业CIO研修班。采取系统内上下互动、左右交流等形式，组织信息化大调研活动，促进各地彼此学习借鉴，缩小区域发展差距。各地各单位要结合实际，加大培训交流力度，切实提高林业信息化工作人员素质和水平。

五是完善政策措施。主动协调有关部门，积极争取将林业信息化建设纳入本级信息化总体规划。加大现有林业建设项目信息化投资整合力度。积极吸纳社会投资，加快推进林业信息化建设步伐。

六是健全机构队伍。指导各地各单位加强林业信息化管理机构组建，切实承担起林业信息化的管理职责。积极培养和利用好信息化机构、林业系统、科教单位、IT企业等人才队伍，为林业信息化发展注入活力。

各位同仁，朋友们，我们是时代弄潮儿，我们是时尚领跑者。我们共同选择了这一最具时代特征、最具开创精神的事业，尽管前进的道路上布满荆棘、曲折艰难，尽管奋斗的历程会异常艰辛、充满挑战，但我们满怀信心，胸有成竹，一定能战胜各种挑战。这正是我们信息化事业所有同仁的价值所在。

3年来，走过的是岁月，留下的是足迹，带来的是希望，送到的是祝福。我们相信，在大家的共同努力下，我们一定会再创新的辉煌，续写新的篇章！我们的梦想一定要实现！我们的梦想一定能够实现！

三、首届全国林业信息办主任协作组会议

2012年8月3～5日，首届全国林业信息办主任协作组会议在内蒙古赤峰市召开。国家林业局局长赵树丛对本次会议十分重视，并作出重要批示。会议传达、学习了赵树丛局长的重要批示和全国林业厅局长会议精神，总结了上半年林业信息化建设进展，分析了当前发展形势，研究了下半年重点工作，发布了2011年全国林业信息化发展水平评测结果，通报了2012年上半年中国林业网信息采用情况，听取了内蒙古林业信息化发展情况介绍，观看了内蒙古林业信息化建设成果演示，学习了云计算、物联网等信息化前沿技术，开展了技术交流与研讨。国家林业局信息办主任李世东出席并发表了题为《融合与创新》的重要讲话（专栏1-3），内蒙古林业厅总工程师高桂英致辞（专栏1-4）。

专栏1-3

融合与创新

——在首届全国林业信息办主任协作组会议上的讲话

李世东

（2012年8月3日）

今天，我们在美丽的内蒙古召开首届全国林业信息办主任协作组会议。局领导对这次会议十分重视。赵树丛局长专门作出重要批示，要求林业信息化“服务现代林业，引领现代林业”，要求我们研究林业信息化的突出问题，研究各类主体的信息化需求，提升林业信息化水平。这次会议的主要任务是，认真贯彻落实赵树丛局长的重要批示和刚刚结束的全国林业厅局长会议精神，在总结上半年林业信息化建设进展、分析当前发展形势，研究下半年重点工作的基础上，解放思想、开拓创新，探讨如何深入推动林业信息化实现大融合，取得新突破，创造新业绩。刚才，内蒙古林业厅高桂英总工程师作了重要讲话。我们观看了内蒙古林

业信息化成果演示，发布了2011年全国林业信息化发展水平评测结果并颁发了奖牌。下面，我讲3点意见。

一、应势而变，融入主流，创新环境

21世纪是信息化的世纪。信息化与经济全球化相互交织，重塑着全球经济竞争格局，深刻改变着全球发展方向。随着全球信息化的深入推进，准确把握世界信息化发展的形势变化，大力加强融合与创新，是世界各国和各行各业适应信息化发展潮流、抢占未来发展制高点的迫切需要和必然选择。

（一）融合与创新——全球信息化发展的新特征

半个世纪以来，全球信息化走过了以信息交流和信息内容为标志的两个重要阶段，随着物联网、云计算等新一代信息技术的出现，信息化的第三次浪潮扑面而来，即通过融合与创新，为人们生产生活提供全景式的服务。融合与创新日益成为现阶段最显著的特征。

一是互联整合成为新趋势。当前，信息化特别是政府信息化正面临着阶段性转变，越来越突出跨组织的业务协同和信息共享，主要体现在：着力高度集成的顶层设计，指导和保障跨部门服务的统一、无缝链接；搭建统一的业务系统协同平台，将政府各部门业务系统进行协同和整合；建立数据资源管理平台，依据统一的数据采集、交换、发布标准，将数据集中到数据资源管理中心，实现数据的整合；整合信息服务传递渠道，按需集成各部门的功能和服务，供给用户。美国2009年3月启动Data.gov项目，作为联邦政府实施开放政府战略的旗舰性项目。英国、澳大利亚等发达国家也抓紧建设本国政府的Data.gov网站。

二是融汇创新成为新动力。近年来，信息技术日新月异，应用创新层出不穷，成为推动经济社会各领域信息化的巨大动力，不断改变着人们的生产生活方式和思维习惯，主要体现在：融合数据、音频、视频的三网合一逐步由理念变为现实；物联网技术不断实现突破性进展，能够把各类物品与互联网相连接，实现智能化感知、识别、定位、监控和管理；云计算技术提供了安全可靠的计算资源和数据资源，使硬件、软件、数据资源共享得以实现；地理信息系统得到全面快速发展，成为全球信息产业的重要组成部分；数字证书和电子签名技术进一步发展，为统一身份管理和安全认证提供了有效保证。谷歌公司借助云计算技术，实现了短期内的高速发展，并把云服务输送到世界各地。苹果公司通过集成多种信息技术，以先进的生产、服务理念和发展模式，一跃成为全球IT业的“大哥大”，引发对融合与创新的深刻思考。

三是战略规划成为新引擎。战略规划在统一思想、指导行动等方面具有无可替代的作用，得到了世界各国的高度重视。美欧等发达国家都有明确的战略规划，同时根据形势的变化，适时做出科学调整，引领信息化不断发展。20世纪90年代以来，美国先后出台了国家信息基础设施行动计划（NII）、全球信息基础设施行动计划（GII）、国家网络安全综合计划、国家宽带计划等，特别是2011年，发布了《联邦云计算战略》，成为全球第一个出台云计算战略的国家；发布了《网络空间国际战略》，强调促进网络空间的国际合作；发布了《美国网络安全教育计划战略规划：构建数字美国》，旨在通过创新的网络行为教育培训，促进美国的经济繁荣，保障国家安全；发布了《网络可信身份国家战略》，旨在保护消费者免受欺诈和身份盗窃；发布了《普及美国农村地区宽带：对农村宽带战略报告的更新》，支持农村宽带发展。欧盟先后发布了《通往信息社会的欧洲之路》《里斯本战略》《电子欧洲2002行动计划》《电子欧洲2003行动计划》《电子欧洲2005行动计划》等。2010年5月，欧盟公布了为期5年的《数字化议程》，在27个成员国部署超高速宽带。为加强互联网治理，2011年欧盟发布了《关键信息基础设施保护——成果及下一步行动计划》。近年来，随着绿色低碳经济在全球兴起，美国、加拿大、英国、澳大利亚等国纷纷推出绿色政府计划，打造“绿色电子政务”将是今后全球电子政务发展的重点方向。

（二）融合与创新——我国信息化发展的主旋律

今后一个时期，是我国深化改革开放、加快转变经济发展方式的攻坚时期，也是我国信息化继往开来、深入发展的重要阶段。加强整合、深化融合、创新发展是新时期我国信息化发展的重要任务。

一是融合与创新成为国家的重要战略导向。继2007年党的十七大提出“两化融合”“五化并举”的战略任务、2010年党的十七届五中全会提出“两化深度融合”后，2011年3月，《国民经济和社会发展第十二个五年规划纲要》指出，“重点发展新一代移动通信、下一代互联网、三网融合、物联网、云计算、集成电路、新型显示、高端软件、高端服务器和信息服务”，“加快建设宽带、融合、安全、泛在的下一代国家信息基础设施，推动信息化和工业化深度融合，推进经济社会各领域信息化，全面提高信息化水平”，对推动互联互通、信息共享和业务协同等提出了明确要求。2012年4月，国务院批复的《“十二五”国家政务信息化工程建设规划》，强调“加强顶层设计，坚持需求主导，强化信息共享、业务协同和互联互通，突出建设效能，有效提高公共服务水平”。6月，国务院印发《关于大力推进信息化发展和切实保障信息安全的若干意见》，强调“以促进资源优化配置为着力点，加快建设下一代信息基础设施，推动信息化和工业化深度融合，构建现代信息技术产业体系，全面提高经济社会信息化发展水平”。7月召开的全国科技创新大会上，胡锦涛总书记、温家宝总理再次发出了提高自主创新能力、建设创新型国家的号召，并对深化科技体制改革、加快建设国家创新体系、增强企业创新能力等提出了具体要求。《国家互联网“十二五”发展规划》《国家物联网“十二五”发展规划》《国家电子政务“十二五”发展规划》《国家电子商务“十二五”发展规划》《“十二五”国家战略性新兴产业发展规划》等，都共同遵循融合与创新的战略思想。

二是融合与创新成为深化应用的迫切需求。经过多年的发展，我国信息化已具备了一定的基础，进入到全方位、多层次推进的新阶段。与先进国家相比，当前我国信息化建设存在的问题主要包括：信息技术自主创新能力不足，核心技术和关键装备主要依赖进口；信息资源开发利用滞后，信息共享和业务协同程度不高；数字鸿沟有扩大趋势，成为影响持续协调健康发展的重要因素；体制机制改革相对滞后，发展环境急需改善；信息安全问题比较突出，威胁到经济社会发展。坚持从国情出发，加强资源整合，促进双向融合，提高创新发展能力是解决这些问题的首选方略。当前，受国际金融危机等多种复杂因素的影响，信息化作为保增长、扩就业、惠民生的重要战略选择，已被摆上国家重要议事日程。新形势、新任务迫切需要全国在大规模信息化基础设施建设的基础上，通过融合与创新，进一步拓展和深化信息技术应用，优化发展环境，增强信息化发展的动力、活力与后劲。

三是融合与创新成为贯穿信息化工程的主线。近年来，通过国家引导和实践磨砺，融合与创新的思想正逐渐深入人心。各级政府在审批和组织实施信息化建设项目过程中，日益强调网络互联互通、信息资源整合、运营管理模式的创新等，并将其作为项目绩效评估的重要指标。国家发展改革委、财政部、工信部在组织开展物联网、云计算等应用示范时，十分重视技术与业务的渗透融合、综合信息服务平台建设以及运营管理模式的创新，以求真正达到示范引领的目的。商务部通过资源整合和大胆创新，打造了引领我国政府网站建设的网站群模式，以其高效率、低成本、协同性、一站式和一体化等优势，使网站群成为信息发布的窗口，经济和社会效益显著。当前国家电子政务外网、电子政务内网、“宽带中国”等一批重大信息化工程已经启动，融合与创新成为这些工程设计与实施的基本要求和亮点所在。

（三）融合与创新——林业信息化科学发展的新要求

近年来，在各方面的共同努力下，全国林业信息化建设力度不断加大，发展步伐明显加快，建设成效逐渐显现。特别是2009年以来，林业信息化发展思路日趋明确，基础设施明显改善，机构队伍不断加强，政策制度不断完善，合作交流日益活跃，全行业信息化素质明显提升，林业信息化步入规范有序、全面发展的轨道。这其中，坚持“五个统一”，深化融合与创新是最为宝贵的经验。

林业工作涉及千山万水、千家万户，具有点多、面广、基础差、条件差等特点，这就决定了林业信息化工作的复杂性、艰巨性和长期性。各级林业主管部门不畏艰难，大胆开拓，坚持以需求为主导、以应用为核心、以整合为突破口、以创新为原动力，取得了显著成效。国家林业局通过实施防护林营造林监管体系、林业资源综合监管服务体系、国家自然资源和地理空间基础信息库等项目，建成了高标准的内网、外网、专网，形成了全国林业信息高速公路，开辟了林业无纸化办公的新时代，打造了中国林业网统一门户网站，信息资源共享实现了大跨越，通过融合与创新，每年至少取得10大突破，创造10项第一，信息化成为现代林业建设的靓丽名片，得到了社会各界的广泛赞誉。辽宁、湖南、北京、江西等大力推进信息资源集约化建设，为现代林业繁荣发展提供了重要支撑。福建、广东、河南、内蒙古、吉林森工等都在有关领域取得了明显成效，起到了示范带动作用。

赵树丛局长在全国林业厅局长会议上强调：要根据形势的发展变化，创新林业的体制机制、政策措施、工作平台和发展载体，不断为林业发展增添新的动力、创造新的优势。实践证明，没有全面融合，就不会有林业信息化的快速发展；没有全面创新，林业信息化就会失去发展的活力。无论从全球层面、国家层面，还是从林业自身层面看，要生存发展、有为有位、做大做强，就必须重视融合与创新、自觉践行融合与创新、科学推进融合与创新，以融合与创新加快林业信息化，以融合与创新引领林业现代化。

二、总结经验，融合支撑，创新服务

2012年上半年,在国家林业局党组的正确领导和全国上下的共同努力下，林业信息化以“四个服务”为宗旨，以“五个统一”为原则，坚持融合，不断创新，各项工作蓬勃开展，为发展现代林业做出了重要贡献。

（一）以融合实现林业信息化的协调统一

一是“五个统一”深入人心，逐渐成为全行业的共识。没有“五个统一”的林业信息化是低效和不完整的，也是没有前途和出路的。第二届全国林业信息化工作会议确立“五个统一”的基本原则以来，各地纷纷制定统一的规划，构建统一的平台，成立统一的机构，不断拓展信息化应用领域，加速推进信息资源融合。“五个统一”原则深入人心，林业信息化面临前所未有的发展机遇。

二是“全国林业一张图”取得重大成果，支撑核心业务取得重大突破。通过林业资源综合监管服务体系试点建设，在试点省范围内对“三个系统一个多样性”数据进行有效整合，建设了统一数据平台，将林业资源监管落实到省、市、县及山头地块，实现了对森林生态系统、湿地生态系统、荒漠生态系统和生物多样性的有效监管，搭建了一个面向服务架构的全国林业资源基础数据服务平台，初步形成了集森林、湿地、沙地和生物多样性资源于一体的“全国林业一张图”，实现对林业资源保护和利用的有效监管，林业信息化对林业核心业务的支撑能力显著增强。

三是“中国林业网”统一门户深入推进，全国林业网站群渐趋完整。在整合完善100多个司局、直属单位和省（区、市）网站取得成功经验的基础上，2012年又全力推进1000个市、县林业网站的整合、1000个森林公园等专业网站的建设，力争再用3年左右时间的努力，打造一个涵盖各级林业主管部门和各类林业主体单位，横向到边纵向到底，共10 000个子站组成的超级林业网站群，创造新的突破。中国林业网信息发布量、访问量快速攀升，服务能力显著提高，社会影响力日益增强，已成为快速高效发布各类林业政务信息的第一平台，荣获“中国政府网站领先奖”和“管理创新奖”，年信息发布量突破30万条、访问量突破1亿人次。

四是统一运维平台基本建成，保证了网络畅通和信息安全。国家林业局和大部分省区市建立了运维准入和考核制度，着力开展运维精细化管理，对所有与运维服务相关的工作进行了细化梳理，进一步明确了岗位职责、工作范围及其操作流程，通过不断优化升级，提高了规范化水平，提升了运维保障能力。加强国家林业中心机房安全管理及维护，为中国林业网、国家林业局办公网、全国林业专网的正常运行提供了坚实保障。

五是加强信息资源整合，全面推进林业信息化建设。湖南完成森林资源、营造林、森林防火、有害生物、林权信息和测土配方等各环节数据的融合，将全省林业基础数据落实到山头地块、细化到千家万户，实现“全省林业一张图、一套数”。辽宁构建了“全省林业一张图”，将已有林业数据充分利用起来，实现对林业基础数据的共享。江西全力推进资源整合，建设以公共地理信息数据为基础，集成林业基础数据、专题数据、综合数据和产品信息的林业信息资源服务平台，实现所有信息资源、业务应用的集中与整合。河北建设了全省林业基本情况数据库，完成了各级林业机构数据的分类整理入库。湖北、吉林等省以数据整合为重点，着力推动林业基础数据库建设。

（二）以创新推动林业信息化的快速发展

一是以理念创新作为主导林业信息化发展的首要因素。创新是发展的源泉和动力，没有创新，就没有发展。而一切的创新均源于认识的创新，理念的创新。为此，在林业信息化总体思路和基本原则的基础上，今年提出了“做好服务、建好平台、抓好体系”的新理念，明确了林业信息化“四个服务”新思想。本着主动发现问题，积极解决问题的原则，着力为各地各单位、广大基层和林农群众解决信息化的实际问题。编撰了《中国林业信息化顶层设计》《中国林业信息化决策部署》《中国林业信息化政策制度》《中国林业信息化建设成果》《中国林业信息化示范案例》《中国林业信息化发展战略》系列丛书，全面指导林业信息化工作。

二是以技术创新作为推动林业信息化发展的基本支撑。信息资源的不断增加扩大，要求研究采用云计算等新技术。启动了《中国林业云发展规划》的编制工作，谋划国家林业信息化服务产业园建设，推动林业信息化基础平台向云计算服务平台的过渡，力争构建一个高冗余、高弹性、高可靠性、服务能力强大的基础平台，大幅提高国家林业信息化基础资源的服务支撑能力，提高资源利用率，降低长期的运营成本。四川等省通过对中心机房升级改造，利用虚拟化技术建立了全省统一外网平台，可为全省林业系统提供支撑服务，减少地方机房建设投入，减少了物理服务器数量，降低了运行管理成本，节约了大量人力物力。

三是以应用创新作为推动林业信息化发展的核心内容。实际需求是拉动林业信息化发展创新的基本前提。林改的深入推进，要求创新数据管理方式。湖南创新提出宗地小班的概念，建立全省林权权属数据库，统一储存、管理全省林权权属数据，对巩固林改成果、深化林改进程、建立现代林业管理方式具有重要意义。浙江创新提出了“林权一卡通”，通过建立农户森林资源资产信息库，清楚地了解林农资产情况，实现了“统一评估，一户一卡，随用随贷”。福建、安徽、山西等也在全面推进林权数据库建设工作。林业资源监管的高精度和时效性，要求创新资源监管方式。启动了国家卫星遥感平台建设，项目建成后可以提供对林业资源的综合监测所需的各类遥感信息源及数据处理系统、数据产品发布系统以及综合监测遥感数据产品，可实现国产多源卫星遥感数据的集中接入、管理、生产和分发，提高林业监测的效率。辽宁利用物联网和智能信息处理技术获取精确信息，实时提供资源监管信息、森林火灾和病虫害监测报警、应急指挥决策等服务。吉林森工利用物联网技术、卫星通信技术等进行了“智慧森林平台”试点建设，搭建天网、地网、人网、林网组成的一体化感知体系，提高森林防火预警监测能力和木材生产监管能力。江西稳步推进井冈山生态旅游物联网应用试点，取得了可喜的成果。

四是以机制创新作为支撑林业信息化发展的永恒动力。整合机构、统一管理是基础。各地机构建设工作继续推进，湖北、云南、贵州等相继成立独立的信息化工作机构，调整充实了人员。辽宁继沈阳市成立独立编制的信息中心后，本溪、阜新等也由市编办正式批准成立信息中心，吉林、辽宁等省的部分县也成立了独立的信息中心。林业信息化管理机构进一步向市县级拓展。以评促建、奖惩分明是关键。在认真总结示范省建设经验的基础上，启动了全国林业信息化示范市、示范县建设，推动基层“争先创优”工作。辽宁、湖南、吉林、内蒙古等实施了本省区林业信息化示范市、县的建设工作，起到了很好的带动作用。开展了全国林业信息化发展水平评测，完善目标管理、考评激励等机制建设，有效地推进了各项工作。创新制度、强化管理是保障。根据林业信息化的形势，不断完善、创新相应制度，以制度促管理，以制度促发展。建立了全国林业信息办主任协作组制度。成立了中国林业网编辑委员会。制定了《国家林业安全保密与数据备份管理制度》等基本管理制度，大大提升了建设、应用和保障水平。

（三）以服务树立林业信息化的重要地位

树立崭新服务理念，努力实现由服务部门向服务社会转变，由被动应付向主动出击转变，由数字林业向智慧林业转变。以崭新的理念赢得人，以新颖的形式吸引人，以精彩的内容打动人，以周到的服务感动人，以创新的举措改变人。

一是服务林业大局。围绕集体林改、资源保护、森林防火等林业中心工作，致力做好服务，重点建好平台，抓好体系。确保国家林业内外网平台和网络安全畅通，为厅局长会议、“两建”会议等重大活动提供强有力的支撑。确保视频会议系统稳定运行，为重点会议提供了技术保障。安徽统一规划建设林业新园区智能化系统，打造全省林业信息化业务管理中心、信息中心和数据中心。河南采用集约式模式，构建林业综合执法管理平台，面向全省各级林业执法机构提供七大领域联合执法管理功能，推进了服务与管理创新，促进了林业执法体制改革。湖南积极推进新中心机房等林业信息化基础设施项目建设。福建组织开展了“三防”一体化监控指挥调度平台建设。湖北构建了全省林业专网和办公协作平台。云南加快建设林业信息传输主干网。贵州着手建立统一基础平台。大兴安岭、山东等着手建立省、市、县三级高清视频会议系统。大连建设完成了市县两级联网宽带综合业务网络体系。这些工作为服务林业大局提供了坚强保障。

二是服务业务工作。以业务需求为导向，以优质服务为目标，组织召开各单位多形式、多内容、多场次林业信息化建设座谈会，研究落实各种支撑保障服务措施和具体行动，努力满足各单位的业务建设和发展要求。新建了一批司局、直属单位等子站并提供全面的运维保障。制作了全国林业系统电子通讯录，建立了相关查询系统。积极推进“金林工程”，为各项林业核心业务提供支撑。内蒙古鄂尔多斯市建成了市、县、乡一体化的林业专网和协同办公平台，实现了营造林设计、森林防火、病虫害防治、资源更新等全部业务的网上办理。

三是服务基层单位。深入基层调研，了解掌握基层需求，研究制定对策措施，指导地方信息化健康发展。共同推进自然保护区、森林公园、国有林场、种苗基地等网站群建设，极大地提高了影响力。组织开展湖南林业信息化、黑龙江柴河林业局、海南鹦哥岭自然保护区等先进典型的系列推介活动。举办了首届全国林业系统信息安全等级保护技术培训班，提升了全行业信息安全意识，明确了林业行业信息安全的主要任务。

四是服务林农群众。湖南依托林业基础地理数据库490多万个小班的8000多万因子，整合建立了林地测土配方系统，在计算机上输入姓名就知道自己的林地适合种什么树、如何种植，被广大林农称为民本工程、德政工程。沈阳建立了以门户网站和核心平台为基础，以远程监控系统、远程会商系统、三维地理信息系统、数据库管理系统为依托的现代林业信息系统，林农足不出户即可对接市场。江西完善了林权交易电子商务平台，交易系统进行了升级改版，增强了服务功能。北京加强网站特色服务和专题建设，对原有6个服务升级改版，推出更多更好的精品便民服务。河北搭建了全省林产品交易平台架构，为林农提供了自由交易的商务平台。内蒙古整合全区林业电子政务资源，打造立体化的林业厅门户网站。河南整合现有网站，建成林业网络视频中心，完善了商务咨询平台。江苏林业网进行了全新改版，加强网站互动性，增加网站服务功能，服务民众更加有力。黑龙江进一步完善了网上办事大厅、政务公开、社会服务3大板块功能。山东也对网站进行了改版升级，提高了服务能力。

实践证明，林业信息化发展到今天，融合是必由之路，创新是必然选择，服务是必然要求。只有融合才能彻底实现共享，只有创新才能提供不竭动力，只有服务才能彰显核心价值。在融合的基础上不断创新是大势所趋、出路所在，也只有融合和创新才能真正提升林业信息化服务能力，为现代林业发展提供坚实保障。

三、有序推进，整合协调，创新发展

林业信息化是林业改革发展的重要支撑和动力，林业的改革发展为林业信息化不断创造新的需求和环境，林业信息化现状强力召唤着高度集成和融合，不断成熟的新技术、新成果催生着林业信息化的创新求变。今后一个时期，林业信息化只有不断深化内涵、扩展外延、突破传统、融合创新，才能为现代林业提供更好的支撑保障，引领现代林业转型升级。

（一）融合提升，创造林业信息化发展新格局。推动林业信息化加速发展，需要上下融合，协同努力

一是整合项目建设，夯实发展基础。加快推进国家林业卫星遥感平台、内外网安全等级保护等项目的实施。加强自然资源和地理基础信息库项目管理，理顺林业基础数据管理机制。整合网站建设，加大中国林业网站群规模，整合市、县级林业门户网站，加强信息员培训，提高信息发布质量。积极推进“金林工程”、云计算平台、物联网示范、北斗示范、林农服务平台、高清视频会议、灾备中心等项目的立项建设,全面加快建设步伐。

二是整合投资渠道，增强发展动力。上下共同努力，主动协调有关部门，积极争取将林业信息化建设纳入本级信息化总体规划，并在国家发展改革、财政部门设立林业信息化建

设专项，形成长期稳定的投资渠道。在现有林业建设项目总投资中，力争拿出一定比例，集中用于信息化建设。加大现有林业建设项目中信息化投资整合力度，实行统一管理，统筹安排，专款专用，确保资金落到实处。在市场效益明显的领域，积极吸纳社会投资，加快推进林业信息化建设步伐。

三是整合信息资源，拓展服务平台。牢固树立一盘棋的思想，主动沟通，加快信息资源整合，已建的数据库、应用系统和网站，要尽快整合到统一平台上，今后新建的各类信息化项目，必须建在统一平台上。各省（区、市）也要打破条块分割，加大整合力度，尽快完成整合。强化协作配合，要加强与有关部门的沟通协调，积极争取支持，密切协作配合。加强对外合作交流，坚持走出去、请进来的办法，学习借鉴国外、外部门先进经验和技术，加强与高等院校、科研院所、重点IT企业的战略合作，拓宽林业信息化应用领域，全面提升信息资源共建共享和应用水平。

（二）开拓创新，建立林业信息化发展新机制

信息化要引领现代化，信息人必须引领信息化，必须始终具备创新精神、创新意识，特别是要通过创新机制，把信息管理部门逐步打造成集综合管理部门、专业业务部门、现代科技部门、先进文化部门于一体的现代化团队，全面加快林业信息化建设。

一是融合各方优势，创新管理机制。要努力筹建全国林业信息化软件测评中心，为“五个统一”奠定基础；要尽快筹建中国林业信息化发展基金，评选首届中国林业信息化十大功勋人物；要加快推进典型样板建设，尽快推出首批全国林业信息化示范市、示范县；要加快机构队伍建设，尽快实现省级信息中心全覆盖。

二是融合信息特色，创新会议机制。要坚持3年多来探索形成的一套形式多样、完整的会议机制，充分发挥决策、执行、沟通、协调、监督作用：全国工作会机制，要推动全国性的工作会议每两年召开一次，努力打造规格最高、覆盖面最广、科技含量最高、内容最丰富、反响最强烈的专门会议，这将对全面促进林业信息化产生十分重要而深远的影响；座谈会机制，要根据具体业务需求不定期召开工作座谈会，如全国林业信息化示范省座谈会，业务专题座谈会、考察交流座谈会，有利于建立协调机制，处理好全局与局部、内部与外部、现实与长远的关系；协作组会议机制，协作组会议是与时俱进的新形式，也是一种加强沟通交流、促进业务创新的新平台，从今年起，这将成为林业信息化新的工作机制，形成惯例，每年开展1～2次，每次确定一个主题，由不同的省份牵头举办，会议形式上要充分利用信息手段有创新，会议内容上要充分结合发展形势有创新，每次要办出信息化特色，办出地方特色；培训会机制，要坚持培养信息化带头人的CIO培训和各种专题培训，努力提高信息化队伍整体素质。

三是融合信息资源，创新评测机制。要努力将《中国林业信息化发展报告》打造成精品，坚持按年度出版，从多个视野记录年度林业信息化发展进程，探讨与信息化相关的热门话题、突出成就和前瞻技术，分析预测林业信息化发展的新形势和新任务，对林业信息化作最全面的总结、最高度的概括、最权威的评价。要努力做好全国林业信息化发展水平评测，

对林业信息化整体发展进行把脉，要经过各地申报、数据审核、综合评定等环节，对林业信息化建设水平、应用水平、保障水平评测分析，形成年度《评测报告》，推动全国林业信息化快速发展。要努力做好全国林业网站绩效评估，对中国林业网各子站的建设运维情况以及国家林业局办公网应用情况进行全面评估，评出十佳网站和十佳单位，调动各地各单位网站建设应用的积极性。要努力做好网站绩效单项评估，评选出年度信息发布、在线服务、效能管理、网络访问、网站设计、网络影响、数据整合、互动交流领先奖等单项奖。要坚持信息采用情况定期通报制度，列出数量排名和得分排名，努力增加信息数量，提高信息质量，确保信息内容保障工作再上一个新台阶。要搞好全国林业和林业信息化十件大事、十大关键词评选活动，在每年年底集中推出。

四是融合信息技术，创新文化机制。信息文化产生并形成于信息时代，是以信息技术广泛应用而形成的新的文化形态。信息文化是信息化建设的重要内容，这几年，我局在信息文化建设方面做了很多创新性的工作，形成了良好的信息文化氛围，今后要不断发扬光大：要坚持林业信息化"责任、创新、服务、同心"的核心价值观，实现信息化对林业事业发展的最高保障，努力做一流的林业信息管理者和一流的林业信息服务者；要坚持林业信息文化理念，包括"One Center, One Team"的团队理念，"激情敏行，快乐工作"的工作理念，"有效沟通，高效激励"的管理理念，"人皆有才，人尽其才，人人成才"的人才理念，"精读慎思，享受学习"的学习理念，"心廉为本，行廉为实"的廉政理念等六大理念；要坚持林业信息文化规范，包括"守时、守信、守洁、守静"的办公室行为规范，塑造"四心"的职业修养规范，"整洁端庄，得体大方"的着装仪表规范，"宾至如归、融洽妥帖、分寸得当、友谊绵长"的公务接待礼仪规范，"责任清晰、管理有序、服务热情、注重效率"的日常工作交往规范，"联系顺畅、方式得当、话语简明、减少干扰"的通信礼仪规范等六大规范；要坚持林业信息文化制度，要以《关于加强文化建设的实施意见》为指导，不断践行理论学习制度、专题学习制度、读书交流活动、主题实践活动等一系列制度措施，将信息业务工作与信息文化工作紧密融合，增强林业信息化队伍的战斗力和凝聚力；要创建网络生态文化，将全国生态作品大赛、"信息改变林业"网络故事征文大赛等打造成精品，构建积极健康的网络文化氛围，积极推进中国林业数字图书馆等公益性文化信息基础设施建设，为完善网络科普资源和公共文化信息服务体系奠定良好的基础。

（三）融合创新，实现林业信息化发展新跨越

林业信息化是系统工程，必须用战略的眼光谋划全局，系统部署，科学规划；林业信息化是动态过程，必须用超前的思维应势而动，分步实施，有序推进，努力实现3年转变上台阶的近期目标，5年规划促跨越的中期目标，战略谋划大发展的长远目标。

一是3年转变上台阶。2012年和今后一个时期，林业信息化的总体要求是，紧紧围绕"发展现代林业，建设生态文明，推动科学发展"这个中心，按照"加快林业信息化，带动林业现代化"的总体思路和统一规划、统一标准、统一制式、统一平台、统一管理"五个统一"

的基本原则，突出建设、应用、保障3个重点，坚持强化基础、提升水平、拓展领域、深化合作、规范管理5项要求，努力推动四大转变：推动林业信息化发展阶段由互联网向物联网推进，紧紧抓住信息化从“互联时代”向“物联时代”发展的良好契机，组织实施好智能林业物联网应用示范项目，科学制定林业物联网发展规划，积极推进物联网建设，从“数字林业”到“智慧林业”，使林业尽快实现物联世界；建设领域由电子政务向电子商务拓展，在强化林业电子政务建设的同时，积极向林业电子商务、电子社区等领域拓展，建设中国林业电子商务大平台、大基地、大产业，促进信息化与林业生产服务全面深度融合，充分发挥信息化的引领、带动和支撑保障作用；技术手段由现代信息技术向下一代信息技术提升，积极建设中国林业云、中国林业物联网，大力推动发射中国林业星，努力做好北斗卫星应用示范等工程建设，促进物联网、云计算、IPv6、新一代移动通信等信息技术在林业行业的普及应用，大幅提升林业信息化的建设和应用水平；应用服务由局部向整体延伸，努力使林业信息化实现新的突破，以提高服务保障能力为目标，加快林业信息化八大行动计划进程，在广度上推动信息化应用从点向面延伸，在深度上推动信息化应用由公共办公向核心业务推进。

二是五年规划促跨越。《全国林业信息化发展“十二五”规划》绘就了5年发展蓝图：完善信息技术在林业核心业务等各个环节的应用，核心业务信息化覆盖率达到80%，80%的省级以上单位实现无纸化办公，80%以上的行政许可项目实现在线处理；完善国家级林业信息化建设基础平台，完成80%的省级林业信息化建设基础平台，80%的省级单位建成国家、省、市、县四级上下互联互通的全国林业电子政务传输网络；完成我国林业信息资源目录与交换体系、安全管理体系、标准规范体系，并在全国林业信息化工作中得到应用，奠定全面实现林业信息化的坚实基础。

三是长远谋划大发展。随着全球信息化浪潮的不断推进，信息技术正在经历一场新的革命，信息化迎来了新一轮建设热潮，这股热潮的特点可以简单地用“更快、更高、更强”来形容，这意味着信息通信技术服务的速度将更快，普及、深化应用的要求将更高，提供的性能也将更强大。根据《中国林业信息化发展战略》研究成果，未来20年，全国林业信息化发展将呈现3个阶段性特征：数字林业建设阶段（2011～2015年），以提高林业资源综合监管、营造林管理、林业灾害监控和应急响应能力为主线，通过加强移动采集终端、网络基础设施、基础数据库和应用系统建设等，实现林业各种信息的数字化采集、传输、存储、处理和应用；智慧林业建设阶段（2016～2020年），以提高信息资源共享、业务协同和公共服务能力为主线，不断拓展新一代移动通信网、下一代互联网、物联网、云计算等前沿信息技术在林业重点业务中的应用，通过感知化、物联化、智能化的方式，建设具有中国特色的“智慧林业”；泛在林业建设阶段（2021～2030年），以深化信息化与林业现代化的高度融合，全面提高林业的生态、经济、社会服务功能为主线，通过大力加强信息基础设施建设和信息技术应用，建设具有中国特色的“泛在林业”，让广大务林人和广大林区实现在任何时间、任何地点、与任何人、任何物都能顺畅地通信，人们可以高效地工作、自由地学习和快乐地生活。

同志们，信息革命正在加速改变整个世界的面貌，融合与创新成为发展潮流和时代主题。林业信息化要勇敢融入这一潮流，积极顺应这一主题，在融合中创新，在创新中发展，在发展中提升。大力加强业务融合、技术融合、管理融合，全面实现机制创新、体制创新、发展创新，努力形成集成式的林业信息化发展新模式，不断增强林业信息化可持续发展能力，充分发挥引领作用，抢抓发展战略机遇，振奋精神抓落实，加强学习强素质，为现代林业改善生态改善民生提供更加有力的支撑，真正实现“加快林业信息化，带动林业现代化”！

专栏1-4

在首届全国林业信息办主任协作组会议上的致辞

内蒙古自治区林业厅总工程师 高桂英

（2012年8月3日）

在这个美好的季节，首届全国林业信息办主任协作组会议在我区赤峰市召开，我们都感到非常荣幸。内蒙古林业厅党组对这次会议高度重视，高锡林厅长对会议的筹备工作多次作出部署；赤峰市林业局精心准备，对会务的相关事宜进行了周密安排。在此，我代表内蒙古自治区林业厅对会议的召开表示热烈的祝贺，对大家的到来表示热烈的欢迎。同时，借此机会，我将内蒙古的情况向各位作简单介绍。

内蒙古自治区成立于1947年5月1日，是我国第一个少数民族自治区。全区以蒙古族为主体，汉族为多数，居住着49个民族，有2400多万人口，辖12个盟、市，101个旗、县。

内蒙古自治区地理位置独特：横亘于祖国北部边疆，跨越我国东北、华北、西北三北地区，北部与俄罗斯、蒙古国交界，国境线长4220多千米，辖18个边境旗、县；西部与甘肃省毗邻，东部与黑龙江、吉林、辽宁3省接壤，南邻宁夏、陕西、山西、河北诸省。内蒙古地域辽阔，形状狭长，东西长2400多千米，南北宽1700多千米，总面积118.3万平方千米，居全国第三位，占全国土地面积的1/8，是我国北方地域辽阔、自然地理条件差异性最大的省份。

内蒙古自治区是我国的资源富集区。人均耕地、草原和森林面积均居全国第一位。在世界已探明的140多种矿产资源中，内蒙古有135种，储量居全国前5位的有43种。稀土储量居世界首位，煤炭年开采量居全国第一。马铃薯种植面积、产量均居全国第二位。人均粮食占有量居全国第三位，成为全国13个粮食主产区和5个粮食净调出省区之一。内蒙古的牛奶、羊肉、羊绒（毛）产量均居全国首位。

内蒙古是全国的林业大省区之一。分布有内蒙古大兴安岭原始林区和11片次生林区，以及经过长期建设形成的人工林区。据2008年森林资源连续清查，我区现有林业用地4400万公顷，森林面积2366.67万公顷，人工造林保存面积652.67万公顷，均居全国第一位。此外，还有1580万公顷宜林地。

内蒙古是全国的荒漠化大省区之一。境内分布着五大沙漠和五大沙地，在阴山北部还分布有大面积严重风蚀沙化土地。据全国第四次荒漠化和沙化土地监测，我区荒漠化土地6173.33万公顷，占总土地面积的52.2%，约占全国荒漠化土地面积的23.5%；沙化土地4146.67万公顷，占总土地面积的35.05%，约占全国沙化土地面积的23.95%。沙化土地遍布全区12个盟市90个旗县。

从生态建设任务看，内蒙古堪称大省。退耕还林（草）、天然林保护、京津风沙源治理、“三北”防护林体系建设等国家林业重点工程在我区相继实施，年均建设任务66.67万公顷，约占全国的1/10。“十二五”国家规划完成造林任务3000万公顷，内蒙古是400万公顷，占全国任务量的1/8还多。近几年，国家投入内蒙古的林业生态建设资金年均近100亿。

内蒙古处于干旱、半干旱气候区，风大沙多，自然条件较差，加之特殊的地理位置，建设和保护好这里的生态，不仅对促进我区经济社会可持续发展，保持边疆长治久安具有重要意义，而且对保护“三北地区”乃至全国生态环境都具有重要的作用。辽阔的土地、丰富的宜林地资源，为我区的生态建设提供了广阔空间；恶劣的自然条件、复杂的地貌类型，为我区的生态建设增加了难度。要实现林业的可持续发展，必须走现代林业发展之路，而没有林业的信息化就没有林业的现代化，已经成为共识。

在2011年第二届全国林业信息化工作会议上，国家林业局确立内蒙古为第二批全国林业信息化建设示范省（区、市）之一，并确定了“信息化技术在林业主体业务管理中的应用”示范主题。同时，在刚刚结束的全国林业厅局长会议上，赵树丛局长指出：生态林业和民生林业是林业建设的旗帜。我区要紧紧围绕这两面旗帜，认真落实《全国林业信息化建设纲要》、《全国林业信息化发展“十二五”规划》，根据第二届全国林业信息化工作会议提出的围绕“一个中心”，按照“一个思路”，坚持“五个统一”，强化“五项措施”的总体要求，按照“十二五”时期林业信息化发展的总体目标和任务，切实加大资金投入力度，加强全区林业信息机构队伍建设，同时，认真学习兄弟省（区）的先进经验，力争在较短时间内使内蒙古的林业信息化工作迈上一个新的台阶，真正发挥示范带动作用，为改善生态和改善民生做出更大贡献。

我们这次会议的所在地赤峰市，作为内蒙古乃至全国林业生态建设示范市，是在浑善达克和科尔沁两大沙地中崛起的森林城市。赤峰人秉承“一代接着一代干，一张蓝图绘到底”的精神，在9万平方千米的土地上，培育了286.67多万公顷森林，使这个典型的半干旱气候区的森林覆盖率达到了34%，为减少沙化土地，建设京津乃至东北、华北生态屏障做出了突出的贡献。这里环境优美，气候宜人，有辽阔的草原、湛蓝的天空，我们相信，首届全国林业信息办主任协作组会议在这里召开，必将推动我区乃至全国的林业信息化工作迈向新的更高阶段。

第三节　重要文件

2012年，围绕全国林业信息化工作，国家林业局和各地林业主管部门出台了一系列重要文件，为林业信息化工作指明了方向，推进了林业信息化建设迈上了新台阶。

一、关于广东省林业厅推进林业信息化示范省建设的批复

2012年2月10日，国家林业局办公室印发了《国家林业局办公室关于广东省林业厅推进林业信息化示范省建设的批复》，正式批复广东省林业厅林业信息化示范建设方案（专栏1-5）。

专栏1-5

国家林业局办公室关于广东省林业厅推进林业信息化示范省建设的批复

办信字〔2012〕3号

广东省林业厅：

你厅《关于报送全国林业信息化示范省建设实施方案的函》（粤林函〔2011〕353号）收悉。经研究，现批复如下：

按照《国家林业局关于启动第二批全国林业信息化示范省建设工作的通知》（林办发〔2011〕112号）有关要求，你省被确定为第二批林业信息化示范省，示范主题为核心业务系统建设。你省对此高度重视，切实加强组织领导，精心编制实施方案，采取了一系列有力措施，组织开展了大量卓有成效的工作，提出了核心业务系统建设的工作思路。实施方案以办公自动化、行政审批、信息公开、网站群建设为主要突破口，推进资源整合与共享，用统一平台管理全省林业核心业务信息系统。通过建设生态公益林智能监管系统，实现生态公益林建设和效益补偿的目标测定、计划落实、造林建设、验收管理等环节的数字化和网络化，为林业信息化健康发展奠定了基础。

你省提出的工作思路，主题明确，措施得力，符合林业信息化发展实际，同意尽快组织实施。希望你省围绕上述思路，按照第二届全国林业信息化工作会议和《全国林业信息化建设纲要》及《全国林业信息化建设技术指南》有关要求，加大工作力度，集中力量进行攻关，力争尽快推出国际先进、国内领先的示范成果，真正发挥示范作用，为全面加快林业信息化建设做出新贡献。

特此批复。

国家林业局办公室

二〇一二年二月十日

二、关于江西省林业厅推进林业信息化示范省建设的批复

2012年2月10日，国家林业局办公室印发了《国家林业局办公室关于江西省林业厅推进林业信息化示范省建设的批复》，正式批复江西省林业厅林业信息化示范建设方案（专栏1-6）。

专栏1-6

国家林业局办公室关于江西省林业厅推进林业信息化示范省建设的批复

办信字〔2012〕24号

江西省林业厅：

你厅《关于报送〈江西省林业信息化示范省建设实施方案〉的函》（赣林厅字〔2011〕418号）收悉。经研究，现批复如下：

按照《国家林业局关于启动第二批全国林业信息化示范省建设工作的通知》（林办发〔2011〕112号）有关要求，你省被确定为第二批林业信息化示范省，示范主题为林权交易电子商务平台建设。你省对此高度重视，切实加强组织领导，精心编制实施方案，采取了一系列有力措施，组织开展了大量卓有成效的工作。实施方案主要包括开发建设统一林权交易系统，运用互联网整合全省各县级林业产权交易机构，实行统一信息发布、统一交易平台、统一规则制度、统一资金结算和统一监管平台，形成全省统一的林业产权交易体系；建立联通周边省（市）的统一网上交易平台和权威信息发布平台，吸引周边省市参与，建成辐射周边省（市）的具有区域影响力的林业产权交易市场。

你省提出的工作思路，主题明确，措施得力，符合林业信息化发展实际，同意尽快组织实施。希望你省围绕上述思路，按照第二届全国林业信息化工作会议和《全国林业信息化建设纲要》及《全国林业信息化建设技术指南》有关要求，加大工作力度，集中力量进行攻关，力争尽快推出国际先进、国内领先的示范成果，真正发挥示范作用，为全面加快林业信息化建设做出新贡献。

特此批复。

国家林业局办公室

二〇一二年二月十日

三、关于河南省林业厅推进林业信息化示范省建设的批复

2012年2月10日，国家林业局办公室印发了《国家林业局办公室关于河南省林业厅推进林业信息化示范省建设的批复》，正式批复河南省林业厅林业信息化示范建设方案（专栏1-7）。

专栏1-7

国家林业局办公室关于河南省林业厅推进林业信息化示范省建设的批复

办信字〔2012〕25号

河南省林业厅：

你厅《关于报送河南省林业信息化示范省建设实施方案的报告》（豫林信〔2011〕190号）收悉。经研究，现批复如下：

按照《国家林业局关于启动第二批全国林业信息化示范省建设工作的通知》（林办发〔2011〕112号）有关要求，你省被确定为第二批林业信息化示范省，示范主题为基于空间数据分析技术的营造林管理系统和林业综合执法管理平台建设。你省对此高度重视，切实加强组织领导，精心编制实施方案，采取了一系列有力措施，组织开展了大量卓有成效的工作。实施方案主要包括结合河南省林业信息化发展状况，开发营造林管理系统，提升营造林计划、设计、自查、核查等管理水平；建立林业行政案件信息采集、在线举报立案、案件业务流程化办理、办理过程监督、案件资料管理与统计查询、执行结果考评等全省林业执法与监督综合管理系统，以期实现对林业行政执法各环节、各子流程全程监督管理等。

你省提出的工作思路，主题明确，措施得力，符合林业信息化发展实际，同意尽快组织实施。希望你省围绕上述思路，按照第二届全国林业信息化工作会议和《全国林业信息化建设纲要》及《全国林业信息化建设技术指南》有关要求，加大工作力度，集中力量进行攻关，力争尽快推出国际先进、国内领先的示范成果，真正发挥示范作用，为全面加快林业信息化建设做出新贡献。

特此批复。

国家林业局办公室
二〇一二年二月十日

四、关于山西省林业厅推进林业信息化示范省建设的批复

2012年2月10日，国家林业局办公室印发了《国家林业局办公室关于山西省林业厅推进林业信息化示范省建设的批复》，正式批复山西省林业厅林业信息化示范建设方案（专栏1-8）。

专栏1-8

国家林业局办公室关于山西省林业厅推进林业信息化示范省建设的批复

办信字〔2012〕26号

山西省林业厅：

你厅《关于山西林业信息化示范省建设方案的请示》（晋林办字〔2011〕71号）收悉。经研究，现批复如下：

按照《国家林业局关于启动第二批全国林业信息化示范省建设工作的通知》（林办发〔2011〕112号）有关要求，你省被确定为第二批林业信息化示范省，示范主题为森林远程视频监控、集体林权信息采集管理系统及林业信息资源整合。你省对此高度重视，切实加强组织领导，精心编制实施方案，采取了一系列有力措施，组织开展了大量卓有成效的工作。实施方案依托先进的设计理念，配以先进的识别技术，以森林防火监控预警平台为基础，综合运用“3S”技术、计算机网络和现代通信等高新技术和手段，以“林权一卡通”应用及管理为主线、以建设“山川秀美的新山西”为总体目标，以期建立和完善全国覆盖面积最大、功能完备的森林远程视频监控系统和集体林权信息采集管理系统，提高森林资源管护的能力和水平，为林权档案管理、林权证发放、林业贷款、林权流转、农户造林提供平台，实现全省范围内的数据资源整合与共享，为林业管理部门和社会公众提供全面、快捷、准确的林业信息资源，增强决策支持和应急处理能力，提升林业管理水平。

你省提出的工作思路，主题明确，措施得力，符合林业信息化发展实际，同意尽快组织实施。希望你省围绕上述思路，按照第二届全国林业信息化工作会议和《全国林业信息化建设纲要》及《全国林业信息化建设技术指南》有关要求，加大工作力度，集中力量进行攻关，力争尽快推出国际先进、国内领先的示范成果，真正发挥示范作用，为全面加快林业信息化建设做出新贡献。

特此批复。

国家林业局办公室

二〇一二年二月十日

五、关于山东省林业局推进林业信息化示范省建设的批复

2012年2月10日，国家林业局办公室印发了《国家林业局办公室关于山东省林业局推进林业信息化示范省建设的批复》，正式批复山东省林业局林业信息化示范建设方案（专栏1-9）。

专栏1-9

国家林业局办公室关于山东省林业局推进林业信息化示范省建设的批复

办信字〔2012〕28号

山东省林业局：

你局《关于报送山东省林业信息化示范省建设方案的报告》（鲁林信字〔2011〕462号）收悉。经研究，现批复如下：

按照《国家林业局关于启动第二批全国林业信息化示范省建设工作的通知》（林办发〔2011〕112号）有关要求，你省被确定为第二批林业信息化示范省，示范主题为市、县林政资源管理和基本建设投资项目动态跟踪系统建设。你省对此高度重视，切实加强组织领导，精心编制实施方案，采取了一系列有力措施，组织开展了大量卓有成效的工作。实施方案主要围绕市、县林政资源管理和基本建设投资项目动态跟踪系统建设方面进行重点攻关，以期有效提高林业行政审批和项目建设管理的办公效能，促进政务公开，实现决策科学化、管理信息化、政务公开化、服务便捷化，推动全省林业信息化建设又好又快发展。

你省提出的工作思路，主题明确，措施得力，符合林业信息化发展实际，同意尽快组织实施。希望你省围绕上述思路，按照第二届全国林业信息化工作会议和《全国林业信息化建设纲要》及《全国林业信息化建设技术指南》有关要求，加大工作力度，集中力量进行攻关，力争尽快推出国际先进、国内领先的示范成果，真正发挥示范作用，为全面加快林业信息化建设做出新贡献。

特此批复。

国家林业局办公室

二○一二年二月十日

六、关于北京市园林绿化局推进林业信息化示范省建设的批复

2012年2月16日，国家林业局办公室印发了《国家林业局办公室关于北京市园林绿化局推进林业信息化示范省建设的批复》，正式批复北京市园林绿化局林业信息化示范建设方案（专栏1-10）。

专栏1-10

国家林业局办公室关于北京市园林绿化局推进林业信息化示范省建设的批复

办信字〔2012〕32号

北京市园林绿化局：

你局《关于呈报〈网格化管理及统一数据库建设示范项目实施方案〉的函》（京绿办函〔2011〕17号）收悉。经研究，现批复如下：

按照《国家林业局关于启动第二批全国林业信息化示范省建设工作的通知》（林办发〔2011〕112号）有关要求，你市被确定为第二批林业信息化示范省（市），示范主题为网格化管理及统一数据库建设。你市对此高度重视，切实加强组织领导，精心编制实施方案，采取了一系列有力措施，组织开展了大量卓有成效的工作，提出了网格化管理及统一数据库建设的工作思路。实施方案结合北京市林业信息化现阶段发展状况，紧紧围绕建设“生态园林、科技园林、人文园林”的目标，提出了“统一两个平台、建设一个数据库、推进三个应用”的主导思路，以期进一步提升园林绿化行业基础设施水平，强化网格化应用，加强综合数据库建设。项目的实施，将彻底改变以往的园林绿化业务管理模式，推进管理的扁平化，优化业务流，提高办事效率，提升政府社会公众形象和首都的国际形象。

你市提出的工作思路，主题明确，措施得力，符合林业信息化发展实际，同意尽快组织实施。希望你市围绕上述思路，按照第二届全国林业信息化工作会议和《全国林业信息化建设纲要》及《全国林业信息化建设技术指南》有关要求，加大工作力度，集中力量进行攻关，力争尽快推出国际先进、国内领先的示范成果，真正发挥示范作用，为全面加快林业信息化建设做出新贡献。

特此批复。

国家林业局办公室

二〇一二年二月十六日

七、关于内蒙古自治区林业厅推进林业信息化示范省建设的批复

2012年2月16日，国家林业局办公室印发了《国家林业局办公室关于内蒙古自治区林业厅推进林业信息化示范省建设的批复》，正式批复内蒙古自治区林业厅林业信息化示范建设方案（专栏1-11）。

专栏1-11

国家林业局办公室关于内蒙古自治区林业厅推进林业信息化示范省建设的批复

办信字〔2012〕33号

内蒙古自治区林业厅：

你区《关于上报〈内蒙古林业信息化示范区建设项目实施方案〉的函》收悉。经研究，现批复如下：

按照《国家林业局关于启动第二批全国林业信息化示范省建设工作的通知》（林办发〔2011〕112号）有关要求，你区被确定为第二批林业信息化示范省（自治区），示范主题为高清视频会议和电子公文传输系统建设。你区对此高度重视，切实加强组织领导，精心编制实施方案，采取了一系列有力措施，组织开展了大量卓有成效的工作。实施方案以建设多媒体通信的网络平台为目标，满足日常的远程视频会议的召开，提高应对突发事件的处理速度，并扩展实现远程培训、交流研讨等；利用计算机网络技术、版面处理与控制技术、安全技术等，以现代的电子公文传输模式取代传统的纸质公文传输模式，充分发挥技术优势，建立科学、规范、高效的政务运行机制，不断完善行政管理，有利于政务公开和行政监督，实现政务信息资源共享，为决策提供服务。

你区提出的工作思路，主题明确，措施得力，符合林业信息化发展实际，同意尽快组织实施。希望你区围绕上述思路，按照第二届全国林业信息化工作会议和《全国林业信息化建设纲要》及《全国林业信息化建设技术指南》有关要求，加大工作力度，集中力量进行攻关，力争尽快推出国际先进、国内领先的示范成果，真正发挥示范作用，为全面加快林业信息化建设做出新贡献。

特此批复。

国家林业局办公室

二〇一二年二月十六日

八、关于陕西省林业厅推进林业信息化示范省建设的批复

2012年3月7日，国家林业局办公室印发了《国家林业局办公室关于陕西林业厅推进林业信息化示范省建设的批复》，正式批复陕西省林业厅林业信息化示范建设方案（专栏1-12）。

专栏1-12

国家林业局办公室关于陕西省林业厅推进林业信息化示范省建设的批复

办信字〔2012〕46号

陕西省林业厅：

你厅《关于上报〈陕西省林业信息化示范省建设实施方案〉的报告》（陕林字〔2011〕342号）收悉。经研究，现批复如下：

按照《国家林业局关于启动第二批全国林业信息化示范省建设工作的通知》（林办发〔2011〕112号）有关要求，你省被确定为第二批林业信息化示范省，示范主题为省、市、县三级林业电子政务建设。你省对此高度重视，切实加强组织领导，精心编制实施方案，采取了一系列有力措施，组织开展了大量卓有成效的工作，提出了省、市、县三级林业电子政务建设的工作思路。实施方案以全面实现全省林业信息化为目标，着力于不断强化应用服务，推进资源整合，尽快实现全省林业系统“机关办公无纸化、行政审批网络化、业务会议视频化”，加强信息技术在林业核心业务中的应用，建立健全省林业信息化标准规范体系，努力实现林业信息化与林业核心业务的融合，形成布局合理、科学高效、先进实用、安全稳定的全省林业信息化格局，为现代林业发展做出新贡献。

你省提出的工作思路，主题明确，措施得力，符合林业信息化发展实际，同意尽快组织实施。希望你省围绕上述思路，按照第二届全国林业信息化工作会议和《全国林业信息化建设纲要》及《全国林业信息化建设技术指南》有关要求，加大工作力度，集中力量进行攻关，力争尽快推出国际先进、国内领先的示范成果，真正发挥示范作用，为全面加快林业信息化建设做出新贡献。

特此批复。

国家林业局办公室

二〇一二年三月七日

九、关于沈阳市林业局推进林业信息化示范市建设的批复

2012年3月7日，国家林业局办公室印发了《国家林业局办公室关于沈阳市林业局推进林业信息化示范市建设的批复》，正式批复沈阳市林业局林业信息化示范建设方案（专栏1-13）。

专栏1-13

国家林业局办公室关于沈阳市林业局推进林业信息化示范市建设的批复

办信字〔2012〕47号

沈阳市林业局：

你局《关于〈沈阳市林业信息化示范市建设实施方案（试行）〉的请示》（沈林〔2011〕186号）收悉。经研究，现批复如下：

按照《国家林业局关于启动第二批全国林业信息化示范省建设工作的通知》（林办发〔2011〕112号）有关要求，你市被确定为第二批林业信息化示范市，示范主题为终端入户辐射带动信息服务。你市对此高度重视，切实加强组织领导，精心编制实施方案，采取了一系列有力措施，组织开展了大量卓有成效的工作。实施方案立足于“三实”，即实际——符合沈阳实际，凸显沈阳特色；实用——外网、内网和专网一定要做到真正有用；实效——在服务林农、服务自身、服务决策方面有显著的实际效果，在今后3年内主要解决林业信息化在基础和基层环节的延伸和应用，把沈阳市的林业信息化建设成国内一流、功能强大、普及到乡、连接到户、运行高效、安全实用的网络系统，使“三个平台”（服务平台、管理平台、决策平台）建设更加完善、更加巩固，使基层基础工作（内网到乡的软硬件建设）更加牢固。

你市提出的工作思路，主题明确，措施得力，符合林业信息化发展实际，同意尽快组织实施。希望你市围绕上述思路，按照第二届全国林业信息化工作会议和《全国林业信息化建设纲要》及《全国林业信息化建设技术指南》有关要求，加大工作力度，集中力量进行攻关，力争尽快推出国际先进、国内领先的示范成果，真正发挥示范作用，为全面加快林业信息化发展做出新贡献。

特此批复。

国家林业局办公室

二〇一二年三月七日

十、关于印发《2012年林业信息化与电子政务工作要点》的通知

2012年2月21日，国家林业局办公室印发了《2012年林业信息化与电子政务工作要点》（专栏1-14）。

专栏1-14

国家林业局办公室关于印发《2012年林业信息化与电子政务工作要点》的通知

办信字〔2012〕35号

各省、自治区、直辖市林业厅（局），内蒙古、吉林、龙江、大兴安岭森工（林业）集团公司，新疆生产建设兵团林业局，各计划单列市林业局，国家林业局各司局、各直属单位：

为深入贯彻落实全国林业厅局长会议、全国林业信息化工作会议精神，现将《2012年林业信息化与电子政务工作要点》（见附件）印发给你们，请结合工作实际，认真贯彻执行。

附件：2012年林业信息化与电子政务工作要点

国家林业局办公室

二〇一二年二月二十一日

附件

2012年林业信息化与电子政务工作要点

2012年，林业信息化与电子政务工作的总体要求是，紧紧围绕"发展现代林业，建设生态文明，推动科学发展"这个中心，按照"加快林业信息化，带动林业现代化"的总体思路和"五个统一"的基本原则，突出建设、应用、运维三个重点，坚持强化基础、提升水平、拓展领域、深化合作、规范管理，推动林业信息化发展阶段由互联网向物联网推进，建设领域由电子政务向电子商务拓展，技术手段由现代信息技术向下一代信息技术提升，应用服务由局部向整体延伸，努力使林业信息化实现新的突破。重点抓好四方面的工作。

一、综合工作方面

（一）召开全国林业信息化工作领导小组工作会议

筹备组织召开全国林业信息化工作领导小组工作会议或全国林业信息化工作座谈会，分析形势，深化认识，统一思想，总结成绩，部署工作。（责任单位：各司局、各直属单位，

各地林业主管部门）

（二）加强林业信息化政策文件制定工作

出台《国家林业局关于全面加快林业信息化发展的若干指导意见》。加快制定《全国林业系统信息中心（办）主任协作组会议制度》《林业信息化项目审核、审批管理办法》等。修改完善林业信息化管理制度和信息办内部管理制度。（责任单位：信息办，各司局、各直属单位，各地林业主管部门）

（三）加强规划实施与专题编制工作

积极开展《全国林业信息化发展“十二五”规划》解读工作。编制完成《中国林业云发展规划（2011～2015年）》和《中国林业物联网发展规划》。（责任单位：信息办、计财司，有关司局、有关直属单位，各地林业主管部门）

（四）研究建立林业信息化发展基金

积极协调IT企业、社团组织和有关方面，筹备建立林业信息化发展基金。依托林业信息化发展基金，组织开展全国林业信息化十大杰出人物评选等工作，充分发挥杰出人物的示范引领作用。（责任单位：信息办，有关司局、有关直属单位，各地林业主管部门）

（五）筹备成立中国林业信息化发展协会或发展联盟

积极协调有关部门，筹备成立中国林业信息化发展协会或发展联盟，争取设立中国信息协会林业信息化分会等。（责任单位：信息办，有关司局、有关直属单位，各地林业主管部门）

二、项目建设方面

（一）推动林业信息化项目立项

积极推进“金林工程”、物联网、林业北斗示范应用系统、国家云计算平台林业试点示范建设项目立项实施，带动全国林业信息化快速发展。实施国家卫星林业遥感数据应用平台建设项目。协调落实国家林业信息化服务产业园战略协议签订工作，落实园区启动各项工作。（责任单位：信息办、计财司，有关司局、有关直属单位，各地林业主管部门）

（二）突出强化信息服务林业改革发展

按照局党组关于“信息化要为林业发展大局服务”的指示精神，积极推动“信息服务林改”。借鉴安徽农网、浙江集体林改“一卡通”以及湖南林权权属数据库建设等经验，形成《国家林业局林农信息服务平台项目可行性研究报告》，完成批复立项。（责任单位：信息办，有关司局、有关直属单位，各地林业主管部门）

（三）建设中国林业数据库和中国林业数字图书馆

整合现有林业系统数据资源，购买有关数据，将各类林业数据库通过国家林业局办公网统一平台集中展示。利用数据挖掘技术，提供数据查询和定制服务。利用国产卫星遥感数据平台项目提供的数据，建好林业主体业务系统遥感信息基础数据和重点数据库。整合各级各类有关数字图书馆，建成统一的“中国林业数字图书馆”，突出信息服务。（责任单位：信息办、计财司，有关司局、有关直属单位，各地林业主管部门）

（四）加大中国林业网站群规模

扩大国有林场、森林公园、种苗基地、自然保护区子站群建设规模，争取新建200个子站。整合市、县级林业门户网站，打造林业系统国家、省、市、县四级网站群。（责任单位：信息办，有关司局、有关直属单位，各地林业主管部门）

（五）着力开展林业信息安全等级保护工作

建立林业等级保护管理体系，有效提升林业信息安全保障水平。完成国家林业局信息安全等级保护建设项目。出台林业信息系统等级保护定级工作指导意见。开展省级及地市级单位的信息安全、等级保护监督检查工作和林业行业信息系统安全及等级保护培训工作。建设经公安部认定的全行业信息安全等级保护综合管理系统，实现等级保护工作制度化、常态化。（责任单位：信息办，有关司局、有关直属单位，各地林业主管部门）

（六）做好有关项目的前期工作

着力推进林业资源监管、营造林监管等信息化项目，加快涉密网、高清视频会议、灾备中心等项目立项。（责任单位：信息办、计财司，有关司局、有关直属单位，各地林业主管部门）

三、拓展应用方面

（一）继续保持中国林业网年度绩效评估前十名的好成绩

进一步完善网站功能，优化栏目设置，加强自媒体研究引导。推进与重点网站协作，促进资源共享，优势互补。丰富网站信息发布形式，加大网站信息发布力度。加强子站信息维护工作，督促子站管理单位及时更新子站信息。协调有关司局、直属单位，促进英文版维护正常化。成立中国林业网编辑委员会，提升信息发布质量。（责任单位：信息办，有关司局、有关直属单位，各地林业主管部门）

（二）提升网上林业信息服务水平

优化行政许可在线审批系统。拓展网上办事渠道，发挥网站实时、快速、便捷的功能，提升网站在线服务能力。尽快建立网上互动交流解答制度，构建网上互动交流解答长效机制，推动网上互动交流。制作《全国林业系统电子通讯录》，提供便捷的沟通交流渠道。着力推进网络植树。（责任单位：信息办，有关司局、有关直属单位，各地林业主管部门）

（三）积极推进全国林业信息化发展水平评测和全国林业网站绩效评估工作

进一步完善评测标准，积极开展评测内容考核，创新评测结果发布形式。在继续做好全国林业网站等绩效评估和应用情况评估的基础上，积极开展森林公园等新建子站群的绩效评估工作。把群众满意度作为衡量林业信息化服务水平的重要标准。（责任单位：各司局、各直属单位，各地林业主管部门）

（四）提升办公自动化建设应用管理水平

完成办公自动化系统的优化升级，建立林业综合办公系统群，扩展应用范围，优化应用功能，做到人人会用系统、人人想用系统。（责任单位：信息办，有关司局、有关直属单

位，各地林业主管部门）

（五）筹备成立全国林业信息软件测评中心

积极推进新建信息系统软件测评工作，完成林业软件准入标准（规范）及林业信息安全等级保护相关标准和政策制定工作。（责任单位：信息办，有关司局、有关直属单位，各地林业主管部门）

（六）加强林业分中心服务管理

加强国家重点信息库林业分中心服务管理，将林业分中心建设和运行纳入信息化项目建设的统一管理。协调国家发展改革委、国家信息中心等有关部门，将林业分中心的数据集成到局内网平台。（责任单位：信息办、计财司、规划院）

（七）营造良好的网络生态文化氛围

开展全国林业信息化十件大事评选、全国林业十大关键词评选、网络征文大赛暨第二届全国生态作品大赛等活动，营造良好的网络生态文化氛围。（责任单位：各司局、各直属单位，各地林业主管部门）

四、加强管理方面

（一）进一步加强机构队伍建设

进一步加大工作力度，配齐配强各级信息中心（办）领导班子，健全干部队伍，利用好各类人才。（责任单位：信息办、有关司局，各地林业主管部门）

（二）加强林业信息化标准建设工作

加大现有标准制度的制定和宣传贯彻力度，提高林业行业信息化标准水平。建立标准项目储备库，加快“全国林业基础数据库标准”的制定，积极争取新的标准项目。完善体制机制，提高林业信息化标准管理水平。（责任单位：信息办、科技司，各地林业主管部门）

（三）争取林业信息化资金政策突破

加大与有关司局的协调力度，力争在林业信息化资金争取方面有所突破，稳定林业信息化投资渠道，为林业信息化的全面快速发展奠定扎实基础。（责任单位：信息办、计财司，各地林业主管部门）

（四）深化林业信息化示范工作

建立示范建设协调机制和例会制度。启动全国林业信息化建设示范市、示范县建设。（责任单位：信息办，有关司局、有关直属单位，各地林业主管部门）

（五）组织开展系列活动

筹备组织召开全国林业信息中心（办）主任协作组会议。举办专题培训班。完成《林业信息化建设成果汇编》和《林业信息化示范案例汇编》等编印工作。（责任单位：信息办、有关司局、有关直属单位，各地林业主管部门）

（六）进一步加强财务和资产保障

加大对项目资金和运维资金的使用审核力度，确保资金安全。做好项目绩效评价工作。

加强对新购置资产的管理工作和现有资产的划转、处置工作，确保各类资产保值增值，发挥最大效用。（责任单位：信息办、计财司、规划院）

（七）动态管理林业信息化工作

建立健全林业信息化工作情况定期报告制度。科学设计表单，动态掌握各地各单位林业信息化发展情况。（责任单位：各司局、各直属单位，各地林业主管部门）

（八）加强林业信息化合作交流

与有关单位加强战略合作。建设林业信息化教育、培训、创新基地，开展产学研合作。充分发挥专家的参谋作用。广泛开展调研、培训、交流工作。（责任单位：信息办，有关司局、有关直属单位，各地林业主管部门）

十一、关于印发《国家林业局2011年政府信息公开年度报告》的通知

2012年3月14日，国家林业局办公室印发《国家林业局办公室关于印发〈国家林业局2011年政府信息公开年度报告〉的通知》（专栏1-15）。

专栏1-15

国家林业局办公室关于印发《国家林业局2011年政府信息公开年度报告》的通知

办发字〔2012〕50号

国家林业局各司局、各直属单位：

现将《国家林业局2011年政府信息公开年度报告》印发给你们，请按照《政府信息公开条例》及《国家林业局〈政府信息公开条例〉实施办法》有关要求，进一步做好此项工作，促进我局政府信息公开工作再上新台阶。

特此通知。

附件：国家林业局2011年政府信息公开年度报告

附件

国家林业局2011年政府信息公开年度报告

按照《政府信息公开条例》有关要求，现将我局2011年政府信息公开年度报告公布如下。

一、基本情况

一年来，我局认真落实《政府信息公开条例》、《中共中央办公厅 国务院办公厅关于深化政务公开加强政务服务的意见》（中办发〔2011〕22号）和中央一系列有关文件精神，紧紧围绕“发展现代林业、建设生态文明、推动科学发展”的总体要求，锐意改革，开拓进取，扎实工作，开展了大量卓有成效的工作，局政务公开工作取得了重要进展。

（一）深入推进主动公开工作

主动公开是政务公开的主要途径。坚持“公开是原则，不公开是例外”的原则，凡不涉密的政府信息，包括我局财政预算、决算和“三公”经费的支出等信息，均于印发之日的20个工作日或财政部规定的时间范围内通过中国林业网发布。举办林业重大活动，通过新闻发布会、在线直播、在线访谈等形式，实时向社会公开。在制定林业法律法规、林业发展战略和林业发展规划的过程中，通过中国林业网相关栏目、报纸杂志等形式，广泛征求社会各界的意见和建议，充分体现社情民意。决策林业重大事项前，通过举办社会听证、专家论证会，认真听取社会各界和专家学者的意见和建议，确保决策科学合理。通过上述工作，积极推动政务公开由静态信息公开向静态信息公开与动态信息公开双轨运行转变，由事后公开向事前公开与事后公开并存转变，全面提升政务公开的整体水平。统计表明，我局2011年发布各类政府信息约20万条。在中国政府透明度年度报告中，国家林业局在部委信息公开排名中列第二位。

（二）突出抓好依申请公开工作

自《政府信息公开条例》施行以来，我局依申请公开案例呈不断上升之势。我局始终高度重视依申请公开工作。为确保此项工作的顺利开展，我局健全了依申请公开机制，制定了依申请公开指南，完善了依申请公开流程，认真受理人民群众的每一份政府信息公开申请，并在第一时间内作出积极响应，在法定的时限内予以答复，依法满足社会个体的合理需求，主动接受社会各界和人民群众对林业行政行为的监督和检查。我局2011年受理的25份政府信息公开申请均得到及时有效答复。

（三）着力开展政府信息公开保密审查工作

按照《国家林业局〈政府信息公开条例〉实施办法》有关要求，我局将政府信息公开和保密审查作为重要内容列入公文运转程序中，建立健全了政府信息公开保密审查工作机制。在公文运转过程中，起草人员拟制公文、信息时，按照有关要求首先确定所办公文、信息是否涉密、能否公开，如果不涉密，就必须确定公开方式，明确“社会公开”或“内部公开”；各级领导审核公文、信息时，除对公文内容、公文格式进行审定外，还对其是否涉密、能否公开进行严格把关，做到责任分解、层层把关、风险共担，既防止借口保密而出现该公开的事项不公开或不及时、不全面公开等情况，也防止片面强调公开而发生失泄密，认真处理公开与保密的关系。

（四）不断深化林业重要事项内部公开

在继续做好社会公开工作的基础上，加大力度，积极推进内部公开工作。对于我局在履行职能过程中产生的不宜向社会公众公开，但可让机关干部职工知晓的事项，均以国家林业局办公网等形式在机关和直属单位内部公开，不断强化干部职工对权力运行的内部监控，防止少数人或个人滥用权力。逐步建立和完善内部公开工作机制，围绕机关干部职工关心的，如干部选拔任用、政府采购、基建工程、资金使用状况等问题，加大公开力度，做到公开结果与公开过程相结合。

（五）积极开展政务公开调查研究工作

政务公开是一项全新的工作，其间没有现成的经验可资借鉴。针对政务公开工作中遇到的难题，我局深入开展调查研究工作，准确掌握了到底哪些是广大人民群众真正普遍关心的问题，哪些工作环节最容易滋生腐败问题，及时调整政务公开内容，完善政务公开形式，提高政务公开水平。同时，注重加强政务公开理论研究，特别是对林业政务公开工作中存在的一些深层次问题进行分析研究，准确把握林业政务公开的发展趋势，了解和掌握政务公开工作的特点和规律，提高工作的主动性和预见性，不断提升林业政务公开工作水平。

二、政府信息公开情况

（一）主动公开方面

2011年度，我局在国家林业局政府网共发布各类政务信息202 736条（外网161 498条、内网41 238条）。其中，公文31 109条（外网885条、内网30 224条），行政许可结果公开4 141件，人事管理信息142条，财务与资金管理信息129条，其他政府信息167 215条（外网157 001条、内网10 214条）。

2011年度，我局共举办各类新闻发布会8场，内容涉及第四次全国荒漠化和沙化监测成果发布、全国绿色生态动漫作品展情况、第八届中国城市森林论坛情况、第五届中国—俄罗斯国际木业博览会情况、首届亚太经合组织林业部长级会议情况、中国林业产业发展情况、中国森林旅游发展情况、全民义务植树运动30周年等方面。

2011年度，共办理林业行政许可事项189 338件（准予许可179 607件、不准予许可9731件）。其中，按具体承担单位计：国家林业局机关办理行政许可6059件（准予许可5976件、不准予许可83件）；植物检疫机构准予许可2775件；濒管系统办理行政许可76 108件（准予许可76 097件、不准予许可 11件）；国家林业局驻内蒙古自治区森林资源监督专员办事处办理行政许可20 662件（准予许可20 320件、不准予许可342件）；国家林业局驻长春森林资源监督专员办事处办理行政许可17 537件；国家林业局驻黑龙江省森林资源监督专员办事处办理行政许可51 960件（准予许可42 956件、不准予许可9004件）；国家林业局驻大兴安岭林业集团公司森林资源监督专员办事处办理行政许可14 237件（准予许可13 946件、不予许可291件）。

（二）依申请公开方面

2011年度，我局共接到25份依申请公开申请。对此，我局均按照《政府信息公开条例》有关要求，依法按期作了答复。

（三）申请行政复议及提起行政诉讼方面

2011年度，我局共办理4件涉及信息公开的行政复议案件。

（四）收费及减免情况

考虑到我国目前尚未出台政府信息公开收费具体标准等，我局2011年度在公开政府信息工作方面未收取任何费用。

下一步，我局将采取更为有力的措施，切实加强政务公开工作，不断提高政府信息公开工作效率和质量，确保社会公众政府信息知情权的有效落实。

国家林业局办公室

二〇一二年三月十四日

十二、关于成立中国林业网编辑委员会的通知

2012年4月17日，国家林业局办公室印发了《国家林业局办公室关于成立中国林业网编辑委员会的通知》（专栏1-16）。

专栏1-16

国家林业局办公室关于成立中国林业网编辑委员会的通知

办信字〔2012〕71号

各省、自治区、直辖市林业厅（局），内蒙古、吉林、龙江、大兴安岭森工（林业）集团公司，新疆生产建设兵团林业局，各计划单列市林业局，国家林业局各司局、各直属单位：

为进一步提高中国林业网的内容保障水平，经征求各地各单位意见，我局决定在现有信息员队伍的基础上进行充实完善，成立中国林业网编辑委员会（以下简称编委会），负责中国林业网、国家林业局办公网的内容服务和运维保障工作。现将有关事项通知如下：

一、人员组成

编委会由主编、副主编及编委（各地各单位信息化主管处室负责人）组成，下设编辑部，包括外网组、内网组、网络电视组、技术保障组及各子站组。

二、工作职责

（一）编委会职责

负责中国林业网、国家林业局办公网的内容管理和运维保障工作，组织策划网站架构与功能设置，审核网站栏目设计和主要信息内容，沟通协调网站运作中与各部门各单位的关

系，制定网站管理办法与规章制度，拓展网站合作渠道等。

（二）编辑部职责

总编辑职责：负责中国林业网、国家林业局办公网的日常更新管理；负责策划、制作、维护网站的相关专题；负责网站相关活动的策划和推广；负责管理、组织、协调编辑部各组开展工作。

外网组职责：负责中国林业网站群的结构功能和页面设计，专题和栏目策划，重要会议报道；负责网站后台管理与日常监控；负责处理网站日常投诉、建议与反馈；负责外网建设与内容维护的其他工作。

内网组职责：负责国家林业局办公网的结构设计和各栏目策划；负责内网信息平台、学习平台、生活平台、交流平台等板块信息内容更新维护等工作。

网络电视组职责：负责网络电视节目的策划、撰稿、录制、剪辑和发布；负责网站图片信息采集、拍摄与处理，参与林业重要会议照片和视频信息采编与协调，组织协调有关拍摄活动。

技术保障组职责：负责内外网日常运行，承担内外网技术支持与服务，保证内外网系统及信息安全；负责后台功能升级与完善；负责网站应急处置等。

各子站组职责：负责本单位子站栏目设置、调整及信息维护工作，向归口本单位维护的外网主站和国家林业局办公网相关栏目报送有关信息。

各司局各直属单位子站组按照《国家林业局关于印发〈中国林业网管理办法〉等五项信息管理制度的通知》（林办发〔2010〕185号），做好本单位子站内容维护工作，并积极配合主站做好相关内容保障工作，负责有关场景式服务、互动栏目等在线咨询服务。

各省（区、市）、森工集团、新疆生产建设兵团子站组负责本单位子站建设和日常运行维护工作，向主站报送本单位林业政务信息，参与主站互动交流与服务栏目的内容维护和信息服务工作。

各森林公园、国有林场、种苗基地、自然保护区等专业子站组负责本单位子站栏目设计与日常信息维护工作。

三、工作要求

编委会成员和编辑部各组成员要认真履行职责，按照“加快林业信息化，带动林业现代化”的总体要求，切实做好网站建设和信息服务工作，不断提高中国林业网和国家林业局办公网建设水平，为打造服务型和效能型政府，推动现代林业又好又快发展做出新贡献。

各地各单位发生人员变动时，请及时报编委会进行调整。

国家林业局办公室

二〇一二年三月十七日

十三、关于印发《林业信息网络项目资金管理办法（试行）》的通知

2012年10月25日，国家林业局办公室印发了《国家林业局办公室关于印发〈林业信息网络项目资金管理办法（试行）〉的通知》（专栏1-17）。

专栏1-17

国家林业局办公室关于印发《林业信息网络项目资金管理办法（试行）》的通知

办规字〔2012〕179号

国家林业局各有关司局、有关直属单位：

为加强林业信息网络项目资金管理，规范资金使用范围，明确项目资金的申报管理程序，提高资金使用效益，根据财政部《中央本级项目支出预算管理办法》（财预〔2007〕38号）等文件规定，我局制定了《林业信息网络项目资金管理办法（试行）》。现印发给你们，请遵照执行。执行中有何意见和建议，请及时反馈我局。

国家林业局办公室

二〇一二年十月二十五日

林业信息网络项目资金管理办法（试行）

第一章　总　则

第一条　为加强林业信息网络项目资金管理，规范资金使用范围，明确项目资金的申报管理程序，提高资金使用效益，根据财政部《中央本级项目支出预算管理办法》（财预〔2007〕38号）等有关规定，制定本办法。

第二条　本办法所称的林业信息网络项目资金是指通过中央部门预算安排，专项用于开展林业信息网络运行维护、软件开发、设备购置及信息化等工作的中央财政专项经费。

第三条　本办法适用于承担林业信息化专项工作任务，并相应安排林业信息网络项目资金的项目单位。

第四条　国家林业局每年根据林业信息化工作任务的需要，在部门预算中统筹安排林业信息网络项目资金。国家林业局有关预算单位根据批复的项目支出预算，具体负责组织实施林业信息网络项目，并对项目资金的使用进行管理和监督。

第二章　资金使用范围和支出内容

第五条　林业信息网络项目资金主要用于开展中国林业网、国家林业局办公网、全国林

业专网及林业信息化专项工作等运行维护项目支出，使用范围具体包括：

（一）硬件系统运行维护支出。计算机网络互联设备检查、修复、更换配件、清洁保养，网络安全设备故障排除，计算机类终端、附属设备、网络布线系统、数据存储设备、视频会议及视频监控系统硬件设备故障维修，系统运行数据分析、查找网络瓶颈问题，系统结构优化，提交年度设备检测维护报告等支出。

（二）软件系统运行维护支出。系统软件的功能性维护及系统完善升级，数据库系统更新，损毁数据和数据库修复，通用软件系统升级、安全系统升级，软件定制开发与升级，网站改版升级，通用数据和专用数据采集与加工等支出。

（三）基础设施运行维护支出。机房温湿度监控、信息采集、安全监控运行保障、电源系统运行维护、通信信道租赁、异地技术装备运行维护、机房各类维修、机房环境检测评估等支出。

（四）网络与信息安全支出。用于网络安全设备及软件升级、更新、信息安全技术检测、安全保障、等级保护测评及安全检查。

（五）内容维护支出。用于中国林业网、国家林业局办公网的内容信息采集、加工、整理、加载、运维，在线服务、在线办事、在线访谈、在线直播、专题制作，有关资料及数据采购，图片及视频节目制作，专题数据库数据更新等支出。

（六）信息化管理方面的支出。用于林业信息化工作会议、规划、技术方案等编制，开展林业信息化新技术应用及相关政策制度研究、全国林业信息化示范省管理、林业信息化培训，林业信息化年度发展报告编制、政府信息公开管理、网站绩效评估、林业信息化发展水平评测、网络生态文化活动，林业信息化管理办法及标准的普及推广工作等支出。

第六条 林业信息网络项目经费支出内容包括：

（一）办公及印刷费：办公用品购置、林业信息化年度发展报告出版及印刷、政府信息公开申请答复相关费用、网络硬件软件系统及设备档案管理、数据备份管理、日常运行维护管理等办公支出。

（二）差旅及交通费：用于开展林业信息网络项目的检查、监测、调研、评估、维护、技术支持、对外交流学习等活动所发生的外埠旅费、市内交通费、住宿费、伙食补助费和公杂费等支出。

（三）维修（护）费：用于硬件系统、软件系统和基础设施的日常运行与维护、维修所需各类支出。

（四）会议费：用于召开各种规模、各种类型的会议所发生的住宿、餐饮、会议室租赁、交通费、资料印刷等支出。

（五）委托业务费：根据林业信息化发展总体部署和要求，委托相关单位承担林业信息网络项目运行维护、软件开发、方案编制等工作所发生的费用。

（六）培训费：用于各类信息技术培训所发生的专家学者师资、教材资料、场地及交通工具租赁等费用。

（七）劳务咨询费：用于临时聘用人员的劳务支出、专家咨询和项目咨询等费用。

（八）设备购置、租赁费和数据资料购买费：用于林业信息网络项目硬件、软件购置，有关资料及数据采购，仪器设备租赁等所发生的费用。

（九）网络及信息安全保障费：用于信息安全等级测评和安全检查、安全设备系统升级、杀毒软件病毒库升级、监视系统升级、安全技术检测等费用。

（十）通信信道租赁费：用于租用互联网、专网等通信信道的费用。

（十一）其他费用：用于网络与机房监测指标制定，林业信息化项目立项，技术方案编制、技术协作，视频会议服务、网站绩效评估、林业信息化发展水平评测工作，林业信息化标准推广，聘请专家，绩效评价，资料邮寄等支出。

第三章 项目申报与管理

第七条 林业信息网络项目支出预算实行归口管理和运行维护定额标准指导下的申报制度。国家林业局各预算单位应当根据林业信息化工作计划，编制下一年度林业信息网络项目支出预算，报国家林业局信息办统一归口审核。

第八条 预算单位应当按照林业信息网络项目支出定额标准及有关要求，严格按照预算管理级次自下而上、逐级编制，并在规定时间内提交下一年度项目资金申报材料。对预算申报数额较大或者专业技术复杂的项目，应当进行可行性论证。

第九条 国家林业局计财司根据林业信息化工作开展的需要，在对各预算单位项目资金申报材料和项目资金支出合理性、可行性和必要性进行审核的基础上，按部门预算“二上二下”程序确定下一年度项目资金支出预算，并由各相关预算单位细化预算方案，最终纳入国家林业局部门预算“二上”报送财政部审核批复。

第十条 国家林业局在财政部批复部门预算的15日内，及时批复下达林业信息网络项目支出预算。各预算单位应当按照批复的项目支出预算及时组织项目实施，严格执行项目资金计划和项目资金支出预算。预算执行过程中，如发生项目变更、终止、调整预算等情况，必须上报国家林业局审核并报送财政部审批后执行。

第四章 资金监督与管理

第十一条 各预算单位项目和资金的申请必须经单位领导班子集体研究、主管领导和行政一把手签字同意后上报。单位负责人要对本单位上报材料的真实性、完整性负责，并对下达资金运行的及时性、合法性、安全性负全责。

第十二条 各预算单位应当加强林业信息网络项目资金的监督管理，并主动接受上级有关部门的监督与检查。对经检查发现存在截留、挤占、挪用项目资金等违反有关法律、行政法规和财务规章制度的行为，国家林业局将按照《财政违法行为处罚处分条例》及其他法律法规追究有关单位及其责任人的法律责任。

第十三条 林业信息项目年度任务完成后，预算单位应当及时组织项目验收和总结，并在年终随决算向国家林业局上报项目完成及资金使用情况总结报告。

第十四条 林业信息项目结转结余资金严格按照《财政部关于印发〈中央部门财政拨款结转和结余资金管理办法〉的通知》（财预〔2010〕7号）规定管理和使用。在编制申请下年度项目预算时，预算单位要主动提出统筹使用结转资金计划，结转资金不足以安排时再申请增加财政拨款。

第五章 附则

第十五条 本办法由国家林业局负责解释。

第十六条 本办法自发布之日起实施。

十四、关于举办“信息改变林业”故事网络征文大赛的通知

2012年4月10日，国家林业局信息办印发了《中国林业网 国家生态网关于举办“信息改变林业”故事网络征文大赛的通知》（专栏1-18）。

专栏1-18

中国林业网 国家生态网关于举办“信息改变林业”故事网络征文大赛的通知

信站发〔2012〕30号

各省、自治区、直辖市林业厅（局），内蒙古、吉林、龙江、大兴安岭森工（林业）集团公司，新疆生产建设兵团林业局，各计划单列市林业局，国家林业局各司局、各直属单位，各有关单位：

随着信息社会的逐步到来，信息化正日益深刻影响和改变着人们的生产生活方式。特别是林业信息化的快速发展，给林业、林区、林农和林业职工等生产生活带来了深刻变化，为发展林业、繁荣林区、致富林农和林业职工做出了特殊贡献，由此也发生了无数真实而生动的故事。为如实反映信息化给林业发展和林区、林农生产生活带来的深刻变化，共享那些真实而生动的故事，中国林业网、国家生态网举办首届“信息改变林业”故事网络征文大赛。现将有关事宜通知如下：

一、大赛主题

信息促进发展，信息提升生活，信息改变林业。

二、组织机构

该活动由中国林业网、国家生态网主办。主办方及有关单位组成大赛组委会，负责组

织、评奖工作。

三、时间安排

作品征集时间：2012年4月10日～10月30日。

作品评选时间：2012年11月1日～11月30日。

四、作品要求

（一）体裁以散文为主，中文稿，字数2000字左右。

（二）文章内容必须是发生在作者本人和身边的故事，如实反映林业信息化改变生产生活的事例。

（三）所有参赛选手需填写《首届“信息改变林业”故事网络征文大赛参赛作品登记表》，并将登记表扫描件与参赛作品一起通过电子邮件发送。

五、参赛要求

（一）参赛者不受年龄、地域、国籍等限制，个人、单位、团体均可参加。

（二）各参赛作品需自拟标题，字数不超过20个汉字。如标题明显与作品内容不符，主办方有权取消其参赛资格。

（三）参赛作品必须为自己独立完成或牵头完成的作品，不得侵犯他人著作权，如有侵权现象将取消参赛资格，并由参赛者承担所有法律责任。参赛作品的版权归作者和主办单位所有。

（四）主办单位对以上条款拥有解释权，凡参赛人员均视为接受本条款。

六、奖项设置

大赛组委会组织专家评委会对参赛作品进行评比。根据评比结果选出一等奖3名，二等奖5名，三等奖7名，优秀奖若干。作品及获奖名单在中国林业网、国家生态网公布，主办单位将为获奖者颁发证书并给予奖励。

七、作品提交方式及要求

作品采用网络投稿方式，参赛作品投稿截止日期为2012年10月30日。以电子邮件发送日期为准，对延期送达的作品主办方不予接收。

国家林业局信息办

二〇一二年四月十日

十五、关于印发《全国林业系统信息办主任协作组会议制度》的通知

2012年5月30日，国家林业局信息办印发了《国家林业局信息办关于印发〈全国林业系统信息办主任协作组会议制度〉的通知》（专栏1-19）。

专栏1-19

国家林业局信息办关于印发《全国林业系统信息办主任协作组会议制度》的通知

信综发〔2012〕46号

各省、自治区、直辖市林业厅（局），内蒙古、吉林、龙江、大兴安岭森工（林业）集团公司，新疆生产建设兵团林业局，各计划单列市林业局：

为深入贯彻落实全国林业厅局长会议、第二届全国林业信息化工作会议精神，加快推进全国林业信息化建设，巩固林业信息化发展成果，及时总结交流各地信息化建设经验，建立全国林业信息化部门负责人沟通机制，在广泛征求各地意见的基础上，我办研究拟定了《全国林业系统信息办主任协作组会议制度》（见附件），现印发给你们，请结合实际认真贯彻执行。

附件：全国林业系统信息办主任协作组会议制度

国家林业局信息办

二○一二年五月三十日

附件

全国林业系统信息办主任协作组会议制度

为提高全国林业信息化建设水平，巩固林业信息化发展成果，及时总结交流林业信息化建设经验，经研究决定，建立全国林业系统信息办主任协作组（以下简称协作组）会议制度。

一、主要任务

（一）以邓小平理论和“三个代表”重要思想为指导，认真贯彻落实科学发展观，严格遵守国家法律法规和方针政策，组织成员单位，动员社会力量，共同推动林业信息化事业的健康发展。

（二）在国家林业局党组的领导下，组织研究林业信息化发展政策、措施等，向国家林业局提出建议。

（三）认真贯彻落实“加快林业信息化，带动林业现代化”的总体思路，坚持“五个统

一”的基本原则，为全面推进林业信息化建言献策。

（四）坚持“上下联动”，推动全国林业信息化协调发展。组织成员单位对电子政务、电子商务和电子社区的理论和实践问题进行研究、探讨和交流，加快推动林业信息化进程。

（五）完成国家林业局交办的其他事项。

二、成员单位

协作组由国家林业局信息办牵头，由各省、自治区、直辖市林业厅（局），内蒙古、吉林、龙江、大兴安岭森工（林业）集团公司，新疆生产建设兵团林业局，各计划单列市林业局（以下简称各省级林业主管部门）信息化主管处室（以下简称信息办）组成。协作组设组长一人、副组长两人，国家林业局信息办主任任协作组组长，国家林业局信息办分管副主任任协作组副组长，协作组会议承办单位信息办主任轮流担任副组长。各省级林业主管部门信息办主任为成员（见附表）。

三、工作规则

（一）协作组会议由国家林业局信息办主办，各协作组成员单位轮流承办。

（二）参加会议人员为本协作组组成人员，同时可邀请其他相关单位参加。

（三）定期举办协作组会议，原则上每年举办一次，定在每年7月或12月。

四、工作要求

（一）确定会议主题。会议主题由国家林业局信息办与协作组会议承办单位共同确定。内容主要包括：学习贯彻上级文件、会议精神和工作部署；学习借鉴信息化工作典型经验和好的做法；研讨国内外信息化发展的新动态、新理念、新技术；交流各单位信息化工作情况，研究提出加强和改进信息化工作的措施等。

（二）切实履行各方职责。各协作组成员单位要在认真做好各项准备的情况下，承办好协作组会议，同时组织各协作组成员单位参加好协作组会议，完成上级单位交办的其他工作。各协作组成员单位要主动配合组长、副组长开展工作，确保协作组会议取得实效，推进全国林业信息化又好又快发展。

（三）加强协作组机制建设。国家林业局信息办负责协作组工作的统筹协调，在工作中不断完善运行机制，使协作组会议成为推进全国林业信息化发展的重要平台。

十六、关于将市、县林业主管部门网站纳入中国林业网站群的通知

2012年9月27日，国家林业局信息办印发了《国家林业局信息办关于将市县林业主管部门网站纳入中国林业网站群的通知》（专栏1-20）。

专栏1-20

国家林业局信息办关于将市县林业主管部门网站纳入中国林业网站群的通知

信站发〔2012〕67号

各省、自治区、直辖市林业厅（局），内蒙古、吉林、龙江、大兴安岭森工（林业）集团公司，新疆生产建设兵团林业局：

为认真贯彻全国林业厅局长会议和全国林业信息化工作会议精神，进一步落实林业信息化“五个统一”的要求，经研究，我办决定在各省级林业主管部门网站已纳入中国林业网站群的基础上，进一步将各市、县级林业主管部门网站纳入中国林业网站群。现将有关事项通知如下：

一、请各省级林业主管部门尽快统计本省（区、市）市、县级林业主管部门网站，并组织各市、县级林业主管部门开展网站安全自检工作。

二、在完成自检工作后，请各省级林业主管部门督促各市、县级林业主管部门于10月15日前在其网站题头右侧，加注统一标识（见附件）（略），并将标识链接至中国林业网（www.forestry.gov.cn）。

三、请各省级林业主管部门将本省（区、市）市、县级林业主管部门网站的域名、网站联系人和联系方式于10月15日前以传真或邮件方式报送我办。

国家林业局信息办

二〇一二年九月二十七日

十七、关于印发《中国林业网运行维护管理制度》等10项管理制度的通知

2012年9月14日，国家林业局信息办印发了《国家林业局信息办关于印发〈中国林业网运行维护管理制度〉等10项管理制度的通知》（专栏1-21）。

专栏1-21

国家林业局信息办关于印发
《中国林业网运行维护管理制度》等10项管理制度的通知

信网发〔2012〕70号

各省、自治区、直辖市林业厅（局），内蒙古、吉林、龙江、大兴安岭森工（林业）集团公司，新疆生产建设兵团林业局，各计划单列市林业局，国家林业局各司局、各直属单位：

2009年以来，中国林业网和国家林业中心机房等已平稳运行3年，为推动现代林业发展发挥了重要作用。随着林业信息化的全面快速推进，应用系统等信息资源逐年增加，为确保中国林业网、国家林业局办公网等重要系统安全平稳运行，我局根据有关规定和实际情况，在征求各有关方面意见的基础上，研究制定了《中国林业网运行维护管理制度》、《国家林业局办公网运行维护管理制度》、《国家林业局专网运行维护管理制度》、《国家林业中心机房第三方和外包人员安全管理办法》、《国家林业中心机房安全保密与数据备份管理制度》、《国家林业中心机房动力系统维护制度》、《国家林业中心机房介质管理制度》、《国家林业中心机房运维人员工作制度》、《国家林业中心机房设备运行维护管理制度》和《国家林业中心机房值班人员交接班制度》10项运行维护管理制度。现印发给你们，请结合工作实际，认真贯彻执行。

附件：1.中国林业网运行维护管理制度
2. 国家林业局办公网运行维护管理制度
3. 国家林业局专网运行维护管理制度
4. 国家林业中心机房第三方和外包人员安全管理办法
5. 国家林业中心机房安全保密与数据备份管理制度
6. 国家林业中心机房动力系统维护制度
7. 国家林业中心机房介质管理制度
8. 国家林业中心机房运维人员工作制度
9. 国家林业中心机房设备运行维护管理制度
10. 国家林业中心机房值班人员交接班制度

国家林业局信息办

二〇一二年九月十四日

附件1

中国林业网运行维护管理制度

第一章 总 则

第一条 为加强和规范中国林业网的建设及运维管理，确保安全、稳定、高效的运行，根据有关规定，结合国家林业局实际情况，制定本制度。

第二条 中国林业网（以下简称外网）是国家林业局电子政务网络的重要组成部分，是用于支撑对外信息发布、其他业务应用等的基础网络。

第三条 外网运行维护和管理遵循“统一标准、统一监控、统一运维、统一管理”的原则。

第四条 本制度适用于外网管理单位、业务系统主管单位、网络运行维护单位、网络接入单位及其行政主管单位。

第二章 运行维护管理制度

第五条 国家林业局信息化管理办公室（信息中心）（以下简称国家林业局信息办）作为国家林业局电子政务网络的规划管理单位，负责以下工作：

（一）外网的整体规划。

（二）外网相关制度、标准的审核。

第六条 国家林业局信息办网络安全与运维管理处作为外网的运维管理单位，在国家林业局信息办的领导下，负责以下工作：

（一）外网建设及运维的管理工作，对各级接入链路、网络设备及安全认证设备进行管理和维护，组织确定外网网络接入服务商资质。

（二）制定外网网络管理制度和相应考评体系，实施外网运维服务评价和考核；负责外网网络地址和域名的统筹规划和管理工作。

（三）负责外网接入单位的分级管理，对外网接入单位的网络接入和维护工作进行技术指导和人员培训。

（四）完成业务系统的备案工作。

第七条 外网接入单位及其行政主管单位作为外网重要应用单位，负责以下工作：

（一） 提供外网接入环境，协调相关部门，满足外网接入要求。

（二）负责本单位局域网及接入外网设备的运维管理。

（三）接入单位的行政主管单位负责接入单位网络接入和运维相关工作的监督管理。

第八条 外网运行维护单位作为网络服务保障机构，负责以下工作：

（一）做好网络建设和运维的具体工作，为各接入单位提供可靠的网络接入服务。

（二）进行网络资源的监测，及时排除网络故障，提供网络应急保障，定期提供网络运行状况报告。

（三）做好网络升级改造和优化的相关工作。

（四）设置24小时值班电话并安排专人值守，做好电话记录。

（五）计划对外网相关链路及设备进行调整时，应提前一个工作日向国家林业局信息办提出书面申请，经批准后方可实施。

第九条 外网接入需求单位在新增网络接入时，由该业务系统的主管单位统一向国家林业局信息办提出网络接入申请，经审核通过后方可实施接入。

第十条 外网业务系统的新增、更改和撤销，应根据以下要求进行：

（一）由业务系统主管单位向国家林业局信息办提出相关申请，经审核通过后方可实施。

（二）涉及网络接入工作的，应遵照第九条相关规定。

（三）以下情况不允许接入外网：

1. 未经过安全检测的业务系统。

2. 与安全保护等级不匹配的专用网络。

3. 其他情况不能接入外网的。

第十一条 凡因接入单位原因导致外网无法完成接入的，当次接入申请作废。待接入条件具备后，由原申请单位重新提出接入申请。

第十二条 外网各相关单位应明确联系人及有效联系方式，人员发生改变后，要及时通知国家林业局信息办。

第十三条 外网发生网络故障时，故障处理流程如下：

运行维护单位按相关要求报送网络故障及处理信息，判断故障类型并进行维修，同时负责将故障信息通知相关单位。

第十四条 机房值班人员必须坚守值班岗位，认真完成外网的相关检查作业计划，严格执行操作规程，及时、准确、完整地填写值班日志和各种规定的记录文档，并每月上报国家林业局信息办。

第十五条 系统管理员负责定期检查系统状态，确保系统正常运行；证书操作员的日常操作要定期进行安全审计，并向主管部门汇报情况；作废的文档与介质要及时销毁。密钥管理员要定期生成并维护用户密钥，保障证书申请正常进行。网络管理员要定期检查网络运行状况，及时安装系统补丁、更新病毒库。

第十六条 机房运维人员应严格遵守各自职责和操作流程，妥善保管用户信息，未经允许不得以任何形式带出用户信息，不得违规操作，未经许可不得越权。其他人员不得翻阅、查看用户信息。

第十七条 外网的所有主机与业务终端必须安装防病毒软件，并及时为计算机系统安装补丁。

第三章 附 则

第十八条 本制度由国家林业局信息办负责解释。

第十九条 本制度自发布之日起执行。

附件2

国家林业局办公网运行维护管理制度

第一章　总　则

第一条　为加强和规范国家林业局办公网的建设及运维管理，确保安全、稳定、高效的运行，根据有关规定，结合国家林业局实际情况，制定本制度。

第二条　国家林业局办公网（以下简称内网）是国家林业局电子政务网络的重要组成部分，是用于支撑内部信息发布、办公业务系统、其他业务应用等的基础网络。

第三条　内网运行维护和管理遵循“统一标准、统一监控、统一运维、统一管理”的原则。

第四条　本制度适用于内网管理单位、业务系统主管单位、网络运行维护单位、网络接入单位及其行政主管单位。

第二章　运行维护管理制度

第五条　国家林业局信息化管理办公室（信息中心）（以下简称国家林业局信息办）作为国家林业局办公网的规划管理单位，负责以下工作：

（一）内网的整体规划。

（二）内网相关制度、标准的审核。

第六条　国家林业局信息办网络安全与运维管理处（以下简称局信息办网络处）作为内网的运维管理单位，在国家林业局信息办的领导下，负责以下工作：

（一）内网建设及运维的管理工作，对各级接入链路、网络设备及安全认证设备进行管理和维护，组织确定内网网络接入服务商资质。

（二）制定内网网络管理制度和相应考评体系，实施内网运维服务评价和考核；负责内网网络地址和域名的统筹规划和管理工作。

（三）负责内网接入单位的分级管理，对内网接入单位的网络接入和维护工作进行技术指导和人员培训。

（四）完成业务系统的备案工作。

第七条　内网接入单位及其行政主管单位作为内网重要应用单位，负责以下工作：

（一） 提供内网接入环境，协调相关部门，满足内网接入要求。

（二）负责本单位局域网及接入内网设备的运维管理。

（三）接入单位的行政主管单位负责接入单位网络接入和运维相关工作的监督管理。

第八条　内网运行维护单位作为网络服务保障机构，负责以下工作：

（一）做好网络建设和运维的具体工作，为各接入单位提供可靠的网络接入服务。

（二）进行网络资源的监测，及时排除网络故障，提供网络应急保障，定期提供网络运行状况报告。

（三）做好网络升级改造和优化的相关工作。

（四）设置24小时值班电话并安排专人值守，做好电话记录。

（五）计划对内网相关链路及设备进行调整时，应提前一个工作日向国家林业局信息办提出书面申请，经批准后方可实施。

第九条 内网的网络接入需满足以下条件：

（一）接入单位与内网相连的局域网须与互联网物理隔离，并通过与内网安全等级保护级别相符的认证。

（二）网络接入服务商须具备内网网络接入资质。

第十条 接入需求单位在新增网络接入或接入已有业务系统时，须明确要访问的内网业务系统，由该业务系统的主管单位统一向局信息办网络处提出网络接入申请，经审核通过后方可实施接入。

第十一条 已接入单位进行网络迁移、改造和拆除时，由原接入申请单位向局信息办网络处提出申请，经审核通过后方可实施。

第十二条 内网业务系统的新增、更改和撤销，应根据以下要求进行：

（一）由业务系统主管单位向局信息办网络处提出相关申请，经审核通过后方可实施。

（二）涉及网络接入工作的，应遵照第十条、第十一条相关规定。

（三）以下情况不允许接入内网：

1．影响已有内网业务系统正常运行的业务系统。

2．与安全保护等级不匹配的专用网络。

3．其他情况不能接入内网的。

第十三条 凡因接入单位原因导致内网无法完成接入的，当次接入申请作废。待接入条件具备后，由原申请单位重新提出接入申请。

第十四条 内网各相关单位应明确联系人及有效联系方式，并结合自身情况制定相关管理规定，做好培训等各项工作。

第十五条 内网接入单位应确保专用机房环境和供电。

第十六条 各接入单位不得私自更改内网相关链路及设备的物理位置和设备配置。接入单位对内网相关环境进行调整时，应提前48小时书面报告局信息办网络处。

第十七条 接入单位发生内网网络故障时，应按照如下处理流程进行：

（一）接入单位向内网运行维护单位报告故障情况。

（二）内网运行维护单位按相关要求报送网络故障及处理信息，判断故障类型并进行维修，同时负责将故障信息通知相关单位。故障处理完毕后，内网运行维护单位应向接入单位核实网络恢复情况。

第十八条 局信息办网络处、内网运行维护单位及接入单位应建立本级的应急保障预案，并根据本单位实际工作情况及时修订。

第十九条 内网运行维护单位应将应急保障预案报局信息办网络处备案并定期组织演练。

第二十条 内网相关业务系统主管单位、各接入单位及其行政主管单位应积极做好内网网络应急保障工作。

第二十一条 出现以下情况的，国家林业局信息办应当联合其行政主管单位进行通报批评，情节严重或造成严重后果的，由有关部门依法追究相关单位和责任人的法律责任：

（一）因接入单位原因造成网络故障并产生严重后果的。

（二）未经允许，擅自更改内网的连接线路、网络接入设备配置或网络地址的。

（三）未经允许，擅自将内网与其他网络连接的。

（四）未经允许，擅自在内网上开通业务系统的。

第二十二条 机房值班人员必须坚守值班岗位，认真完成内网的相关检查作业计划，严格执行操作规程，及时、准确、完整地填写值班日志和各种规定的记录文档，并每月上报局信息办网络处。

第二十三条 系统管理员负责定期检查系统状态，确保系统正常运行；证书操作员的日常操作要定期进行安全审计，并向主管部门汇报情况；作废的敏感文档与介质要及时销毁。密钥管理员要定期生成并维护用户密钥，保障证书申请正常进行。网络管理员要定期检查网络运行状况，及时安装系统补丁、更新病毒库。

第二十四条 证书持有者所在单位负责审批和监管证书的申请、更新、停用、撤销、补发及使用。

第二十五条 机房运维人员应严格遵守各自职责和操作流程，妥善保管用户信息，未经允许不得以任何形式带出用户信息，不得违规操作，未经许可不得越权。其他人员不得翻阅、查看用户信息。

第二十六条 系统内所有计算机设备专机、专网专用，不得进行与本系统无关的操作；严禁在系统主机上设置信息共享；系统内所有主机与业务终端必须安装防病毒软件，并及时为计算机系统安装补丁。

第三章　附 则

第二十七条 本制度由国家林业局信息办负责解释。

第二十八条 本制度自发布之日起执行。

附件3

国家林业局专网运行维护管理制度

第一章 总 则

第一条 为加强和规范国家林业局专网的建设及运维管理，确保安全、稳定、高效地运行，根据有关规定，结合国家林业局实际情况，制定本制度。

第二条 国家林业局专网（以下简称专网）是国家林业局电子政务网络的重要组成部分，是用于支撑林业信息发布、公文传输、视频会议等业务应用的基础网络。

第三条 专网运行维护和管理遵循“统一标准、统一监控、统一运维、统一管理”的原则。

第四条 本制度适用于专网管理单位、业务系统主管单位、网络运行维护单位、专网接入单位及其行政主管单位。

第五条 国家林业局信息化管理办公室（信息中心）（以下简称国家林业局信息办）负责专网的建设和管理。

第二章 运行维护管理制度

第六条 专网实行全网统一管理，国家林业局信息办对全网设备与线路状况进行监控、网络设备配置实施与调整。各节点单位在维护网络设备时，应主动接受国家林业局信息办的指导，不得擅自更改专网设备的配置。

第七条 各节点单位必须依照有关法律和本制度规定接受国家林业局信息办的监督和检查。

第八条 为保障专网全天不间断运行，各节点单位应当建立值班制度，由专人负责专网设备的管理，确保专网设备的正常运行。

第九条 各节点单位应对专网设备建立设备档案和运行工作日志，运行工作日志应定期向国家林业局信息办报告。

第十条 各节点单位和维护人员必须做到：

（一）保证各节点设备24小时开机运行，不得随意关机或退出专网系统。

（二）认真记录专网设备运行工作日志，填写设备运行档案。

（三）及时处理各类告警和故障。

第十一条 各节点单位应当采取有效的防火、防灾、防盗措施，发现问题应当做好现场保护工作，并立即报告相关单位。

第十二条 国家林业局信息办负责组织专网巡检，并根据各节点单位实际情况，进行安全检查评估。

第十三条 各节点单位应对专网设备建立设备档案和运行工作日志的定期填写制度，运行工作日志应定期向国家林业局信息办报告。

第三章 附 则

第十四条 本制度由国家林业局信息办负责解释。

第十五条 本制度自发布之日起执行。

附件4

国家林业中心机房第三方和外包人员安全管理办法

第一章　总 则

第一条　为明确外部人员在国家林业中心机房内实施服务活动时必须遵守的信息安全要求，规范第三方和外包人员及其陪同人员在国家林业中心机房内的行为与责任，制定本办法。

第二条　本办法适用于进入国家林业中心机房物理安全区域的外部人员及其陪同人员的行为责任管理。

第三条　国家林业局信息化管理办公室（信息中心）（以下简称国家林业局信息办）负责国家林业中心机房第三方和外包人员（以下简称外部人员）的管理。

第四条　外部人员是指所有的非国家林业局工作人员。

第五条　陪同人员是指陪同、指导、检查、监督外部人员行为的国家林业局工作人员。

第六条　外部人员分为以下三类：

（一）临时外部人员：指由于行政关系或其他特殊原因，在国家林业中心机房物理安全区域内进行活动，且活动时间不超过一天的外部人员。

（二）短期外部人员：指由于行政关系或其他特殊原因，在国家林业中心机房物理安全区域内进行活动，且连续活动时间在两周以内的外部人员。

（三）长期外部人员：指由于行政关系或其他特殊原因，在国家林业中心机房物理安全区域内进行活动，且活动时间在两周以上的外部人员。

第七条　所有进入国家林业中心机房的外部人员都必须申请临时身份识别卡。

第八条　临时身份识别卡只作为进出国家林业中心机房物理区域人员的身份识别标志，未经允许，不得用于其他目的。

第二章　管理职责及流程

第九条　外部人员的信息安全责任实行“谁接待，谁负责；谁引入，谁负责”的原则。接待人员和引入人员统称为对口人员。接待部门和引入部门统称为对口部门。对口部门或对口人员负责监督、管理外部人员在国家林业中心机房工作或访问期间的一切行为，如对口部门或对口人员对外部人员未尽到相应的监督管理职责，对口部门或对口人员应对其所对口的外部人员的行为、影响和后果负有全部责任。

第十条　临时身份识别卡管理流程：

（一）领取：外部人员向国家林业局信息办网络安全与运维管理处（以下简称局信息办网络处）申请临时身份识别卡，并在该处登记临时身份识别卡申请信息。

（二）使用：外部人员应佩带临时身份识别卡。

（三）收回：外部人员离开国家林业局时，应及时向局信息办网络处交回其临时身份识别卡。

第十一条 外部人员在领取临时身份识别卡后必须妥善使用和保管，不得将其转借给他人使用。如丢失，应及时通知对口部门或对口人员或直接通知局信息办网络处。对于无法收回的临时身份识别卡，局信息办网络处要及时登记备案。

第三章 基本安全管理

第十二条 所有外部人员必须遵守国家林业局发布的与信息安全相关的各项规章制度。

第十三条 外部人员必须佩带相应的临时身份识别卡后，才能进入国家林业中心机房物理安全区域内。

第十四条 外部人员访问国家林业中心机房等重要物理安全区域必须进行登记，登记内容必须包括进入及离开物理安全区域的日期与时间、访问事由、陪同人员签名等信息；当有实施操作时，还需按照相关运维流程进行操作申请，并完成相关运维表单的填写。

第十五条 外部人员在国家林业局工作期间，必须遵守国家林业局的相关规定。未经许可，外部人员不允许访问国家林业局信息系统；外部人员因工作需要使用国家林业局相关文档资料，需根据文档资料的敏感级别由相关对口部门进行审批并登记备案，所借文档资料未经许可不得复制或带离国家林业局。

第十六条 工作中涉及国家林业局保密信息的所有外部人员，需要与国家林业局签署保密协议后才能开始工作。对口部门负责外部人员保密协议的签署工作，局信息办网络处负责保密协议的保管工作。

第十七条 局信息办网络处保留随时对外部人员的信息安全状况进行检查的权力，外部人员必须给予配合和协助。

第四章 计算机设备安全接入管理

第十八条 在没有获得授权的情况下，外部人员的计算机设备不得接入国家林业局任何网络。如果确需接入国家林业局网络，必须经过局信息办网络处书面或口头的授权后，方可接入。

第十九条 外部人员的计算机设备在接入国家林业局网络前，必须安装局信息办网络处认可的软件、系统安全补丁和防病毒软件，并及时升级病毒库。

第五章 网络访问权限管理

第二十条 外部人员为完成其工作，需要访问互联网或国家林业局内信息系统时，由对口部门为其申请账户或权限（包括系统账户和应用账户），并全程负责检查监督其对该账户的使用情况。

第二十一条 外部人员在使用完账户后，需通知陪同人员，由对口部门收回该外部人员使用的全部访问权限。

第六章 远程访问管理

第二十二条 外部人员为完成其工作，需要远程访问国家林业中心机房网络系统或设备时，应报局信息办网络处审批通过后，才能按要求进行远程访问。

第二十三条 外部人员进行远程访问时，必须严格按其工作计划与工作方案进行工作，对口部门或对口人员全程负责检查监督其工作。外部人员完成需要通过远程访问进行的工作后，需通知陪同人员，陪同人员需要立即通知局信息办网络处立即收回该外部人员的远程访问权限。

第七章 附 则

第二十四条 本办法由国家林业局信息办负责解释。

第二十五条 本办法自发布之日起执行。

附件5

国家林业中心机房安全保密与数据备份管理制度

第一章 总 则

第一条 为加强和规范国家林业中心机房安全保密及数据备份管理，明确各方职责，确保数据安全，根据有关规定，结合国家林业局实际情况，制定本制度。

第二条 本制度适用于国家林业局内、外网（以下简称内网、外网）所有业务系统、网络系统数据、其他单位业务系统数据等。

第三条 国家林业局信息化管理办公室（信息中心）（以下简称国家林业局信息办）负责国家林业中心机房（以下简称机房）安全保密与数据备份管理。

第二章 职责分工

第四条 机房运维人员应全力配合相关安全部门定期进行安全检查工作，及时修复系统漏洞，定期查杀病毒。

第五条 机房运维人员应严格执行密码管理规定，对设备密码定期进行更换，超级用户密码由系统管理员掌握。

第六条 系统级口令（包括root, administrator, enable, 应用程序管理账号等）每季度更改一次；对于口令、密码的创建应遵循每组不少于10字符、无序、包含字母、大小写、字符、数字等规则。

第七条 机房所有运维人员必须严守职业道德和职业纪律，不得将任何设备的密码、账号、保密信息等资料告诉他人，不得擅自泄露各种信息资料与数据。

第八条 机房运维人员应严格遵守保密制度，不得私自拷贝各种信息资料与数据，如确需下载或拷贝文件时，需上报国家林业局信息办网络安全与运维管理处（以下简称局信息办网络处）审查备案。

第九条 严禁将内网机器接入外网，严禁将移动存储介质在内、外网之间交叉使用。

第十条 机房运维人员不得在网上制造、传播计算机病毒，不得访问不明网站，不得在监控机上下载、安装与工作无关的软件。如发现病毒，应立即向机房监控室报告，以便获得及时处理。

第十一条 每周使用杀毒软件对操作系统进行漏洞扫描，系统、应用软件进行补丁扫描，如有新补丁，在测试服务器上进行测试，测试通过后再对服务器、工作站进行补丁、漏洞升级。

第十二条 机房设备中的所有数据原则上禁止拷贝带出，因工作需要将数据带出的需经局信息办网络处审批后方可带出。

第十三条 机房各门钥匙由指定的专人保管，个人门禁卡由个人妥善保管，不得转借他人，发生丢失要及时通知局信息办网络处。

第十四条 服务器、网络设备、用户资料、系统资料、相关操作程序和密码等实行专人管理，同时承担保密责任。

第十五条 机房运维人员必须加强关键设备（核心路由器、交换机、防火墙、服务器等）操作入口的安全保密工作，定期更改管理员口令，以确保安全。

第十六条 机房运维人员按值班管理制度对内、外网各系统的运行情况进行监控、检查、记录以及其他相关的工作。确保网络、系统及信息安全。严防计算机病毒破坏应用软件系统。

第十七条 机房运维人员在晚班与早班交班前必须严格按照流程检查内、外网各系统备份是否成功，若备份不成功，需要在客户机上进行手动备份。

第十八条 机房运维人员每季度末对内外、网所有数据进行刻盘备份并提交局信息办网络处保管。

第十九条 对计算机或设备进行软件安装、系统升级或更改配置时，应进行系统和数据、设备参数的完全备份。应用系统更新后，应对原系统及其数据的完全备份资料保存10年以上。

第二十条 备份数据必须指定专人进行检查、保管。

第三章 附 则

第二十一条 本制度由国家林业局信息办负责解释。

第二十二条 本制度自发布之日起执行。

附件6

国家林业中心机房动力系统维护制度

第一章 总 则

第一条 为加强和规范国家林业中心机房动力系统、消防系统、配电系统运维管理，确保安全、稳定、高效运行，根据有关规定，结合国家林业局实际情况，制定本制度。

第二条 本制度适用于国家林业中心机房（以下简称机房）所有动力系统以及各楼层弱电间子系统。

第三条 国家林业局信息化管理办公室（信息中心）（以下简称国家林业局信息办）负责机房动力系统的维护和管理。

第二章 运行维护管理制度

第四条 国家林业局信息办负责以下工作：

（一）负责机房内所有动力配电系统的接入、规划、运维。

（二）负责机房消防系统的安全检查、管理。

（三）负责机房内视频监控系统的建设、规划、管理、维护。

第五条 机房运维人员应及时检查动力设备运行状况，对异常情况要及时上报国家林业局信息办网络安全与运维管理处（以下简称局信息办网络处），设备故障应及时通知厂家人员进行维修。

第六条 机房运维人员应定时检查机房各功能区温度、湿度等参数，检查消防气体是否在有效期内。

第七条 对有计划的市电停电机房运维人员应及时将停电时间与时长等信息报知局信息办网络处，停电期间全程监控UPS各项参数。

第八条 机房运维人员应定期检查新风机运行状况并进行新风机室外机除尘。

第九条 定期检查精密空调运行状况，定期进行精密空调室内机防尘网除尘，室外机冷凝器除尘。

第十条 定期检查动力环境检测软件数据显示与实际手工测试显示是否一致，设备运行是否正常。

第三章 附 则

第十一条 本制度由国家林业局信息办负责解释。

第十二条 本制度自发布之日起执行。

附件7

国家林业中心机房介质管理制度

第一章 总 则

第一条 为加强和规范国家林业中心机房介质运维管理，确保安全、稳定、高效运行，根据有关规定，结合国家林业局实际情况，制定本制度。

第二条 本制度适用于国家林业中心机房（以下简称机房）非涉密网络及业务系统的介质管理。

第三条 国家林业局信息化管理办公室（信息中心）（以下简称国家林业局信息办）负责机房介质管理。

第二章 运行维护管理制度

第四条 机房存储介质、计算机必须有专人妥善保存。日常使用由使用人员保管，暂停使用的交由国家林业局信息办保管。

第五条 涉密笔记本电脑、涉密移动存储介质禁止连接非涉密计算机及网络。确因工作需要携带机房专用计算机、移动存储介质外出，须报经国家林业局信息办批准，履行相关手续和采取严格的保密措施。严禁将机房专用计算机、移动存储介质借给外单位使用。

第六条 非涉密笔记本电脑、移动存储介质不能与涉密介质相混用，严禁将私人笔记本电脑、移动存储介质带入机房内使用。

第七条 机房专用计算机、移动存储介质需要送外部维修时，必须将废旧的存储介质收回交国家林业局信息办。涉密移动存储介质在报废时，必须交国家林业局保密办统一处理。

第八条 机房专用计算机硬盘、移动存储介质的销毁，交国家林业局信息办统一销毁，不得擅自销毁。禁止将机房专用移动存储介质作为废品丢弃。

第九条 机房运维人员不按规定管理和使用机房专用计算机和移动存储介质造成敏感信息外泄的，将依法追究责任。

第十条 机房运维人员对现有应用系统进行备份，存储在指定磁盘并定期进行刻盘备份。

第三章 附 则

第十一条 本制度由国家林业局信息办负责解释。

第十二条 本制度自发布之日起执行。

附件8

国家林业中心机房运维人员工作制度

第一章 总 则

第一条 为加强和规范中国林业网、国家林业局办公网运维管理，确保系统安全、稳定、高效地运行，根据有关规定，结合国家林业局实际情况，制定本制度。

第二条 本制度适用于国家林业中心机房（以下简称机房）运维人员，业务系统主管单位、网络运行维护单位、网络接入单位及其行政主管单位参与机房运行维护的人员（以下简称机房运维人员）。

第三条 国家林业局信息化管理办公室（信息中心）（以下简称国家林业局信息办）负责国家林业中心机房人员的管理。

第二章 运维人员工作制度

第四条 机房运维人员必须坚守值班岗位，认真完成相关作业计划，严格执行操作规程，及时、准确、完整地填写值班日志和各种规定的记录文档。对值班期间发生的各项业务须做详细操作记录并有存档记录。

第五条 严格遵守故障处理流程，发现异常时应准确、迅速处理，并立即上报。在发生重大故障时，机房运维人员有权按照应急预案先行紧急处理，之后上报国家林业局信息办，任何人不应以任何理由和借口推诿故障处理工作、拖延故障处理时间；严禁关闭告警信号和删除告警。

第六条 严格遵守故障等级制度、逐级上报制度，迅速处理故障，不隐瞒事实真相，积极联络和紧密配合相关故障处理人员、二线技术支持人员，迅速处理故障。

第七条 严格按照机房操作流程进行操作，对新上业务及特殊情况需要变更流程的应事先进行详细安排，并书面报国家林业局信息办批准，签字后方可执行；所有操作变更必须有存档记录。

第八条 机房运维人员应定期对机房内设备及线路进行检查和维护。经常检查监控系统，供电电压、机房用电电源、UPS电源、停电应急灯、空调温度、加湿器等设备的工作状态以及房屋门窗、窗帘等重点部位的安全状态，认真填写值班检查日志。如发现异常，应立即上报，并迅速采取措施妥善解决或协同有关技术人员解决，不得拖延。

第九条 机房运维人员必须熟练掌握停电、防火、防盗、防静电、防雷击等基本应急程序。

（一）遇外部供电网停电，应及时了解停电时间长度，然后根据UPS电池组的逆变能量合理分配机房用电负荷，确保核心设备的正常运行。恢复供电后，应及时开启机房空调，保持机房适合的温度和湿度。

（二）机房运维人员应掌握消防设备的使用方法。若发现火情隐患，应尽快采取措施加以消除。如遇火情，应及时扑救，并立即上报，不得延误时间。

（三）如发现机房设备被盗，应立即报告国家林业局信息办和保卫部门，并保护好现场，积极配合现场取证与案件侦破。

（四）保证机房防静电地板和接地地线的良好状态，每年雷雨季节到来之前都要对其进行仔细检查。如遇雷击，应立即关闭总电源，以免对机房设备造成损害。

（五）机房内部要保持一定的温度和相对湿度，温度要在20±5℃，相对湿度45%～65%，避免因过分干燥产生静电，从而造成网络设备的意外损坏。

第十条 保持机房（包括供电房）及其设备的清洁卫生。除定期对机房内外环境进行大扫除外，还要对设备电源的通风口、散热风扇等部位进行除尘。严禁在机房内烹煮食物和使用带强磁场、微波辐射等与机房工作无关的电器。

第十一条 机房运维人员必须熟练掌握国家林业局内、外网各应用系统的操作方法以及应急处理流程。

第三章　附则

第十二条　本制度由国家林业局信息办负责解释。

第十三条　本制度自发布之日起执行。

附件9

国家林业中心机房设备运行维护管理制度

第一章　总则

第一条　为加强和规范国家林业中心机房运维管理，明确各方职责，确保安全，根据有关规定，结合国家林业局实际情况，制定本制度。

第二条　本制度适用于国家林业中心机房（以下简称机房）内外网设备区所有软件、硬件设备的管理运维。

第三条　国家林业局信息化管理办公室（信息中心）（以下简称国家林业局信息办）负责机房设备运行维护管理。

第二章　职责分工

第四条　机房运维人员有权对任何危害机房及其设备安全的行为进行抵制和处理。

第五条　机房内的设备、工具、资料（光盘、软盘、参考书、说明书等）未经国家林业局信息办批准，不得私自带出机房。

第六条　机房运维人员负责机房内各类记录、介质的保管、收集，信息载体必须安全存放、保管，防止丢失或损坏。

第七条　因工作需要携带机房内设备（包括软件）离开机房时，需经国家林业局信息办书面同意并做好记录后方可离开。

第八条　机房设备、仪表、工具、器材、用具应按指定位置有序存放，不得拿出机房范围外使用，外单位确需借用应经国家林业局信息办批准，办理借、还手续后方可使用。

第九条　定期对机房内所有设备进行巡检并对设备进行除尘处理。

第十条　带存储功能硬件设备需要送外部维修时，必须经国家林业局信息办书面同意，并将废旧的设备收回。

第十一条　未经国家林业局信息办书面同意，不得带外单位人员参观机房、拍照、录像。

第十二条　所有软、硬件设备进入机房，需得到国家林业局信息办书面授权。

第三章　附则

第十三条　本制度由国家林业局信息办负责解释。

第十四条　本制度自发布之日起执行。

附件10

国家林业中心机房值班人员交接班制度

第一章 总 则

第一条 为加强和规范国家林业中心机房值班人员交接班的工作管理，确保系统安全、稳定、高效地运行，根据有关规定，结合国家林业局实际情况，制定本制度。

第二条 本制度适用于国家林业中心机房（以下简称机房）值班人员交接班工作的管理。

第三条 国家林业局信息化管理办公室（信息中心）（以下简称国家林业局信息办）负责国家林业中心机房值班人员的管理。

第二章 运行维护管理制度

第四条 机房值班人员交接班时间分为早8:00和晚6:00，值班人员须准时交班，接班人员不准迟到，未完成交接，交班人员不得早退。

第五条 交接班人员应将交接内容逐项检查核实并确认无误，双方在交接班日志上签字后，交班人员方可离岗。交班人员发现问题应及时处理，不得将问题积压。对当班时未处理的问题与接班人员做好交接，并及时关注问题处理进度。

第六条 机房值班人员应在当班期间处理完值班期间的问题与故障，对于未能处理的问题，报接班人员处理，同时交班人员须将故障发生各项详细资料及处理进展状况交给接班人员，接班人员接手后须及时处理，处理完毕立即告知国家林业局信息办网络安全与运维管理处和交班人员。

第七条 因漏交或错交而产生的问题由交班人员承担责任，因漏接或错接而产生的问题由接班人员承担责任，交接双方均未发现的问题由双方共同承担责任。

第八条 因机房值班人员个人原因，导致交班时间变更，交班人员应与接班人员协商交班时间，并在值班报告中注明时间变更原因及具体交班时间。

第九条 每天早班与晚班交接班时需要由交班人员打扫机房内卫生，待机房运维主管确认后方能离开。

第三章 附 则

第十条 本制度由国家林业局信息办负责解释。

第十一条 本制度自发布之日起执行。

十八、湖南省林业厅关于加快林业信息化建设、推进现代林业发展的决定

2011年8月15日，湖南省林业厅印发《湖南省林业厅关于加快林业信息化建设 推进现代林业发展的决定》（专栏1-22）。

专栏1-22

湖南省林业厅关于加快林业信息化建设 推进现代林业发展的决定

各市州林业局：

根据省委、省政府建设“四化两型”社会的总体要求以及《全国林业信息化建设纲要》精神，结合全省林业实际，就加快推进湖南省林业信息化作出如下决定：

一、 提高对推进林业信息化的重要性和紧迫性的认识

发展现代林业，建设生态文明，推动科学发展，既是林业改革和发展的核心和主题，也是今后林业发展的旗帜和方向。发展现代林业是林业工作的总任务，建设生态文明是林业工作的总目标，推动科学发展是林业工作的总要求，三者相互联系，相互促进，均与林业信息化紧密相连，也赋予了林业信息化建设广阔的空间、光荣的使命和艰巨的任务。

信息化是改进林业管理的必然选择。落后的管理是人治，科学的管理是法治，先进的管理是数字化。林业工作点多面广，涉及千山万水，只有借助信息技术手段，才能实现管理动态化、现代化、科学化。信息化是帮助林农致富的有效途径。只有加强林业信息化建设，才能把服务网络迅速延伸到千家万户，让广大林农在家门口就可享受优质高效的林业科技、市场信息、行政审批等服务。信息化是确保廉洁从政的重要平台。在林业建设快速发展的新形势下，传统管理模式不仅效率低、费用高，而且无法及时监控和管理。实行电子办证，各个环节公开透明，各类证件环环相扣，各种报表自动生成，实现了自由裁量的“零弹性”，有效防止了弄虚作假和暗箱操作，传统办证过程中的超额办证、重复办证等难题迎刃而解。信息化是打造林业强省的重要引擎。信息化正成为抢占科学发展制高点的利器，林业强省建设只有在信息化上先人一步、快人一拍、高人一筹，才能在激烈的竞争中抢占先机、赢得主动。可以说，没有信息化的强势，就不会有林业发展的强劲。实现林业大省向林业强省跨越，迫切需要信息化的有力支撑。

当前，各省围绕林业信息化竞相发力，各行业为加快信息化进程争先恐后。湖南省作为全国林业信息化示范省，面临着不进则退、慢进亦退的竞争局面，承担着扩面提质、筑基增效、兴林富民等艰巨建设任务，必须不断夯实基础，继续发挥优势，确保始终走在全国前列。

二、明确林业信息化的指导思想和总体目标

全省林业信息化的指导思想是，深入贯彻落实科学发展观，按照省委、省政府建设“四化两型”社会的总体要求和《全国林业信息化建设纲要》精神，围绕厅党组的工作部署，以全国林业信息化示范省和数字湖南建设为契机，以林权权属数据库建设为重点，以林木测土

配方信息系统推广应用为中心，以资源整合为突破口，以完善体制机制为保障，统一规划、统一标准、统一制式、统一平台、统一管理，基本形成布局合理、科学高效、先进实用、安全稳定的林业信息化格局，充分发挥信息化支撑发展、推动改革、引领未来的重大作用，为发展现代林业、建设生态文明、促进科学发展做出新的更大贡献。

全省林业信息化的总体目标是，“十二五”期间，完成全省林权权属数据库建设；完成森林资源、营造林、森林防火、森林病虫害监测和林木测土配方等信息资源融合；以此为依托，基本建成林业资源监管、综合营造林管理、林业灾害监控与应急等重点应用系统；建成省、市、县、乡四级上下互联互通的林业电子政务网络；建立健全全省各级林业信息化工作机构，完善全省各级林业管理部门综合办公系统，实现全省无纸化办公。

三、推进林业信息化“五个一工程”

按照我省“一二三四”的林业工作总体思路和“十二五”林业信息化规划要求，“十二五”期间，湖南省林业信息化必须大力实施“五个一工程”，推动现代林业发展和绿色湖南建设。

1．突出一项重点，全力建好全省林权权属数据库。这既是对集体林权制度改革进程的深化，又是对集体林权制度改革成果的巩固，意义十分重大。项目建设分三年完成。2011年主要是林权小班数据入库工作试点示范，分为PDA及纸质图矢量化两种形式，努力实现全省有1个林权建库试点示范市，其余市州有1～2个试点示范县的目标；2012年在全省全面推开，完成80%的工作量，同时启动并完成全省林权管理系统研发工作；2013年全面完成。整个项目的经费开支实行分级负责制，其中省本级负责公共基础平台建设、系统软件开发、技术指导培训以及数据最终入库工作，各市（州、县）负责本辖区内林权数据采集、纸质图矢量化及数据入库工作。在此基础上，从2012年开始，以“十二五”二类森林资源清查为契机，完成森林资源、营造林、森林防火、有害生物防治、林权信息和测土配方等各个环节数据的融合，确保将全省林业基础数据落实到山头地块、细化到千家万户，实现全省林业“一张图、一套数”。

2．用好一个系统，继续推进无纸化办公。大力推进无纸化办公，对于实现林业管理现代化、构建节约型社会、提升林业行政管理能力和公众服务水平都具有重要意义。各市（州、县）一定要认真落实省厅《关于深入推进无纸化办公有关事项的通知》（湘林办办〔2010〕5号）文件精神，加紧做好本单位无纸化办公的推广应用工作。今后，除涉密文件、信息外，林业系统所有文件、信息都通过综合办公系统进行网上流转，实现文件、信息在线起草、审核、会签、签批、排版、发送、归档。省厅不再受理各市（州、县）林业局、厅直各单位上报的纸质文件、信息；不再印发纸质文件、信息。由此造成各地工作上的被动失误或者经济上的损失，概由各地自行负责。全省林业系统各级领导务必身先士卒，率先垂范，带头学习和使用无纸化办公系统。要加大县、乡镇层面无纸化办公的推广应用力度，一级带一级，一级抓一级，一级促一级，力争在全国林业系统率先实现全省无纸化办公。

3．完善一个网络，努力实现林业电子政务网络全覆盖。网络既是林业信息化的基础，也是各应用系统运行的先决条件。根据省政府绩效评估指标管理和省政府对各市州政府“湘林杯”林业建设目标管理考核的要求，全省各乡镇林木测土配方信息系统可查询率年内必须达到100%。为此，全省乡镇林业站务必在2011年11月底之前全部完成与全省林业电子政务专网的对接。对不能按时完成任务的县（市、区），将进行省级林业专项资金投入调控，并取消责任单位和个人当年评先评优资格。要采取一切必要措施，加大省市县三级专网运维力度，确保网络平均接通率达到99%以上。同时，按照“谁主管、谁负责，谁使用、谁负责”的原则，各单位的主管领导必须切实承担起本地区的网络与信息安全保密责任。专网必须与互联网严格实行物理隔离。各单位不得以任何方式（包括组建虚拟网）将全省林业电子政务专网与互联网实现对接，不得一网两用（即内外网共用）。凡不按规定办理，造成网络与信息安全泄密事件的，将依据国家和省里有关规定进行处理，追究相关单位领导的责任。要大力加强门户网站建设，充分发挥其在信息发布、公众互动、了解民情、汇聚民智方面的重要功能，展示林业系统开放开明和亲民爱民的良好形象。各级林业部门要提高认识，加强领导，确保“十二五”期间各市（州）、县（市、区）林业局均有自己的门户网站。

4. 建好一支队伍，切实加强对信息化的组织领导。重视信息化是现代型领导的重要标志。全省各级林业部门主要领导要始终将信息化当作“一把手”工程，亲自动员，亲自部署，亲自参与，亲自检查。要建立健全林业信息化工作领导小组，各市（州）、县（市、区）均应尽快成立与信息化工作任务相适应的独立的信息化工作机构，明确分管领导，制定专人负责，配备敬业精神强、专业水平高的信息化人才，并确保管理和技术人员相对稳定，为信息化建设提供强有力的组织保障。要加大人才培养的力度，采取切实有效措施，努力提高全省林业信息化管理人员的政治素质和技术水平，努力造就一支规模、结构、水平能够完全适应管理现代林业所需要的电子政务技术队伍。要开展形式多样的林业信息化的宣传培训，推动全行业迅速掀起学习、使用信息化知识的热潮。各地也应将林业信息化纳入年度考核指标体系，建立健全相应的奖惩措施，以加快林业信息化建设步伐。省厅将开展林业信息化试点县（市、区）建设，引导和支持各地在夯实信息化基础工作的前提下，开创性地开展林业信息化建设，开拓新领域，摸索新经验，为全省林业信息化工作提供样板示范。

5. 构建一项机制，不断加大对信息化的资金投入。信息化是高科技，离不开高强度和持续稳定的投入。要将信息化建设纳入常规工作轨道，形成强有力、稳定的信息化建设经费投入保障机制。要重视系统运行维护、基础设施和应用系统升级换代以及培训等年度专项投资，为信息化建设成果的长期稳定运行提供必要保障。要鼓励林业科研教育部门、企事业单位积极申请国家、地方相关科研课题和信息化生产项目，拓展林业信息化投入渠道。要强化信息化建设的规划研究，防止出现部门各自为政、重复投资和低水平应用等问题。要建立健全林业信息化资金管理制度，特别是应用软件研发和设备采购中的招投标制度，确保专款专用，提高资金使用效益。

没有林业信息化，就没有林业现代化。加快林业信息化，带动林业现代化，是林业发展的需要，也是时代前进的必然。对于信息化建设，全省各级林业部门领导尤其是“一把手”一要真重视、二要真投入、三要真实干。努力将信息化打造成帮助广大林农兴林增收致富的服务平台，确保林业部门规范廉洁从政的管理平台，促进各级林业部门科学决策的咨询平台，推动湖南省现代林业建设再上新台阶。

湖南省林业厅

二〇一一年八月十五日

十九、山东省林业局关于加快林业信息化建设的指导意见

2012年2月27日，山东省林业局印发了《山东省林业局关于加快林业信息化建设的指导意见》（专栏1-23）。

专栏1-23

山东省林业局关于加快林业信息化建设的指导意见

各市林业局：

21世纪是信息化时代，迅猛发展的信息技术深刻影响着人类社会、剧烈改变着整个世界，信息化水平的高低已经成为衡量一个国家综合实力、一个行业发展水平的重要标志。林业信息化建设是现代林业建设的重要组成部分，是促进林业科学发展的重要手段，是关系林业工作全局的战略举措。加快推进林业信息化建设，逐步建立布局科学、高效便捷、先进实用、安全稳定的林业信息化体系，对促进林业决策科学化、办公智能化、管理规范化、监督透明化和服务便捷化具有十分重要的意义。“十二五”期间乃至今后一个时期，是山东省加快推进现代林业发展的重要战略机遇期，以信息化带动林业现代化尤为重要迫切。为深入贯彻落实全国林业信息化建设工作会议精神，进一步加快山东省林业信息化建设进程，现提出以下意见。

一、建设现状

近年来，国家林业局高度重视林业信息化建设，把林业信息化和电子政务建设列入《林业发展“十一五”和中长期规划》，把推进林业信息化作为重点抓好的20件大事之一。山东省是全国第二批林业信息化建设示范省，全省各级林业部门信息化建设特别是综合办公系统、信息网站建设等，起步比较早，县级以上林业部门基本实现了与当地政府办公系统的互联互通，山东省开发的一些应用系统也建成并投入使用，大多数市级以上林业部门建立了独立的门户网站，林业信息化在推进林业各项工作中发挥了重要作用。但是，山东省林业信息化建设整体进展不快，建设重复、标准多样，设备陈旧、系统老化，信息共享困难、资源浪

费较重，建设和运维资金短缺，信息安全存在隐患。总体来看，加快推进山东省林业信息化建设，具备了必要的基础条件，但面临的任务十分艰巨。各级林业主管部门要立足当地林业信息化建设实际，认真查找和分析薄弱环节，科学总结信息化建设的实践经验，力争在“十二五”期间创造性地开展工作，不断实现山东省信息化建设的新突破。

二、指导思想、基本原则

（一）指导思想

以邓小平理论和“三个代表”重要思想为指导，深入贯彻落实科学发展观，按照现代林业建设的总体部署，以全面实现林业信息化为目标，以电子政务建设为重点，以信息资源开发利用和核心业务信息化为中心，以资源整合和信息共享为突破口，以完善体制机制为保障，统一规划、统一标准、统一制式、统一平台、统一管理，尽快形成布局科学、高效便捷、先进实用、稳定安全的林业信息化格局，为发展现代林业、建设生态文明、促进科学发展做出新贡献。

（二）基本原则

一是统一规划、统一标准。防止自成体系、重复建设和低水平应用，实现资源共享和协同作业。二是统一管理、分级负责。在国家林业局的统筹安排下，省林业局负责全省林业信息化基础性、公共性项目建设，各地林业部门分级负责当地林业信息化基础平台和应用系统建设。三是注重实用、适度超前。围绕和服务林业中心任务开展信息化建设，注重实用性、可操作性和先进性相结合。四是整合资源、信息共享。坚持统一平台、统一制式，加速基础性林业专题数据的标准化改造，促进互联互通，优化信息资源配置、提高信息资源效益。五是突出重点、稳步推进。优先抓好基础性、急用性项目建设，同时选择条件成熟的单位、领域进行重点突破，积累经验，指导全省乃至全国，带动林业信息化全面进步和发展。

三、目标任务

（一）总体目标

健全林业信息化管理和运行机制，建立覆盖全省林业部门的信息化体系，建成国内领先的信息化平台，全面提高林业信息化应用水平，实现林业信息资源共享，提供全面、快捷、准确的信息服务，增强决策支持和应急处理能力，提升林业管理水平。

（二）“十二五”期间目标任务

建成国家、省、市三级上下互联互通的林业电子政务系统和视频会议系统，全面提高省、市两级林业核心业务信息化覆盖率和林业部门无纸化办公率；加强林业信息网站建设管理，把全省各级林业部门的各专门网站、地方网站作为省林业局门户网站的子网站进行集成，建成纵横互链互通的山东林业信息网站群；积极开展林业信息化示范省建设，探索和创新能够指导全国的应用系统，着力推进林业行政许可和行政审批项目实现网上咨询、在线处理；基本建成符合林业发展规律和实际需要的信息化标准体系、网络信息安全保障体系，全面提高林业网络信息安全应急处置能力、舆情监控能力；积极推进林业资源基础数据库和专项数据库建设，逐步实现资源整合和信息共享。到“十二五”期末，基本完成山东省林业信息化平台建设任务，为山东省林业建设全面实现信息化奠定基础。

四、建设内容和重点

（一）林业信息化基础平台建设

各级林业部门要根据统一规划和标准，建立起统一的支持数据服务、业务应用及数据存储的高效稳定的主机及存储设备、基础应用系统，统一规划和分配网络地址，建成林业信息化的主要网络环境；加强数据标准化改造和整合，消除信息孤岛、实现资源共享；省和有条件的市级林业部门，要建立专门机房，保障机房能够在物理空间、配电系统、专用消防、防尘除电、结构化布线、机房屏蔽等方面，符合国家机房建设标准、信息安全等级保护的要求和信息化发展的需要。

（二）林业电子政务建设

各级林业部门应建立健全和进一步完善林业综合办公系统、公文传输系统，规范办公流程；省、市积极推进视频会议系统建设，提高落实上级决策部署的效能，逐步建成全省上下互动、全国纵横联通的山东省林业综合办公的大平台。同时，做好林业部门门户网站升级改造和建设工作，逐步建成以省林业信息网为全省林业部门总门户网站，以各处室单位和各级林业部门专门网站为子网站，集信息公开、网上办事、互动交流等综合服务于一体的山东省林业网站群平台。

（三）林业资源监管系统建设

按照国家统一标准和应用软件，加快推进地理信息系统建设和公益林、沙化荒漠化、湿地及自然保护区等资源动态监测系统建设，逐步建立全省林业资源基础数据库，并实现与国家级系统间的无缝衔接。加快建立健全林业行政许可和林政管理、造林营林管理、林地林权管理、林业科研管理、林业有害生物防控、林业重点工程和项目资金监督管理、森林防火监控、林业种苗花卉和种质资源管理、林业场圃管理等应用系统和相关数据库，健全信息收集、处理、更新、交换机制。

（四）林业产业发展服务管理系统建设

建立公开、透明、开放的林业产业信息交流平台，做好重点企业动态监控和重点林产品的监测分析，建立并不断丰富全省林业产业基础数据库，为促进林业产业发展提供信息支持和决策依据。

（五）生态文化与远程教育培训系统建设

各级林业主管部门通过门户网站和内部办公网络，建立健全现代林业远程教育培训系统，为林业干部职工和林农学习了解林业科技知识搭建互动平台；加快以林业数字图书馆、森林文化网上博物馆、网上博览会和生态文化图片音像资料、生态基础知识等为重点内容的森林文化数据库和互动应用系统建设。

（六）林业信息化管理规范和安全标准体系建设

参照国家发布的信息化标准和国家林业局制定的林业信息化标准规范体系，合理编制和完善全省林业信息化建设标准和技术规范。按照“谁主管谁负责、谁运行谁负责”的要求，建立信息发布审批等各项管理制度，明确层级和岗位职责；紧跟信息技术发展，定期进行安全知识和管理技能培训，健全覆盖全省林业部门的信息安全体系，确保林业信息化建设顺利进行，确保网络、设备、系统、应用、数据安全。

五、保障措施

（一）强化组织领导

各级林业部门要从战略、全局高度来认识、支持和重视林业信息化建设，进一步增强加快山东省林业信息化建设的责任感、使命感和紧迫感，切实把林业信息化作为发展现代林业、建设生态文明、实现林业科学发展的首要任务，摆上重要议事日程。要逐级成立主要领导为组长的林业信息化建设领导小组，部署和督导当地林业信息化建设工作，协调解决信息化发展中的实际困难和突出问题，为加快林业信息化发展提供有力的组织保障。

（二）加强组织机构建设

各级林业主管部门要积极协调当地组织人事部门，尽快成立林业信息化工作专职机构，明确职能编制，落实工作人员；暂时不能成立专门工作机构的，也要明确职能管理机构和专职管理人员。要理顺工作关系，形成信息化工作归口管理、上下联动的工作机制。防止出现各自为政、重复投资和低水平建设等问题。

（三）加大资金投入力度

各级林业主管部门要积极争取财政、发改、经信等有关部门的支持，把林业信息化建设纳入地方信息化建设总体规划和财政投资范围，有条件的地方要积极争取设立林业信息化建设专项资金。要积极开辟各种资金渠道，鼓励林业科研教育部门、企事业单位积极申请国家、地方相关科研课题和信息化建设项目，扩大各级各类建设经费支持。要妥善安排系统运行维护、基础设施、应用系统升级换代及培训等年度专项投资，为信息化建设成果的长期稳定运行提供必要保障。

（四）健全政策保障机制

要坚持“建、管、用”并重原则，健全建设、管理、应用推广和运行维护等方面管理机制，为林业信息化的可持续发展提供政策保障。要建立健全林业信息化建设与运行考核评估机制，按照国家有关考评标准，对各级林业部门建设和运行的信息化系统，从标准规范性、格式统一性、系统稳定性、服务多样性、资源共享性等方面进行综合考核评比。对信息化建设严重滞后、考核评比不合格的，要通报批评并采取其他调控措施，确保山东省林业信息化建设整体水平走在全国前列。

（五）加快人才队伍建设，加强合作与交流

要注重技术队伍建设，加大人才教育培养力度，健全吸引人才、留住人才的激励机制和用人机制，吸引高水平信息技术和高素质管理人才，鼓励信息化高科技企业参与林业信息化建设，不断提高林业信息化管理和技术水平。要下大力气普及信息技术知识，整体提高林业部门干部职工信息化工作技能和素养。要结合林业工作需要和信息技术特点，加强与其他行业、省内外林业部门间的交流与合作，提高对关键技术、先进经验的消化吸收能力和自主创新能力。

（六）健全工作协作机制

林业信息化事关现代林业发展大局，事关各级林业主管部门及其内部机构的长远利益。各级林业部门及有关单位要牢固树立一盘棋的思想，加强沟通、全力配合、密切协作，坚决打破资源分散、数据封闭和信息垄断的状况，严格按照统一规划和建设标准，进行资源优化配置和信息有效共享，形成创新林业信息化工作的合力，不断推进全省林业信息化建设又好又快发展。

山东省林业局

二〇一二年二月二十七日

第四节　综合管理

根据全国林业厅局长会议精神，结合2012年林业信息化与电子政务工作要点，按照“加快林业信息化，带动林业现代化”的总体思路和“五个统一”的基本原则，突出建设、应用、运维三个重点，坚持强化基础、提升水平、拓展领域、深化合作、规范管理，推动林业信息化发展阶段由互联网向物联网推进，建设领域由电子政务向电子商务拓展，技术手段由现代信息技术向下一代信息技术提升，应用服务由局部向整体延伸，实现了林业信息化新的突破。

一、加强对各地林业信息化的指导

2012年着力加强对各地林业信息化的指导力度，促进了全国林业信息化水平的整体提升。一是国家林业局正式批复第二批全国林业信息化示范省（市）建设方案，各示范省（市）按照批复文件，积极开展主题示范建设工作，取得了良好的成效。二是启动首批林业信息化示范市、县建设活动，各申报单位围绕示范主题，认真组织编制林业信息化示范市、县建设实施方案，推动了市、县林业信息化水平的提升。三是加强各省（市）检查推动，多次组织人员赴各地各单位进行检查指导，推进各地信息化工作。先后对甘肃省林业厅、辽宁省林业厅、吉林省林业厅、吉林森工集团等多家省级单位信息化建设进行专题指导。四是组织开展林业信息化系列推介活动，将林业信息化工作的先进经验推向全国，包括网上推介、专题信息报道、实地调研、典型示范案例推广等。五是会同北京市园林绿化局，营造了首片中国信息林，利用互联传感技术等创建智慧森林，为提高全国营林水平做出示范。

二、加强林业信息化政策制度等制定

一是2012年制定《全国林业系统信息办主任协作组会议制度》，建立了全国林业信息化部门负责人沟通机制，并成功组织召开了首届全国林业信息办（中心）主任协作组会议，加强了各省林业厅（局）之间的交流与合作。二是印发《林业信息网络项目资金管理办法（试行）》制度，规定林业信息网络项目支出预算申报统一归口管理，由信息办统一审核，为今后实现林业信息化资金统筹安排提供了制度保障，为林业信息化的稳步快速发展奠定了扎实基础。三是研究制定了《国家林业中心机房第三方和外包人员安全管理办法》《国家林业安全保密与数据备份管理制度》等10项运行维护管理制度，实行规范化管理。四是制定了《综合办公系统管理办法》《国家林业局信息办车辆管理办法》等基本管理制度。修改完善了信息办内部管理制度，提高工作效率和工作质量。五是发布《中国林业信息化发展报告2012》和全国林业信息化水平评测报告，出版了《中国林业信息化——顶层设计》《中国林业信息化——决策部署》《中国林业信息化——政策制度》《中国林业信息化——建设成果》《中国林业信息化——示范案例》《中国林业信息化——发展战略》6本系列图书，系统总结、推介林业信息化建设成果。六是积极开展《全国林业信息化发展“十二五”规划》解读工作，启动《中国林业云发展规划》《中国林业物联网发展规划》编制。

三、加大资金投入，加强资金管理

一是加大资金投入。2012年林业信息网络运维资金在2011年的基础上明显增加，为国家林业局电子政务、网络设施等的稳定运行提供了资金保障。二是加强资金管理。为了用好资金，保障资金的安全、高效使用，加大了对信息网络项目资金的审核力度，规范审批工作流程。编印了《国家林业局信息中心财务制度汇编（试行）》，为加强财务管理、规范财务行为提供了可靠保证，使信息化工作规范化、制度化、法制化运行。三是创建全国林业信息化发展基金。积极协调社团组织及有关企业等筹备建立林业信息化发展基金，创建了中国绿色碳汇基金会林业信息化专项基金。

四、加强自身队伍建设

一是2012年正式成立了信息中心党支部，加强了党的组织建设和党员队伍管理，制订了工作方案，积极组织开展了“永远跟党走——从一大到十八大”主题党日活动，先后走访了上海、瑞金、遵义、延安、西柏坡、北京等。通过活动，增强了党性，推动了“创先争优”和“一迎五创”活动不断向纵深进行（图1-1），受到机关党委的好评，并编发简报予以宣传推广。二是成立了信息中心工会，制订了工作方案，以优质的服务将工会打造成为职工之家。积极组织职工参加了职工篮球赛、广播体操、公文大赛、赛诗会、健步走、趣味运动会等比赛活动，并取得了较好的成绩（图1-2）。其中，信息办在国家林业局公文大赛中被评为优秀组织奖，广播操三等奖，篮球赛第五名的好成绩。三是深入贯彻落实

图1-1　“永远跟党走——从一大到十八大”国家林业局信息中心主题党日活动

图1-2　2012年5月11日国家林业局信息办参加局广播操比赛

《信息办关于加强文化建设的实施意见》，开展多种形式的文化建设活动。为国家林业局2012年春节团拜会专门编排演出了情景短剧《2020》，受到全体干部职工的一致好评，这也是信息办全体干部职工认真贯彻党的十七届六中全会精神的重要成果。四是深入开展创建学习型组织建设。积极组织学习党的“十八大”精神，学习杨善洲、鹦哥岭优秀青年集体先进事迹，有效提高了党性修养，促进了业务建设和人员成长。开展了每人每年阅读两本好书活动，召开了首届读书交流会，分享了学习收获，展示了职工风采。举办了8次专题培训。一名同志荣获国家林业局优秀青年称号。选派多名同志参加各类培训和青联组织的基层实践调研活动，着力培养青年干部的业务能力。五是组织开展了信息办处级职位干部竞争上岗工作， 产生两名副处级干部，加强了林业信息化队伍建设，调整优化了人员配置。六是加强廉政建设和反腐败工作。认真学习贯彻中央纪委十七届七次全会和国务院第五次廉政工作会议精神，建设了党风廉政建设责任制，推进了惩防体系建设，积极开展了廉政教育，规范了财务管理等工作制度，厉行节约，严格控制“三公”经费支出。

第二章　网站管理

2012年，网站建设以完善内外网功能、加强网站拓展应用、提升网站信息服务水平为工作重点，按照政府网站建设的新要求，不断加强整合、深化融合、创新发展，坚定集约理念，打造精品网站，取得了多项历史性突破。

第一节　外网管理

中国林业网以服务为宗旨，全力打造中国林业的统一门户，强化信息发布、在线办事、互动交流等功能，拓展林业展示平台，加强建设管理，不断扩大网站的影响力。在中央73个部委网站综合排名中，中国林业网由2011年的第十名跃升至第四名（图2-1），取得了重大历史性突破，并荣获了中国互联网最具影响力政府网站、快速发展型政府网站、网站运维管理奖、精品栏目奖等多项荣誉。

一、网站建设管理

（一）网站群建设

2012年整合市、县级林业门户网站，加快网站群建设。在原有数百个由各司局、直属单位、省（区、市）、专题子站组成的网站群基础上，新上线市、县级林业网站群，形成了国家、省、市、县四级林业门户网站。新建1000个森林公园、国有林场、种苗基地、自然保护区网站，并筹建主要树种、珍稀动物等专业网站，中国林业网站群规模不断壮大并日趋完整。加强子站建设与管理，举办京内信息员培训会，围绕《中国林业网管理办法》，重点强

图2-1　2012年中国政府网站绩效评估成绩证书

调了信息内容发布及信息安全工作；强化各子站信息员业务能力建设，指导科技中心、治沙协会等单位子站建设工作，加强对子站的指导和培训；参加速丰办子站、中国林业教育培训网子站信息员培训班，加强对中国林业网的宣传和推介，对子站信息发布和保障工作提出具体要求。

各省级网站群建设积极推进，辽宁建成了由一个主站、100多个子站组成的网站群；甘肃统一整合30个市（州）林业局和厅直单位网站，形成了省、市两级站群的整体形象；吉林、湖北、河南等省也重点加大网站群建设力度，加快推进网站群建设。

（二）网站功能优化

网站整合优化了“信息发布”板块，新推出了“政策引导”栏目，重点发布了决策解读、发布直播、热点报道和网络舆情信息。“在线服务”板块全面提高在线审批能力，并协调资源司、政法司等单位完成在线服务板块行政许可栏目完善工作，对37项行政许可要点进行补充，补充了办事指南、在线审批、表格下载和结果查询等信息，公布审批结果4000多项。增设了“在线办事”板块，集中整合了包括林权交易、森林医院、在线植树等平台在内的应用子系统。不断创新网站技术手段和服务模式，为打造权威的林业综合服务平台奠定了坚实的基础，提高中国林业网搜索可见性，与国家信息中心合作开展网站可见性优化项目，拟定优化方案，研究具体内容，落实项目合同；与百度公司联系，注册“百度数据开放平台”，提高网站资源可见性，全力提高中国林业网的影响力。

（三）网站保障管理

中国林业网编辑委员会于2012年4月18日成立。编委会明确了中国林业网各分组人员、职责及工作要求，进一步加强了中国林业网的组织管理，促进了编辑部与各单位的沟通和联系。完成了2011年、2012年全国林业信息化发展水平评测及2012年全国林业网站绩效评估工作，对评测指标、评测范围、评测方式进行了修订和优化，评测结果以局办文正式下发。全面提升网站搜索功能，完成搜索引擎功能升级。加强网站政务管理工作，编写《中国林业信息化发展报告2012》并正式出版，积极为《中国林业年鉴》《中国林业发展报告》《信息化建设》撰写稿件，提高中国林业网的影响力和覆盖面，加强与中编办信息中心、国家民委信息中心、科技部信息中心网站的交流与合作，把握政府网站的发展脉络。完成中国首片信息林建成立碑工作。

二、网站内容保障

（一）全面提高信息发布数量与质量

中国林业网网站影响力逐步扩大，访问量大幅提高。2012年访问量突破7亿人次，全年日均访问量达到100万人次，已经成为社会各界和广大网友获取林业信息和政府信息服务的首选平台。坚持多渠道采集信息，拓宽信息来源、增强信息的覆盖面，全年信息发布量突破30万条，平均每个工作日发布信息1000多条，日均发布信息100万字以上，采编信息30000余万字。在最新资讯栏目，相继开设“权威发布”“林业十年”“网络故事”等亮点栏目，将国家林业局的政策法规等重要文件及时上网并放在最显著的位置供网民浏览。加强全处自采信息能力建设，对重要领导活动、重要会议和热点工作信息的收集，积极参与、迅速反馈，图文并茂做好信息发布；与各单位信息采编人员加强联系和沟通，保证信息发布的时效性，加强信息审核的有效性，提高信息发布的质量。配合防火办、科技司、机关党委、科技司、科技中心等做好信息发布工作，增强服务意识。编发《今日网情》，每天对全球媒体进行搜索，经过分析筛选，提炼全球网站有关林业具有代表性、有参考价值的头条信息、重要信息、局网要目信息供局领导参阅，得到局领导的重视和批复，各单位对《今日网情》的批示也给予了高度的关注，认真采取相应措施积极落实，退耕办、三北局等单位还为此成立了专门的调研组，有针对性地对《今日网情》的批复意见逐项落实。

（二）重点加强关键时期信息发布

重点加强“十八大”等重要时期的信息发布安全保障。加强信息内容审核，在原有信息发布稿件三审制的基础上，实行了重点时期主任、副主任、处室全程参与的审核制度，并对网站信息进行全方位监测，重点加强涉敏、涉密等信息的检查。共审稿600万字左右，从源头上保证了信息内容质量，保障了信息内容安全。加强网站内容监控，安排专人每天对局门户网站主站所有栏目及重点子站的相关栏目进行网上浏览巡查，发现问题及时通知相关负责人，并迅速、妥善解决；同时专门聘请两名高素质的信息安全监督员进行重点监测审查，每周报送信息安全审查报告，有针对性地加强网站信息审查工作。加强重点网站监督管理，在十八大召开前夕，及时发布信息统计通报，详细通报了各地各单位的信息发布综合情况，针对新形势新任务，特别要求各地各单位子站增强信息安全防范意识，保证信息发布安全。加强重要时期值班制度建设，各地各单位每天有专人负责网站内容信息安全保障，全力做好信息内容的安全管理工作，保障十八大期间信息发布工作的准确高效。

（三）积极推动网上互动交流

结合林业的重点和热点工作，开设了热烈祝贺党的十八大召开、2012年全国“两会”、2012年全国林业厅局长会议、首届全国林业信息办主任协作组会议和首届“信息改变林业”故事网络征文大赛、生态林业铸辉煌、民生林业的脊梁、院士访谈等多个专题和访谈栏目（图2-2）。为扩大专题的网络影响力，搜集整理发布来自各大网站、报刊等媒体的信息，以撰写信息、转载信息、信息推介等多种方式，扩大专题的网络宣传效果。2012年共制作发布各类视频节目216条（部），发布图片资讯81篇，上传照片728张，组织在线访谈直播23期（场），访谈嘉宾29人。局长信箱收到来信906件，公众留言收到815件并及时回复。

图2-2 党的十八大专题首页局部

第二节 内网管理

一、做好内容保障

国家林业局内网自2010年1月21日开通以来，访问量与日俱增，至2012年5月31日突破100万人次，日均访问量达到了1 100多人次。数据表明，国家林业局内网门户和综合办公系统，已经得到了局全体职工的广泛使用，以应用促发展的良好态势已经形成。2011年5月至2012年5月，国家林业局内网发布政务信息9382条，综合办公系统处理文件58 794份，加载视频信息246部，电子图书馆、电子阅览室、电子大讲堂共加载数据760 957条，丰富了内网的内容，增加了内网的访问量，较好地满足了全局行政办公电子化、文件传输网络化、办事办会便捷化、综合管理信息化的需要。

二、栏目优化调整

2012年，内网五大平台的信息量持续快速增长，内网信息平台发布内部信息7779条，学习平台上传学习资料150478条，生活平台加载各类生活信息1907条，交流平台共加载各类信息277条。实时维护内网定制的学习平台资料电子大讲堂、电子阅览室、电子图书馆、数字电影院等。

为了满足信息浏览和内网建设需要，对内网首页信息平台和交流平台进行了改版，调整了栏目设计，并对所有栏目信息加载情况进行了查询和诊断。其中，信息平台中将“内部要闻”与“内部材料”合并为“内部信息”，“内部会议”与“内部文件”合并为“内部会议和文件”，“林业要情”合并在“内部简报”，将“干湿状况”和“植被长势”合并为“干湿状况与植被长势”；交流平台将“林业论坛”改在右侧显示，将司局专区放在原论坛位置显示；丰富内网网站文化，收集整理近3年网络事件的汇集、网络新词解释，在内网设专栏发布。为确保林业系统内部人员之间工作联系畅通，集中整理各省（区、市）本级机关、直属单位及市、县林业局领导、各处（科）室工作人员通信信息，整理成“全国林业系统通讯录”，链接至“内部联络”栏目。

三、加强科学管理

加强内外网的各项管理工作，围绕建设热点和重要工作，反映各地林业发展动态、林业重要活动、林业重大事项，全方位发布动态信息，具有权威性的强大的信息发布力度、具有互动性的大量的网络视频节目、具有时效性的多角度的专题制作和推介，受到了林业系统各地各单位的瞩目，得到了相关司局和单位的肯定，同时也得到了新华网、人民网等网站的广泛关注，提升了中国林业网的影响力。

第三节　网络征文大赛

2012年，中国林业网、国家生态网举办了首届“信息改变林业”故事网络征文大赛，本届大赛是为如实反映信息化给林业发展和林区、林农生产生活带来的深刻变化，共享那些真实而生动的故事，让更多的人了解林业，了解信息化给林业发展产生的巨大影响。大赛得到了网民的广泛支持和热情参与，取得了圆满成功（图2-3）。

一、大赛组织

本次征文大赛共历时6个月，共经过启动征稿、网络评选、专家评分和座谈评议等4个阶段。大赛征集了许多优秀作品，经过网络评选和专家打分，最后由所有专家座谈评议后产生最终获奖名单。

（一）启动征稿阶段

从4月10日启动以来，至10月30日结束，大赛共征集到作品近200篇。不少参赛选手多次来电询问参赛要求和细节。

（二）网络投票阶段

从11月1日开始，大赛正式进入网络投票阶段。由于广大网友的积极参与，大赛首页的浏览量是平时的3倍多。每个网友为喜欢的作品投出了满意的一票。从网络投票的情况来看，大部分作品都获得了不错的票数。其中一些作品因为质量较高，赢得很多网友的喜爱并获得很高的票数。

（三）专家打分阶段

为了保证本次大赛的作品能得到客观公正的成绩，从12月份开始，大赛组委会特别邀请了林业系统的著名专家为参赛作品打分。每个作品由3位专家打分，力求做到公平公正。专家们在对作品做了认真的审定后，为作品打出分数。

图2-3 “信息改变林业”故事网络征文大赛

（四）座谈评议阶段

12月31日，组织专家团召开座谈会。每个专家对自己打分的作品进行点评，通过点评确定作品最后得分，并由专家为获得大赛一二三等奖的作品编写评语。本次大赛共一等奖3名，二等奖5名，三等奖7名，优秀奖20名（专栏2-1）。每位获奖选手均获得由中国林业网、国家生态网颁发的证书和奖励。

二、大赛特点

在首届全国生态作品大赛成功举办的基础上，中国林业网、国家生态网举办了首届“信息改变林业”故事网络征文大赛。自开办以来，得到了全国群众的热情支持，无论从参赛人员、作品体裁、宣传范围、征稿范围，还是投稿热情都显示出了全国群众对林业信息化事业的支持和关心。

（一）参赛人员多

在来自全国各地的参赛人员中，有来自田间地头的林农群众，有来自基层的护林人员，有来自机关单位的工作人员，也有热爱绿色林业的志愿者。

（二）参赛作品多

有林农通过信息化发家致富的感人故事，有基层林业工作者的工作日记，有反映机关工作生活的文章，还有倡导生态文明、绿色文明的美文。

（三）宣传范围广

首届“信息改变林业”故事网络征文大赛启动后，形成了中国林业网为主赛区，全国部分省（区、市）林业厅局门户网为分赛区的规模，不少林业院校网站以及专业论坛网站进行全方位宣传，在全国范围内得到了积极响应。

（四）投稿热情高

全国各地各年龄层次的文艺爱好者和工作者满腔热情地为大赛提交了许多创作佳品。其中，年纪最大的参赛者已有80多岁高龄，而最小的参赛者只有7岁。这都体现了林业信息化的影响已经深入人心，对人们的生产、生活方式产生了积极的影响。

三、大赛产生的影响及收获

（一）增强了中国林业网的影响力

本次大赛吸引了全国各地的群众参与，增强了网站影响力。不少参赛选手通过大赛加深了对中国林业网的认识，不仅热心于投递作品参赛，还寻求向中国林业网长期投稿的途径，不仅扩大了网站信息来源，扩宽了网站信息渠道，还进一步增强了网站影响力。

（二）推动了林业信息化事业的发展

大赛作为反映林业信息化发展的窗口，向人们展示了一个借助信息化手段、充满潜力的发展中的林业。通过展示大赛作品，科学方法和优良渠道让更多需要的人了解和熟知，能够让更多人通过信息化手段获益，促进林业信息化快速高效发展。

（三）展示了林业信息化发展水平

大赛全面展示了信息化在林业各部门各方面的应用与发展，加深了人们对林业信息化的了解，带动了更多人关心林业信息化事业。作品中有反映林场职工通过信息化手段提高了管理能力，有讲述基层护林员通过新科技新设备提高了工作效率，有介绍云计算、物联网在国内的一些优秀应用案例，有展示信息化手段为林农服务改变了林农生活水平。所有这些优秀作品的展示，充分体现了信息化为林业带来的巨大影响，并提供了一个了解林业信息化的窗口，为林业信息化能够更好更快发展，更好地为林农服务起到了积极作用。

首届“信息改变林业”故事网络征文大赛取得了圆满成功，让人们更全面地了解了信息化在林业行业的发展情况，带领人们体验了林农借助信息化手段改善生活水平的喜悦，领略了云计算、物联网等一批高新科技给人们生活带来的巨大变化。大赛紧贴“信息促进发展、信息提升生活、信息改变林业”的主题，为让更多的人了解中国林业、了解林业信息化打开了一扇窗户（专栏2-1）。

专栏2-1

首届“信息改变林业”故事网络征文获奖名单

一等奖：《天眼不再是神话》《“老”小康的幸福生活》《果农老刘的苦与喜》。

二等奖：《舞谢三江》《“千里眼”》《网络造就当代山大王》《网络新色彩》《网络森林医院方便林农谱写绿色赞歌》。

三等奖：《信息技术与青山绿海的和弦》《圆梦林业人》《信息化的春天悄悄走进了山寨》《护林员应官友的日记》《林业信息化 造福千万家》《森林里的蓝精灵》《从物联网感知树木花草的生活》。

优秀奖：《四百二十六公里 一个开关的距离》《林业一张图中“最后一块拼图”》《信息 让我尽快进入角色》《脚踏实地 仰望星空》《春风吹林家》《抚今追昔话林改》、《插上信息化翅膀 描绘大美龙江蓝图》《信息改变一切 信息成就未来》《科技信息助大伯栽好“养老树”》《网络圆了我的记者梦》《网络森林医院改变了林业有害生物防治公共服务》《林业出版社快步走向信息化》《第一次上网后的启示》《从作文本到无纸化办公》《龟峰山村的变迁》《远山的守望》《信息造就我的绿色人生》《“林家铺子”奏响春天的旋律》《树木的虚拟医院 林农的真实帮手》《老富的“一指禅功”》。

优秀组织奖：浙江省林业厅、湖南省林业厅、黑龙江省林业厅、国家林业局森防总站、内蒙古呼伦贝尔市林业局。

第三章　网络运维

信息系统的运行维护和信息安全保障是信息化工作的重要组成部分，也是内容多、技术复杂的部分。如果说信息系统的建设是完成主要功能，那么运行维护和安全保障保证了信息系统正常、可靠、安全、高效运行，为增强系统生命力、延长系统生命周期、提高系统管理水平和安全平稳运行提供了重要保障。

第一节　信息安全

在以云计算、物联网为代表的先进理念、模式和技术的快速发展下，对信息网络安全也提出了更高的要求。加强网络信息安全建设，对于保障国家安全、社会秩序、公共利益以及公民、法人和其他组织合法权益不受侵害，最大限度消除病毒及网络攻击带来的信息泄密等网络安全隐患，都具有十分重要的意义。

尤其是2012年，国际信息安全环境日趋复杂，重要信息系统的安全风险日益突出，信息安全网络监管的难度和复杂性持续加大。为保障重点时期的网络信息安全，国家林业局信息办投入了大量的精力，加大信息审查、网站与网络监控、突发事件的处置力度，保证了重要时期局网站及网络的正常运行。

一、信息安全组织管理

（一）信息安全人员管理

2012年根据《信息安全等级保护管理办法》及《信息安全等级保护监督检查反馈意见书》的要求，对省级林业部门等级保护工作联络员进行了调查、统计，形成了“省级林业部门等级保护联络员名单”，并上报了公安部，进一步明确了各单位信息安全、等级保护责任机构及责任人，确保各单位等级保护工作有人管、有人抓。

（二）信息安全制度管理

在重要时期，为确保高效地处理各种紧急情况，一是坚持24小时值班制度，并特别安排运维团队的双人值班。二是聘请外部力量，确保监控的万无一失，并聘请专业公司监控团队进行24小时技术监控。三是加强监控分析，建立信息安全运维监控日报告制度，在完成每日监控后，根据监控情况，分析系统的安全状态、预测事件的发展趋势，对监控时间内的总体安全情况进行记录，确保国家林业局网络信息系统安全正常运行。

（三）信息安全技术培训

2012年5月7～11日，为贯彻执行国家有关信息安全等级保护要求，举办了首届全国林业信息安全等级保护技术培训班（图3-1），来自各省级林业主管部门和国家林业局各司局、各直属单位主管信息安全的负责人90余人参加了培训。通过培训，使参加培训人员充分认识了林业信息安全等级保护工作的重要意义，进一步提升了信息安全意识，明确了林业行业信息安全等级保护的主要任务，为下一步扎实推进林业信息安全等级保护、推动林业信息化建设打下了基础。

图3-1 首届全国林业信息安全等级保护技术培训班在北京举办

二、信息安全防护保障

加大了对重要网络和信息系统的检查及实时监测力度，及时预警异常信息，增加日常巡检次数；及时对网络安全漏洞进行检测，并对病毒库进行升级，加强系统重要部分的冗余或备份措施；加大网络攻击防范、追踪、安全审计和预警措施。

为保障重要时期的网络信息安全，在关键时期采取轮流值班制度，保证24小时有人在、有人管，时刻准备处置突发事件。建立信息安全运维监控日报告制度，每日分析安全状态、预测事件的发展趋势，准备应对方法。加强了信息安全应急响应及部门之间的协同合作，成功抵御了数百倍于日常访问量的分布式拒绝服务（DDOS）攻击。

2012年，各地林业部门也高度重视信息安全工作，纷纷组织力量加强信息安全管理和投入。辽宁省林业厅下发了《关于加强全省林业网络信息安全工作的通知》，明确责任，加强了安全意识。广东、四川等省林业厅对所属单位开展了信息安全自查自纠，及时消除了安全隐患。青海、宁夏等省（区）林业厅也纷纷成立信息安全工作小组，严抓本单位信息安全相关工作，将信息安全工作落实到人。

三、信息安全应急管理

按照《国家林业局网络信息安全应急处置预案》的要求，2012年国家林业局分两期采取模拟中心机房突发事件、网络中断等突发事件，开展了应急预案的演练。由国家林业局信息办网络处牵头，规划院等相关运维单位的相关人员参加了这次预案的培训和演练。培训和演练取得了较好的成效，达到了预期目的。

四、信息安全监督检查

信息办向林业行业下发了《关于报送2012年信息安全、等级保护相关工作情况的通知》（以下简称《通知》），开展了针对全行业各单位等级保护未定级、撤销及变更备案信息系统的监督检查。这次检查既是落实公安部要求精神的具体行动，也是一次全行业的自我规范、自我整改行动。检查规定得更加详细具体，也更突出林业行业特点，其目的也正是力图通过检查发现共性问题，采取针对性措施，进一步提高林业行业的信息安全水平。检查工作收到了明显成效，达到了预期目的。

第二节　运行维护

2012年，中国林业网及国家林业局办公网各应用系统运行稳定、正常，系统管理水平稳步提高，为各应用系统安全运行、发挥效益提供了重要保障，完成了各项运维目标及任务。

一、系统运行

2012年，完成中国林业网相关调整3000余次，网络视频更新1055次，保证了中国林业网、中国林业网（英文版、繁体网）、TRS搜索系统、国家林业局办公网等应用系统的正常、稳定运行。

内网综合办公平台共进行了30284项文件的办理，其中发文4057件、收文26039件；新增绿委办发文、会议方案及通知、会议纪要等模块；新增内网报送分管司局长移动办公的功能，按照2012年发布的《党政机关公文格式》修改综合办公系统中主要文种的正文模板。

二、制度规范

2012年9月国家林业局信息办向各省林业主管部门印发了《中国林业网运行维护管理制度》等10项信息管理制度（信网发〔2012〕68号）。制度从系统维护、人员管理及安全保障等多个方面进行规范，为行业信息系统运维和安全保障树立了榜样，打下了基础。

同时，为落实国家“十二五”规划纲要中“完善信息安全标准体系”“实施信息安全等级保护、风险评估制度”等信息安全要求，逐步形成林业行业信息安全建设的长效性、可考核的林业信息安全监管体系，国家林业局信息办组织起草了《林业信息系统安全评估准则》，准则融合了林业行业业务系统安全要求、国家等级保护和其他相关政策要求，建立覆盖技术、管理、运维各环节的信息安全指标体系。

三、维护管理

（一）带宽扩容

为满足国家林业局各司局、各直属单位以及社会广大网民日益增长的使用需求，对国家林业局互联网出口带宽由100MB扩容至200MB，为中国林业网及相关业务系统的有效访问提供了保障。

（二）呼叫中心运维

国家林业局大院内网、外网终端已增加至2000余个。国家林业局呼叫中心每日电话受理各项服务申请近百个，已经成为林业信息化对内、对外服务的窗口。为解决日益增加的服务需求与现有运维能力的不足，增加了呼叫中心运维电话，调整了相关人员岗位职责，提高了呼叫中心用户受理运转效率，做到了“有求必应，有应必回”，提高了运维满意度。

（三）精细化管理

2012年对国家林业局所有与运维及服务相关的工作进行了细化梳理，进一步明确了岗位职责、工作范围及其操作实施流程，本着“一岗多责、一专多能”的原则对相关人员资格和技能进行了审核，建立了运维准入和考核制度，大大提高了运维保障能力，并在此基础上撰写了《国家林业中心机房运维服务手册》，详列了国家林业信息系统运行维护相关管理办法。

（四）机房管理

为规范国家林业局信息资产的有效运作，本着“谁维护，谁负责”的原则，对国家林业局中心机房所有资产进行了清查统计，进一步规范了固定资产入场流程，保证运维各单位履行职责，提高国有信息资产的使用效率和安全管理。

（五）软件正版化

根据国务院办公厅关于做好政府机关使用正版软件工作的相关要求，为进一步推动软件正版化工作，国家林业局信息办按照要求，对林业行业软件正版化工作进行了督促检查，通过检查整改，各单位充分认识到了使用正版软件既是加大知识产权保护力度、促进正版软件持续健康发展的需要，也是确保政府机关安全优质高效办公的需要，从而提高了使用正版软件的自觉性，并更好地服务于机关办公工作。

第三节　系统建设

国家林业局内外网信息安全等级保护建设项目完成对中国林业网、国家林业局办公网、综合办公（OA）、内部邮件系统以及局网络、机房物理环境的定级、差距分析、建设整改、等级测评、体系规划和安全管理等，并为林业云计算平台提供全面信息安全保障支撑。主要完成了如下内容的建设。

一、重要信息系统等级保护建设

针对国家林业局内外网中包括中国林业网、国家林业局办公网、综合办公（OA）、内部邮件系统等几个重要信息系统，结合等级保护基本要求与设计方案，从技术和管理两个层面进行信息系统整改加固建设，采用原有设备配置调优、新增关键设备等方式从计算环境、区域边界、通信网络几个方面进行技术体系完善，使信息系统安全防护能力达到信息安全等级保护测评标准中“基本符合”的水平。

建立适用于国家林业局信息化发展及信息安全要求的运维体系，保证内外网重要信息系统的安全稳定运行，充分考虑云计算平台的安全需要，综合运用等级保护技术体系中纵深防御技术、分级分域防护等技术，构建主动防御的防护体系，增强对安全事件的预警、处置及统计分析能力，建立应急保障体系。

二、信息系统安全等级保护系统定级及差距分析

通过对国家林业局内外网重要信息系统（包括中国林业网、国家林业局办公网、综合办公、内部邮件系统等）调研分析来识别子系统的划分，分析系统所属类型、所属信息类别、服务范围以及业务对系统的依赖程度，制定细化定级规则，确定系统安全保护等级，完成林业局重要信息系统的定级备案工作。

采用等级保护合规性核查方法，按照不同安全保护等级信息系统的基本保护标准，对已完成定级的国家林业局内外网重要信息系统开展差距分析，结合林业行业实际业务系统情况详细对比基本技术及管理等方面距离信息系统安全等级保护实施指南要求的差距，形成可用于指导重要信息系统整改加固建设的差距分析报告及整改加固设计方案。

三、信息系统安全等级保护测评

对完成整改加固的国家林业局内外网重要信息系统进行信息安全等级保护符合性测评工作，判断整改后信息系统防护水平是否达到信息安全等级保护政策相应级别系统的合规性要求，并由测评机构出具信息安全等级保护测评报告。

四、信息系统安全保障体系框架设计

以国家林业局内外网信息系统信息安全等级保护整改加固建设为基础，基于信息安全等级保护政策相关法规、标准及规范，参考国内外各种信息安全标准、体系及最佳实践，结合国家林业局信息安全建设实际情况，构建国家林业局信息安全保障体系总体框架。制定国家林业局信息安全总体方针和策略，形成能够指导国家林业局当前业务和下一步发展的信息安全总纲。明确国家林业局信息安全建设依据、总体要求、技术框架。管理框架、运维要求、责任主体、各单位工作分工、近中期安全规划、指导策略、规范和指南、重点建设内容、资金保障、技术、管理及运维层面框架要求等内容，指导规范国家林业局全行业范围内信息化建设过程中包括规划、定级、设计、建设、整改、运维等各个阶段的信息安全建设工作，逐步实现等级保护信息安全建设总体规划、分步实施、重点落实的建设方法，为信息系统现在和将来的安全建立一个安全体系框架和目标。

第四章　项目建设

2012年，全国林业信息化项目建设按照“五个统一”的基本原则全面推进，加速发展。加大网站群建设力度，全力打造中国林业统一门户。开展全国林业示范市、县建设，为全国林业信息化建设树立典型。建设国家卫星林业遥感数据应用平台、中国林业数据库、林业数字图书馆等。

第一节　网站群建设

为服务生态林业和民生林业、建设生态文明和美丽中国，2012年国家林业局继续加强网站群建设，对森林公园和保护区站群进行扩充，新建了国家林业局主要树种网站群、发达林业国家林业网站群、国家林业局珍稀动物网站群等。

一、森林公园、种苗基地、国有林场网站群扩充

在现有森林公园等站群的基础上，新建1000个森林公园、种苗基地、国有林场网站群建设，采用森林公园、种苗基地、国有林场网站群子站模板，通过培训对各站群管理人员进行建站指导，将站群后台设置完成，包括栏目设置、模板样式设置、网站静态化设置、Logo的制作与设置、网上调查设置、新闻设置、图片库初始化设置、网站后台管理及权限设置、域名的申请与备案等工作（图4-1）。网站群的扩充极大丰富了森林公园网站群的内容，只要通过国家林业局政府网均能查找到想要了解的森林公园、种苗基地和国有林场的详细资料，建立了人们和这些公园、基地、林场联系的良好纽带。

二、自然保护区站群扩充

在原有自然保护区网站群的基础上，增建300个自然保护区的网站。采用统一的自然保护区子站模板，通过培训对各站群管理人员进行建站指导，将站群后台设置完成，包括栏目设置、模板样式设置、网站静态化设置、Logo的制作与设置、网上调查设置、新闻设

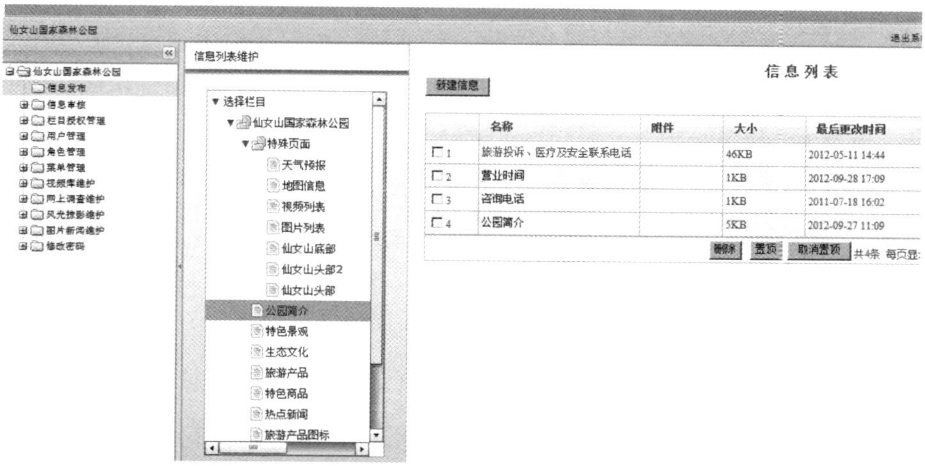

图 4-1 森林公园站群后台

置、图片库初始化设置、网站后台管理及权限设置、域名的申请与备案等工作（图4-2）。保护区站群的扩充建设工作极大丰富了自然保护区站群的内容，建立了人们与自然保护区之间联系的纽带。

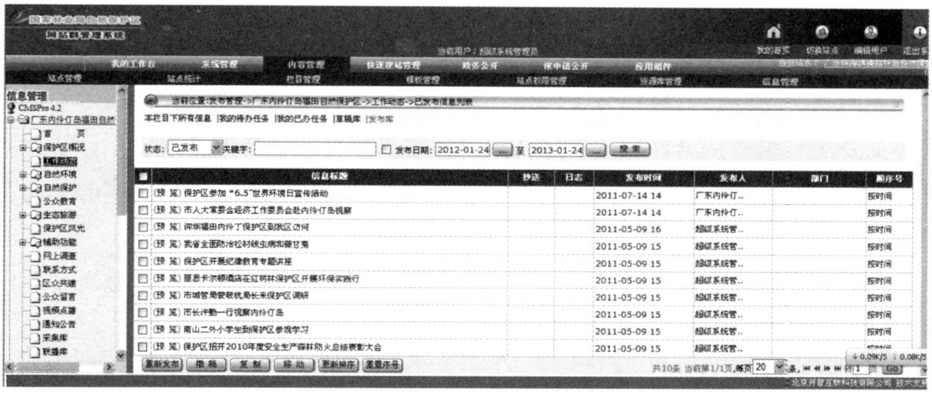

图 4-2 自然保护区网站群后台

三、主要树种网站群

国内主要树种网站群平台，展示主要树种的特色和优势，现有的主要树种的信息资源联系起来，以统一的网站群方式为来访者提供服务。以全新的方式规划、设计、搭建的主要树种网站群，将各站点信息连为一体，支持全部站点的统一管理，实现统一权限分配、统一导航和检索、来访者可以方便地通过网站群平台统一获得林业主要树种的相关信息和服务。构建网站群管理平台系统，为主要树种资源的推广提供展示。建设竹子、杨树等20个主要树种的子站，预留扩展接口，方便后期对子站进行扩充建设。

四、珍稀动物网站群

珍稀动物网站群通过现代信息技术手段，建立25个子站针对25种中国珍稀野生动物进行专门介绍，建成具有信息发布、查询、下载、日常管理、统计与分析、系统配置等功能的珍稀动物网站群系统。

珍稀动物网站群系统是官方普及珍稀动物知识的窗口，通过本网站群进行相关资料、文件、规范、标准的发布。公众可以通过互联网查看和学习国家珍稀动物的相关知识和信息，包括国内珍稀动物的有关新闻、资料、论文、科研成果、文件、标准、法律法规等，达到对珍稀动物知识普及教育的作用。

五、重点国家林业网站群

建设重点国家林业网站群，主要通过对不同语言文化国家的林业网站建设模式、内容风格、特色特点进行深入分析，建设综合化、智能化的中文国家林业网站群，从而促进国内林业专业人才以及普通用户及时了解国内外林业发展现状、趋势，学习国外发达林业国家的先进技术经验。

重点国家林业网站群主要是构建网站群管理平台系统，对采集的信息进行统一管理，对国外林业网站中信息进行集中分类汇总（如发展规划、政策法规、先进技术），使用户对国外林业发展状况有综合性的认识。通过对特定国家林业网站的深入分析、智能网页抓取和分析技术，对该国林业网站内容进行智能化镜像，使用户对感兴趣国家的林业发展状况有详尽的了解。

网站群设置了智能信息推送，对用户阅读习惯进行跟踪，分析其可能感兴趣的内容，定期将实时更新的内容推送给用户。用户也可以定制感兴趣的内容。

第二节　应用系统建设

一、国家卫星林业遥感数据应用平台建设项目

国家林业遥感应用平台以国产遥感卫星数据为主要数据源，兼顾业已投入应用的国外遥感卫星数据，基于现有的国产卫星运行管理体系与林业资源监测业务运行体系，建设集

业务运行管理、卫星遥感数据标准化处理与应用的产品生产、数据存档与信息管理、数据产品分发服务、数据质量评价、数据资源整合于一体的国家林业遥感卫星数据平台系统，研究并制定林业卫星遥感应用标准规范。

2000年以来，国家林业局购置、整合和完善森林资源监测所涉及的各类自主遥感数据，初步建成林业遥感数据库，并根据监测需要，及时对遥感数据进行了积累和更新。现有的遥感数据包括高分辨率的遥感数据、中等分辨率的遥感数据、中低分辨率的遥感数据这3个层次的遥感数据。高分辨率的数据具有分辨率高和表现直观的优势，在森林资源规划设计调查、森林资源与林地执法检查、林业重点工程建设成效监测、灾害损失评估等方面，已成为必不可少的数据资源。中分辨率具有覆盖范围广、分辨率较高的特点，在全面范围的森林资源清查、荒漠化沙化土地调查、湿地资源调查等较宏观的林业监测中，是主要的遥感数据源，用于提取土地利用类型分布、森林类型、荒漠化/沙化土地、湿地分布以及森林病虫害等信息。中低分辨率遥感数据具有重复接收周期比较短，覆盖范围广、数据更新快、能及时反映地表突变信息的优势，是应急监测必不可少的数据源。还可用于区域或国家级的快速宏观监测，如森林资源宏观监测、林火监测、沙尘暴监测等方面。

国家林业遥感应用平台搭建完成后将实现对林业各领域应用的遥感数据进行有序管理、推动林业数据资源的共享和系统整合，采用统一的标准进行集中式规模处理、实现林业行业内数据的共享，改善行业遥感应用分散处理的状态，提高遥感在林业监测、应急监测、规划设计、资源评估等方面的应用水平，提高监测时效性和辅助决策的效率。同时，提高为地方林业遥感应用服务的水平和引导、技术指导力度，整体提高林业行业遥感应用水平。

国家林业遥感应用平台将实现如下功能：

（1）能够根据用户提出的数据需求对国内外可用遥感卫星和载荷进行数据源分析，查找是否有满足客户需求的数据源。

（2）能够提供民用国产卫星遥感数据的网络接入功能，提供以磁盘、光盘等介质方式的其他遥感数据的接入和管理功能。

（3）能够对大批量的影像数据进行编目处理，提供针对海量影像数据的有效存档管理和数据迁移功能。

（4）能够针对接入的国产卫星遥感数据进行精校正处理，具备针对国产卫星初级图像产品的辐射校正处理和系统几何校正处理功能，在此基础上，提供面向林业应用业务开展应用处理所必需的一系列通用或者专用的图像应用处理工具。

（5）能够提供流程可定制的林业资源监测应用处理系统，提供各林业资源监测信息和基础专题产品的生产支撑工具。

（6）能够为用户提供多种方式的数据产品浏览、查询、网络订购和数据分发服务，在分发数据准备好以后，能够以邮件、短信等多种方式通知数据客户。

（7）能够在林业局现有互联网门户网站之上，为社会大众提供通过网络方式获取各类待发布的专题应用产品的机制，并提供发布产品制作、整编的工具和网站维护工具。

（8）能够对卫星遥感标准图像产品的图像质量进行分析与评价，能够对遥感影像的辐射和几何校正参数进行评估、优化并定期修正，能够对林业遥感反演产品质量进行评价并生成评估报告。

二、中国林业网络博物馆数据采集制作

在原有博物馆的基础上，继续丰富中国林业网络博物馆的数据内容，建设多种类型的三维数据模型，梳理网络博物馆数据分类，完善网络博物馆文字、图片、视频信息，优化网络博物馆的设计，增强网络博物馆的趣味性、科普性。数据采集主要包括宏观结构采集、细节精度采集、材质纹理采集、视频采集、音频采集，在原有基础上，极大地丰富了网络博物馆的数据内容（图4-3）。

图4-3　中国林业网络博物馆图片

三、中国林业网络博览会数据采集制作

中国林业网络博览会数据采集制作基于原有网络博览会的基础，丰富中国林业网络博览会的数据内容，并对各馆数据进行三维制作，完善博览会各栏目的文字及图片信息。在原有主场馆和分场馆的基础上新增每个分场馆企业展位，丰富展馆信息（图4-4）。

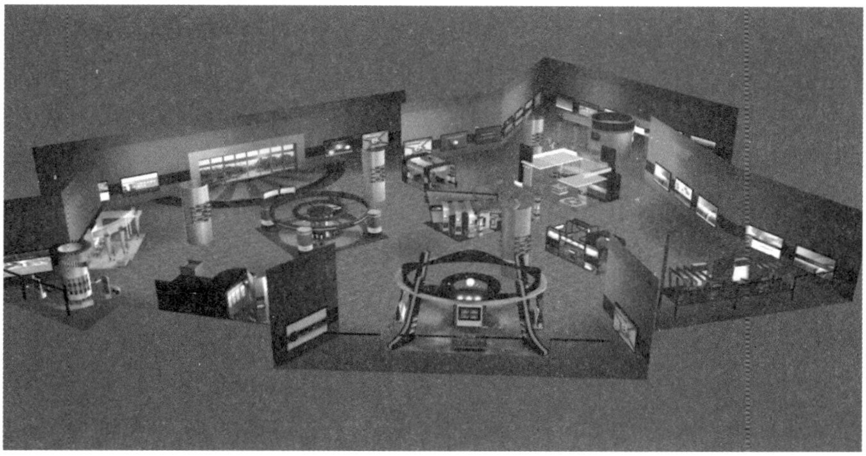

图4-4　中国林业网络博览会木材馆全景图

第三节　数据库建设

一、中国林业数据库

随着林业信息化的发展，国家林业局经过近几年的不懈努力，已经具备了较好的信息化基础设施条件，信息化应用环境建设已经初见成效，建立起一批业务应用系统，积累了一定的信息数据。对于林业系统内部用户，获得可靠的数据是进行有效决策分析的基础，但是从整体性、统一性、开放性等多个方面来看，现有的信息数据分散于各个应用系统中，信息缺乏整合，无法为用户的应用提供完善的信息服务，不能完全满足新时期林业发展和行政管理的要求。为满足国家林业局所面临的海量信息、海量数据的处理需求，需要对散布于各个系统中的林业信息与数据整合进一个单一的、可靠的综合林业数据库之内，协助用户做到林业数据分类可见、林业数据可控制与可调整，维护数据的有效和一致；并以此为基础，为林业用户应用提供支持服务，进一步提升林业信息化服务的信息能力。

中国林业数据库从林业基础数据信息入手，以内容管理为基础，以多样信息的采集、存储、分析、定义、目录展示为过程，对国家林业局的历年统计数据、林业科学数据库数据、林业区划数据库数据等林业信息数据进行整合，通过高效、便捷的检索手段为国家林业局用户提供统一的林业信息数据的目录展示服务，为林业领导用户的决策支持提供应用支撑。

中国林业数据库的建设内容主要包括历年统计数据；历年统计分析报告；林业科学数据库数据；林业区划数据库数据；四大资源清查数据库数据；林业重大规划数据库；各司局共享数据；政策法规数据库；林业标准数据库；中国林业年鉴数据；中国林业发展报告；林业信息化发展报告；中国生态状况报告；林业重大问题调研报告；林业重点工程及社会经济效益报告；林业工作手册；林业遥感数据库（图4-5）。

图 4-5　中国林业数据库界面

二、中国林业数字图书馆

目前，国家林业局已在内网建设了电子图书馆和电子阅览室，积累了一定的数字文献资源，但因类别少、数据量小，不能满足林业系统业务需求。

中国林业数字图书馆是为林业系统提供文献信息服务的平台，具有存储空间小、查阅检索方便、资源共享性好等优点。丰富了林业系统的资源，提供稳定的文献资源服务，所有资源采用镜像服务的模式，并且形成了数字图书馆内外网分别部署的格局。在资源整合方面，将原有图书和期刊资源与新购资源集成，分别部署在内外网上，同时增加了图书、期刊、年鉴、硕博论文的资源，满足了京内林业直属单位的文献需求，大大提升了林业数字图书馆的服务能力与水平（图4-6）。

图 4-6　中国林业数字图书馆界面

第四节　示范市、示范县建设

2012年，继第一批、第二批示范省建设后，借鉴示范省建设的好经验、好做法，国家林业局开展全国林业示范市、县建设，为全国林业信息化建设树立样板。2012年6月，《国家林业局办公室关于开展全国林业信息化示范市、示范县建设有关工作的通知》（办信字〔2012〕105号）下发后，各地按照通知要求，对照《林业信息化示范市主要指标》和《林业信息化示范县主要指标》，积极进行了全国林业信息化示范市、示范县的申报工作。经过材料初审、现场调研和综合评定，确定河北省张家口市等25个市为全国林业信息化示范市，天津市蓟县等50个县为全国林业信息化示范县。

一、关于开展全国林业信息化示范市、示范县建设有关工作的通知

2012年6月11日，国家林业局办公室印发了《国家林业局办公室关于开展全国林业信息化示范市、示范县建设有关工作的通知》（专栏4-1）。

专栏4-1

国家林业局办公室关于
开展全国林业信息化示范市、示范县建设有关工作的通知

办信字〔2012〕105号

各省、自治区、直辖市林业厅（局），内蒙古、吉林、龙江、大兴安岭森工（林业）集团公司，新疆生产建设兵团林业局：

为贯彻落实全国林业厅局长会议和第二届全国林业信息化工作会议精神，充分发挥先进典型的示范引领作用，深入辐射带动全国林业信息化工作，全面加快林业信息化建设步伐，大力提升现代林业科学发展管理水平，在组织开展全国林业信息化示范省建设的基础上，经研究，我局决定开展全国林业信息化示范市、示范县建设工作。现将有关事项通知如下：

一、各省（区、市）负责组织本地全国林业信息化示范市、示范县的申报工作，推荐示范市的数量不超过2个，推荐示范县的数量不超过3个。请各地对照《全国林业信息化示范市主要指标》（附件1）和《全国林业信息化示范县主要指标》（附件2）进行认真研究，符合指标条件的市、县可填写《全国林业信息化示范市申请表》（附件3）和《全国林业信息化示范县申请表》（附件4），每个市、县提交3000字左右的书面报告。请各省（区、市）于2012年7月30日前，将申请材料统一报国家林业局信息办。

二、我局将按照示范市和示范县指标对申报材料进行认真审核，组织专家进行评审，并依据申报材料进行考评，确定全国林业信息化示范市、示范县。对确定为全国林业信息化示范市、示范县的单位，我局将在林业信息化建设政策、技术等方面给予适当倾斜。

三、为确保工作质量，在被确定为全国林业信息化示范市、示范县一年后，我局将组织有关专家进行现场复查，复查不合格者将提出警告，3年后复查仍不合格，将取消其全国林业信息化示范市、示范县的称号。

内蒙古、吉林、龙江、大兴安岭森工（林业）集团公司，新疆生产建设兵团林业局请参照上述要求进行推选。

附件：1. 全国林业信息化示范市主要指标

2. 全国林业信息化示范县主要指标
3. 全国林业信息化示范市申请表
4. 全国林业信息化示范县申请表

国家林业局办公室
二〇一二年六月十一日

附件1

全国林业信息化示范市主要指标

一、有比较健全的组织机构和人员队伍

成立由本市林业局主要负责同志任组长、有关负责同志参加的林业信息化工作领导小组，统一领导本市的林业信息化工作。建立有独立的林业信息化建设管理机构，并配备有不少于3人的专职工作人员。

二、有科学先进的示范主题和实施方案

依据《全国林业信息化建设纲要》和《全国林业信息化建设技术指南》等要求，编制出适合本市林业信息化建设的总体规划或实施方案、示范主题鲜明突出、示范内容具有先进性和可操作性、保障措施完善，示范经验具有一定的可推广性。

三、有比较突出的建设业绩

在“五个统一”的原则下，按照“四横两纵”的框架进行林业信息化建设。建有独立机房、林业信息化建设总体水平较高，建有完善的网络平台、独立的网站、运行效果良好的OA系统、应用系统和数据库，在统一平台的基础上进行了数据整合（可提供相关证明材料作为附件，如应用系统建设相关文件、系统功能介绍、验收文件、用户使用证明、表彰奖励证明等）。

四、有比较良好的应用水平

林业信息化整体应用水平较高，网站政务信息量每年达到1000条以上，所建成的应用系统和平台得到充分利用，数据整合程度高，能够起到支持核心业务、服务林业发展大局的作用。

五、有适应基本要求的资金投入

对林业信息化建设及系统运维有一定比例的投入，对林业信息化资金专款专用，保障应用系统的建设和运行。

六、有较高的普及程度和社会效益

林业信息化普及程度较高，建立了较为完善的管理体系和运行服务体系，在进行应用系统的推广和使用过程中积累了先进经验，为广大林农群众提供服务。

附件2

全国林业信息化示范县主要指标

一、有比较健全的组织机构

林业信息化建设作为一把手工程，县林业局主要负责人亲自部署，亲自检查林业信息化重点工作落实情况。设有承担林业信息化建设的具体职责的科室，配有2名以上的专职工作人员。

二、有科学先进的示范主题和实施方案

依据《全国林业信息化建设纲要》和《全国林业信息化建设技术指南》等要求，编制出适合本地林业信息化建设的总体规划或实施方案、示范主题鲜明突出、示范内容具有先进性和可操作性、保障措施完善，示范经验具有一定的可推广性。

三、有比较突出的建设业绩

在“五个统一”的原则下，按照“四横两纵”的框架进行林业信息化建设。林业信息化建设总体水平较高，有独立的网站或在省里、市里的网站群里有子站、有运行良好的应用系统，在统一平台的基础上进行了数据整合。

四、有比较高的应用水平

林业信息化整体应用水平较高，网络平台、网站、应用系统、数据库等得到充分利用，数据整合程度高，能够起到支持核心业务，服务林业发展大局的作用。

五、有一定比例的信息化投资

对林业信息化建设及系统运维有一定比例的投入，对林业信息化资金专款专用，保障应用系统的建设和运行。

六、信息化普及程度高，取得一定的社会效益

林业信息化普及程度较高，建立了较为完善的管理体系和运行服务体系，在进行应用系统的推广和使用过程中积累了先进经验，为广大林农群众提供服务。

附件3

全国林业信息化示范市申请表

申请单位：

组织机构建立情况	
示范主题	
总体规划、建设计划、实施方案等的编制情况	

建设情况	内、外网平台	
	应用系统	（填项目名称）
	应用支撑	
	数据库	（填数据库名称及数据资源整合情况）
	基础设施	
	运维服务体系	
	标准规范体系	
	安全与综合管理体系	
应用情况	外网网站	（填域名）
	数据库应用	
	应用系统	
	基础设施	
	支撑核心业务情况	
近 3 年投资情况		
普及情况和社会效益		（可填写获奖名称）
申请单位意见		（单位盖章） 年　月　日
省级林业主管部门意见		（单位盖章） 年　月　日
国家林业局信息办意见		（单位盖章） 年　月　日
国家林业局意见		（单位盖章） 年　月　日

附件4

全国林业信息化示范县申请表

申请单位：

组织机构建立情况		
示范主题		
总体规划、建设计划、实施方案等的编制情况		
建设情况	外网平台	
	应用系统	（填项目名称）
	数据采集与整合	（填数据库名称及数据资源整合情况）
	基础设施	
	标准规范制度	
应用情况	外网网站	（填域名）
	应用系统	
	基础设施	
	支撑核心业务情况	
近3年投资情况		
普及情况和社会效益		
其他需要说明的情况		（可填写获奖名称）
申请单位意见		（单位盖章） 年　月　日

省级林业主管部门意见	（单位盖章） 年　月　日
国家林业局信息办意见	（单位盖章） 年　月　日
国家林业局意见	（单位盖章） 年　月　日

二、关于启动全国林业信息化示范市、示范县建设工作的通知

2013年1月6日，国家林业局印发了《国家林业局关于启动全国林业信息化示范市、示范县建设工作的通知》（专栏4-2）。

专栏4-2

国家林业局关于启动全国林业信息化示范市、示范县建设工作的通知

林信发〔2013〕3号

各省、自治区、直辖市林业厅（局），内蒙古、吉林、龙江、大兴安岭森工（林业）集团公司，新疆生产建设兵团林业局，各计划单列市林业局：

2012年6月，《国家林业局办公室关于开展全国林业信息化示范市、示范县建设有关工作的通知》（办信字〔2012〕105号）下发后，各地按照通知要求，对照《林业信息化示范市主要指标》和《林业信息化示范县主要指标》，积极进行了全国林业信息化示范市、示范县的申报工作。经过材料初审、现场调研和综合评定，我局确定河北省张家口市等为全国林业信息化示范市（见附件1），天津市蓟县等为全国林业信息化示范县（见附件2）。为深入落实党的十八大和全国林业厅局长会议精神，充分发挥林业信息化服务生态林业和民生林业的作用，现就做好全国林业信息化示范市、示范县建设启动工作提出如下要求。

一、尽快编制实施方案

各示范市、县要按照示范主题，认真组织编制实施方案，明确示范范围、示范内容和保障措施，报各有关省级林业主管部门审核，各有关省级林业主管部门于2013年3月30日前将审核后的实施方案报我局。

二、切实加强组织领导

各示范市、县要成立由实施单位主要负责同志任组长、有关部门负责同志参加的林业信息化示范市、县建设工作领导小组，统一领导本地本单位林业信息化示范建设，为示范工作提供组织保障。

三、加大支持保障力度

各示范市、县要在原有工作的基础上，不断创新环境和条件，进一步在资金、政策、技术、人才等方面加大投入，为示范建设顺利进行提供保障。

四、加快示范建设进度

各示范市、县要充分认识示范建设的重要意义，注重建设中的技术先进性和实用性，提高建设效率，切实加快建设进度，确保示范建设工作按期完成。

五、及时总结示范经验

各示范市、县要及时将工作中积累的好经验、好做法认真整理，报有关省级林业主管部门审核，有关省级林业主管部门要将审核后的经验材料定期报送我局，以便以点带面、指导全国，真正起到引领示范作用，推动全国林业信息化发展。

全国林业信息化示范市、示范县建设是一项重要而全新的工作，各有关省级林业主管部门要切实加强对所属示范市、县的指导和管理，积极帮助研究解决示范建设中的相关问题，进一步提升其水平和能力，努力改进和完善本地信息化工作，以实现全国林业信息化的全面健康发展，为建设生态林业和民生林业做出应有的贡献。

附件：1.全国林业信息化示范市名单

2.全国林业信息化示范县（单位）名单

国家林业局

二〇一三年一月六日

附件1

全国林业信息化示范市名单

（共25个）

河 北	张家口市	（示范主题：林业空间信息服务系统） （实施单位：张家口市林业局）
山 西	临汾市	（示范主题：远程监控系统） （实施单位：临汾市林业局）
内蒙古	鄂尔多斯市	（示范主题：数字林业核心平台） （实施单位：鄂尔多斯市林业局）
辽 宁	本溪市	（示范主题：掌上林业应用系统） （实施单位：本溪市林业局）
	阜新市	（示范主题：行政审批系统） （实施单位：阜新市林业局）
吉 林	延边朝鲜族自治州	（示范主题：林业综合办公平台） （实施单位：延边朝鲜族自治州林业管理局）
黑龙江	佳木斯市	（示范主题：森林防火预防扑救决策系统） （实施单位：佳木斯市林业局）
浙 江	杭州市	（示范主题：森林防控体系） （实施单位：杭州市林业水利局）
	湖州市	（示范主题：林业电子政务平台） （实施单位：湖州市林业局）
安 徽	合肥市	（示范主题：森林资源管理地理信息系统） （实施单位：合肥市林业和园林局）
	黄山市	（示范主题：林权交易信息平台） （实施单位：黄山市林业局）
江 西	吉安市	（示范主题：森林防火信息系统） （实施单位：吉安市林业局）
山 东	济南市	（示范主题：林业电子政务建设） （实施单位：济南市林业局）
	济宁市	（示范主题：林业网站集群系统） （实施单位：济宁市林业局）
河 南	新乡市	（示范主题：森林资源数据库系统）

（实施单位：新乡市林业局）

湖　北　襄阳市　（示范主题：市级内网和基础平台建设）

（实施单位：襄阳市林业局）

荆门市　（示范主题：林政管理系统）

（实施单位：荆门市林业局）

湖　南　娄底市　（示范主题：资源整合和综合办公平台建设）

（实施单位：娄底市林业局）

湘西土家族苗族自治州　（示范主题：林权数据库系统）

（实施单位：湘西土家族苗族自治州林业局）

广　东　东莞市　（示范主题：基于云计算的林业基础数据共享平台）

（实施单位：东莞市林业局）

广　西　南宁市　（示范主题：市级森林病虫害防治系统）

（实施单位：南宁市林业局）

四　川　甘孜藏族自治州　（示范主题：信息化在森林防火方面的应用）

（实施单位：甘孜藏族自治州林业局）

云　南　临沧市　（示范主题：数字林业建设）

（实施单位：临沧市林业局）

甘　肃　张掖市　（示范主题：门户网站建设）

（实施单位：张掖市林业局）

青　海　西宁市　（示范主题：信息技术在林业主体业务中的应用）

（实施单位：西宁市林业局）

附件2

全国林业信息化示范县（单位）名单

（共50个）

北　京　西城区　（示范主题：园林植物条码化管理）

（实施单位：西城区园林绿化局）

天　津　蓟　县　（示范主题：退耕还林管理系统）

（实施单位：蓟县林业局）

河　北　塞罕坝机械林场　（示范主题：森林防火火源监控系统）

（实施单位：河北省塞罕坝机械林场）

内蒙古　林西县　（示范主题：门户网站建设）

		（实施单位：林西县林业局）
	东胜区	（示范主题：数字林业核心平台）
		（实施单位：鄂尔多斯市东胜区林业局）
辽　宁	本溪县	（示范主题：掌上林业应用）
		（实施单位：本溪满族自治县林业局）
	桓仁县	（示范主题：林业综合服务平台）
		（实施单位：桓仁满族自治县林业局）
	省实验林场	（示范主题：林火视频智能监控系统）
		（实施单位：辽宁省实验林场）
吉　林	通化县	（示范主题：林权管理信息系统）
		（实施单位：通化县林业局）
	蛟河林业实验区	（示范主题：营造林工程管理系统）
		（实施单位：蛟河林业实验区管理局）
	龙湾国家级自然保护区	（示范主题：生态旅游管理系统）
		（实施单位：龙湾国家级自然保护区管理局）
黑龙江	嘉荫县	（示范主题：智能办公系统）
		（实施单位：嘉荫县林业局）
浙　江	龙泉市	（示范主题：林业基础信息库平台）
		（实施单位：龙泉市林业局）
	安吉县	（示范主题：国家、省、市、县四级数据交换系统）
		（实施单位：安吉县林业局）
	庆元县	（示范主题：森林资源价值动态评价模型）
		（实施单位：庆元县林业局）
安　徽	石台县	（示范主题：整合资源搭建信息网络）
		（实施单位：石台县林业局）
	滁州市南谯区	（示范主题：林业政务公开）
		（实施单位：滁州市南谯区林业局）
	望江县	（示范主题：电子政务网建设）
		（实施单位：望江县林业局）
福　建	延平区	（示范主题：“三防”监管一体化信息平台)
		（实施单位：南平市延平区林业局）
	沙　县	（示范主题：林业行政许可系统）
		（实施单位：沙县林业局）
江　西	遂川县	（示范主题：森林防火指挥中心建设）

		（实施单位：遂川县林业局）
	安福县	（示范主题：林权地理信息系统）
		（实施单位：安福县林业局）
	靖安县	（示范主题：林区警务信息平台）
		（实施单位：靖安县林业局）
山　东	郯城县	（示范主题：网上办案系统）
		（实施单位：郯城县林业局）
	沂源县	（示范主题：林业行政案件管理信息化）
		（实施单位：沂源县林业局）
河　南	嵩　县	（示范主题：无纸化办公）
		（实施单位：嵩县林业局）
湖　北	潜江市	（示范主题：服务林农林企信息化系统）
		（实施单位：潜江市林业局）
	谷城县	（示范主题：森林资源地理信息系统）
		（实施单位：谷城县林业局）
湖　南	隆回县	（示范主题：林地测土配方系统 ）
		（实施单位：隆回县林业局）
	常宁市	（示范主题：林权数据库管理系统）
		（实施单位：常宁市林业局）
	新化县	（示范主题：生态公益林管理系统）
		（实施单位：新化县林业局）
广　西	融水县	（示范主题：林政综合信息管理系统）
		（实施单位：融水苗族自治县林业局）
重　庆	永川区	（示范主题：数字林业建设）
		（实施单位：永川区林业局）
	武隆县	（示范主题：林业综合服务平台）
		（实施单位：武隆县林业局）
四　川	温江区	（示范主题：林业花木信息化体系）
		（实施单位：成都市温江区花卉园林局）
	剑阁县	（示范主题：县乡两级林业信息网络平台）
		（实施单位：剑阁县林业和园林局）
	北川县	（示范主题：林火及野生动物智能监测应急指挥系统）
		（实施单位：北川羌族自治县林业局）
云　南	石林县	（示范主题：林权宗地管理地理信息系统）

		（实施单位：石林彝族自治县农林局）
	腾冲县	（示范主题：森林资源管理）
		（实施单位：腾冲县林业局）
陕　西	城固县	（示范主题：集体林权信息采集管理系统）
		（实施单位：城固县林业局）
	石泉县	（示范主题：综合办公服务系统和行政审批系统）
		（实施单位：石泉县林业局）
甘　肃	祁连山国家级自然保护区	（示范主题：森林资源数据库建设）
		（实施单位：祁连山国家级自然保护区管理局）
	兴隆山国家级自然保护区	（示范主题：森林防火地理信息系统和林业资源管理平台）
		（实施单位：兴隆山国家级自然保护区管理局）
青　海	大通县	（示范主题：林业信息化管理体系）
		（实施单位：大通县林业局）
宁　夏	青铜峡市	（示范主题：数字林业平台）
		（实施单位：青铜峡市林业局）
新　疆	阜康市	（示范主题：电子政务平台）
		（实施单位：阜康市林业局）
吉林森工	松江河林业局	（示范主题：企业综合管理网络平台）
		（实施单位：吉林森工集团松江河林业有限公司）
龙江森工	柴河林业局	（示范主题：社会管理服务信息化系统）
		（实施单位：柴河林业局）
	友好林业局	（示范主题：森林信息化生态保护）
		（实施单位：友好林业局）
大兴安岭	塔河县	（示范主题：数字林业信息系统平台应用及推广）
		（实施单位：塔河县林业局）

三、北京市西城区建立园林植物条码化管理系统

北京市西城区建立了园林植物条码化管理系统，园林植物条码化管理系统为每株树木建立了唯一的“身份证”，利用手持读写设备将树木与系统数据一一对应，实现了数据的高度精准性，解决了管理与数据分离现象，确保了数据的实效性。同时创建了完整、准确的树木电子档案，实现了公园绿地的精细化、动态管理，提供了便捷高效的发展空间。

利用二维条码增强了系统本身对行业内部业务的实时指导，同时还利用物联网技术，让城市居民通过手机等联网设备直接读取条码中的信息，方便居民认识植物、了解园林特有的文化及艺术，展示城市园林发展成果。建立群众参与绿化建设和管理的纽带，倡导共同爱绿护绿，自觉履行绿化义务。

此系统的建成使用，能提高管理效率、降低管理成本，促进绿化管理工作向着规范化、系统化、专业化的方向发展。给今后的生态模拟、生态预警工作打下坚实的基础；为推动首都园林绿化事业科学发展，建设“生态园林、科技园林、人文园林”提供更广阔的平台（图4-7）。

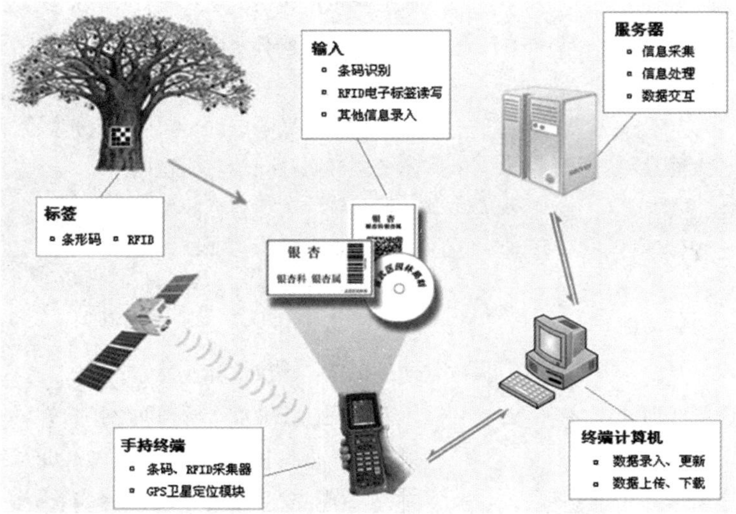

图4-7 北京市园林植物条码化管理系统界面

四、湖北省襄阳市围绕构建“六大林业中心”平台进行信息化建设

湖北襄阳市林业局认真贯彻落实《全国林业信息化建设纲要》和全国林业信息化工作会议精神，围绕在襄阳市构建鄂西北“六大林业中心”平台（即鄂西北森林防火指挥中心、林业有害生物防治中心、石漠化监测治理中心、森林资源监测中心、林权交易中心、林业科研中心），积极推进林业信息化建设，为促进襄阳林业科学发展、跨越发展，提高行业管理水平，增强服务林农能力，加快推进“两个中心”（即湖北省域副中心城市、现代化区域中心城市）和“四个襄阳”（即产业襄阳、都市襄阳、文化襄阳、绿色襄阳）建设发挥重要作用。本着“边建设、边应用”的原则，襄阳林业信息化建设取得了初步成效。

在基础设施建设方面。襄阳市林业局建立了机房，建成了物理隔离的内网和外网系统；实现了与湖北林业二级专网和襄阳市党政办公网的对接；部署了对外门户网站Web服务器和部分应用系统服务器。

在信息资源建设方面，襄阳市林业局目前已经积累了一定的信息资源数据，主要包括：基础地理、影像、DRG、DEM、行政区划、森林资源二类、湿地、石漠化、沙化、古树名木、林权以及门户网站信息数据等。

在应用系统建设方面：一方面积极运用省林业厅相关业务应用系统；另一方面结合襄阳实际，开发了部分业务应用系统（图4-8）。

图4-8　襄阳市公共基础数据平台

五、浙江省龙泉市建立林业基础数据库平台

浙江省龙泉市林业局作为基层的县级林业管理部门，在2004年就开始了林业信息化建设工作，建设之初由于缺乏总体规划和标准规范，各部门单兵作战，信息不能共享，不可避免地出现资源浪费、重复建设、低水平应用等问题，由此形成了以部门为单位、按业务划分的一个个信息孤岛。

2009年，龙泉市林业局开始着手编制总体规划工作，规划总体框架根据国家“四横两纵”和“五个统一”的原则建立，并邀请有关专家进行了反复论证和修改，《龙泉市林业信息化（2010～2020年）建设规划》（以下简称《规划》）通过评审并开始实施，出台了一系列信息化工作的指导性文件，有力促进了龙泉市林业信息化建设步入规范、有序和科学的发展建设轨道。《规划》明确在“十二五”和“十三五”期间要花大力气狠抓基础设施、数据库、应用支撑、应用系统和标准规范、安全和综合管理体系建设，加快发展林业信息化建设步伐。

基础数据库平台建设是一个长期性工程，同时又是一个系统性工程，是应用系统的基础，是当前林业信息化建设重中之重。龙泉市在应用系统开发过程中，特别强调开发过程中开展数据采集工作，各个应用系统的开发和应用既相对独立，又采用统一技术和数据标准，在开发中采集数据，在数据采集中完善系统。在应用系统的开发过程中，强有力的应用支撑成为数据库建立的重要工具，优先采用上级林业部门已开发的组件和中间件，从不同的业务流程和功能中提炼出基础、通用的林业业务流程管理、林业数表模型、林业基础组件和林业常用工具软件，形成统一的服务访问接口，为应用系统服务，缩短了各应用系统建设开发周期，使不同系统完善和扩展遵循统一规范，解决应用系统开发过程中可能出现的低水平重复开发和“信息孤岛”问题，规范支撑跨部门的业务系统之间协同作业，共享信息资源（图4-9）。

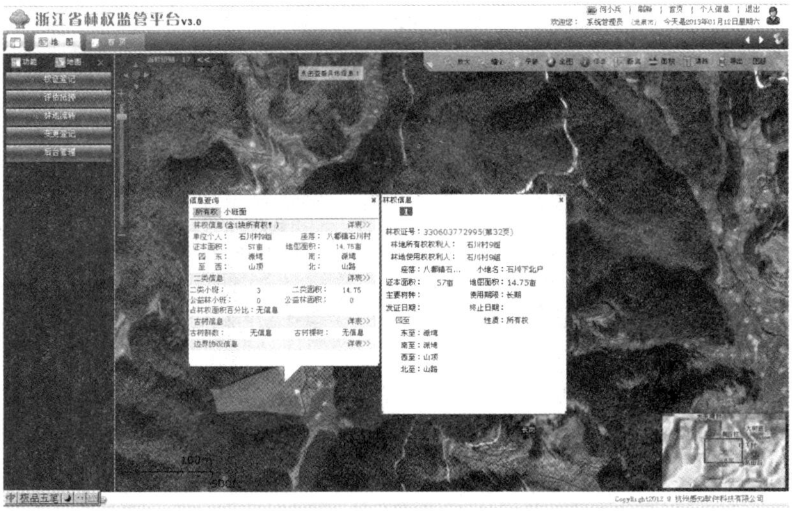

图4-9　浙江省林权监管平台界面

在数据库平台建立过程中，除了同应用系统开发相结合，龙泉市还遵循科学合理的方法，将基础数据采集同集体林权制度改革相结合、同各类森林资源调查相结合、同森林采伐更新相结合、同林业日常工作相结合的方法采集数据库信息，高效、准确并且动态提供信息和数据，利用数据共享原则对各应用系统数据库进行对接、整合和提升。目前，已建成林权、营造林、采伐、运输、加工、产品出口、企业管理、林地征占用、森林防火、行政处罚等14个林业信息数据库。其中，“林权基础信息数据库”已采集林权证信息73 730本540 705宗地，占100%；“林权基础地理信息数据库”已采集所有权地理信息64 196宗地26.57万公顷，占100%，经营权地理信息138 649宗地12.3万公顷，占46%；“森林资源信息数据库”已采集山场资源资产信息138 649宗地，占46%；“古树名木信息数据库”已采集全市名木古树2467株，名木古树群144个；“营造林信息数据库”已采集营造林山场1564片5491.93公顷；“林木采伐管理信息数据库”已采集林木采伐许可证档案62 092份；“木材运输信息数据库”已采集木材运输证信息106 665份。各个数据库的建立为龙泉市林业信息化发展打下最扎实的基础。

六、辽宁省本溪县林业局建设掌上林业系统

按照“加快林业信息化，带动林业现代化”的总体要求，辽宁省本溪县林业局开始实施数字林业工程，推广了网络化办公等模式。几年来，县林业局先后完成了林业专网、森林防火远程视频监控、办公自动化、网上办证以及森林资源保护红外视频监控、护林员GPS等系统的推广应用。林业信息化建设显著推进，森林资源得到有效保护、尤其是掌上林业方面应用于林业生产建设，效果更明显、效率更高、成效更显著，主要体现在以下4个方面。

1．对森林资源实施“掌上保护”

通过实施视频监控、GPS/GIS林业有害生物调查记录系统和护林员GPS3个系统的应用探索，建成森林防火监控点11个、木材运输监控点19个，摄像头覆盖到全县60%的主要公路和90%的旅游景区。利用PDA设备进行林业有害生物调查监测、分析定位，病虫害监测预报水平明显提高。启用护林员GPS卫星定位手机200部，既有利于公益林办公室利用巡检功能对护林员加强监管，又便于护林员在深山老林中进行信息采集上报。通过不断尝试，将数字化林业应用到掌上智能平台，PDA、智能手机成为新的信息载体，实现了在物联网应用方面的首次突破。

2．对林业基础数据实施“掌上调控”

早在1994年就编制应用了全国最早的森林经营作业设计微机处理系统软件，成果在多个省市推广。现在全县所有的国有林和集体林的林业调查设计、森林经营管理、林下经济发展等生产工作均实现了数字化、多平台化，广泛应用了GPS、GIS等实用技术，森林资源地形图、数据库、林相图全部实现矢量化，并且在全省率先建立了森林资源档案数据库。

3．对广大林农实施“掌上服务”

2009年，正式启动网上办证业务，四年来，为林农办理林木采伐许可证、木材运输证2.7万件，网上办证率100%，发证效率明显提高，由过去的20多分钟缩短到3分钟以内，群众满意率100%。累计发布林地林木流转信息、致富供求信息3200余条，为林农办理林木交易800件，服务林农3万余人次。林农坐在家中就可以用计算机或3G手机登录网站查询交易咨询信息。

4．林业系统内部实施“掌上办公”

办公自动化系统应用以后，进一步深化了现代化办公程度，文件办理效率提高至少几十倍，每年节约纸张耗材近十万元，而且利用短信平台等系统，领导可以对公文流程进行有效监督，强化了政务公开，促进了机关工作作风建设（图4-10）。

图4-10　本溪县“掌上办公”系统界面

七、广东省东莞市依托云计算技术打造东莞智慧林业

东莞市是战略性新兴产业基地，云计算、物联网、大数据等信息化前沿技术发展成熟。东莞市充分发挥这个优势，升级林业业务信息系统，打造智慧林业管理平台。

一是建设森林公园治安与防火监控系统，系统包括1000多个网络视频摄像头。对森林公园实施全天候的治安和森林山火监控，大幅度提高了治安案件查处率，大幅度减少了治安案件发生率和森林山火发生率。二是开发森林公园资源管理系统，为大岭山、大屏嶂和银瓶山等3个森林公园的规划设计、林业施工、造林验收、林政管理、森林防火、森林病虫害防治等工作，提供准确数据和科学指导，整体提高林业资源管理效率。三是综合利用GPS定位系统和地理信息系统技术，开发了古树名木地理信息管理系统，为全市古树名木提供科学管理和立体保护。

“十二五”期间，东莞市将继续依托中国科学院云计算产业创新与育成中心等先进平台，综合运用云计算、互联网、智能传感、宽带无线、卫星导航等先进技术，将林业业务自然控制理论与云计算体系紧密结合。构建天网、地网、人网和林网一体化智慧林业体系，形成具有重大实用价值的“感知生态　智慧森林”四网一平台大系统。全方位感知和处理森林蓄积、森林生态、森林碳汇、森林气候、野生动植物、生物多样性等资源信息，监控林业业务流程，提高森林资源安全监管与开发利用的整体水平（图4-11和图4-12）。

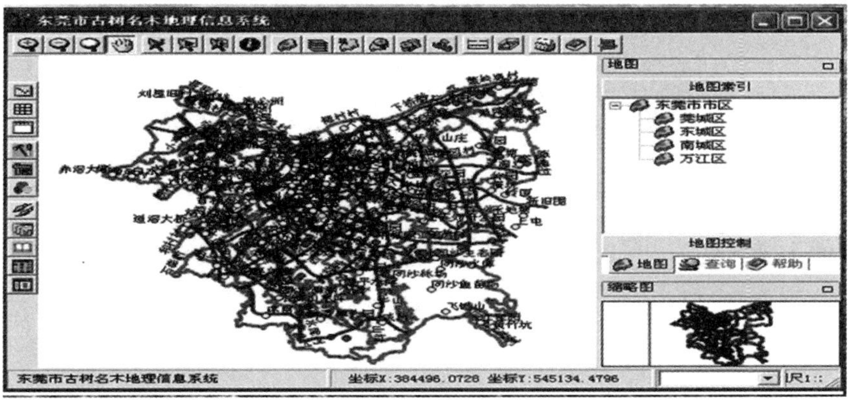

图4-11　东莞市古树名木地理信息系统

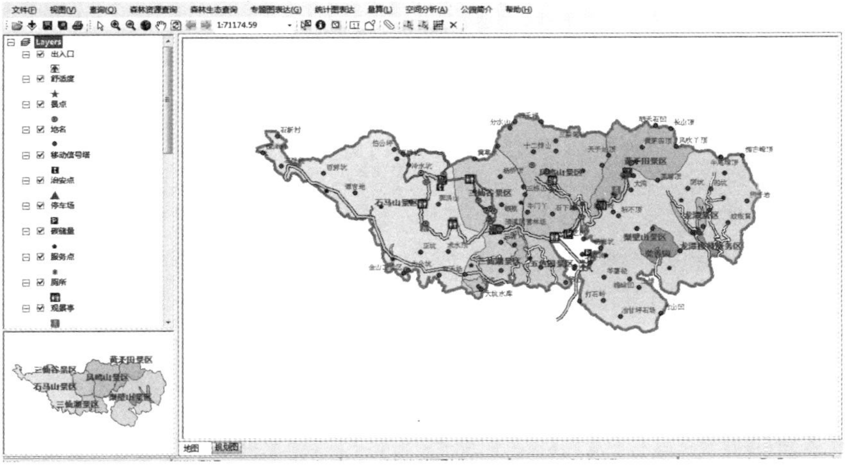

图4-12　东莞市森林资源虚拟现实系统

第五章　技术合作

深化战略研究、加强标准建设、扩大合作交流、强化人员培训是落实“五个统一”、“四个服务”的必然选择。2012年，各级林业主管部门认真贯彻落实全国林业厅局长会议精神，按照全国林业信息办主任协作组会议部署，在“加快信息进程，服务生态民生，建设生态文明”的征程上又迈出了坚实的步伐。

第一节　战略研究

2012年2月，项目组经过最后的修改完善，圆满地完成了研究任务，《中国林业信息化发展战略》作为首套中国林业信息化丛书之一正式出版。研究成果主要体现在以下几个方面。

一、中国林业信息化的战略设计

（一）总体思路

高举中国特色社会主义理论伟大旗帜，按照现代林业建设和国家信息化发展的总体要求，以解放和发展林业生产力为核心，以加快转变林业发展方式为主线，以兴林富民为出发点和落脚点，以深化改革和扩大开放为动力，着力加强电子政务建设，着力推进信息资源开发利用，着力提高社会服务能力，着力构建信息化发展长效机制，着力构筑强大人才支撑体系，着力推进信息安全保障体系建设，不断提升林业信息化建设、应用、管理水平，为发展现代林业、建设生态文明、推动科学发展做出新的更大贡献。概括为一句话，就是“整合共享，协同融合——加快林业信息化，带动林业现代化”。

（二）基本原则

基本原则即“五个统一”：统一规划、统一标准、统一制式、统一平台、统一管理。统一规划是林业信息化科学发展的前提；统一标准是林业信息化科学发展的关键；统一制式是林业信息化科学发展的体现；统一平台是林业信息化科学发展的基础；统一管理是林业信息化科学发展的核心。

（三）战略目标

到2030年，建立起完善的林业综合信息基础设施，形成以电子政务、电子商务、电子社区为核心组成的覆盖林业全业务的信息化体系，信息技术集成应用和再创新能力显著增强，信息资源开发利用和综合服务水平显著提高，林业信息化发展政策体系和制度环境显著改善，为我国加快实现林业现代化做出重要贡献。

（四）总体框架

林业信息化主要由林业电子政务、电子商务和电子社区构成。其中，林业电子政务处于战略主导地位，对电子商务、电子社区进行引导、鼓励和环境支持，并给予必要的调整和约束。电子商务在林业产业信息化中处于核心地位，对涉林企业、单位和个人开拓国内外市场，提高市场竞争力发挥着重要作用。电子社区对林业行业来说，主要指我国东北、西南等森林重点分布区的电子林区，其在林业信息化应用中处于基础地位，是促进管理创新、服务创新和夯实信息化发展基础的重要力量。简而言之，电子政务对电子商务和电子社区具有引导和拉动作用；电子商务对电子政务和电子社区具有支撑和驱动作用；电子社区对电子政务和电子商务具有基础和延伸作用。

中国林业电子政务总体框架为“三层两体系”结构。“三层”为信息资源与基础环境层、业务应用与支撑层、展示与服务层；“两体系”是为“三层”提供支撑和保障的法律法规及标准规范体系、安全保障及运维管理体系。

二、中国林业信息化的战略布局

（一）中国林业云战略布局

中国林业云由一个总中心和36个分中心共同组成。总中心位于北京的国家林业局内，存储全国林业各种信息资源，促进行业内外林业信息资源的共建共享。在31个省、自治区、直辖市林业厅（局），内蒙古、吉林、龙江、大兴安岭森工（林业）集团公司，新疆生产建设兵团林业局建设分中心，各自储存本辖区林业的各种信息资源，并促进行业内外林业信息资源的共建共享。总中心对各分中心进行业务指导和归口管理，各分中心按照统一的制度要求开展工作，真正形成全国一盘棋。

（二）中国林业电子政务战略布局

在全国建立1个主中心和3个分中心。其中，主中心位于国家林业局内，3个分中心分别在西北（西安）、中南（长沙）、华东（杭州）进行建设。

（三）中国林业电子商务战略布局

在全国建立1个主中心和2个分中心。主中心位于国家林业局内，统揽全国的林业电子商务工作，分中心分别位于吉林长春和江西南昌。

（四）中国林业电子社区战略布局

在北京建设1个主中心，在东北、西南两个地区各建设1个分中心。

（五）林业数据灾备中心布局

在西安建设1个国家林业数据灾备中心。同时，中国林业云、电子政务、电子商务、电子社区主中心与各分中心之间也起到相互灾备的作用。

三、中国林业信息化的战略步骤

（一）数字林业建设阶段（2011～2015年）

本阶段以提高林业资源监管、综合营造林管理、林业灾害监控与应急响应、林业产业发展与林业经济运行的监测与调控能力为重点，通过加强移动采集终端、网络基础设施、基础数据库和应用系统建设等，实现林业各种信息的数字化采集、传输、存储、处理和应用。

（二）智慧林业建设阶段（2016～2020年）

本阶段以提高信息资源共享、业务协同和公共服务能力为主线，不断拓展新一代移动通信网、下一代互联网、物联网、云计算等前沿信息技术在林业重点业务中的应用，通过感知化、物联化、智能化的方式，建设具有中国特色的“智慧林业”。其主要体现在6个方面：智慧的流程、智慧的结构、智慧的感知、智慧的管理、智慧的应用、智慧的服务。

（三）泛在林业建设阶段（2021～2030年）

本阶段以深化信息化与林业现代化的高度融合，全面提高林业的生态、经济、社会服务功能为主线，通过大力加强信息基础设施建设和信息技术应用，建设具有中国特色的“泛在林业”，让林业系统和广大林区实现在任何时间、任何地点、任何人、任何物都能顺畅地通信，全国务林人可以高效地工作、方便地学习和快乐地生活。

四、中国林业信息化的战略内容

（一）电子政务与生态领域信息化

一是电子政务信息资源中心建设，主要开展公共基础数据库、林业基础数据库、林业专题数据库、林业综合数据库、林业信息产品库、数据库服务平台等建设。二是电子政务应用系统建设，主要开展政府间电子政务应用系统（G2G）、政府对企业电子政务应用系统（G2B）、政府对公民电子政务应用系统（G2C）3个方面的建设。

（二）电子商务与产业领域信息化

一是电子商务系统建设，包括建立林业商务信息服务体系，促进林业企业信息化，建立林产品电子商务，促进林产品流通信息化，建立林产品电子商务标准。二是林业企业管理系统建设，包括林业生产过程信息化建设、生产业务系统和市场监控系统建设。

（三）网络文化与生态文化领域信息化

一是积极营造先进的网络文化。通过多层次、多主体、多主题的网络文化，创新生态文化发展机制，加强生态文化的创作与宣传，引导全社会牢固树立生态道德观、生态价值观、生态政绩观、生态消费观等生态文明观念。借助网络、移动终端等载体，利用国家“文化信息资源共享工程”，加大林业生态文化网络体系建设。二是林业网络博物馆建设。三是林业网络博览会建设。四是森林公园等专业网站群建设。五是生态文化视频点播系统建设。

（四）电子社区与新林区建设信息化

建设内容主要包括：加快制定全国统一的标准规范；统筹城乡ICT基础设施建设；把握好社区信息化的主体需求；找准社区信息化推进的切入点；扩大电子社区的覆盖范围；实现社区信息化与新林区建设的有机结合；探索促进城乡统筹的建设模式。

（五）信息安全与支撑保障领域信息化

一是信息安全建设。二是科技信息化建设。三是教育信息化建设。四是人力资源管理信息化建设。五是后勤服务信息化建设。六是林业信息基础设施建设。七是网络基础设施建设。八是林业信息服务平台建设。

五、中国林业信息化的战略重点

（一）林业资源监管信息化

一是森林资源监管系统建设。二是湿地资源监管系统建设。三是荒漠化和沙化土地监管系统建设。四是生物多样性监管系统建设。

（二）营造林监管信息化

一是林木种苗管理系统建设。二是重点生态工程营造林管理系统建设。三是林业重点工程建设成效评估系统建设。四是林业应对气候变化管理系统建设。

（三）林业灾害监控与应急管理信息化

一是森林防火监控和应急指挥系统建设。二是林业有害生物防治管理系统建设。三是野生动物疫源疫病监测管理系统建设。四是沙尘暴监测防控系统建设。五是重大生态破坏事件应急系统建设。

（四）林业经济运行监测与决策信息化

一是林业产业发展与林业经济运行系统建设。二是林业生产综合监管系统建设。

（五）林权改革信息化建设

一是林权权属数据库建设。二是林改业务管理信息系统建设。三是林农信息服务平台建设。

（六）林业综合办公信息化

建设内容主要包括现有系统的整合、优化和提升；林业政务综合分析系统和决策支持系统建设。

（七）林业生产管理信息化建设

一是林业基本生产装备数字化建设。二是林业基本地面资源调查等工具数字化建设。三是人工林培育、利用与监管信息系统建设。四是一体化森林经营信息系统建设。五是采伐运输数字化装备与过程信息化系统建设。六是林产品生产自动化控制系统开发。七是一体化管理系统优化和建设。

（八）林业电子商务平台建设

一是林权交易网建设。二是林产品网上商城建设。三是区域行业电子商务工程建设。四是个体经营者电子商务通用平台开发与推广。

（九）林业信息资源整合与开发利用

一是中国林业云建设。二是中国林业物联网建设。三是互动型林业门户网站优化与建设。四是整合型林业门户网站建设。五是公众事务服务平台建设。

（十）林业信息化标准规范平台建设

一是总体指导类标准建设。二是基础设施类标准建设。三是信息资源类标准建设。四是应用服务类标准建设。五是管理类标准建设。

（十一）林业信息安全体系建设

安全体系建设内容包括物理安全、网络安全、系统安全、应用安全、数据安全、制度保障等6个部分，其中物理安全和网络安全属于安全基础设施。

（十二）林业信息化基础平台建设

建设内容包括计算机系统、网络基础设施、机房及配套、数据采集设备、安全基础设施等。基础设施建设与林业数据中心建设相结合。林业数据中心包括国家林业数据中心和省级林业数据分中心。

（十三）林业信息化能力建设

一是现代林业远程教育培训系统建设。二是行业教育培训信息管理与应用系统建设。三是林业信息化科技创新与推广应用。四是林业信息化示范基地建设。

（十四）林区网络文化建设

一是数字图书馆建设。二是网络电视系统建设。三是网络博物馆建设。

六、中国林业信息化的战略保障

（一）完善政策法规

依据国家有关政策法规，结合林业行业实际，制定修订投融资政策、数据共享政策、服务外包政策等林业信息化发展政策、制度；完善林业信息化发展战略、规划、计划等，为全国林业信息化持续稳定健康发展提供科学指导。

（二）健全体制机制

健全各级林业信息化管理机构，加强组织领导；研究建立具有中国特色的林业CIO制度，理顺管理体制；研究建立长效管理机制，充分发挥市场机制在资源配置中的基础性作用；充实和优化人才队伍，加强人员教育培训工作，建立健全人才交流机制。

（三）加强资金保障

建立政府投资为主、社会力量广泛参与的资金保障机制；加强资金监管，切实提高资金使用效益。

（四）统一标准规范

建立标准数据库，加强标准宣传贯彻工作，用好现有的相关标准；建立标准项目储备库，提高标准建设工作的前瞻性，加快标准的制定修订工作；加强全局性、基础性、关键性标准的预研究工作，努力提高标准编写的质量。

（五）强化科技支撑

建立健全林业信息化科技研发创新体系；完善林业信息化科技推广体系；加强林业信息化科技队伍建设；加快建立开放性、多元化的林业信息化科研资金投入体系；建立林业信息化科技服务体系。

（六）深化交流合作

引导和组织产、学、研相结合，充分利用国际、国内两种资源；着力搭建林业信息化高峰论坛、林业信息化沙龙等交流合作平台；建立战略合作机制，加强与国内外政府部门、科研机构、高等院校、知名IT企业间的交流合作。

（七）完善发展评测

评测目标主要是以评促建、以评促管、以评促用，具体包括：反映中国林业信息化发展现状；评估中国林业信息化发展水平；发现中国林业信息化发展特色；建立中国林业信息化动力机制；引领中国林业信息化发展方向。

评测内容主要包括：一是综合评测，包括林业信息化发展水平测评、林业电子政务发展水平测评、林业电子商务发展水平测评；二是政府网站绩效评估，包括网站综合评测和单项评测，单项评测如网站设计评测、网站信息更新评测、网站在线服务评测、网站影响评测、网站互动交流评测等。

第二节　政策研究

2012年，项目组结合“十二五”时期林业信息化的新形势、新任务及党的十八大精神，深化中国林业信息化发展政策与体制机制研究，较好地完成了研究任务，研究报告基本定稿。

一、研究背景

信息化是当今时代的重要特征，信息化发展水平已经成为衡量一个国家与地区现代化水平的重要标志。林业信息化是现代林业建设的重要组成部分，是发展生态林业和民生林业的重要支撑与保障。2009年以来，国家林业局相继发布了《全国林业信息化建设纲要》《全国林业信息化建设技术指南》《全国林业信息化发展“十二五”规划》等指导性文件，组织召开了两届全国林业信息化工作会议、两届全国林业信息办主任协作组会议，全国林业信息化步入了全面加快发展的新阶段。但新形势迫切需求宏观层面上的政策理论指导。为此，国家林业局信息办在局科技司的大力支持下，立项开展中国林业信息化发展政策及体制机制研究，希望研究提出一系列政策性建议，为全国林业信息化建设宏观决策提供参考。

二、研究内容

主要从中国林业信息化发展政策和体制机制两方面进行研究。在发展政策方面，主要研究提出我国林业电子政务、电子商务、信息安全建设、人力资源开发、信息资源共建共享等政策性需求和建议。在体制机制方面，主要研究提出管理体制、机构建设、队伍建设、运维机制、监测机制、激励机制等政策性需求和建议。

三、研究方法

主要通过查找文献、问卷调查、小组讨论、深度访谈等方式，对国内外林业信息化政策及体制进行研究，在此基础上梳理分析和归纳总结，提出中国林业信息化发展政策性建议。

第三节　标准建设

信息化标准是解决“信息孤岛”的根本途径，也是不同信息管理系统之间数据交换和互操作的基础。与传统林业业务相比，林业信息化标准建设相对滞后，2012年国家林业局和省级林业主管部门在标准建设方面做出了更加积极的努力。

一、行业标准建设

2012年国家林业局正式立项了5个行业标准，其中局信息办承担的两个标准已形成送审稿，待专家审查；局规划院承担的3个标准正在修改完善。各标准的具体名称、承担单位及工作进度见表5-1。

表5-1 2012年国家林业局立项林业信息化行业标准

标准名称	承担单位	工作进度
林业信息系统安全评估准则	国家林业局信息办	完成征求意见稿
林业数据库更新管理规范	国家林业局信息办	完成征求意见稿
林业信息数据字典编制规范	国家林业局规划院	已有初稿
森林资源数据库建设技术规范	国家林业局规划院	已有初稿
森林资源管理信息系统应用导则	国家林业局规划院	已有初稿

为合理引用适合我国林业信息化建设的标准，按照“面向应用、采标优先、突出重点、轻重缓急”的原则建立了“十二五”林业信息化标准项目储备库，储备一批基础性、关键性、急需的标准项目80多个。

2012年12月9～10日，12项林业信息化重点行业标准在全国林业信息数据标准化技术委员会2012年年会暨标准审查会上审定通过。标委会副主任委员、国家林业局信息办主任李世东主持会议，国家林业局科技司标准处处长冉东亚出席会议并讲话，标委会近30名委员出席了会议（图5-1）。

图5-1 标委会2012年年会暨行业标准审查会现场

二、地方标准建设

各省级林业信息化主管部门积极参照执行相关信息化标准，努力提高建设、应用和管理水平，同时结合本地区实际，也制定了一些信息化标准，为规范数据库和应用系统建设、推进信息资源共享等发挥了积极作用。如广西壮族自治区林业厅正在编制《广西林业数据库建设地方标准技术规范》；山西省林业厅编制了全省林业信息化标准体系，并制定了《林业信息分类与编码》《林业数据库建设》《林业数据采集》《林业数据交换与共享》4个标准。

第四节 合作交流

当今世界，信息技术日新月异，建设理念层出不穷，信息化发展不进则退。加强对外合作交流，充分借鉴先进国家、先进行业、先进单位的成功经验与做法，是推动林业信息化又好又快发展的不二选择。2012年国家林业局和各级林业部门都做出了积极努力，取得了明显成效。

一、国家林业局合作交流

作为全国林业信息化的主管部门，国家林业局信息办高度重视合作交流工作。在局党组的亲切关怀和大力支持下，林业信息化在对内搞活、对外开放的道路上又迈出了坚实的一步，为科学推进全国林业信息化建设提供了有力支撑。

（一）积极与国家部委开展交流合作

2012年，国家林业局信息办与多个部委进行了信息化交流，增进了相互了解与学习。

2月14日，中央机构编制委员会办公室电子政务中心副巡视员宋庆一行到国家林业局信息办调研，就政府网站建设管理、网站信息服务、办公自动化系统运行管理等内容交流讨论。

3月15日，李世东主任带领国家林业局信息办调研组前往农业部信息中心进行调研。双方就如何加强网络建设、如何更好地服务于“三农”等问题进行了座谈交流（图5-2）。

2012年3月16～18日，李世东主任带领国家林业局信息办调研组到安徽调研农村信息化工作。调研组先后到省气象局考察了《安徽农网》建设和服务“三农”情况，到省林业厅调研了林业信息化建设情况，并深入到安庆市望江县、池州市青阳县以及有关乡镇、村、农户考察农业信息化及农村信息综合服务情况。

图5-2 调研组与农业部信息中心相关负责人座谈交流

4月18日上午，科技部信息中心一行到国家林业局信息办调研，就政府网站建设、网络电视建设管理等议题进行了座谈交流。

6月29日，国家林业局信息办特邀全国创先争优先进基层党组织、国家人口计生委宣教司党支部代表王华宁副巡视员等同志就如何做好基层党组织建设工作进行经验介绍（图5-3）。

图5-3 国家人口计生委宣教司党支部与国家林业局信息办党支部进行座谈交流

7月5日，文化部信息中心有关负责同志到国家林业局信息办调研，就政府网站建设管理、网站信息服务、办公自动化系统运行管理等内容进行座谈交流。

7月26日，教育部教育管理信息中心曾德华副主任、办公厅有关负责同志一行到国家林业局信息办，就林业电子政务建设与应用、办公自动化系统运行管理等内容进行调研交流。

在国内有关会议上，国家林业局信息办与工信部、公安部、交通部、农业部、环境保护部、国家标准委员会等部委就政府网站建设、组织机构建设、物联网应用、信息化标准建设等进行了广泛的交流。

（二）积极与教学科研单位和知名IT企业开展交流合作

2012年6月11日，国家林业局信息办与国家林业局管理干部学院在北京签署《关于加强林业信息化培训合作的框架协议》（图5-4）。此次协议的签署，是进一步加强林业信息化人才队伍建设、提高林业干部职工信息化意识和综合素质的重要举措。双方将以框架协议为指导，充分发挥各自优势，调动各自资源，并肩携手，共同谱写林业信息化发展的新篇章。国家林业局信息办主任李世东、管理干部学院党委书记李向阳、常务副院长张健民出席签字仪式，信息办副主任王福东、管理干部学院副院长梁宝君分别代表各自单位致辞。

图5-4　信息办与林干院共同签署培训合作框架协议

12月20日，国家林业局信息办与北京林业大学共同签署《关于加强林业信息化教育合作的框架协议》（图5-5）。此次协议的签署，是进一步加强林业信息化教育工作，为林业信息化全面加快发展提供强有力人才保障的重要举措，是全力构建教育、科研、培训“三位一体”的林业信息化支撑体系的重要环节。国家林业局信息办主任李世东、北京林业大学校长宋维明出席仪式并代表双方签字，北京林业大学党委书记吴斌、国家林业局信息办副主任王福东分别致辞，国家林业局科技司司长彭有冬主持签字仪式。国家林业局人事司司长谭光明、计财司巡视员王前进，北京林业大学党委副书记方国良、副校长张启翔、骆有庆，以及国家林业局信息办各处室负责人，北京林业大学党政办公室、发展规划处、信

图5-5 国家林业局信息办与北京林业大学共同签署教育合作框架协议

息学院等单位负责人和部分师生参加签字仪式。

8月3日，首届全国林业信息办主任协作组会议在内蒙古赤峰市举行，来自工信部电子工业标准化研究院、中国电子信息产业发展研究院等单位的专家，就物联网基础标准体系建设与重要标准研制进展、云计算产业发展及实践研究作了专题讲座和交流。

2012年，国家林业局信息办继续联手中国电信集团、吉林森工集团等单位，共同推进国家智能林业物联网应用示范工程建设。与中国电子器材总公司、航天恒星科技有限公司、神州数码网络有限公司等10家单位签订了物联网关键技术研发及产业化合作协议，支持其申报国家发改委物联网产业化专项，其中有6家通过评审获得专项资助，资助金额逾2000万元。

2012年，组织中国林科院、清华大学等单位，共同起草了《中国林业物联网发展规划（2012～2020年）》，为今后一个时期科学推进林业物联网应用提供了重要依据。

2012年，组织清华大学等单位完成了“中国植树网”网站建设及上线试运行，于3月份在新浪微博平台上正式开通“林海微报”微博，积极推介中国植树网和林业各项工作。6月，国家林业局信息办召开网络植树视频会议，标志着网络植树工作进入到新的发展阶段。国家林业局信息办携手中国绿色碳汇基金会，立足本职工作，充分发挥各自优势，积极稳妥地推进网络植树工作，社会影响力正在不断扩大，成为推动生态文明建设的一支新生力量。

此外，国家林业局信息办还与IBM、微软、华为等知名IT企业进行了技术交流。

二、地方林业部门合作交流

国家林业局信息办在加强对各省林业信息化建设指导的同时，积极推动地方林业部门之间的相互交流学习。湖南、辽宁、北京、上海、浙江等林业信息化发展较好的省份，都接待了多批次其他省级林业主管部门的信息化考察团。甘肃省林业厅组织人员先后到北京市园林绿化局、辽宁省林业厅、沈阳市林业局、湖南省林业厅等单位考察调研，学习借鉴先进的信息化建设方法和理念；内蒙古林业厅组织有关人员赴辽宁省参观学习林业信息化先进经验；吉林、山西、湖北、新疆、内蒙古等10余个省份先后派人到湖南省考察林业信息化建设，得到了很多有益启发。湖北、甘肃、广东、云南等省林业厅都与当地的电信、移动、联通签署战略合作协议，充分发挥企业的技术、设备、人才、服务等优势，加快林业信息化建设进程。

各省在大力推进林业信息化建设进程中，越来越注重发挥专家的参谋和指导作用，云南、浙江等多个省份先后成立了林业信息化专家咨询委员会。云南省聘请信息化领域的有关专家，于10月30日成立了云南省林业信息化专家委员会，指导全省林业信息化建设工作。浙江省成立了浙江省林学会林业信息化专家委员会，为浙江省林业信息化学术研究、交流、咨询、培训服务等搭建了平台，深受广大会员的欢迎。北京市园林绿化局加强与有关科研院所和专业公司的技术合作交流，与有关专家建立了长期合作关系，定期或不定期地邀请他们对全市林业信息化建设的重大技术问题进行决策咨询。

第五节　人员培训

加强信息化培训，提高务林人的信息化意识和应用能力，对提升林业信息化建设和应用水平，促进现代林业科学发展至关重要。2012年全国林业信息化培训工作蓬勃开展，取得了良好的培训实效，为林业信息化全面加快发展夯实了人才基础。

一、国家林业局培训

（一）首届全国林业信息安全等级保护技术培训班

为深入贯彻落实全国林业信息化工作会议精神，大力加强信息化教育培训，提高林业信息化主管人员的信息安全意识、业务素质和管理能力，国家林业局信息办于2012年5月7～11日在北京举办了首届全国林业信息安全等级保护技术培训班（图5-6）。来自各省（自治区、直辖市）林业厅（局），内蒙古、吉林、龙江、大兴安岭森工（林业）集团公

图5-6　首届全国林业信息安全等级保护技术培训班现场

司，新疆生产建设兵团林业局，各计划单列市林业局，国家林业局各司局、各直属单位主管信息安全的负责人或运维管理人员等90余人参加了培训。学员通过全面学习林业信息安全和等级保护的理论知识及应用技能，充分认识了林业信息安全等级保护工作的重要意义，进一步提升了信息安全意识，明确了林业行业信息安全等级保护的主要任务，为下一步扎实推进林业信息安全等级保护、做好林业信息安全工作、推动林业信息化建设打下了坚实的基础。

（二）全国林业网站管理及信息员培训班

7月18日，国家林业局信息办举办了全国林业网站管理及信息员培训班。来自各司局、各在京直属单位的网站管理及信息员共60余人参加了现场培训，各省林业网站管理员及信息员利用视频会议系统在线接受了培训。信息办网站处工作人员向大家详细解读了《中国林业网管理办法》，对有关重要条款进行了重点解析；分析了网站内容保障的总体要求、典型经验、存在的主要问题及改进对策；剖析了国家对政府网站建设的政策要求和林业政府网站绩效评估指标体系；就中国林业网各子站信息发布的规范性、信息更新的及时性、信息安全及网站常见问题等，进行了现场演示与技术培训（图5-7）。

（三）云计算、物联网等信息化前沿技术培训

8月3～4日，结合首届全国林业信息办主任协作组会议，邀请工业和信息化部的有关专家，对物联网基础标准体系建设与重要标准研制进展、云计算产业发展及实践研究等作了专题讲座与分组讨论。

图5-7　全国林业网站管理及信息员培训班北京现场

（四）综合办公系统应用培训

为提高全局综合办公系统的应用水平，国家林业局信息办全年共组织综合办公系统有关培训31次。其中大型培训共计2次，分别为各在京单位集体培训1次、苏州文书档案培训班1次；小型培训29次，主要有3月新入职领导干部集体培训、4月信息办全体人员操作培训、5月林干院部分干部操作培训、7月经研中心全体人员操作培训、9月造林司意见征询操作培训、10月造林司综合处全流程操作培训、11月公安局综合处编号及制版盖章操作培训等。

此外，国家林业局造林司、资源司、保护司、公安局、场圃总站、天保办等单位结合本职工作，分别开展了各种信息化应用技能培训。

二、地方林业部门培训

地方各级林业部门也都高度重视林业信息化培训工作，结合建设项目和实际应用需求，开展了多形式、多层次的培训工作，有效提高了林业干部职工的信息化素质和管理能力，为发展现代林业、建设生态文明、推动科学发展提供了重要人才支撑。

河北省林业厅先后开展了网站管理维护培训和网络及信息安全培训，不断提高林业职工的信息化建设和应用水平。

辽宁省林业厅举办了网站、档案、办证等应用系统培训班，通过专家授课和网上在线培训等方式，培训各类信息化技术人员600多人，为基层单位打造了一支能力强、技术过硬的林业信息化队伍。

山东省林业厅结合“林业行政年活动”，先后举办计算机操作应用培训班5期，培训林业系统干部职工200多人次；济宁先后举办各类信息化专题应用培训班10余期，培训1600余人，有效提升了全市林业干部职工的信息化应用能力。

山西省林业厅举办了全省林业电子公文传输系统培训班，对厅机关各处室、11个市林业局、9个省直林管局公文传输系统相关技术人员进行了培训，为参加培训的各单位配发了加密卡，制作了电子公章，完成了公文传输系统使用的有关技术准备工作。

河南省林业厅于5月份举办了计算机应用能力和电子政务培训班，培训内容包括计算机基础知识、文档编辑、网络应用等6个方面，全厅干部职工95%以上参加了培训并通过考试。

四川省林业厅于5月7～11日和7月3～6日，分别举办了全省林业网站群管理和信息采编培训班，分别从网站群子站建设、管理技术、信息发布维护、网站信息安全和网络基础维护与应用、网站图片处理、政务信息写作采编与报送等方面进行了培训。全省各市州、扩权县林业（林业和园林）局，厅机关各部门、各直属单位、各市州森林公安局，国家级自然保护区、森林公园，国有林场和重点国有企业的网站建设管理人员200多人参加了培训。

重庆市林业局先后举办了计算机安全、舆情安全、地理信息、信息联络、物联网等方面的培训班。开展了全市GIS专业知识培训5期，为林业行业培训GIS应用人才213人。

广西壮族自治区林业厅先后举办了协同办公系统操作员、网络技术员、视频会议管理员培训班，培训人数超过1000人，为全区林业系统培训了一批技术骨干，为今后林业信息化的大规模建设和运行维护储备了专业人才。

大兴安岭林业集团公司7月31日举办了全区网站信息内容添加和更新保障培训班，10月29日举行了全区网络信息安全与保密专题讲座，并学习了《保密技术防范常识》，共计400多人次参加了培训。经过两次专题培训，提高了林直机关、县（区）林业局和直属企事业单位工作人员的网站应用和信息报送水平，增强了安全保密意识，掌握了网络安全和保密防范方法。

第六章　办公自动化

2012年，国家林业局办公自动化工作全面高质量推进。制订了全国林业OA群建设方案，将国家林业局各司局、各直属单位统一纳入综合办公系统，实现协同办公，并荣获“中国电子政务最佳实践提名奖”。

第一节　综合办公系统的应用

2012年是国家林业局综合办公系统运行的第三年，为保证系统安全稳定运行，通过现场办公、电话支持、上门服务等途径，解决日常运行维护中存在的问题，针对12个司局、25个直属单位的1476多个用户，完成了1000多项技术支持服务工作。

一、应用成效

国家林业局综合办公系统具有领导专区、公文办理、会议办理、事务办理、综合管理5大分区，40多个子模块，150多个功能点，系统总数据量突破110G。截至2012年12月31日，1476个用户共进行了1 158 699次操作（数据保存、提交），共进行了79 867项文件的办理，其中发文12 727件、收文66 664件。

（一）领导专区的应用

领导专区是针对局领导在工作中的需求设立的领导办公应用专栏，秘书处用户可以通过此模块进行领导日程安排，管理指示批示、领导讲话、重要活动、领导会见，并对领导办公文档进行登记。局领导和有权限的工作人员可以查询、查看领导办公的信息内容。

（二）公文办理的应用

公文办理是网上办公最核心的一项应用，提供了从收文登记、批办，到公文的起草、审核、督办、监控、校对、电子印章、发布、查询等全程的网上公文服务。可以随时跟踪处理过的公文的运转情况，进行网上提醒和催办，还可以对公文列表进行数据导出，作为Excel电子表格进行保存和利用，相当于一个公文处理登记簿。公文办理包含发文管理、收文管理、签报管理、建议提案、查询统计、公文授权、公文维护等功能。

（三）会议办理的应用

会议办理从申报会议计划开始，经过审批，然后向参会人员发会议通知，进行会务准备，会议结束以后，形成会议纪要，进行一整套的自动化管理流程，将日常繁琐的会议工作井井有条地结合在了一起。

（四）事务办理的应用

事务办理是为用户的事务办理提供服务，针对用户在日常事务中的需求提供功能全面的日常办公环境。事务办理包括值班管理、信息简报、督查督办、人事管理、国际合作、后勤服务等功能。

（五）综合管理的应用

综合管理是为用户提供综合管理的应用服务，包括通知、留言条、办公助理、个人通讯录、意见征询、大事记等功能，为国家林业局办公用户提供方便快捷的办公支持，提高工作效率，减轻办公人员的工作负担。

二、系统维护

随着国家林业局综合办公系统应用范围的大幅度扩大，系统的日常维护量也逐日攀升。综合办公系统的维护工作具有业务覆盖面大、用户面广、用户掌握水平不同、运维工作量大等特点。系统日常维护的内容主要包括文件流程的干预、信息的删除、意见的修改、人员信息维护、人员岗位维护、人员权限维护等。为了更好地解决系统在运行中的问题，做了如下维护安排：

（一）服务保障

为了保证系统的顺畅平稳运行，系统的平均人员投入为3人/天，其中电话支持1人，每日的电话支持量均不少于10～30条；系统功能完善、性能优化、新增需求变更1人，现场维护、应用培训人员1人，截至2012年12月31日，现场技术支持量已达984次。

（二）运行监控

技术支持人员每周对系统进行检查，检查项包括：软件持续运行时间，软件运行出错情况，软件运行内存占用回收情况，数据库连接占用回收情况。通过对系统运行情况的检查与监控，对可能发现的系统漏洞进行排除，并进行必要的配置参数优化调整等工作。

（三）运行保障

技术支持人员每周对日志进行异常分析，生成日志分析报告，并对异常情况提出处理意见。对于严重的系统错误，及时进行系统调整，直至系统错误不再发生。

（四）电话支持

技术支持人员提供5×8小时的综合办公系统电话技术支持，解答用户使用过程中的问题，指导用户正确地使用系统，并记录用户使用过程中反馈的意见，进行汇总，作为日后完善系统的参考。

（五）上门维护

安排技术支持人员对无法进行电话答疑的问题，进行上门技术服务，快速地排除用户使用过程中的问题，以确保系统的稳定运行。

（六）应急服务

安排技术支持人员提供7×24小时服务响应，当系统因异常情况发生崩溃后，在两小时内到达用户现场，对系统进行恢复，直至系统可以正常运行。

（七）应用培训

对用户提供系统操作培训，帮助新老用户顺利使用系统。

（八）日常维护

综合办公系统日常维护工作主要负责系统的日常环境配置、人员调整、流程调整、模板调整以及各系统间接口的维护工作。

第二节　综合办公系统优化

为了保证国家林业局综合办公系统更好地服务于全局工作，2012年，根据具体业务的变化，对系统进行了及时调整与优化。

一、新增建议提案管理功能

为解决各司局建议提案管理的问题，在“公文办理/建议提案/管理”菜单下增加“管理列表”功能模块。局办公室分办给各司局的建议提案，在各司局综合处确认的同时，在建议提案管理界面自动生成一个办理事项。各司局综合处处长可以对本司局已经确认并办理的建议提案事项进行管理，并且可以根据已经确认的建议提案办理进度，对该事项进行标识，可以明确本单位主办的建议提案事项是否已经成文。

二、会议纪要与会议通知

随着综合办公系统的使用推广，目前局内部会议申请、会议通知、会议纪要不能完全满足工作需求，需对表单样式、工作流程进行适当调整。

会议申请：会议申请由各司局提出，经处室、司局领导、秘书处、分管办公室主任、办公室主任、分管局领导、局领导审核，同意后拟订方案、印发通知工作，并将申请归档。

会议方案及通知：会议方案和会议通知合并，叫“方案通知”，表单名称为“国家林业局会议方案呈批单”，秘书处根据会议议题制订会议类型、会议方案。会议方案由秘书处拟稿，无需其他司局拟稿，提交分管办公室主任、办公室主任、局领寻审核。通过后进行会议纪要办理，由秘书处转成各司局收文通知各单位。

会议纪要：该类文件经过拟稿人、处室负责人、司局领导、秘书处核稿、主任审核后，送局领导签发，由秘书处转成各司局收文通知各单位，且该类文件不需要制版、盖章。

三、新增全国绿化委员会办公室发文类型

全国绿化委员会根据其实际业务需要，提出了新增“全国绿化委员会办公室发文”的需求。发文使用代字“全绿办”、“全绿办函”。

根据建设需要，在综合办公系统的“公文办理/发文管理”模块下增加“绿委办发文”选项，并定制了全国绿化委员会办公室发文的制版模板及公文处理单模板，并在全国绿化委员会办公室发文流程中配置相关的人员权限。造林司综合处已经对定制的全国绿化委员会办公室发文的稿签及流程进行了确认，并在系统中正式使用。

四、移动办公扩容

按照各单位的办文需要，综合办公系统中部分文件类型增加送分管司局长移动办公的功能。

综合办公系统需要在文件操作表单中增加“送分管司局领导移动办公”的选择项，并提供分管司局领导的人员选择操作。调整工作包括在文件的流程中配置送移办公的操作权限、增加送移动办公的操作环节等，在移动办公系统中新增分管司局长用户账号130多个。

五、收文送多处室并行处理

用户在综合办公培训、意见征求会议中，多次提出了收文办理时送多个处室并发办理的需求。

基于这种情况，通过行政手段和技术手段对工作流程进行优化调整，行政上领导、综合处尽量明确主办、协办处室；技术上调整流程，综合处不再送多个处室办理，由主办处室根据批示送多个协办处室办理。

调整范围：司局收文、直属单位收文。

流程调整：由综合处—多处室办理，调整为综合处—主办处室—多处室办理；一旦送处室办理原则上不提供撤办功能，处室内部可送具体办理人办理，意见都签在处室意见栏中。

六、党政机关公文格式调整

根据中共中央办公厅、国务院办公厅印发的《党政机关公文处理工作条例》的有关规

定对《国家行政机关公文格式》进行了修订，因此，综合办公系统中制版格式及时根据此文件精神，做了相应的调整工作。

七、建议提案功能调整

因办公需要，按国家林业局办公室要求，需要对国家林业局建议登记、提案登记、确认、内部办理，业务表单进行调整：

建议登记、提案登记表单中增加届别一项，自动签署，且在登记列表中增加届别一栏，查询中增加届别的查询项。

在建议登记、提案登记表单中增加齐全一项，采用选择框的形式手动勾选，且在登记列表中增加会办意见齐全一栏，查询中增加会办意见齐全的查询项。

建议提案确认、内部办理表单中增加届别一项，由建议登记、提案登记分办时自动带入，不可编辑，且在确认列表、内部办理列表中增加届别一栏，查询中增加届别的查询项。

建议提案发文在依据关联列表中增加届别一栏，查询中增加届别的查询项。

八、简报呈批、信息报送调整

因办公需要，按国家林业局办公室要求，需要对综合办公系统中信息报送、简报呈批的业务流程进行调整：

需要在信息简报/信息报送流程中增加“处长审核”到“多司局会签”的操作环节，并定制司局会签的相应子流程。

需要在国家林业局简报呈批流程中增加“处长审核”到“会签司局综合处”的操作环节，并定制司局会签的相应子流程，并且需要在表单中增加会签表单项，供会签司局签署意见。

国家林业局信息简报呈批单，在公文单增加“公文处理单”。

信息报送，在公文单增加“公文处理单”，方便公文单的打印。

第三节　办公自动化成效

2012年，国家林业局办公自动化工作成效显著，国家林业局综合办公系统在国家行政学院和国家信息中心联合举办的2012中国电子政务论坛暨“中国电子政务十年实践进程”最佳案例大会上，被列入最佳案例（专栏6-1），并荣获“中国电子政务最佳实践提名奖”，受到各界人士的一致好评。

2012年，各地林业部门办公自动化水平不断提升。根据2012年全国林业信息化发展水

专栏6-1

国家林业局综合办公系统

一、单位简介

国家林业局信息中心为国家林业局直属单位，承担组织、协调、指导、监督、管理全国林业信息化建设和电子政务工作，承担全国林业信息化工作领导小组办公室、国家林业局信息化与电子政务工作领导小组办公室的工作。

二、情况介绍

“国家林业局综合办公系统”是根据国家林业局电子政务建设总体规划，全面梳理国家林业局办公业务需求，开发包括综合办公应用、数据库应用、信息传输在内的综合办公系统，面向用户提供网络化、电子化、规范化、流程化的集中式协同办公和信息资源共享服务平台，实现决策科学化、办公规范化、工作自动化、监督透明化、服务便捷化，全面提升用户的办公水平和办公效率。

三、主要成效

（一）本系统运行在国家林业局内网，业务内容涉及12个司局， 25个直属单位，开通用户目前已达1596个。至今为止，共进行了75万多次操作（数据保存、提交），共进行了5万多项文件的办理，总数据量达83.5GB。

（二）本系统在保证安全的基础上，坚持物理隔离，实现了外网PC的移动办公和手机终端的移动办公，从而形成了内网PC、外网PC及手机的多终端处理模式，保证了业务办理的及时性。

（三）本系统的使用使局内每份文件的运转周期，从原来的3个星期缩短为现在的1个星期，工作效率大大提高。

（四）本系统的使用大量减少了纸质文件的印制，印制费用降低为过去10%，既节能又环保。

四、主要做法及思路

（一）在组织开发阶段，主要有以下特点：

1．高度重视，加强顶层设计

2．立足实际，着力优化方案

3．超前谋划，突出综合能力

4．加强培训，确保全员使用

5．本系统的使用基本实现了机关办文办事办会的电子化处理

（二）在实施方面，主要坚持了以下原则：

1．坚持统一技术标准和建设规范的原则

统一标准和规范是互联互通、信息共享、业务协同的基础。系统建设中始终坚持统筹规

划、统一标准，通过标准化的规则设计系统，确保系统的技术可行性。

2. 坚持信息安全和网络稳定第一的原则

本系统充分运用身份识别、权限控制、日志与审计等信息技术手段，充分考虑信息安全和网络稳定，保证系统安全、稳定地运行。

3. 坚持技术先进、架构合理的原则

本系统建设采用业界公认的先进的和标准的信息技术，符合信息技术发展的趋势，保证系统在可预见期内有相对较长的生命力。

4. 坚持平台建设高可靠性的原则

林业信息化基础平台作为整个林业信息化的基础支撑平台，设计和建设过程中充分考虑高可靠性要求，采用成熟技术及产品，既降低平台研发和运行的风险，又提高平台的可靠性。

5. 坚持系统平台实用与易用的原则

为确保投资的有效性和系统的实用性，系统设计尽量降低用户的操作难度，降低系统维护和升级成本。系统的界面采用了简单实用、易用的原则。对于系统的管理和维护人员，系统应具有管理方便和易于维护等优点。

6. 坚持系统平台灵活与可扩展的原则

系统的设计充分考虑了需求的变动可能、监管事项的变动可能，从接口、结构、容量等多个方面留有余地，保证系统能够较为方便地扩展和升级，为日后全面实施推广应用奠定基础。

五、分析与评价

国家林业局综合办公系统的使用，大大提升了办公水平和效率：一是方便文件内容修改；二是方便文件内容摘抄；三是避免文件丢失现象；四是方便文件检索查询；五是方便文件统计汇总；六是方便文件归档保存；七是减少人员体力劳动；八是节约文件运转时间；九是节约纸张、降低成本；十是优化环境、低碳办公。

六、创新点

综合办公系统实现了多终端移动办公。内网PC办公是用户通过国家林业局内网中的综合办公系统进行局内办公；外网PC办公是用户通过移动办公系统，将需外部办理的文件用物理转化的方式交换至移动办公系统中，通过外网数字认证的方式进行文件处理；手机移动办公是用户通过手机对接移动办公系统，用无线中间件（MKey3G）的适配，将数据通过数字传输专线接入移动基站，最终通过手机终端实现移动办公。

移动办公系统的上线运行，摆脱了固定场所和固定设备办公的限制，为局领导和各司局、各有关直属单位在外紧急签批公文和处理应急事件提供了极大便利，从而将更好地提高办事效率。

七、设想和计划

（一）优化系统功能

现行系统主要围绕国家林业局内部的核心业务展开，后期还将继续丰富系统的服务内容，增强系统人性化程度，进一步优化系统。

（二）扩大使用范畴

现行系统用户主要为国家林业局及其在京直属单位，后期还将服务范围扩展至国家林业局所有直属单位和全国专员办，服务整个林业系统。

——摘自《中国电子政务最佳实践案例集》

平调查数据显示，全国42家省（自治区、直辖市）林业厅（局），四大森工（林业）集团公司，新疆生产建设兵团林业局，各计划单列市林业局，沈阳市林业局中，79%的单位已经开通OA系统进入无纸化办公时代，76%的单位电子办公实现了物理隔离，保证了文件运转的安全。根据2012年信息化发展水平测评结果显示，北京、上海、广西等10家单位OA系统应用均已达到优异水平。

地方篇

Annual Report

on Forestry Informatization Development in China

第七章　华北地区林业信息化进展

华北地区林业信息化在全国处于中上等水平，具有良好发展趋势。北京、山西和内蒙古作为全国林业信息化示范省，发挥着示范带动作用。北京市在2012年信息化水平评测中位居全国第三，尤其在信息化应用和保障方面成绩突出。

第一节　北京市

2012年首都园林绿化信息化建设以“扎实基础、突出特色、服务大局、健全机制、促进应用、保障安全”为重点，充分发挥了引领带动和支撑保障作用，全面提升了北京市园林绿化管理水平，促进了首都园林绿化的科学发展。

一、编制北京市园林绿化信息化顶层设计方案

北京市园林绿化信息化顶层设计以解决园林绿化行业运行、公众服务等社会关注问题，跨部门业务协同、部门业务发展问题为目的，以建设功能型政府、服务型政府的战略目标为导向。在总体业务进行顶层设计的基础上进行信息化顶层设计，建设过程中充分考虑了各业务部门的参与和沟通。

2012年，北京市园林绿化局以《智慧北京行动纲要》《北京市“十二五”时期城市信息化及重大信息基础设施建设规划》《北京市园林绿化局“十二五”信息化规划》等要求为基础，开展了顶层设计方案编制与完善工作。完成了园林绿化相关机制建设，成立了工作组，对工作任务进行分解和部署，编制了顶层设计方案并组织各级领导与专家讨论，广泛征求各方意见，形成北京市园林绿化信息化顶层设计方案上报市经信委。

二、加强网络和信息系统安全管理

2012年，北京市园林绿化局对全局的外网、内网和专网情况以及17个信息系统的基本

情况进行了自查。建立市园林绿化局统一、安全、稳定、共享、规范、高效的信息系统安全保障体系，开展了信息安全服务、网络和终端运维，并从以下3方面进行了整改，保障了各业务系统的安全以及网络和个人终端的稳定运行：一是在互联网出口增加了负载均衡和防病毒墙，加大了网络出口的安全程度，提高了对病毒入侵的防范，更合理地分配网络资源。二是对园林绿化局网络与信息系统区域重新划分，分离了业务系统应用服务和数据，增加防火墙等安全防护设备，减少数据被篡改的风险，提高了应用系统的灾难恢复。三是对重要的服务系统配置了监控平台，增加了事件预警系统，逐步提高到主动发现信息系统故障，便于提早处理。

信息系统安全加固的实施使系统具备有效的安全防护能力、隐患发现能力和系统恢复能力，保证系统长期安全、稳定和高效运行，并能够不断完善和发展，实现以安全保应用、安全促应用，以适应市园林绿化局不断扩展的业务应用需求。

三、完成综合信息平台升级改造工作

北京市园林绿化局综合信息平台是全市园林绿化管理部门信息发布的窗口和交流平台。启动了综合信息平台升级改造工作，目的是使综合信息平台在行业信息展示和交流门户的基础上，进一步升级为内部主要办公及业务系统的集中访问和使用的平台，推动各办公和业务系统的应用范围，降低信息系统的使用门槛，提高办公效率，为实现无纸化办公、精细化管理打下基础。

此次综合信息平台升级，主要实现两方面功能，一是制定系统用户信息统一管理及认证标准，将综合信息平台设置为主要办公及业务系统的统一用户登录入口。二是进一步整合信息资源，突出展示主要办公及业务系统的常用功能，扩大各应用系统的应用范围。

四、建设北京野生动物监测系统

系统实现对野生动物监测信息及空间分布信息进行空间数据的统一存储。3月开始野生动物监测项目申报书、预算表的编写与修改，调研分析项目需求，搭建了系统总体框架，编写了建设方案；6月进行项目建设与实施。 系统建设完成后，通过对空间数据、属性数据以及实时信息的综合分析和挖掘，实现野生动物的实时监测及直观的空间查询与展现，为野生动物保护、管理及各级领导决策提供支持。

五、进行网格化信息系统升级改造

北京市园林绿化局网格化管理信息系统具有无线数据采集，多功能的统计分析，支持管理对象的文档、图像、影像维护及数据保存、对比和专题图层制作等特色功能。系统在已有的信息化应用、网络和数据资源基础上，建立起了一整套信息精确采集、实时传输、协同工作、高效运行的行业网格化管理新模式和系统运行机制。系统的空间地理网格、对象资源网格、业务数据网格、主体组织网格4个部分相互关联，构成了一个集约化、与园林绿化实际业务完全契合同步的虚拟现实环境，整体提高了园林绿化行业信息化建设和应用水平。

2012年北京市园林绿化局启动网格化管理信息系统升级改造工作，旨在提高系统的易用性与普适性。升级后的系统主要在页面展现、功能设计方面进行了改进，并对系统的底层数据进行了重新梳理、整合，严格按照权限实现园林绿化行业内数据的使用。

六、生态环境综合信息系统通过验收

2012年11月15日，北京市生态环境综合信息系统（图7-1）顺利通过总体验收。该系统是从园林绿化对生态环境影响角度建立的一个综合性强、实用性高、扩展性好的指标信息采集、分析和展示平台，由目前重数据采集存储转变为对数据挖掘、分析、开发利用，在北京市园林绿化数据加工利用方面具有先进性、科学性等特点。

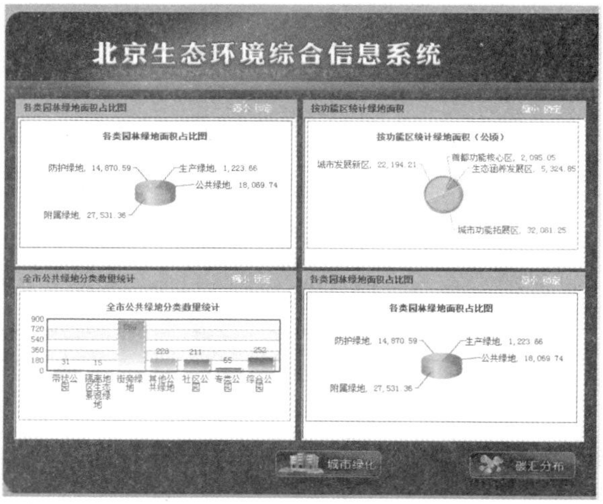

图7-1　北京生态环境综合信息系统

该系统通过数据采集、分析功能将园林绿化行业相关数据进行统一抽取存储，同时基于科学的指标体系和分析模型，建设城市绿化评价、全市碳吸收能力分析等典型应用。

七、认真总结完善林业信息化工作

2012年8月7日，北京市园林绿化局召开了推进网格化社会服务管理体系建设讨论会。各部门对各自业务现有网格化管理工作情况进行了详细介绍并提出了精细化管理的意见。

2012年9月6日，北京市园林绿化局召开资源管理中心空间资源共享工作督察督办会。会议介绍了政务信息资源共享交换平台、决策信息平台、物联网应用支撑平台、DATA网站等系统的相关应用情况及现状，并就政务地理空间信息共享应用和信息资源目录梳理的情况进行了讨论。

2012年12月5日，北京市园林绿化局组织开展了综合信息平台、网格化系统改版应用培训会。全市各区县园林绿化部门、局机关各处室、直属单位共计80余人参加培训。内容包括改版后的综合信息平台的用户登录、模块内容、信息报送、WCM系统功能升级、改版说明、文档下载以及网格化系统登录、地图操作、数据查询等。此次培训进一步提高了广大用户应用信息化系统的水平。

八、积极开展林业信息化重要实践活动

2012年11月16日，国家林业局信息办与北京市园林绿化局在北京市园博园举行了共建中国首片信息林植树活动（图7-2）。国家林业局信息办主任李世东、北京市园林绿化局副局长强健出席活动并共同为“中国信息林”石碑揭幕。国家林业局信息办全体人员和北京市园林绿化局相关人员参加活动。

图7-2 中国首片信息林植树活动

强健副局长详细介绍了2013年第九届中国国际园林博览会筹备情况以及园博园所有园区重点工程建设、基础设施建设、园博园北京园区总体规划和施工进展情况。重点强调第九届中国国际园林博览会将于2013年4月至10月在园博园举办，本届园博会的总体目标是将园博园建设成为展示当代园林建设最高科技水平和艺术成就的示范区、具有国际水准的低碳绿色生态试验区，成为“建设世界城市的园林精品，实践三个北京的魅力工程”。中国首片信息林在此建立意义重大，作为全国林业信息化示范省，北京市正采取有力措施，进一步加强信息化建设，争创佳绩，再铸辉煌。

第二节 天津市

2012年，天津市林业局信息化建设按照“加快林业信息化，带动林业现代化”的总体思路，坚持“五个统一”的建设格局，全面加强对林业各类资源的管理，以信息手段提高

林业管理，努力提升林业信息化水平，取得了明显成效。

一、规范信息发布制度

认真做好公文处理、归档和查阅、电子邮箱等工作的网上应用，建立和完善信息发布制度。为进一步反映全市林业建设工作中的新举措、新变化、新成就，及时准确地对外传达信息，天津市林业局严格规范了网站信息采集、审核和发布流程。各部门分别确定了一名信息员，负责本部门信息采集工作，主动及时报送，信息审核需经部门领导和分管领导签字，确保所发布信息内容的准确性和真实性。

二、建立网站视频点播系统

紧紧围绕天津市各个时期的林业工作要点，充分发挥信息推动工作落实和树立部门良好形象等方面的作用，挖掘全市有特点、有亮点的信息。为了进一步满足网站业务和越来越多用户的需要，集中整合了《大地寻梦》、《绿色资源》等林业视频资源，通过局门户网站的视频点播系统等栏目，营造全民关注、支持和参与林业建设的良好氛围。

三、积极开展网络清理工作

对全局信息网络情况进行了专项清理检查，切实将信息安全各项措施落到实处。重点对信息化工作管理、内部计算机安全管理和网络设备维护等各方面作了详细规定，做到物理隔离和专机专用，安装防病毒系统、建设网络信息安全监控系统，软件及时升级、更新。同时制定了电子政务网及公务传输管理系统的保密管理制度，制定了应急机构及应急预案，做到了责任落实、人员到位、措施得力。

四、完善林业基础平台建设

不断加强信息化基础平台的建设，建成后与国家林业基础平台进行对接。根据应用需要初步建立天津市林业资源目录体系和交换体系，为政务公开目录、资源整合及应用集成提供支撑，并预留与国家、区（县）各已建和待建系统的整合接口。

五、整合市林业系统网站群

利用天津市林业局门户网站为社会公众提供林业政务服务，推进林业政务信息网上公开，丰富公共信息服务内容和形式，努力建设一流政府网站。同时，以市林业局林业信息网为主站点，各区（县）林业信息网为子站点，对已建立的网站进行整合，未建立网站的单位按统一规则建立子网站，并统一域名管理。网站全年共计发布工作简报、政策法规、行业新闻、公示公告等各类信息1000余条，访问量近50 000人次。

六、建设林业内外网应用系统

不断提高完善林权改革、森林防火信息监控、生物多样性资源监管、行政审批等符合天津市林业发展要求的业务应用系统的服务水平，打造集基础数据库和应用系统为一体的统一平台。

第三节　河北省

2012年，河北省认真贯彻落实“加快林业信息化，带动林业现代化”的总体思路，围绕全省林业发展和改革大局，全力推动信息化建设，重点建设全省林业基本情况数据库、全省林产品交易平台、林业厅门户网站、森林资源地理信息系统等工程项目，进一步提高网络和网站建设水平，健全完善网络信息安全体系，促进信息开发和信息资源共享，林业信息化工作取得了明显成效。

一、完成全省林业基本情况数据库建设

为便于对全省林业发展基本情况进行全面发布和即时查询，提高信息共享度，河北省通过建设全省林业基本情况数据库，将172个县（市、区）、11个设区市及全省林业主要指标数据进行了整理转换，包括省、市、县各级行政区划、土地面积、林业用地面积、宜林地面积、有林地面积、森林覆盖率、林木蓄积量、林业产值等森林资源数据，以及各级林业行政管理机构名称、编制及人员类别等相关数据。拼接制作完成184张（JPG格式）资源分布图，通过互联网实现了在线浏览，有效地拓展了林业信息公开的深度和广度。

二、加快林业电子商务平台建设

开展了全省林业信息化需求区域调研，根据全省林权改革主体工作基本完成、林权交易活跃的实际情况，分别完成了塞罕坝机械林场木材网上竞价系统和保定林权交易网。并以此为基础，搭建了全省林产品交易平台构架，实现了林业电子商务的新突破。林产品交易系统设置了免费浏览和信息发布专区、供求信息版块和自由交易版块，为林果农搭建了自由交易的商务平台；同时，宣传相关政策法规及相关资讯，并面向有其他相关需求的个人、企业提供网络服务，进行网上挂牌、竞价和交易，在盘活林业资源、增加农民收入方面显示出独特优势。目前，两个系统已在塞罕坝机械林场和保定市林权交易中心试点应用。

三、加速河北林业门户网站信息资源整合

一是加大《河北林业网专栏信息更新维护考核办法》实施的督导力度，加强上网信息的审核和发布管理，网站信息质量、数量同步提高。2012年以来信息更新量达到4800条，访问量突破89万次。二是改进了网站首页布局设计。扩大了政务公开、交互服务的比例，强化了信息传播效果。三是明确责任，加强了信息巡查。随时关注论坛、供求信息等交互式专栏的信息发布实况，保障了信息时效性和舆论导向的客观性。四是持续推进河北林业网站群建设。征求直属单位网站管理人员对网站群建设方案的意见和建议，丰富了门户网站的实用性和服务性内容。

四、加强网络安全管理和重要信息系统运行维护

一是坚持执行重点时期机房24小时值班、安全日报和安全日志制度，杜绝了网络和信息安全事件的发生。二是重要信息系统性能监控经常化，每周监测各项运行指标2～3次，适时优化配置，保障了数据库和信息系统的稳定运行。三是内部文件流转系统创建工作流4800个，网络硬盘、通知公告、即时通信等功能应用情况良好；利用视频会议系统召开会议17次；林权管理数据库备份总量达79万条，今年新增67 000条。四是对各市和直属单位视频会议系统管理人员进行应用培训，更换了部分音视频设备，统一了应急策略。受训人员50多人次。五是开展网络和信息安全大检查活动。

林业信息化和信息安全事关林业改革发展大局。省林业厅有5套网络与国家林业局、省委、省政府、各设区市林业局互联互通，运行文件传输、业务管理、视频会议、网站信息发布等11个重要信息系统，点多面广，网络和信息安全工作任务艰巨。8月和10月两次组织开展了网络和信息安全大检查活动，对部门网站和重要业务信息系统进行了重点检查和整改，进一步完善和落实网络和信息安全管理制度，提高了处置网络和信息安全突发事件的能力。

五、加强林业信息化制度建设

制定《河北林业网管理办法》，修订《河北省林业系统网络和信息安全应急预案》，继续加大《河北省林业厅计算机信息网络系统安全管理办法》《河北省林业门户网站专栏信息更新维护考核办法》《河北省林业局计算机信息系统保密管理办法》《河北省林业局保密工作制度》等制度的执行力度，不断增强全体工作人员的思想意识和工作责任，建立和完善了信息化建设的良性机制，提升了信息化建设和管理水平。

六、强化组织保障，巩固信息化工作长效机制

调整了全省林业信息化和电子政务领导小组成员结构，厅党组书记、厅长王海洋担任

领导小组组长，厅党组副书记、副厅长刘凤庭任副组长，厅机关各处室、直属各单位，各设区市林业局主要负责人为成员，决定全省林业信息化和电子政务工作中的重大事项，制定全省林业信息化和电子政务发展战略和政策措施，协调解决信息化工作中出现的问题。为应对严峻的信息安全形势，领导小组召开了全省信息安全工作会议，强调信息化及信息安全工作的重要性，要求各部门、单位的主要负责人切实提高信息意识，形成信息化建设和信息安全保障齐头并进的良好局面。

第四节　山西省

2012年，山西省结合林业工作实际，深入分析当前林业信息化发展现状，理清发展思路，以林业信息资源整合为重点，着力提高信息化应用水平，服务全局，稳步推进，信息化工作呈现出良好的发展态势。

一、构建统一平台

以《全国林业信息化建设技术指南》为指导，结合《山西林业信息化示范省建设实施方案》中有关平台建设的要求，积极推进资源与数据共享平台的建设。制定了全省林业信息化标准体系，建立了林业信息分类与编码标准、数据库建设标准、数据采集标准、数据交换与共享标准，使山西林业信息化建设的数据处理有了统一的技术标准依据。建成全省林业资源数据库管理平台，实现了多种数据的查询、检索、导入、导出和不同格式空间信息及数据的交换；有效管理各类林业数据，实现数据的编辑、管理、入库、更新；制作林业各类专题图、报表统计和自定义专题图、标准分幅图的配置；查询及分析林业资源专题。完成内网综合管理平台建设，有效整合林业信息化各类应用系统及信息资源。通过内网综合平台能快速直观地展现山西省林业资源的分布情况及信息资源状况；通过单点登录、数字证书、操作日志管理等功能为系统的安全运行提供了保障。

二、推广应用无纸化办公

重点就公文传输系统的应用推广进行了安排部署。为加快无纸化办公的应用推广，举办了全省林业电子公文传输系统培训班，对厅机关各处室、11个市林业局、9个省直林业局公文传输系统相关技术人员进行培训，为参加培训的各单位配发了加密卡，制作了电子公章，完成了公文传输系统使用的有关技术准备工作。积极开展公文传输系统试运行工作。厅机关各处室、11个市和9个省直林局公文传输系统试运行工作正式启动，试运行阶段纸质与电子文件并行。

三、加大门户网站建设力度

山西林业网作为省林业厅的门户网站，是展现山西省林业建设进展和成效的窗口，也是服务社会、实现互动交流的良好平台。全年共发布图片新闻（视频）3100多条、动态信息3300多条、专题报道334条、信息公开987条，完成在线咨询、互动交流707条，发布供求信息476条，点击量超过97万人次。同时，不断优化创新管理模式。目前，已经形成各部门、各单位自主添加各自模块，信息中心统一管理的全新管理模式。建成网站信息报送系统，为全省11个市林业局及9大林业局提供信息报送端口。加快推进网站群建设。以省厅门户网站为基础，整合资源，共享信息，对各市和厅直各单位现有网站进行链接，为没有网站的单位新建子网站，建成林业系统网站群，初步实现了全省林业信息网站“一站式管理”。目前，已有18个厅直单位完成了网站建设和链接工作。

四、积极开展软件正版化工作

软件正版化是保护知识产权、打击假冒产品的重要举措。山西省成立了以常光明副厅长为组长的“山西省林业厅打击侵犯知识产权和制售假冒伪劣商品工作领导小组”，印发了《山西省林业厅打击制售假劣林木种苗和保护植物新品种权以及软件正版化工作实施方案》（晋林办种[2012]21号），把使用正版软件当做事关国家自主创新和知识产权保护的大事来抓，严格按照有关部门要求，制定措施，建立了软件正版化工作长效机制，顺利通过了省版权局组织的软件正版化检查，并得到了好评。

五、全力保障网络信息安全

信息安全是信息化建设的重要组成部分。在推进信息化建设的同时，要特别注重信息安全保障工作。特别是全国林业信息安全工作电视电话会议之后，山西省林业厅认真贯彻落实会议精神，从制度、技术两方面入手，严格遵守各项安全管理制度，定期开展漏洞扫描，发现问题及时修补，全力保障信息安全，全年没有发生任何安全事件。

第五节　内蒙古自治区

内蒙古自治区林业厅在认真贯彻落实首届、第二届全国林业信息化工作会议和首届全国林业信息办主任协作组会议精神的基础上，以示范省区建设为着力点，以实现林业现代化为建设目标，推动林业信息化建设向前发展。2012年，内蒙古林业信息化建设呈现出快速发展的势头。

一、积极加强林业信息化示范建设

按照国家林业局要求，根据“信息化技术在林业主体业务管理中的应用”这一示范主题，制定并完善了《内蒙古林业信息化示范区建设项目实施方案》，并向自治区发改委申请立项。在全区评选出2个示范盟市、3个示范旗县，通过示范带动全区信息化发展。

二、进行门户网站改版升级

参照国家林业局网站模式，对现有门户网站进行改版升级，建设成由一个主站和多个子站组成的网站群，从而加大林业信息发布力度，逐步推进网上办事，增强民政互动，进一步促进林业工作社会服务方式的转变。改版后，网站访问量显著增多。

三、加快网络机房整合

按照国家林业局网络整合和机房建设标准的总体要求，开展内蒙古自治区林业厅网络整合工作，目的是把现有分散单独的信息网络资源进行整合，根据不同网络特点和用途，集中管理，依次归类合并，实现信息共享，节约资源，降低成本，实现国家林业局在第二届全国林业信息化工作会议上提出的“五个统一”要求。

四、提高林业信息的发布量

全区各盟市林业局和厅机关各处室、各直属单位，上报林业信息和图片信息比2011年同期在数量和质量上有明显提高，为丰富内蒙古自治区林业网站内容提供了大量信息，为上级有关部门提供了大量可用信息。在林业厅门户网站上按时做好政务信息公开工作，及时发布林业信息公开内容，凡是需要公开的文件和有关内容都在网上及时公开发布。在网站上设立工程建设领域项目信息公开专栏，公开林业工程信息，接受社会监督。

五、建立健全管理规章制度

为适应内蒙古林业信息化迅速发展形势的要求，建立健全了规章制度，提高安全保密认识，出台和完善了林业信息化相关办法和规定，包括《内蒙古自治区林业厅政务信息工作制度》《自治区林业厅涉密信息系统管理制度》《自治区林业厅信息发布保密审查审批制度》《自治区林业厅保密检查工作制度》。进一步加强法律法规和行标行规的贯彻落实和督促检查。

第六节 内蒙古森工集团

2012年，内蒙古森工集团以第二届全国林业信息化工作会议和首届全国林业信息办主任协作组会议精神为指导，按照《全国林业信息化建设纲要》和《全国林业信息化建设技术指南》的要求，以全面实现林业信息化为目标，坚持实施信息化带动战略，大力提升信息化在林业职工生活及林区各领域的应用水平，进一步加快了内网、外网等网络基础平台的建设，信息化建设取得了重要进展。

一、加快网络基础平台建设

结合集团公司机关办公楼改造工程，对机关南北楼网络进行了综合改造。改造后机关内外网达到了千兆交换到桌面，外网提供了百兆互联网出口。中心机房设在南楼六楼中央大厅，两楼各设一个配线间，共有四个机柜，1080个节点，内、外网严格执行物理隔离。

内网建设目前主要以全国林业信息专网建设为基础，采用一台思科2600路由器和一台思科Catalyst 3550交换机作为核心设备，为各企事业单位利用视频会议系统专网建成覆盖全林区的宽带广域网做好前期准备工作。

二、应用系统建设稳步向前发展

内蒙古森工集团在应用系统建设上始终坚持“以应用促发展”的基本思想，虽然各系统的规模较小，但从实际工作需要出发，围绕着重点工作开发的。在应用方面较为成功的软件系统有森林资源信息管理系统、人力资源信息管理系统，目前在全林区应用最广泛、最成功的是财务管理系统。基层单位应用系统建设较好的是根河林业局、阿里河林业局自行开发的贮木场计量系统和木材生产数码判读系统。这两种实用性、可操作性较强的应用系统在工作中的成功实践，也为林区下一步的信息化建设积累了十分宝贵的经验。

三、加大门户网站信息发布力度

2012年，集团门户网站突出生态性、权威性、新闻性、服务性和综合性，充分发挥好林区网络媒体作用，使之成为向外界宣传内蒙古大兴安岭林区的一张“名片”，更好地服务于林区各企事业单位、职工和群众。

一是在2011年全新改版的基础上继续拓展网站空间、优化栏目、丰富内容、扩大信息资源的共享，发挥网站信息传递快捷便利的优势。

二是做好森工集团开发建设60周年系列庆祝活动。精心制作了迎庆专题网页，专题开设了“亲切关怀 殷切希望”“林区人民不会忘记”等16个子栏目，文字达30万字以上，图片300余张。首次尝试室外实时直播，圆满完成林区60周年大庆的文字直播任务。开设“多彩兴安绿歌行——林区开发建设60周年优秀歌曲展播”专题网页，全面展示了林区各企事业单位的文化优秀成果。开设内蒙古乌兰牧骑林区演出专题网页，为林区迎接60周年大庆营造了喜庆氛围。

三是将森工集团作出的重大决策部署和重点工作宣传好。在2012年林区企事业领导干部会议召开期间，中国绿网报道组人员将会场实况实时直播，将会议盛况第一时间传送给区内外网民。在北京科技周期间，中国绿网报道组在第一时间将活动动态进行展播，设立“会议报道”“本网评论”“现场图片”等专栏，用图文并茂的形式进行报道。开设学习现代化企业制度专题网页，向林区职工群众宣传了现代化企业制度知识。此外，中国绿网还对林区林下野生经济植物资源开发利用管理工作会议、林区家庭经济现场经验交流暨表彰大会等重大会议进行了报道。

四是重新设计、完善旅游专页，增加了伊克萨玛国家森林公园专题网页。

五是做好林区学习贯彻党的十八大精神专页设计。在喜庆十八大专题网页中开设“精神解读”“网评热议”“时代先锋”“基层新亮点”“辉煌成就”“庆祝掠影”等栏目。开设“寄语十八大 对党说句心里话”专题网页，约请基层网友以生态建设、经济转型、民生改善、党的建设、文化建设、政策支撑、科技发展等为主题，畅谈了十八大召开后对林区的展望。

第八章　东北地区林业信息化进展

东北地区林业信息化建设起步较早，辽宁省在2012年信息化水平评测中位居全国第二，信息化应用水平全国排名第一，吉林省在信息化建设和保障方面成绩突出，吉林森工和沈阳市信息化水平位于全国前列，东北地区的林业信息水平在全国各地区林业信息化建设中具有引领地位。

第一节　辽宁省

辽宁省作为首批全国林业信息化示范省，不断从林业信息化的出发点和落脚点，扎实稳步推进现代林业建设。省、市、县各级林业行业管理部门都积极利用各自优势推进林业信息化工作，林业信息化组织体系初步形成，林业信息资源开发力度不断加大，林业领域信息技术开发利用取得明显成效。

一、林业信息化组织体系逐步建成，门户网站群深入服务基层

为全面贯彻全国林业信息化工作会议精神，大力推进基层信息化建设，辽宁省狠抓市级林业信息化机构建设，取得了突破性进展，继沈阳成立信息中心后，本溪、阜新市由市编办正式发文成立信息中心，省直管的昌图县也成立了信息中心，为全面推进全省林业信息化机构建设打下了良好的基础。到目前为止，全省有21.4%的市级林业部门设有信息化管理机构。同时，面向全省林业系统开展了信息化技术培训工作。辽宁省采取举办网站、档案、办证等系统培训班，网上在线培训等办法，培训各类信息化技术人员达600多人，为基层单位打造了一支能力强、技术过硬的林业信息化队伍。全省信息员发展到近300人，初步建立起从上到下的林业信息化队伍。

建立起以辽宁林业信息网为核心，覆盖省、市、县林业信息网络平台，集100余个子网为一体的辽宁省林业网站群，日均访问量近1000余次。全省14个市级林业局、90%的县级林业部门建立了局域网和林业子网站。已投入运行的林业商务平台为林农提供了林产品供、产、销一体的服务，引领林业产业积极健康发展。目前注册的组织、企业和个人用户

已达100家，覆盖了全省80%的县，已成为促进林产品流通的重要平台。全省林业门户网站群已建立了较完善的信息采集、审核体系，推行统一的数据标准，采用公用模块的方式，实现了一站式发布、全系统共享，全面提升了林业系统信息资源开发和共享水平。辽宁省网站群的信息公开专栏在 2012年11月“政府网站集约化建设与精品栏目管理经验交流大会”上被评为2012年度政府网站信息公开类“精品栏目”奖，并获得“辽宁省文明网站”荣誉称号。

二、信息技术在林业各环节的应用逐步深入，应用水平取得长足进展

作为辽宁省国家示范项目的核心平台是全省内网运行的统一平台，该平台运行以来发挥了重要的技术支撑作用，2012年以前已集成了森林资源、全省协同办公自动化系统等17个应用系统，面向全省45个处室及省直单位，86个市、县林业局，8000余个用户，实现一点登录。2012年又集成了林改档案、林业物联网、全省网管等系统。特别是在对核心平台原来数据资源整合的基础上，完成了全省“林业一张图”的后续开发工作，目前在“林业一张图”上不但能方便快捷地查询森林资源信息，还可以进一步查询到湿地、荒漠化和生物多样性的信息，更实现了对护林员、防火车辆的定位监管，防火监控点在资源图上的展示，真正实现了资源共享。

（一）辽宁省集体林权制度改革电子档案建设

辽宁省集体林权制度改革电子档案建设与管理系统工程建设项目系统经过近一年的开发、测试及试点应用，达到可通过直接查询和模糊查询的方式实现林权流转的动态化管理，确保林权数据更新的及时准确，实现了林改纸质档案向电子档案的转变，提高全省林改档案管理水平，使得林改档案建设统一化、规范化和信息化，为今后林业档案利用提供了现代化途径。

（二）辽宁省青山工程动态监测信息系统建设

辽宁省青山工程动态监测信息系统自2011年9月30日正式启动以来，取得了显著成效，得到了全国的广泛关注。特别是党的十八大报告中明确要求大力推进生态文明建设，包括优化国土空间开发格局，全面促进资源节约，加大自然生态系统和环境保护力度，加强生态文明制度建设4个方面。辽宁省在这四方面建设中先行一步，开展了青山工程建设。出台了《辽宁省青山保护条例》和《辽宁省青山保护规划》，开始建设辽宁省青山工程动态监测信息系统。通过青山工程动态监测信息系统的建设，建立一套快捷、科学的评估及监测体系。目前，省森林资源保护局通过引进新一代专业GIS数据采集和现地制图工具，利用亚米级移动GIS数据采集器进行外业调查点、线定位测量及图面测量提供准确的参照物，从而提高矿山生态治理工程的测量定位精度，达到精确测量、准确定位的要求。亚米级标准的实施大大缩小了外业测量误差，提升了3S技术在青山工程上的应用，进一步促进了数字化

林业的推广。充分利用GIS的技术特点和优势，使青山保护资源信息采集、信息发布、动态监测、分析、管理、决策与空间信息管理融为一体，直观、形象、动态地显示各种山体破损、生态治理情况的空间分布状况以及变化趋势等，及时反映青山工程的治理成效。

（三）全省森林远程智能监控体系建设

为了能更好地保护森林资源，利用已经建成155M省、市、县、乡林业专网和省、市、县森林防火指挥中心，充分发挥现有监控手段的作用，在既有瞭望塔、检查站、护林员巡逻、超短波通信网络联系的基础上，在重点林区建设前端监控点，建设全省森林远程智能监控系统。目前在沈阳、抚顺、阜新、本溪、盘锦等市重点县林区已部署林火视频监测系统，不仅能实现森林火险自动监控、烟火准确识别、火点精确定位、采用的红外热成像智能火情预警站点，可24小时不间断地监控辽宁省重要林区内的火灾或温度异常情况，并可进行智能火情分析；而且高清透雾站点可在雨、雾、霾等能见度较差的天气情况下，有效监控林区的火情、野生动物植物生长、病虫害乱砍滥伐等日常生产状况；普通视频监控点依托移动基站进行部署实施的高效建设方案，对土地荒漠化、湿地、森林公园的快速监控部署提出了崭新的设计思路；火情蔓延趋势推演、扑救指挥的辅助决策、灾后评估等多方面功能，建立了森林防火的完整业务链。智能防火克服了人工监视易造成肉眼疲劳、视频中的火情不易被察觉而造成漏报等弊端。实现森林防火扑火的自动化和智能化。

（四）林业信息化服务工程建设

按照“资源整合，协同共享”的思路，建设全省林业综合信息服务平台体系，统一全省林业信息化运行管理标准规范，实现及时准确的针对性服务。重点开展全省数据中心、备份中心，省平台中心（门户网站、呼叫中心、短彩信平台、手机报、远程诊断、网络电视）和省业务中心（含林业生产销售、科技信息、技术推广、政策信息、市场信息、电子商务、科技服务等业务系统）的建设工作。目前已在本溪县推进办事大厅信息化示范，支持林地流转、木材交易、林副产品销售、花卉养殖等重点林产品的信息化建设，减少交易中间环节，提高交易效率，降低交易成本。在法库县开展信息化示范户建设，林户可以实现在家中通过网络登录林业门户网站和市、县局子网，了解林业政策，咨询林业问题，发布买卖信息。还可以网上办理林权证、采伐证等林业事项，比以前更加方便快捷。通过短信平台，使示范户的手机接收到最新的林业政策、生产经验、交易信息，再由示范户将信息群发给其他林农果农，从而实现互联网和移动网的衔接，使林业的信息化服务更贴近群众，深入基层，真正打造服务型政府。

同时，全力拓展信息化建设成果的应用领域，继采伐证、运输证、林权证网上办证系统在全省推广使用后，全省协同办公自动化系统也在省、市、县三级普遍使用，到目前为止，省到市100%实现网上公文流转，市到县50%以上的市实现网上公文流转。全省档案系统在厅行政事业单位、各市林业局实现90%使用的基础上，开展了县级试点应用推广工作，取得了积极的进展。全省种苗办证系统也在积极进行开发和测试工作，并逐步在全省试点推广使用。加快推进物联网信息系统的研究，充分利用森林资源数据实现护林员定位系统由定点示范到部分市推进使用，改变了对护林员的传统管理模式。2012年4月17日，全省森林防火监控平台、全省林业物联网综合应用平台进行了验收。10月18日，辽宁省集体林权制度改革电子档案建设与管理系统工程建设项目也进行了验收。

三、强化运行保障工作，提升林业信息资源整合及共享水平

近年来，省林业信息化基础设施建设明显改善，业务系统研发与应用取得突破性进展。辽宁省成为全国林业信息化建设先进单位和首批林业信息化示范省。林业专网建设实现跨越式发展。完成了省、市、县三级林业专网建设，并与国家林业局相连通。省厅到14个市林业局实现了155M光纤连接，市到县林业局实现10M光纤连接，全省专网线路100余条。全省中心机房功能进一步提升，实现综合监控智能化管理，对省、市、县三级防火墙、交换机、路由器、中心机房安全设备、存储设备、各类服务器、小机等组件在内的60余台（套）设备和IT基础设施环境进行综合管理，并能够提供上述各类设备运行异常的实时告警和图形化定位、性能趋势分析和预警，大幅提高IT基础设施环境的管理水平和工作效率。机房温度、湿度、电源实现24小时故障报警。形成了以省厅中心机房为主的省、市、县三级机房，规范地完成了数据服务、数据交换、业务应用、数据存储等服务。在全省森林资源数据库的基础上，加快构建辽宁“林业一张图”，实现森林资源、湿地、荒漠化、生物多样性数据浏览。建立共享机制，实现林业资源信息跨部门共享，形成及时高效、持续稳定的业务运行保障能力。目前已启动全省林业专网网络安全等级保护系统及重点业务应用系统安全等级保护建设工作，集中统一建设必备的网络安全防护手段，划分安全区域，在统一边界的基础上，实现重点防护和隔离，利用防火墙、入侵检测等技术实现网络安全的有效防护，建设多层次、立体化安全防护体系。

四、创建示范市、示范县，以点带面掀起全省林业信息化建设新高潮

按照国家林业局建设全国林业信息化示范市、示范县的要求，为全面推进基层信息化建设，在全省开展了林业信息化示范市、示范县创建活动。制定了详细的评审标准，赴市、县及基层单位开展检查示范市、示范县创建活动，为进一步推进各市林业信息化示范市建设向纵深发展，在厅门户网站上设置创建示范市专栏；开展信息化建设年活动，营造良好的氛围，特别是市、县两级，抓规划、建机构、高投入、重应用，为现代林业建设提供了强有力的科技支撑。以省示范主题“外网建设、基础平台建设”为核心，定制了各市、县示范主题，其中本溪市以资源共享、掌上林业、林改档案应用为示范主题。本溪县以三网建设、四个系统应用为示范主题。桓仁县以统一标准、规范管理，以林业信息化推

动林业现代化为示范主题。阜新市以资源整合、推进应用、协同办公、强化监管为示范主题。彰武县以两个中心网站、九大应用系统应用为示范主题。

五、完善林业信息化政策，拓宽林业信息化发展资金渠道

林业信息化建设是一项复杂的系统工程，为确保各项工作顺利开展，需要从政策、资金、组织及机制等方面提供有力保障。在认真贯彻国家林业局制定出台的办法和制度基础上，辽宁省也先后制定出台了《辽宁省林业厅政务商务一体门户网站群优秀网站评比办法》《全省各市"十二五"期间林业信息化发展水平评测办法（试行）》等制度，将林业信息化建设纳入全厅目标绩效考核，实行一票否决制，建立考评监督机制；开展了全省林业信息化发展水平评测，建立了信息化建设情况通报制度；在厅门户网站上对各子网维护情况进行自动排名。建立正面激励机制，开展示范市、优秀网站评比活动，以点带面促进全省林业信息化建设，通过网站评比，提高网站的公信力，使之成为网络文明建设和电子商务发展的主体。制度建设的不断加强，对基层林业信息化建设起到了重要的促进作用。随着信息化建设的不断深入以及应用系统的不断增加，加强信息化资金投入，开拓多种方式的资金扶持渠道，特别是加强运维资金投入，在没有专项建设资金投入的情况下，积极争取财政、经信委等部门支持，开展多种模式的资金保障工作，探索开发适合林业信息化发展需要的融资模式。

第二节　吉林省

2012年是吉林省林业信息化稳步推进的一年。吉林省林业厅认真贯彻落实全国林业信息化工作会议精神，围绕"十二五"林业信息化发展规划目标，以信息资源开发利用为中心，以林业电子政务建设为重点，突出信息化建设管理升级和质量升级，全省林业信息化建设取得显著成效。

一、健全信息化标准规范体系，加速全省林业信息化管理升级

依据《吉林省林业信息化建设规划（2010～2020年）》和《吉林省林业信息化建设"十二五"发展规划》，2012年吉林省组织制定了《吉林省林业信息化应用系统开发集成规范》《吉林省林业信息安全与单点登录标准》《吉林省林业地理信息数据库及系统建设管理技术规范》和《吉林省森林区划规范》等标准规范，为林业应用系统、应用支撑、数据库和基础设施建设提供依据。截至目前，吉林省已制定中心机房管理办法、林业专网管

理办法、电子公文传输管理办法、信息安全管理办法、办公内网管理办法和吉林林业网管理办法等管理制度15项；应用系统开发集成规范、安全与单点登录标准、林业地理信息数据库及系统建设管理技术规范、森林区划规范及视频会议系统标准等建设标准5项；视频会议室技术规定、内网综合布线技术规定、数据处理技术规定和信息报送采编规范等技术规定4项。这些标准规范和制度在全省林业信息化工作科学化、标准化、规范化建设中发挥着重要的作用。

二、开展全省林业信息化调研工作，为高速发展做好准备

为更加深入、科学、全面地引导全省林业信息化建设和发展，2012年采取问卷调查和重点单位走访相结合方式，对全省林业各级林业行政主管部门和林业企事业单位进行了林业信息化建设发展情况调研。由吉林省林业信息中心和专业公司组成的调研组先后深入吉林、通化、白山、延吉等10个市（州）和15个县（市、区）林业局。调研组获取到全省林业信息化发展状况的第一手资料，结合收到的67家单位调查问卷反馈，形成了《吉林省林业信息化发展调研报告》，提出了近阶段全省林业信息化发展对策建议，为信息化高速发展做好充分准备。

三、确立信息化示范单位，全面带动全省林业信息化发展

按照全国林业信息化工作会议有关要求，结合对全省100多家林业行政主管部门和林业企事业单位的信息化发展水平的调研结果，吉林省组织开展了省级林业信息化示范单位建设工作，确定永吉县林业局、通化县林业局、抚松县林业局、蛟河林业实验区管理局、松江河林业有限公司、红石林业分公司等6个单位为首批林业信息化示范县，充分发挥各单位信息化建设基础优势，确定了示范主题、明确了示范内容，指导各示范单位按照示范主题进行重点建设，创经验、出成果，有力地带动了全省林业信息化工作。

各示范单位高度重视，示范建设初见成效。延边朝鲜族自治州林管局进行覆盖全州28个单位430个专线点的三级专网建设，2013年初完工并正式运行；蛟河实验局进行了办公楼局域网改造，实现了内外网物理隔离，并着手进行营造林工程管理系统开发工作，从根本上解决“林子造在哪里”的问题；抚松县林业局进行网站的功能升级与改版，增加集体林服务窗口，设置林权贷款、林权证发放、林地流转、林业生产技术4个专栏，实现了网上便民服务；龙湾保护局建立自然保护区湿地、野生动植物资源数据库，通过设置永久固定监测点，实现保护区内关键生态系统和物种的连续监测和实时数据更新，并进行生态旅游管理系统开发与建设，可实现足不出户进行网上订票与虚拟旅游；通化县林业局进行OA系统和林业综合政务大厅建设，实现省、市、县三级政务大厅纵向联网，并与县相关部门、监督部门横向联网，达到网上申请、办理、批复、查询和监督。

四、完善应用系统开发建设，提高全行业信息化服务水平

进一步完善了综合办公系统。完成了办公自动化系统应用程序开发和推广应用。目前林业厅机关公文流转已实现规范化操作，厅机关本级各部门内网办公环境也已准备到位，可以开展网上批办和签阅等工作。

高效利用全省林业视频会议系统。以林业专网为基础的全省林业视频会议系统，2012年共服务全省林业全部或局部视频、协商、调度等会议12次，2012年全年共节约会议经费300多万元。

全省林业公文传输系统发挥着重要作用。到2012年底，发文3万件，收文2万件，极大地提高了全省林业系统的办公效率和质量，收文时间由以前的平均7天缩短到1天，并且不再出现以前漏文、丢文的现象。

进一步完善了子站群建设模式的吉林省林业门户网站。开展了吉林林业网处室和基层子站群建设工作。目前处室子站全部建设完成，并实现向新版主站的站内嵌套，基层子站已建成57家，预计年底近80%林业单位可建成网站。截至目前，已实现了70多个子站的信息整合，网站信息更新量近4500条，日平均浏览量15万次。

完成了4项在建项目。开发了吉林省林业综合数据库管理系统，为各类林业管理业务提供行政区划、森林资源、交通道路、地形地貌、水源分布、森林防火基础设施分布等信息支持；开发了吉林省林业地理信息系统，通过数据采集、加工、处理、入库一体化流程，实现多源、多尺度、多时态林业空间数据管理，进而推进林业属性数据与图形数据一体化管理；开发了远程教育培训系统，从根本上解决了为不同地域的林业工作人员提供高效便捷的统一专业培训学习的问题；开发了永不落幕的林木种苗网上博览会。可为广大种苗生产企业和种苗生产专业户提供种苗方面的各种政策信息、科普知识及供求信息，提供网上交易平台，宏观引导和调控，避免盲目生产。

五、充分发挥吉林林业网优势，广泛推介生态文化建设成果

为更好地发挥吉林林业网高效便捷、传播速度快、受众范围广、工作成本低的优势，吉林省林业信息中心2012年进一步完善吉林林业网各级栏目，以开辟专题和网页的形式丰富网站内容，增强网站信息涵盖面和可读性，提高网络互动能力和服务水平。

举办了第二届“人·自然·生态”摄影大赛。在总结2011年成功经验的基础上，对第二届摄影大赛进行了创新性策划与安排。通过采取冠名方式有力推介了朱雀山国家级森林公园，超出了冠名单位的预期效果；通过将稿件征集范围扩大到东北地区，将投稿作品品栏目分类管理等措施，有效扩大了摄影大赛的参与群体，达到了积极传播生态文化、收集优秀作品、推介吉林林业的效果；通过邀请省内知名摄影家参加摄影大赛采风活动等形式，

推介了林区景胜。

推出了“林业走基层栏目”。以通化县作为走基层试点单位，通过吉林林业网记者采访的方式深入基层，以平实的语言记录了林业工作者的具体工作和林区民生状况，倾听务林人的心底诉求和真实想法。增强了网站的亲民性，提高了站点的访问量。该栏目经国家林业局推荐并经国家电子政务理事会评定，被确定为“中国政府网站政民互动精品栏目”，1人获得“2012政府网站最佳实践者”。

继续办好访谈专栏。创新约稿方式，突出基层单位特色，每半月发布一次基层单位主要领导访谈，有效总结了基层林业发展经验，充分展示了基层林业建设成就。全年共发布约稿访谈22期。

开辟了吉林林业学习“十八大”专题。分设“聚焦十八大、各地回声、图片新闻、各地区成就”4部分，全面宣传贯彻“十大八”精神，报道吉林省林业各地学习“十八大”的信息，展示林业“十一五”建设成就。

推出“吉林林业网优秀子站”评选投票网页。通过开展子站网上投票系统，不仅有效地提高了基层建网办站的积极性，有力推进了全省林业子站群建设工作；同时通过统一页面链接的方式向全社会进行了吉林林业网基层林业子站的集中推介。

由于采取多思维、多角度、全方位的创新办网方法，进一步活跃了官网气氛，营造了真实、亲切、可信的网上政民互动环境，林业厅网站被评为“吉林省人民政府先进政府网站”，林业厅被评为“网上宣传先进单位”。

六、高度重视机构建设，快速提升全省林业信息化专业队伍水平

吉林省各级林业行政主管部门和林业企事业单位均成立了林业信息化工作领导小组，由主要负责同志任组长，成员由所属相关单位主要负责人组成，基本建成了省、市、县三级林业信息化组织管理体系。各级林业信息化建设管理机构都明确了职责，落实了工作人员，同时组建了吉林省林业信息联络员队伍和运行维护管理员队伍，为吉林省林业信息化建设管理提供了坚实的组织保障。目前，全省具有独立信息化管理部门的单位55家，约占全省各林业单位总数的52%。

同时，吉林省林业厅高度重视人才培养，全年各种信息化业务培训达600人次。为全面提高林业网站管理人员办网、管网能力，快速提升全省信息化队伍，吉林省分别于2012年4月和9月举办了两期“吉林林业网信息联络员和子网站管理员培训班”，邀请了国家林业局、省政府办公厅的专家和专业公司工程师进行专题讲座。全省林业各级单位积极响应，每期参加培训人员达到150多人，提高了全省林业信息化工作人员素质和整体工作水平；5月下旬，为厅机关相关工作人员开展吉林林业远程教育平台和吉林林业网处室子站后台管理培训，提高了办公人员的计算机应用水平；同时选派出优秀人员参加国家林业局、吉林

省政府组织的各种培训，整体提升信息工作人员的技术水平和管理能力。

第三节 黑龙江省

2012年，黑龙江省全面贯彻落实科学发展观，紧紧围绕全国林业信息化建设“五个统一”的总体部署，高度重视门户网站建设、信息报送工作、系统开发与应用等工作，进一步提高全省林业信息化水平，为全面开创现代林业科学发展新局面做出了积极贡献。

一、林业信息化建设列入“十二五”规划

黑龙江省首次将林业信息化建设纳入黑龙江省地方林业发展5年规划，明确了建设目的和作用、实施范围、主要建设内容和任务，将在全省国有林区的所有县（市、区）构建包括基础设施、数据库、应用支撑、应用系统等多个层次的林业信息化基础平台，为全省林业信息化建设提供统一、稳定、先进、高效的运行环境。具体包括建立起一套完整的林业综合办公平台和林业资源监管系统、林业灾害监测系统、林业经济运行信息系统、林业电子商务系统等1个平台4个系统，实现省、市、县互联互通，改善林业政务协同工作环境，5年计划投资1.7亿元。

二、林业信息化应用系统建设取得进展

2012年，黑龙江省开展了省林业厅综合办公平台建设工作。从3月起，启动了包括办公自动化、在线审批等系统的省林业厅综合办公平台的建设工作。10月16日，省林业厅综合办公平台建成并在省林业厅机关内进行测试应用。12月1日起，在省林业厅试运行。综合办公平台投入使用后，可实现个人办公、计划和任务管理、信息发布、行政审批、公文管理、资源共享和综合行政等多种功能，除涉密文件外，所有收文、发文等工作都将通过电子化方式完成，告别笔、墨、纸时代，进入声、光、电阶段，将极大提高办公效率，并保证工作流程的制度化和规范化。开展了省林业厅机关内无线局域网建设工作。4月份，完成厅内无线局域网建设工作，并对厅内200余台无线设备进行了用户注册绑定和管理，实现了办公区域内可移动办公。

三、省林业厅门户网站功能进一步增强

黑龙江省强化了在线审批、查询政务、网上咨询、网上投诉及民意调查等功能，完善了林业厅信息报送系统，做到信息报送统计公开、透明，提高了信息报送的效率和质量，

细化了林业政策、业务文件、规划计划、统计信息、资金信息、人事信息、行政许可等各类信息栏目。网站全年更新各类信息11000余条，收到社会群众各类咨询、投诉和建议信息200余条，回复200余条，回复率100%。

四、多渠道的政务公开工作进一步强化

省林业厅多次召开会议专题研究部署政务公开工作，强调要处理好政务公开和网络信息安全工作的关系，按要求做好政务公开工作。厅办公室、省林业信息中心和相关业务处室利用网站、网络、电子显示屏等渠道及时向厅机关职工和来厅办事的同志公开重要工作信息、重要工作动态、省内外重要新闻、社会关注热点及有关通知；利用网站向社会公众公开全厅权力运行制度、流程图和办事结果，将群众意见在网上反馈；利用厅领导活动周报和林业厅大事记，向社会群众、厅直机关各单位和上级有关领导公开厅领导工作情况和重要工作信息，全年共编印53期厅领导活动周报和4期林业厅大事记。省林业厅办公室和省林业信息中心还于5月份开展了为期1个月的政府信息公开条例宣传月活动。

五、林业信息化督促检查和培训力度进一步加大

5月17日～6月8日，由厅办公室和信息中心组成的联合检查组，先后到厅直属各单位和厅机关各处室，就各单位政务公开、机关保密、信息报送、信息安全等工作进行了全面检查指导，并就检查情况印发了通报。10月16日，厅办公室、信息中心组织厅机关各处室的相关同志，就省林业厅综合办公系统使用和厅网站政务公开相关栏目更新方法进行了全面培训，对《政府信息公开条例》、网上政府信息公开目录的更新、网上群众答复、林业政策法规、执法流程和权力运行制度等相关内容进行了讲解。此外，省林业信息中心还注重加强在工作中对相关人员的业务指导和培训工作，深入机关各处室，在指导业务工作的同时，对新从事政务公开工作的同志进行一对一的培训，帮助他们尽快掌握最基本的工作技能。

六、政务信息报送工作取得历史性突破

严格按照国家林业局、省委省政府的要求，充分调动厅直机关各单位和各市（地）的积极性，广泛搜集整理造林绿化、森林防火、森林公安、林业改革和林业有害生物防治等亮点工作信息，并认真编辑整理、审核把关，及时向省委省政府、国家林业局等信息部门报送。全年政务信息报送数达1350条、74万字，报送数、采用数都接近2011年的2倍，采用率大幅度提升，目前在省政府门户网站的信息采用数名列各厅局第二位，在中国林业网今年第三季度信息采用统计情况通报中列各省（区）第五名，在省委省政府信息部门采用数的名次也很靠前，取得了历史性突破。

第四节　吉林森工集团

2012年，吉林森工集团信息化以《全国林业信息化发展“十二五”规划（2011～2015年）》为指导，以“加快林业信息化，带动林业现代化”为目标，全体信息化工作人员攻坚克难，抓制度、抓机制、抓管理，得到了快速发展。

一、加强领导，全面提升保障能力

根据吉林森工集团组织机构设置，重新调整了吉林森工集团信息化建设工作领导小组组成人员，由董事长任领导小组组长，相关主要领导及部门负责人为成员，统一组织领导集团信息化建设工作；组建了信息化建设委员会，统筹规划集团信息化建设。在集团下属各企业层面上，要求各企业成立相应的领导小组，明确信息化实施部门和负责人，切实承担起吉林森工集团信息化建设的具体职责。

恢复组建了集团信息中心，为集团机关独立部门。进一步明确了集团公司信息中心职能、编制，在集团公司领导的指导下负责具体统筹规划、综合协调、指导和督促林业信息化各项建设工作的推进与落实。在集团下属各企业层面上，要求各企业成立相应的领导小组，明确信息化实施部门和负责人，切实承担全集团信息化建设的具体职责。

二、组织调研、细化管理

组织对集团所属各子分公司信息化发展水平进行详细调研，以便掌握各单位信息化发展相关信息，有针对性地确定信息化发展战略。同时对省内信息化建设水平较高的企业开展调研，通过学习、交流掌握科学先进的信息化建设方式方法，结合集团基本情况，进一步谋划集团信息化科学发展。

三、完善规划，制定信息化发展战略

进一步完善了《吉林森工集团信息化“十二五”规划》（以下简称《规划》），并陆续细化了集团信息化管理的相关制度，规划了覆盖全集团的信息化建设目标体系和任务，全面推进集团信息化建设工作，为集团公司信息化的可持续发展提供了保障。《规划》在全面深入分析集团面临的经济形势、社会背景、技术背景和全集团林业信息化建设现状的基础上，认真总结提出了“十二五”期间，集团公司信息化建设的基本思路和建设目标，规划了集团信息化建设的总体框架和建设任务，提出了建设重点，并明确了建设布局、实施阶段、投资估算及各方面保障措施，并将其作为“十二五”期间吉林森工集团林业信息化建设的纲领性文件。

四、注重实效，扎实推进示范省重点项目

电子商务平台建设进入试点阶段。根据集团公司工作安排，2012年下半年重点顺应家居整合化销售趋势，加快建设网络营销平台。2012年集团多次与国际国内顶尖的咨询管理机构磋商项目有关业务，并编制完成了两版电子商务项目建设方案草案，对集团公司建设电子商务平台进行了一定技术储备和初步探索，将建设电子商务的主题确定为“绿色家居、健康生活”。目前，金桥地板公司的需求调研工作基本完成，框架已经形成。电子商务的第一阶段网络营销系统建设已经筹备完毕，前期技术储备已经开始，即将正式启动。建设以“绿色家居、健康生活”为主题的电子商务平台，打造一个集团产品的整体销售解决方案。集团下属各企业通过电子商务平台可以形成整体销售模型，把全集团的优质产品进行打包、整合，在平台上进行捆绑销售。各产品之间可以对销售互相促进，从刨花板到家具、从地板到饮用水等，各产品互相支撑、互相推动，以点带面、最终使集团各下属企业的产品实现整体销量提升。

五、提升能力，加快重点系统建设

（一）视频会议系统建设工作

为了进一步提升吉林森工集团信息化发展水平，提高工作效率，集团公司投资390万元与各成员单位搭建了企业专网及视频会议系统建设，视频会议系统包括集团公司机关和八个林业局及股份公司、财务公司、金桥地板集团共11个节点单位。通过专网可实现：参加集团组织的视频会议、使用集团统一部署的办公自动化（OA）系统、加入集团统一开发的电子商务平台、集团下属单位的财务运行报表、人力资源报表等可以通过内网进行汇总、分发；同时为木材营销系统及电子商务平台的后续建设打好基础。

（二）门户网站升级改版工作

新版网站对集团定位、网站功能等方面进行了全面优化和升级，设有“关于集团、新闻中心、产品展厅、企业文化、销售与服务、社会责任” 等主版块，40余个子版块，设计更美观、内容更丰富、功能更强大、特色更突出。同时，进一步加强信息安全保障，完善了信息发布审核制度，做到层层把关（对重要信息进行审核备案），提高信息发布的权威性与准确性，确保信息安全（图8-1）。

（三）集团公司数据灾备系统的建设工作

通过企业专网，建设集团公司机关与财务公司的数据互备系统，为集团公司相关业务的顺利开展提供了保障。目前，灾备系统应用于集团公司机关财务系统、门户网站系统、办公

图8-1　吉林森工改版后的主页

系统的数据备份及集团财务公司数据备份。

（四）物联网应用示范项目

为确保示范工程建设的顺利进行，在深入剖析林业行业的物联网应用、推广、需求和切入点的基础上，吉林森工集团编制了《物联网应用示范工程可行性研究报告》，提出了较为符合实际、切实可行的示范工程建设实施方案，明确了示范工程建设的工作思路，确定了建设目标、项目总投资估算、项目建设周期等一系列问题，并围绕示范主题，集中力量进行了重点攻关。明确落实了具体试点单位、主要研发单位和系统集成单位。

（五）电子标签系统

2012年，应用木材电子标签的相关业务流程已经梳理完毕，代码编写、用户培训、文档编写、数据库设计、硬件选型和试用品生产已经完成，正在梳理电子标签在林业生产、运输、存储和销售的业务流程等工作。同时，在所属的松江河林业局进行了大量不同天气、温湿度条件下的现场测试和试用品完善工作。同时，将电子标签植入活立木和活体动物等方案已经开始启动。

（六）资源监管和森林防火项目

森林防火监测与预警系统项目是国家物联网应用示范工程森林资源监管天网系统、地网系统、人网系统和智慧森林平台的核心组成部分。目前，天网系统、人网系统、智慧森林平台建设已经正式启动，需求整理、整体技术框架已经确定，正在进行相关技术环节的反复细化工作；地网系统部分的方案设计、可研报告等已经完善、通过联合评审，所有关键技术环节已经突破。示范区松江河林业局的供电，光纤、无线网桥双传输等基建工作也进展迅速、完成大半。集团公司和松江河林业局两个指挥中心已经建成，7套前端监测设备的安装调试工作已接近尾声，系统已达到了预期设计功能，使用效果良好。项目的最重要成果“森林眼”（森林防火监测与预警系统）业已研发完成，该系统具备“两大国际领先、五项技术创新”，攻克了关键技术难关，填补了多项国内外空白，已取得和受理申报的著作权和专利共11项。

第五节　龙江森工集团

2012年，龙江森工进一步加大信息化建设力度，推进信息化进程。一年来，大力推行电子政务，改版门户网站和内网办公系统，启动龙江森工网站群建设，基本完成应急综合指挥平台建设准备工作，建成与国家林业局及省委党校的视频会议系统，林业信息化建设工作取得了一定的成效。

一、加快森工总局网站群建设

2012年2月，集团开始进行网站建设的筹备工作，4月份正式开始和站群设计公司合作开发森工的网站群系统，网站群建设以先进的IT技术为支撑，根据政府网站群建设的技术规范和绩效评估指标体系，结合现代林业建设需要，坚持统一架构、突出重点、整合资源、促进共享的原则，实现了森工系统网站资源的有效整合，突出了林业主体业务布局，推进了政府信息公开和在线信息服务。龙江森工网站现在已经成为宣传林业建设、倡导生态文明、促进和谐社会发展的重要媒介，成为提高政府办事效率、实现政务公开和网上在线办公的重要途径。同时，也是社会各界了解林业、关心林业、促进林业又好又快发展的重要窗口。总站已经投入使用，子站将于2013年上半年完成。

二、进行外网网站改版升级

2012年4月开始对外网进行改版，充分利用现有的软、硬件资源，发挥各部门信息资源和人才优势，实现同一平台下建设多级单位门户网站群的信息共享。为公众提供全面优质的服务，实现网上政务、资源（文字、图片、视频）等信息发布管理、在线交互、信息咨询、全文检索、场景式服务等。基于现有的黑龙江省森工总局网站建立省内森工行业的门户网站，拓展向社会提供优质信息服务的渠道。建设以黑龙江省森工总局为主，各个直属单位及各市（区）网站为一体的综合性门户网站平台（图8-2）。

图8-2　龙江森工门户网站

三、进行内网办公系统改版升级

2012年7月，龙江森工委托开发新版的办公系统。现有的内网办公系统已经运行两年时间，目前运行状态比较稳定。但是系统除了基本的信息沟通和共享功能外，其他的主要办公自动化（OA）功能不是很全面，致使系统的利用率不是很高，新版系统将涵盖主流OA系统的所有主要功能，并且根据森工特色加入了一些自由的功能，可以达到基本的无纸化办公要求，预计2013年3月开始使用。

四、自主开发小型应用系统

2012年，龙江森工信息中心自主开发了森工要闻网上点播子系统，主要满足用户视频文件转码、传输、点播等功能需求，一直运行比较稳定。5月开始着手开发森工林区实用人才数据库和总局建设领域项目和信用信息公开专栏，这两个系统均为小型CMS系统，在开发过程中采取了传统开发模式和目前比较流行的MVC模式，其中公开专栏采用了传统的开发模式，目前系统运行稳定。森工实用人才数据库采用MVC开发模式，此模式可以做到真正前后台的分离，保证开发效率和维护的便利性。目前，数据库设计已基本完成，系统框架设计正在进行中。

五、进行网络与信息安全自查

2012年8月，结合龙江森工实际积极开展了自查工作。此次自检主要检查了外网网站系统、OA系统、木材生产销售系统、办公室档案管理系统，服务器、网络设备、数据库系统、信息保密工作、个人使用的计算机和管理制度文档，对存在的高危漏洞及安全隐患及时进行整改。

六、完成应急综合指挥平台建设的前期准备

为适应处理突发重大公共事件和应急救援的工作要求，总局党委决定建设森工应急综合指挥平台。系统的主要设计方案由信息中心负责。由于没有此类综合指挥平台的建设经验可以借鉴，所以前期的调研工作起到了至关重要的作用。工作组先后走访国家林业局相关部门，省政府应急办以及各部门上级领导单位等，了解相关政策要求、技术要求和设计规范等，边走访边修改和完善设计方案，完成了平台的总体设计方案和各个子系统的初步设计方案。

七、完善森工木材生产销售应用系统

森工木材生产销售信息系统从2004年冬季开始正式运行，目前系统运行状态良好，林业局用户已经可以熟练掌握系统的各项操作以及林业局端的系统维护工作。日常的工作主要是针对个别林业局的特殊状况给予分析和解决。11月根据用户提出新的应用需求，增加综合统计分析报表，目前开发工作基本完成，即将交付用户测试运行。

第六节　大兴安岭林业集团

2012年，大兴安岭林业集团认真贯彻落实“加快林业信息化，带动林业现代化”的总体思路，遵循“五个统一”基本原则，加快推进信息化建设工作，取得了一定成效，为生态林业、民生林业提供了强有力的科技支撑。

一、完成视频会议系统升级改造

根据全区视频会议系统运行的实际情况，在2011年对行署视频会议核心MCU设备、4个中心会场视频终端和8个县（区）林业局和直属企业终端设备升级为高清设备的基础上，对其余6个县（区）、林业局和直属企业的视频会议终端设备进行升级，5月中旬，大兴安

岭林业集团公司视频会议核心MCU、高清视频终端、高清显示系统和附属设备全部升级完成（图8-3）。至此，全区的视频会议系统完全实现了高清视频和音频信号同步传输的行业先进水平，新系统可以实现视频演示和会场高清图像双路同时传输。利用视频会议系统召开各类视频会议96次。

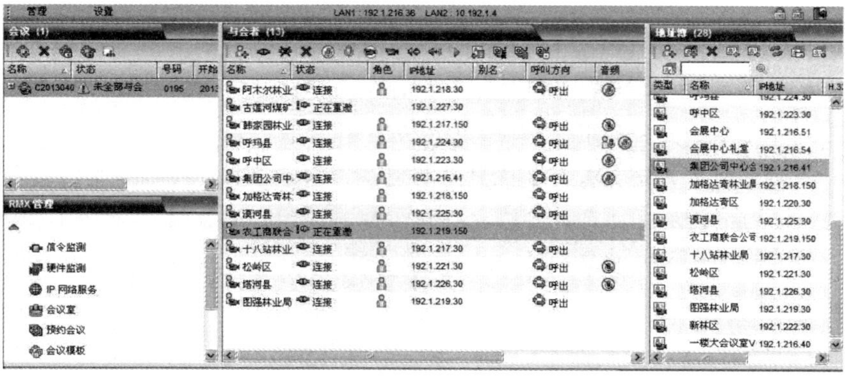

图8-3 大兴安岭视频会议系统

二、进行林业门户网站的升级改版

2012年6月初，进行了门户网站的改版工作， 7月13日新版网站(www.dxal.gov.cn)正式上线运行。改版后的政府网站突出“信息公开、政民互动、便民服务”三大功能，共设置了“走进兴安、生态建设、产业发展、民生改善、重点工作、兴安旅游、政务公开、政务服务、政民互动、互动社区、网上办事”11个一级栏目。网站改版后，更加注重政民互动交流，新建BBS互动社区，推出“专家视点、建言献策、政府回音、百姓心声、热点关注”等互动性很强的版块。对群众的合理诉求，及时予以回复。改版后的网站信息量更大、涉及民众的服务项目更多，具有浓郁的兴安特色，同时在页面设计上也更便于群众浏览和查询（图8-4）。

7月31日，召开了网站信息保障工作会议，印发了《大兴安岭政府网站信息提供、更新、发布及管理规定》，下发了网站评比考核办法等相关文件，强化了组织保障，明确了责任落实。会后，分别进行了大兴安岭政府网站栏目任务对接会议和网站信息内容添加和更新保障培训。

三、加强网络信息安全工作

集团成立由安全、保密、网络监管、工信委等相关部门人员组成的大兴安岭地区政务网络信息安全工作领导小组。领导小组负责研究和制定全区网络信息安全工作总体规划；

图8-4 大兴安岭门户网站

协调解决和推进全区网络信息安全工作中遇到的重大问题；对全区网络信息安全工作进行监督、检查和管理；组织力量对网络信息安全突发事件进行应急处置，最大限度地防止和降低网络信息泄密等安全事故的发生，确保全区政务信息网络安全。

10月29日举办了网络信息安全专题视频会议，通过以会代训的方式，对地林直100多家单位的办公室分管主任和文书，14个县（区）林业局行政办主任、文书，信息中心全体人员等300余人进行了网络信息安全教育和培训。

四、进行OA系统升级

2012年3月开始，经过程序编制、文件流转规程设计、系统页面设计、程序安装调试等多个环节，现已进入最后的试运行阶段，准备在2013年初进入实际应用阶段。这套系统集成了移动远程办公模式，实现OA和电子公文传输系统的对接，同时完善文件查询和归档功能，并增加身份验证等安全防护设施，可以使用笔记本电脑、手机、平板电脑等设备进行远程办公。该系统正式投入运行后可以取代传统的纸质文件办公方式，提升办公效率，简化办公流程，节省办公成本。

五、森林防火信息指挥系统建设

2012年，林业集团公司投资1700多万元建立了大兴安岭森林防火信息指挥系统，项目包括网络与信息安全、视频会议系统、网站和数据库地理信息标绘系统等。

大兴安岭森林防火指挥系统的建立，实现了林业信息数据库和林业信息的远程更新、分析与统计功能，林业信息的网络实时发布，林业专题图制作与报表的自动生成、林业资源调查与动态监测、森林资源档案管理、森林火灾预防与监测等林业生产中所用的专业模块，实现了林业工作业务的数字化、网络化、可视化和自动化。

第七节　沈阳市

2012年，沈阳市林业信息化工作以“终端入户——辐射带动信息服务”的示范主题为建设目标，不断加强林业信息化网络平台的服务功能，切实推进“三网一基”的建设机制，将林业信息化成果向下延伸，落实基层，有力地促进了林业经营者、管理者传统管理方式的转变，取得了显著的成效。

一、示范市建设

为全面完成示范目标，2012年加大林业信息化的建设力度，成立了示范市建设领导小组，制定了示范市建设实施方案，多次召开专项工作会议，使示范市建设工作在2011年的基础上更加完善。示范市建设取得了良好的成效，并得到了国家林业局赵树丛局长等的高度评价。沈阳市林业局门户网站分别获得国家林业局颁发的林业信息化网站建设“效能管理领先奖”，中国电子政务理事会、电子政务杂志社颁发的网上办事类“精品栏目奖”。

（一）外网建设

沈阳市林业局门户网站于2011年3月进行了首次改版升级，2012年1月进行了第二次改版升级，此次改版升级以“足不出户”即可获取天下林情，“足不出乡”即可办理审批手续为目标，使网站建设更趋合理。加大了服务林农、果农的力度，拓展了新的服务功能，同时重新规划了网站版面，创造了新的格局，将有关林农果农生产生活的所有服务功能都集中到一个林农服务大厅之上，在同类网站中属首创。

网站新版设计突出三大亮点：一是以绿色为主色调，突出服务大厅林农入口，新版式将有关林农果农的信息和服务捆绑在一起，设计了林农果农入口；二是以政务平台为主体，合理布局，将信息动态、林业简讯、社会热点、今日看点、图片信息整合在一个版块上，将原有网站的多个部门信息发布平台以折页的形式集中展现；三是以MVC技术为突破，探索OA移动办公的手机客户端建设，使用户可以通过手机等移动设备浏览沈阳市林业局门户网站。

为更好地服务林农，根据之前在法库子站开设的网上办结试点情况，在经过调研和设计之后，在主站上开设了网上办事栏目，归属到办事大厅之中，在第一次改版升级对办事流程进行的完善设计之上，开辟了网上办理的窗口。让林农、果农不必在林业站、办事大厅和家中奔波，直接点击鼠标即可完成证件的办理。通过此栏目，林农可在网上实现上传功能、下载功能、查询功能和办理功能。林农在网上注册会员、提交申请，可以办理林权证、采伐证和运输证3个项目。本次改版将上传项目扩展至10项，可分别或同时上传。并且扩大了审核范围，由原来的法库县十间房乡网上办事试点，扩大为可以审核119个乡镇的林农递交申请的系统，在后台上给每个乡镇林业站的工作人员设立了相应的入口。截至目前，网站访问量已经突破了80万人次。

（二）内网建设

一是继续推进内网OA系统的应用。局信息中心对OA系统的应用进行了详细的技术指导，在全市林业系统普及应用，真正实现无纸化办公。收发文970余份，归类各种文档2148份，办理采伐证、运输证、林权证8617件，受理林农咨询4700件。通过网络及OA系统和档案管理系统的使用，每份公文处理及运转周期，从原来的3个星期缩短为1个星期；采用视频会议系统召开会议、进行业务培训，大大提高了办公效率。

二是完善了数字林业核心平台建设应用。科学安排18个子系统的开发顺序，特别是把营林造林、森林防火、资源管护、服务林农系统等应用系统扎实广泛推广应用。通过3个应用平台，18个子系统实现了3个满足，即满足林农果农致富的需求、满足林业行业管理的业务需求、满足领导的科学决策需求。通过地理信息系统实现资源共享，数据的存储、管理、编辑、发布网络化。尤其是在青山工程建设、林地保护利用规划、荒山造林等实际工作中发挥了巨大作用，节省了人力、物力、财力。

二、基层基础设施建设

沈阳市通过实施林业信息化工程，实现了基层基础建设的“三级建站”和“四级联网”目标。三级建站即构建市、县、乡三级林业综合服务体系，四级联网即在市、区、县、乡镇建立数字化林业网络，并和上网林农及企业实现互联互通。

同时，采取强有力的措施继续推进“外网到户”工程。2012年，选择了200户作为“外网到户”的第二批示范户。这200户信息示范户主要由“三场一户”、林果专业合作社、林果专业协会和林木加工企业等4部分组成。为了培植这些信息户，采取了“优惠加倾斜”的办法，给每户购买计算机补贴1000元钱，并配备价值千元的可视电话，并对这些计算机用户免费进行培训指导。这些信息户可以在市、县林业门户网站免费发布商务信息，浏览查询相关政策信息。同时，发挥乡镇林业中心站的工作职能，即可实现林农“足不出乡获信息、足不出乡盖公章”，使具有林业特点和沈阳特色的“户”联网真正由“户”及“网”，梯次辐射，进入千家万户。

三、防火专网建设

沈阳市建立了以森林防火为中心的智能化应急系统，该系统融汇了电子通信、地理空间、物联网等先进技术装备，形成领导决策的技术辅助系统，从而弥补指挥中枢经验判断决策的不足。

2012年，通过完善通信指挥系统，基本实现了全市监控中心、应急指挥车、防火指挥部成员、武警森林扑火突击队、辽宁省高炮一师、沈阳警备区民兵应急分队、护林员之间通信联网，全面提高了全市森林防火快速应急反应。结合森林防火辅助决策系统，实现了自动发现火情，自动报警、自动定位、灾后评估自动管理，为今后信息化森林防火打下了坚实的基础。

四、保障体系建设

（一）编制《沈阳市林业信息化发展“十二五”规划》

沈阳市林业局从全局高度出发，遵循国家林业局对各省（直辖市）地方的指导，根据《全国林业信息化建设纲要》《全国林业信息化建设技术指南》，结合自身发展情况及示范主题，先后经过数次论证，在全面和深入地调查沈阳市林业信息化建设情况的基础上，编写了《沈阳市林业信息化发展“十二五”规划》。“十二五”期间，重点建立起覆盖市、县、乡三级林业部门、互通共享、高效便捷、稳定安全的林业信息化体系，以促进林业决策科学化、办公规范化和服务便捷化，为建设现代林业奠定扎实基础。

（二）规章制度建设

沈阳市陆续出台了《沈阳市林业局林业信息化网络管理制度（试行）》《沈阳市林业局计算机信息安全保密管理制度（试行）》《沈阳市森林防火指挥中心管理规定（试行）》等，加强门户网站的使用和管理，防火系统的应用与监督，严格按照相关制度，明确信息发布、功能使用的责任人，确保对外信息审批把关。

（三）机构和人才队伍建设

2012年，沈阳市林业局注重培养信息化人才，建立专业队伍。全市已经有40多支林业信息化队伍，150多名林业信息化专门人员，指导协调全市林业系统信息化工作。2012年5月9日，沈阳市林业局门户网站编辑部正式成立，在组织机构上，编辑部设立主任、副主任、执行编辑及编辑部成员。编辑部下设4个部门：政务信息部、商务信息部、科技及论坛部、通联部。进一步增强了对网站的规范化管理，取得了较好成效。

同时，对信息化人才展开定期培训。一是针对市、县两级林业局机关干部不同年龄、不同职务，先后聘请北京地林伟业、辽宁经纬、沈阳在线等国内知名的网络公司采取普遍培训、“一对一”和“一对多”等培训方式，切实提高机关干部对内外网系统的熟悉程度和应用水平。二是针对乡镇林业站和普通的林业信息农户，先后派出100多人次到这些乡镇进行现场实地培训。为了使这些乡镇工作站和林农能够尽快掌握内网应用知识，2012年先后召开两次“学网、用网、建网”经验交流会，搭建了良好的经验交流平台。

第八节 大连市

2012年，大连市林业局认真贯彻全国林业厅局长会议和第二届全国林业信息化工作会议精神，林业信息化工作取得了明显进展。

一、建立健全信息化专门机构

大连市林业信息化建设涉及全市7个县（区、市）和4个国家级对外开放先导区的林业局（林业站）及局机关和10个直属事业单位。根据国家林业局及辽宁省林业厅关于信息化建设文件精神，大连市林业局成立了信息化建设领导小组，局长任组长，副组长由各分管副局长担任，各处室领导及各事业单位领导为成员。同时，成立了信息中心，负责全市林业信息化建设的管理和实施。目前，各区（市、县）林业局（林业站）均成立了领导小组，配备专人负责林业信息化工作。各区（市、县）也成立了林业信息化兼职机构，并配备专职或兼职的信息化管理人员。

二、建设完成市、县两级联网

建设完成了市、县两级联网宽带综合业务网络体系，为实现林业政务、业务信息化提供共享网络平台。根据辽宁省林业厅的要求，与中国移动签订合同，建立各区（市、县）林业局、森林公安局（派出所）与大连市林业局内网联通，并实现与辽宁省林业厅内网连接。

三、不断丰富大连市林业局网站内容

网站内容主要包括政策法规、组织机构、信息中心、网上办事、林业产业、林业合作、绿色基金及公众交流等栏目。及时更新并维护网站设计及内容。新增“绿色基金”栏目，包含专项介绍、政策法规、工作动态、捐赠榜、林业碳汇、外埠信息、项目简介7个子栏目。将局领导、处室领导及事业单位领导的变更信息及时公开，达到了满意的效果。信息公开专栏和投诉咨询专栏与“中国大连”网站链接，公开条例、公开指南、公开目录、依申请公开、公开年报、监督投诉、工程建设领域项目信息和信用信息公开、权力事项公开均在“中国大连”网站链接。按大连市统一部署，实现行政审批在线办理。在每年的植树节期间增加植树节专题，在森林防火高发期增加飘动的图片信息。

四、森林防火监测管理系统作用突出

该系统包含1个市级综合监控指挥中心，9个县级综合监控指挥中心，25个视频监测点及通信网络系统，实现市、县两级远程预警监测、指挥调度与管理系统平台，重点林区电子监控及烟火识别预警覆盖。该系统对提高森林防火综合防控能力，及时发现火情，快速组织扑救指挥，最大限度地减少损失具有重要作用。

五、实时监控和安全保卫局办公楼安全

局楼内有10个监控点，楼外有6个监控点，对重要的办公室及重要场所进行全天24小时监控并录像，不但对出入楼内人员管理，还对楼体外人员及车辆出入进行管理，提高了安全防范能力。

六、大连市森林公安网高效运转

森林公安网包含公示通知、消息传递、森林火情管理、防火值班管理等内容。每天火情都在网上登记，从卫星云图上获取的火情图片也可从网上直接发到区（市、县）公安局（所），火情处理情况也在网上登记，每个火情情况从接警到最后的处理结果都在网上详细记录，领导每天可以从网上了解当天的火情情况及处理结果。全市森林公安防火等动态信息及时发布，提高了全市森林防火信息化水平。

七、开发大连市森林公安局公文审批系统

利用现有全市森林防火监测管理系统平台，建立了森林公安远程加密管理内网系统，开发应用了大连市森林公安远程办公审批签章管理程序。该系统具有强大的电子文档管理功能，同时还对交换公文、信息发送、接收情况进行统计，对要求回复公文的回复情况进行监控，起到监管和督促的作用，既可以通过网络轻松完成内部文件收发与公文管理，又统一规范了案件异地审核审批相关卷宗归档管理。

第九章　华东地区林业信息化进展

华东地区在2012年信息化水平评测中，整体水平发展较快，处于全国领先水平的省份较多，具有较大的发展优势。上海市数据库应用、系统建设成绩突出，福建省专网覆盖率全国领先，浙江省系统应用总体水平较高，江西省应用和保障取得明显成效。

第一节　上海市

2012年，上海市林业信息化工作围绕着管建并举方针，牢固树立应用引领、制度驱动、管理为本的发展理念，科学规划，精心实施，全力推进各项重点工作，实现了应用推进稳步提升，网络运维有条不紊，行业体系趋于完善的整体目标，绘制出了一幅“数字林业”的新画卷，为全市林业行业信息化“十二五”发展奠定了良好的基础。

一、基本完成了林业GIS整合建设

根据资源整合、业务融合的原则，2012年启动了GIS系统整合工作，旨在建成林业资源基础设施资源统一管理的“绿化林业遥感和地理信息系统”。经过系统框架的搭建，林业资源属性数据和空间数据得到进一步梳理，系统功能得到进一步扩展，目前系统整合开发工作基本完成。

二、行政事务受理系统不断完善

2012年，对行政事务受理系统功能进一步优化，增设了信息接收、自主受理、短信提示、案件抄送等新功能，提升了用户操作的友好性。系统成员单位在原来林业部门的基础上，增加了局直属单位、局机关处室等，大大提升了系统应用的覆盖面。同时，为配合防汛防台工作的开展，在原有4路热线的基础上扩展为8门线路，呼叫中心软、硬件配置同步得到升级，并与“12345”热线实现了连接，提高了热线的稳定性和人性化。

三、林业遥感解译工作有条不紊开展

林业遥感解译工作至今已延续7年，通过2012年的林地遥感解译工作，客观掌握了全市林地覆盖面积、覆盖率等总体情况；获得了各区（县）林地分布图、各类林地面积汇总统计数据、新增减少绿地林地2011年和2012年对比图及列表等数据资料，为林业数据更新，林木绿化率的考核提供了较准确的数据依据。

四、行政审批和无纸化办公系统稳步推进

2012年，为配合全市行政审批标准化试点，原行政审批系统新增了与户外广告监管系统、渣土管理系统的无缝对接及电子签章的启用。信息中心配合局法规处进行了大量的调研、协调和磨合工作。经过多次讨论修改，较好地解决了旧版系统中存在的公章不规范、委托单位盖章不方便、签批流程不严谨等多种缺陷，并下发了《上海市绿化林业电子签章管理规定（试行）》，通过办培训班、抓督查、上门指导等服务形式，为新系统的应用提供了技术保障。

同时，为促进行业电子政务的应用能力，进一步推进无纸化办公系统和信息共享系统在全行业的应用，信息中心通过对崇明东滩等多家单位的实地调研和指导，推进了各单位内部OA系统的使用。各区（县）的无纸化办公工作得到进一步推进，基本实现了全行业电子公文传输的无纸化，大大提高了行业电子办公水平和办公效率。

五、林业专业网格化项目通过评审

林业专业网格化完善项目是上海市智慧城市三年行动计划项目之一。本项目建设以上海市林业专业网格化系统为基础，开展陆域环境质量和古树名木的专业网格化管理，完善林业专业网格化监督指挥平台，整合行业管理基础数据和空间数据，为实现行业精细化、科学化和定量化管理提供技术支撑。2012年上半年，经过各方调研以及听取了各级管理部门提出的意见和建议，对项目建议书几易其稿，并完成上报工作。

六、“科署通”工程顺利完成

为积极推进本行业各类信息化应用工作的落实，更好地扩大条线业务信息化系统的应用范围，2012年上海市开展了林业行业网络“科署通”工程。为确保市三级单位的业务工作和政务信息能通过政务外网实现互联，要求各区（县）绿化林业直属单位的网络依照相关规范接入市政府政务网。2012年重点对宝山、卢湾、松江、长宁、黄浦、崇明展开接入协调工作，通过现场勘察，探讨沟通提出链路整合方案，在各区信息委的支持和配合下，目前已开通市级、区（县）、城管局、直属单位和三级科署单位共120个节点，形成了绿化

林业虚拟专网，为今后业务落实应用打下了坚实的基础。

七、完成了应用系统数据冗余备份工作

为实施应用系统数据冗余备份工作，在完成林业局数据备份容灾的4个阶段后（即本地数据、本地虚拟平台容灾、异地数据、异地虚拟平台容灾），上半年完成了信息中心DC区和IDC区的本地数据备份的工作。

八、上海市林业统计信息管理平台正式运行

上海市林业统计信息管理平台于8月1日完成项目验收，并正式运行。该平台打破了原有绿化林业的统计壁垒，实现了对绿化、林业统计数据的整合，建立了一个统一的统计信息管理平台。与此同时，该平台借助网络和通信技术，采用网上直报为主要途径，并兼容了多种报送方式，做到“一数一源”，规范和提高了林业行业统计数据的准确性和便捷性，为今后的统计数据分析提供了数据支撑，同时，也加快了统计管理信息化的进程。

九、上海市林业局网站集群一期工作进展顺利

按照国家林业局和上海市政府有关规定，2012年已将崇明东滩鸟类自然保护区、绿化管理指导站、上海动物园、上海野生动物保护管理站、上海古猗园、上海园林科学研究所、行业工会等7家网站纳入网站集群建设一期工作范围，其余单位将于2013年分批实现子网站的集群建设。网站集群的建设实现了各直属单位网站集中建设、集中投资、信息有效共享和安全保障能力强化，促进了网站健康有序的发展。目前此项工作进展顺利，预计网站集群项目建设将在2013年底全面完成。

十、开辟网站专栏，兴办活动，服务民生

2012年，为配合本市林业行业开展相关活动，局门户网站新开设了第26届全国荷花展、本市林业行业2012科技活动周等多个专栏，为实事工程活动起到了宣传效果。

门户网站在2012年举办了“全国第26届全国荷花展”吉祥物征名、“我身边的林荫道”摄影征文、2014年青岛世界园艺博览会上海园设计方案征集、野生动植物保护协会标识网络评选活动等4项活动，体现了行业的特点，增强了与市民的互动，丰富了网站的内容，还提升了网站的访问率，效果非常好。

十一、招聘特约信息员，拓宽政务信息跨度

为进一步扩展信息员队伍，2012年通过在本行业的市属大型企业、集团公司中招聘“特约信息员”，进一步充实了信息员队伍。在经过对上海环境实业公司、上海园林集团

（公司）、上海野生动物园等“特约信息员”的培训后，这些单位的政务信息屡屡被评为2012年的季度佳作。经过不懈努力，门户网站又一次获得了国家林业局2012年度优秀网站、国家电子政务理事会授予的“2012信息公开栏目政府网站精品栏目”奖，并在上海政府网站10年工作总结中，获得优秀集体的荣誉，政务信息发布量也位列市政府委办局中第一名。

第二节　江苏省

2012年，江苏省按照“以需求为导向、以应用促发展、统一规划、分步实施、信息资源共享”的总要求，加快推进林业信息化建设，取得了新的成效，为绿色江苏建设提供了有力支撑。

一、基础数据平台建设

江苏省森林资源信息管理系统（一期）基本建成。从2007年开始，在各级政府和林业主管部门以及全体调查人员的共同努力下，全省组织2055名技术人员，组建529个调查工组，投入5668万元调查专项经费，野外实地调查勾绘小班105.4万个，量测四旁树样地6.6万个，检尺树木189.8万株，调查原始数据1.5亿组，顺利完成江苏省森林资源二类调查工作。调查全面查清了全省及各地森林资源总量、组成结构、空间布局和森林覆盖率等情况，同时，通过此次全省森林资源二类调查的技术培训和内业工作的开展，各地储备的技术力量已满足实现数字林业建设的人才和技术需要。目前，南京、无锡、苏州、镇江和南通在二类调查的基础上建立了森林资源管理系统，走在全省的前列。南京、苏州和镇江已经基于系统实现了年度造林数据更新入库工作。江苏省森林资源信息管理系统（一期）实时反映江苏森林资源的现状与动态变化趋势，为江苏数字林业和现代林业发展奠定了坚实基础。

二、网站建设

2012年，江苏林业网更新政务信息5672条，国家林业局采用611条，省政府网站采用36条。江苏林业网的领导信箱、问题解答等栏目的咨询回复共82条，组织网上直播4次。

（一）门户网站改版升级

2012年，按照《全国林业网站绩效评估标准》及《江苏省省级机关政府门户网站测评指标体系》，对局门户网站——江苏林业网（www.jsforestry.gov.cn）进行改版升级。新网站划分了“新闻中心、信息公开、公共服务、公众参与”等4大板块，定位更加准确，使用更加方便。一是修改网站首页，突出展示绿色江苏建设。网站栏目布局更合理，重点栏目更突出。在首页设置了造林绿化、林业产业、生态文明等栏目，使网民在首页就能了解林业的重点工作进展情况，扩大影响力。加强专题栏目建设，新开辟的专题栏目页面更美观、内容更丰富，着力报道社会关注的林业热点工作。二是加强网站互动性，征询民意更加方便。开设了局长信箱、意见征集、在线调查、在线直播、在线访谈等互动功能。及时反馈网友意见和建议，针对热点焦点工作进行访谈或直播，使广大网友有机会发表意见，使网站成为听民意、征民情的平台。三是增加网站服务功能，服务民众更加有力。在网上政务大厅实现了"场景式服务"模式，增加了信息全文检索和网站智能分析监管系统，可以方便地进行站内信息搜索。通过改版，完善了网站"宣传、服务、交流"3大功能，网站以全面推进现代林业建设为中心，不断强化服务意识，促进林业信息化工作又快又好发展。

（二）政务信息报送和网站管理

9月7日，召开了全省林业信息工作座谈会，会议总结近年来林业政务信息工作，通报江苏林业网内容保障情况，开展政务信息工作培训和交流。傅兵副局长出席会议并讲话，省政府电子政务处专家就如何提高政务信息质量作专题讲座。为方便全省各地林业主管部门报送政务信息，在江苏林业网改版后，克服人员少、政务信息数量审核量大增的困难，进一步优化系统后台信息报送流程，为全省各县级林业主管部门专门设置信息报送入口，提升县（区）级单位的报送政务信息热情。按照江苏林业网内容保障工作考核办法，进一步加大通报和表彰力度，各地各单位对江苏林业网内容保障工作的支持力度与工作热情高涨。通过这些措施，全面促进江苏林业网的内容保障工作，全省林业政务信息的质量和数量进一步提升。

（三）信息公开

结合贯彻落实《中华人民共和国政府信息公开条例》及有关要求，进一步加强江苏林业网"政府信息公开"栏目建设，调整信息公开栏目设置和分类，增加人事任免、财务资金、重大项目等栏目，增加政府办事透明度，主动接受群众监督。进一步加大政府信息公开力度，努力拓展公开渠道。充实和完善"专项规划"、"财政预决算"等社会关注、群众关心的热点栏目，将涉农补贴、近几年编制的专项规划、重大项目、资金分配与工作进展等政府信息进行了公开，特别是重点公开了局2012年政府预算。2012年，公开各类政府信息文件及年度报告127份。重视公众参与对部门决策监督的重要作用，依申请公开事项5项。

（四）行政权力网上公开透明运行

2012年，升级完善行政权力网上公开透明运行系统。重点完善行政监察和法制监督功能，在临近行政权力事项办结时间节点，可直接向行政权力处理人员发出预警，在发现行政权力办理过程中有拖延办理、违规（法）办理的情况可以发出督查督办信息。从而确保预警措施到位、行政监察有效、法制监督安全。实现公文全部网上运转，实现全部行政权力上网运行。现有行政权力事项169项，在用60项、经省政府法制办批准暂停使用109项。所有60项在用行政权力均实现了“网上申请、外网受理、内网处理、外网反馈、全程监控”的行政权力透明运行工作机制。共接收435件申报事项，办结435件，按时办结率100%，提前办结率达85.3%。

三、网络与信息安全建设

（一）信息安全风险评估

为确保全局信息系统安全，通过招标确定省信息安全测评中心对局信息安全情况进行风险评估，并根据评估结果，通过升级安全统一网关UTM、安装内网审计系统、禁止U盘等移动存储介质接入电子政务内网等技术管理措施，保证局信息系统安全可靠。通过此次安全评估，一方面排查了整体信息系统存在的安全隐患，提升了信息系统的安全防护能力，另一方面锻炼了信息系统安全维护人员的运维保障能力。同时，严格落实网络准入、接入登记制度，实时监控内外网运行状况，全面落实涉密文件的起草、审核、印发等规定。8月，省信息安全检查小组全面检查局信息安全工作后，给予高度评价，认为信息安全工作组织有力，制度完善，工作人员安全意识高，安全措施落实到位。2012年，全局信息系统安全运行，没有发生泄密事件。

（二）机房管理及信息安全管理

实施了局信息系统机房远程控制系统建设项目。通过项目建设，初步实现了机房无人值守、系统设备远程控制，进一步优化机房环境，减少机房人为干扰，保证机房恒温恒湿的工作环境。同时，积极组织人员参加各种信息化和电子政务方面的学习，以开阔视野、拓宽知识面、积累信息系统的维护管理经验。加强信息系统安全及保密管理。修订了《江苏林业网管理制度》《江苏省林业局信息系统安全管理办法》《江苏林业网内容保障工作考核办法》《江苏省林业局计算机机房管理规定》等规章制度。

第三节　浙江省

2012年，浙江省林业厅积极贯彻落实国家林业局和省委、省政府关于林业信息化建设的要求，以《全国林业信息化建设纲要》和《浙江省林业信息化建设“十二五”规划》为指导，以信息资源整合和信息共享为突破口，积极寻求开拓创新，充分发挥信息系统在林业现代化发展中的积极作用，全面推进林业信息化进程。

一、升级改版林业门户网站，提升服务水平

2012年，通过整合林业政务、网上办事服务、绿色产业等林业信息资源，对“浙江林业网”进行了全新改版，9月底公开试运行。新版网站体现了信息量大、分类细致、内容全面等特点，并从“林业百宝箱”“森林旅游”“致富信息”“林权交易平台”“碳汇交易平台”等特色栏目建设为林农、企业和社会公众提供实时有效的各类信息、周到满意的在线服务。运行以来，网站的健康状况、访问量和可用性大为提高，社会反响较好。网站的日均访问人数在1.2万左右，比改版前增加了1倍。2012年网站共采编、发布各类林业信息21 906条，比上年的11 840条增加了85%。其中外网信息13 891条。网站读者人数32.54万人，浏览次数达123.34万次。各市、县（市、区）报送的信息质量大大提高，录用率达95%，比上年增加了15个百分点，取得了量质双增的良好局面。

二、建好电子政务综合系统，提高行政运行效率

建设无纸化办公新环境。不断完善、优化浙江省林业电子政务综合办公系统，开发建设市、县两级林业协同办公系统，实现省、市、县三级公文交换的无缝对接。除涉密文件外，所有文件、简报等公文均实现了网上流转、归档、借（查）阅，提高了机关的工作效率，促进了机关办文的规范化建设，大大降低了行政成本，节约了行政经费。2012年，仅省级综合办公系统就办理了各类文件1110件，归档1005件，向下分发文件331件，收文353件，线上借阅档案68次，发布系统内通知公告101条，发起会议103次，处理群众来信463封，传递文档377篇，发送手机短信40 751条。省级办公平台日均登录人数85人。

做好网上办事服务，提高办事效率。一是制定了《浙江省林业厅办事大厅管理规范》，明确了各行政许可事项的办理流程和沟通联系形式。在2012年受理的994件行政许可事项中，办结率为90%，提前办结率100%，到目前为止，未发生投诉事件，大厅的受理审核均在两天内完成；二是积极做好省政府网上办事大厅林业审批事项453件在线服务和网上办事事项的技术服务工作，未出现投诉和被点名批评事件；三是积极做好办事大厅争创省“群众满意基层站所（服务窗口）”先进单位的各项前期准备工作，从优化环境，创造良好的办事氛围，合理划分功能区域，制定相关环境维护制度并重新制作相关上墙制度，设置相关便民设施，提供上网、下载、扫描等自助免费服务等方面加强建设，做到群众办事心情舒畅，有咨询、有回复、有监督。

三、做好林业信息化基础工作，夯实服务基础

通过森林安全预警监控网络与浙江省森林防火信息指挥系统建设项目的优化整合，加快推进全省森林安全应急指挥系统建设步伐，牢牢夯实服务基础。一期项目已完成了15个野外

视频监控点的新建和温州市自主投资800多万元建设的40个视频监控点的平台接入工作。

全面完成省级林业室藏业务档案、特种载体档案的数字化建设任务，特别是对新中国成立初期的森林资源档案进行了抢救性建设。

对浙江省森林公安（森林消防）信息管理系统的功能进行了扩展，有效地满足了森林公安和森林消防的信息化需求。

深化林权改革新支撑。研究开发的浙江省林权监管平台得到了全面推广应用，实现了林权信息图、档、表的一体化管理与交互查询，森林资源权属的管理落实到了山头地块，明晰了每个山头地块的产权及其边界，为进一步深化集体林权制度改革、促进森林资源流转、林农增收致富打下了良好基础。目前，已有3 074 738本林权证录入了林权管理数据库，地块数量达11 478 840个，78个县（市、区）完成了所有权边界的空间数据库建设，庆元县和龙泉市甚至还完成了使用权边界的空间数据库建设。通过系统办理林权抵押贷款达10亿元人民币之多。系统注册用户数4000人以上，日均在线用户100人以上。以户为单位的林权IC卡已成为林农拥有资源变资本的信用卡。

四、强化信息安全管理，推进林业信息安全工作

认真贯彻落实国家林业局、省保密委关于加强网络信息安全的有关文件、会议精神，对省级林业单位的所有网络及信息系统进行了全面检查，检查了216台计算机及各种移动介质，及时整改了检查中发现的问题，并督促完善各项安全防护措施的落实，杜绝再次出现安全漏洞。

对浙江林业网和综合办公系统进行了安全等级保护定级备案，安排专人对网站信息定期检查，加强新上网信息、转载信息的保密审查，确保涉密信息不上网。建立严格的信息公开审查制度，做到先审查后公开、一事一审、全面审查，逐步将信息安全管理工作常态化。

五、建立人才队伍建设新机制

厅党组高度重视林业信息化建设，将信息中心的编制由5人增加到8人，充实了人才队伍力量。成立了浙江省林学会林业信息化专业委员会，为全省林业信息化建设、电子政务建设搭建了学术研究、交流、咨询和培训服务平台，深受广大会员的欢迎，会员已达100人。积极开展技术培训，2012年开展了两期信息安全培训，培训人数近100人。建德、淳安、开化、临安实地举办了4期浙江省林业行政处罚系统和浙江省营造林信息管理系统培训班，培训人数300多人。参加培训人员反响较好，为建立健全长效的信息化培训机制提供了典范。

第四节 安徽省

2012年，安徽省林业厅以“加快林业信息化，带动林业现代化”为目标，积极落实省委省政府、国家林业局关于加强电子政务、信息安全等工作部署，突出抓好林业信息化重点工程项目建设，积极部署网络与信息安全等级保护工作，高度重视林业业务系统的开发应用，信息化工作取得了明显成效。

一、加强林业信息网站建设

2012年度，安徽省林业厅大力开展信息安全检查工作，全省行业内的重要信息网站进行了安全自查，重点对“安徽林业信息网”的网站运行状况进行评估，配合省公安厅网络安全部门进行全网扫描，列出网站存在的病毒、后门、漏洞、非法入侵威胁等安全隐患，扫描数据作为网站整改的基础数据。在基础设施方面，逐步配置和更换网络防火墙、安全Web防护、安全审计等设备，有效地增强网站的安全性。

为充分发挥信息网的作用，安徽林业信息网开设了“学习宣传贯彻十八大精神”“千万亩森林增长工程”专栏。实施“千万亩森林增长工程”是安徽省委省政府提出的一项绿色惠民的生态强省工程，专栏分为“重要文件”“规划计划”“信息简报”和“各地动态”4部分，着力向社会和民众进行全方位的宣传和展示。

二、推选市、县级林业信息化示范单位

根据国家林业局文件精神，及时部署，制订工作方案，确立工作流程，编制推荐标准，并发文到各市和省直管县林业局。根据各地申报材料，认真审阅评议，从信息化组织机构和人员、示范主题和实施方案、网站维护和数据库建设、发展规划和规章制度、建设投资、推广普及和社会效益几方面进行了量化评测，推选合肥市、黄山市、石台县、南谯区、望江县等5个单位为示范单位。

三、编制修订信息化规章制度

编制和修订完成《安徽省林业网络与信息安全应急预案（初稿）》《机房管理制度》等管理办法和规章制度。

四、部署信息安全等级保护工作

下发了《关于进一步开展安徽省林业信息安全等级保护工作的通知》文件，组织安排厅机关各处室、厅直各单位、各市和省直管县林业部门进行全面检查，按照《信息安全等级保护管理办法》相关要求，对建设、使用的所有信息系统逐一进行摸底调查，具有独立业务应用的信息系统均作为等级保护定级对象。对于当前已投入使用的“未定级”“未备案”“定级不准”的信息系统，给予及时纠正，并要求新建的信息系统建成正式运营后30日内到当地公安机关办理备案手续。至6月底，初步完成自查和备案数据核实调整工作，全部数据报送省公安部门。

五、林业新园区智能化系统设计

厅新园区位于合肥市高新区，主体大楼超过2万平方米。厅办公室组织开展了新园区智能化系统规划设计，本项目是安徽省林业信息化的核心工程。根据《全国林业信息化建设纲要》和《全国林业信息化建设技术指南》确立以下工作方案：一是信息系统工程以“满足当前需求，适当超前”为总体目标，规划好整个园区基础技术框架，一步规划到位，根据资金状况分步实施；二是由办公室牵头，规划院参与，信息技术企业配合，组建项目技术工作组，优势互补，分工协作；三是同步开展信息系统工程的考察调研、项目建议书编制申报、工程建设设计等工作；四是与新办公楼整体基建工作协调推进。

六、林权管理服务信息平台项目顺利实施

省林权管理服务信息平台建设起始于2011年，并已在黄山市及下辖区县开通试运行，取得了良好效果。2012年年底，实施完成项目一期工程建设任务，现进入系统平台安装调试阶段（图9-1）。

林权管理服务信息平台建设目标是在明晰产权的基础上，建立一套多种功能、准确高

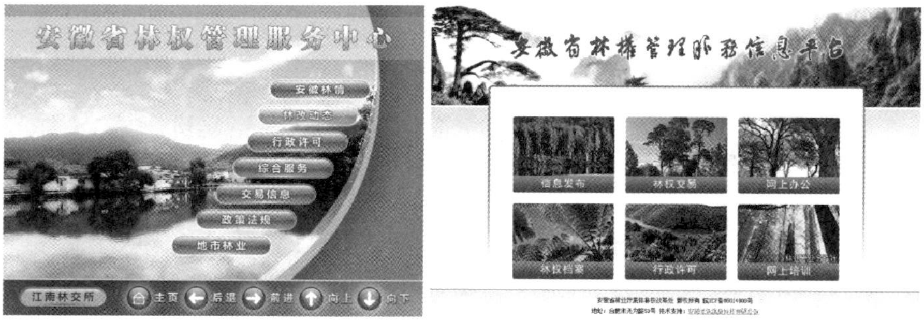

图9-1　安徽省林权管理服务信息平台

效的管理服务平台，实现林权管理的数字化和现代化。建设内容包括信息发布系统、林权交易系统、行政许可审批系统、林权档案管理系统、林改网上办公系统、网络培训系统等。系统主要功能是提供信息发布查询、林权交易、行政许可、林权档案管理、网上办公、技术培训等，管理维护中心将设于省级，提供集中式的数据库管理、地图管理、网站管理和系统维护管理。

第五节 福建省

2012年，福建省林业厅按照“加快林业信息化，带动林业现代化”的总体思路，以服务林农和林业经营单位为目标，以乡镇林业站、推广站等林业基层单位作为前沿阵地，进一步健全信息化网络，加强应用系统、网络设施、信息服务、安全管理建设，林业信息化工作取得了较大进展。

一、新办公大楼多媒体会议室项目建设

2012年，厅全部工作人员搬入新办公大楼办公。新办公大楼的多媒体会议室、党组会议室均建有视频会议系统，实现了各会议室与福建省林业视频会商系统、国家林业局视频会商系统三者的充分融合。每个会议室都可以通过会控计算机及相应的视频会议软件来实现对视频会议的调度、召开、预约、认证、多点会控等基础功能，形成一个集文字、音频、视频互联互通的综合系统。通过集中管理、统一智能调度全省林业视频会议资源，满足了福建省林业厅工作会议、远程视频会商、远程应急指挥调度、内部培训、远程培训以及专题汇报会议等综合性会议需求。

二、信息化中心机房项目建设

厅新办公大楼建设新的中心机房，项目包括三楼主机房（区分为服务器机房、网络机房、屏蔽机房、操作监控区等功能区）和位于一层的UPS电池间。项目建设实施内容包含机房环境基础子系统、综合布线子系统、配电子系统、场地集中监控子系统、气体自动灭火子系统、KVM集中控制管理子系统、新风排烟子系统、屏蔽机房子系统、防雷与接地子系统、电池间环境基础子系统、综合管槽子系统、大屏显示及控制台子系统、UPS不间断电源子系统、机柜及PDU子系统、空调与冷气流组织子系统建设。目前各主要大型设备已基本到位，准备做项目初验。

三、林权改革与管理信息系统集成项目建设

本项目主要是信息系统的硬件设备建设，系统集成内容主要包括网络系统、主机与存储系统、网络安全系统、备份与容灾系统等，有针对性地在福建省林业信息化应用承载、架构安全的数据备份、灾难恢复等方面进行强化。根据前期已报省政府采购办批复的两个招标项目，继续完成后续的招标内容。

四、林业远程视频监控管理系统建设试点

本项目建设主要是将森林有害生物防治远程视频监控、森林防火远程视频监控、林业执法远程视频监控3个独立系统整合为一体，构建统一监控和指挥调度平台。目前在延平区、沙县、尤溪县开展试点，延平区试点开展较好。11月22日，与中国电信福建分公司签订了合作框架协议，就新办公大楼智能化应用系统、林业“三防一体化”信息化应用、全省林业工作综合监测监控系统、全省林业系统业务信息实时共享平台等展开合作。

五、网上行政审批系统电子证照库建设

利用“福建金林网”将林业行政审批和林权登记发证等业务延伸到乡镇林业站办理，为广大林农提供方便快捷的服务。同时为了避免行政审批的重复操作，实现了全省林政管理业务应用系统与省级网上行政审批系统的衔接，既减轻林业部门行政审批工作量，又实现与省机关效能监察管理系统的对接，实现了省级行政审批机关效能电子监察。同时，根据省数字办的要求，建设网上行政审批系统的电子证照库，对行政审批系统所涉及的电子证照建立数据库，统一管理、统一共享、统一调用。

六、自然资源和地理空间基础信息库省级试点建设

根据《福建省自然资源与地理空间基础数据库一期工程》所制定的标准规范对现有森林资源基础地理信息数据进行信息提取与整合改造，使成果数据符合统一的技术规范，按照统一的时空框架、统一的信息分类编码体系、统一的数据交换平台、统一的信息资源目录体系、统一的面向对象数据组织等5个统一的要求，提供基础的福建省森林资源基础地理空间和属性数据。为实现省森林资源基础地理信息公共服务，福建省林业厅与福建省基础地理信息中心合作，以基础地理信息公共服务平台为基础，在线共享测绘部门提供的基础地理信息和遥感信息的方式，进行了建设森林资源基础地理信息公共服务平台试点工作，为建立这种模式的全省森林资源地理信息公共服务平台积累了经验和方法。

七、林权管理业务应用系统通过验收并投入使用

通过本系统建设，打造了一个覆盖省、市、县（区）、乡四级的林权信息管理体系。

该系统制度管理科学严密，系统反应高效敏捷，查询统计快速方便，网络运行稳定安全，加强和改善了各级林权管理工作，提高了林权管理的服务质量和服务水平，基本实现了有关林权登记的审核、审批和证件办理本地化、林权流转网络化和林权登记信息公开化。系统包括林权登记子系统、林权抵押登记子系统、林权流转管理子系统、林权证和林权宗地查询统计与报表子系统、林权系统用户管理子系统、林权宗地管理与林权图制作子系统、林权地理信息数据管理维护子系统、林权管理网络信息服务平台等部分。

八、顺利完成2012年度电子绩效考核工作

福建省电子绩效考核工作主要包括部门网站、信息化应用、信息资源开发利用、安全保障等4个方面。通过对2011年门户网站建设中存在的问题进行分析，形成《福建省林业厅2011年度网站绩效考核结果分析及2012年度网站建设意见》。组织人员制定了《福建省林业厅2012年门户网站绩效考核分析报告书》及《福建省林业厅门户网站群建设解决方案书》，并按解决方案对网站进行了改版。积极配合省数字办关于全省电子证照信息数据库建设的各项工作安排，做好电子证照系统与办公自动化系统、省级网上行政审批系统的对接工作。按要求做好省法人基础数据库在线共享、信息资源在线共享服务。此外，按要求做好信息系统安全等级保护、政务网和互联网厅门户网站安全、厅机关计算机网络与信息安全以及保密管理等工作。

第六节　江西省

2012年，江西省林业厅以《江西省林业信息化建设“十二五”规划》为指导，积极做好林业信息化各项工作，大力推进数字林业建设和示范省建设，加强本部门网站建设维护及网络和信息安全管理。

一、加大数字林业建设

从年初开始，江西省林业厅大力推进以全省森林资源管理地理信息系统建设为抓手的“数字林业”建设，全力建设以公共地理信息数据为基础，集成林业基础数据、专题数据、综合数据和产品信息的林业信息资源服务平台，实现所有信息资源、业务应用的集中与整合，达到信息资源的全方位共享。一是成立了省数字林业建设工作领导小组。领导小组下设办公室、基础平台建设组、资源系统建设组、林权系统建设组、交易系统建设组、电子监察系统建设组、应用系统建设组以及专家顾问组，分别负责有关项目建设工作。二

是由厅领导带队，组织有关部门人员前往湖南省学习考察了林业信息化顶层设计与标准规范建设、林权管理地理信息系统、森林资源管理地理信息系统、办公自动化系统建设等方面的成功经验。三是积极主动向省内外林业及计算机专业知名专家、学者进行请教咨询，组建省“数字林业”建设智囊团，为省数字林业建设总体方向、重要环节进行技术把关。四是不断与在林业地理信息管理系统建设方面有相当实力、丰富经验和成功案例的公司交流沟通，并在湖南考察的基础上，形成了全省“数字林业”公共基础平台建设工作方案、森林资源管理信息系统建设工作方案、林权管理地理信息系统建设试点工作方案和办公自动化系统建设工作方案。

二、加快示范省建设

全力打造完善南方林业产权交易所林权交易电子商务平台，有效推进示范主题建设。一是根据电子商务发展趋势和林业市场实际，对南方林业产权交易网站、林产品网上商城和交易系统进行了升级改版。二是进一步对多家安全设备进行全方面测试，为建设平台安全保障体系提供参考。三是完成了农业银行网上银行接口和林业网上商城对接，实现了在线支付功能。

示范市、示范县项目申报。一是全文转发国家林业局相关文件要求，对全省各市、县（区）林业信息化建设情况进行全面摸底调查。二是认真按照示范市、县主要指标，对申报的设区市、县（区）进行全面考核，审定申报材料。

为进一步完善现有厅网站的形式和功能，努力使政务公开工作达到公开内容全面、具体，形式丰富、规范，一是对厅网站的死链进行了一次全面清理，共处理因IP地址变更等原因造成的死链198条。二是通过厅办公室督促相关处室和单位及时更新一些长期未更新内容的栏目。三是组织改版厅网站首页，加强厅网站“突出政务公开，强化网上办事”功能。四是做好厅网站“在线访谈”栏目设计，并组织实施了3次“喜迎十八大”系列在线访谈。

三、推进行政审批和网上征收建设

网上审批和电子监察平台建设。为扎实推进全省网上审批和电子监察平台建设，强化与省监察厅、省信息中心的工作联系和技术衔接，保证厅相关行政审批事项顺利开展。目前江西省林业厅共有12项行政审批事项和3项公共服务事项已在系统上线；同时对厅未上网的各项行政审批事项进行梳理，争取与全省审批系统进行数据对接。

完善育林基金网上征收系统。进一步完善了和财政票据系统接口的育林基金系统。2012年正式启用和财政票据系统对接的育林基金系统后，厅密切关注两系统中数据的完整性和一致性情况，先后进行了两次升级，并向省财政厅核销了2012年每一季度全省育林基金征收票据。

四、加强网络和信息安全管理

规范设备巡检管理，保障网络安全运行。一是针对现有计算机设备现状，制定了计算机设备定岗定编方案，科学合理地分配IP地址，凡是要上网的计算机和报废的计算机逐一登记，履行上网手续。二是进一步加强设备管理日常维护，规范了维护流程，制定了维护报表，明确了技术权限，发现问题及时解决。三是进一步加强中心机房值班和设备巡查。督促各级林业部门用好、管好计算机网络和设备，加强软件应用和数据库建设。除做好日常和节假日中心机房值班外，结合安全生产工作隐患大排查和在其他敏感时间对安全隐患的排查工作，采取季度性维护、现场巡查、应急演练等多项举措保证网络安全顺畅。四是配合省政府组织的部门软件正版化检查整改工作，组织开展了正版办公软件和杀毒软件的安装调试工作，确保了厅软件正版化。五是配合省信息中心对省环境工程学院和景德镇、萍乡、新余等3个设区市及所属县（区）进行了政务内网优化改造，确保网络畅通。六是建立健全规章管理制度。新修订《信息中心网络运行维护管理制度》，共计3大类49条。

第七节　山东省

2012年，山东省在林业信息化“十二五”规划基础上，遵循“五个统一”基本原则，科学谋划，系统部署，强力推进，全省林业信息化工作在内外网、办公自动化、视频会议系统等方面取得了显著成效。

一、门户网站全新改版并上线运行

2012年1月，经过前期的紧密筹备与测试，全新打造的省厅门户网站正式上线运行（图9-2）。改版后的省林业厅门户网站设计美观、布局合理、图文并茂，充满现代气息，具有很高的生态文化内涵。网站共设19个一级栏目，37个二级栏目，47个三级栏目，栏目与信息量增加了一倍多。同时，网站重点对信息公开的范围进行了拓展，开设了信息公开、在线办事和在线互动窗口。社会公众通过互动与专家在线等栏目，能够及时掌握林业动态和相关信息，切实解决林农当前的紧迫需求，使得网站建设更加贴近于民、服务于民。

二、内部办公系统改版升级并上线运行

为更好地满足现代林业建设的需要，进一步推行无纸化办公，省厅对内部综合办公系统进行了升级改造。2012年1月，全新改版后的办公系统正式上线投入使用（图9-3）。改

图9-2　山东省林业厅主页

图9-3　山东省林业厅综合办公系统

版后的办公系统除了满足公文流转的功能之外，增加了信息资源共享、工作请示汇报、安排部署、互动交流以及电子档案等栏目，功能更加全面，操作更加人性化，运行更加安全、流畅，公文流转更为便捷，文件、音像资料等档案全部达到电子档案管理的标准和规范。计划将办公系统在全省17个市推广使用，为全省林业系统协同办公搭建统一平台。

三、林业电子政务体系建设全面推进

完成对省厅邮件系统升级改造工作，改版后的邮件系统拥有更大容量的存储空间，并增加了反病毒、反垃圾邮件模块，运行更加安全稳定。启动档案系统的建设工作，按照统一制式、统一平台的原则，正式启动建设省林业厅档案系统，遵循电子档案的管理标准和规范进行开发，计划于2013年年初投入使用。通过资源整合，将与内部办公系统、全省公文传输系统完成对接，全面建成无纸化办公环境。

四、全省林业电子公文传输系统建成运行

为进一步整合信息化资源，推进林业系统无纸化办公，积极开展全省林业电子公文传输系统建设。目前系统开发与测试阶段已全部结束，17个市林业局的相关设备已全部到位，系统培训工作已完成，全省的联网部署阶段接近尾声，计划于11月底前完成全部准备工作，进入全省试运行阶段，2013年正式投入使用。

五、完成省厅科技防腐建设工作

根据山东省委省政府及省纪委等开展科技防腐工作的要求，截至2012年7月全面完成了林业相关的省级视频监察和行政审批网络及电子监察系统建设工作。将涉及行政许可审批业务处室人员、监察室人员以及分管领导全部接入省级行政审批网络运行及电子监察系统，实现了行政许可事项全部纳入全省统一的网上办公平台。

六、完成了省厅软件正版化推进工作

积极筹措资金，统一采购正版化软件116套，并全部安装到位，确保实现了机关100%软件正版化，并将采购软件作为资产纳入部门资产管理体系，进一步加强软件的资产管理，并建立机关软件正版化长效机制。

七、启动了全省视频会议系统建设

省厅视频会议系统项目一期建设了省厅会议室，实现了与国家林业局的互联互通。该系统在此基础上将视频会议扩展至全省各地市，最终形成省市一级林业视频会议系统。山东省林业视频会议系统将涵盖省、市两级，共计18个节点（1个省厅节点和17个地市节点），其中省厅节点是本会议系统的主会场，各市林业局会议系统是本系统的分会场。目前已完成了省级视频会议系统的招标工作，后期工作正在紧张有序地开展，预计2013年可投入使用。

八、进一步开展信息安全等级保护工作

协调省公安厅网络安全大队和省经信委，开展了信息系统等级保护工作，参照当前信息网络安全工作的先进理论体系，形成了《山东省林业局信息系统安全等级保护定级报告》等一系列方案，制定了《山东省林业网络信息系统安全管理暂行办法》等一系列制度，逐步建立健全了林业信息系统安全保障工作的长效、动态管理体制和信息安全责任体系。目前，信息安全等级保护工作进行了相关制度和方案的确定与初步评级，同时于2012年完成了山东省林业信息网、山东省林业办公内网与山东省林业邮件系统的二级信息系统备案工作。

九、基层信息化建设扎实有效推进

在加快全省林业信息化建设的同时，省林业厅积极推进各市以及基层林业信息化建设。2012年年初，发布了《山东省林业局关于加快林业信息化建设的指导意见》，督促全省17个地市全面加快林业信息化建设。截至目前，全省共有市、县级主管网站59个；济南、青岛、济宁建成内部办公系统，其中济南、济宁市林业局已实现与区（县）间的互联互通，并开通了视频会议系统与IP电话系统。

第八节　宁波市

2012年，宁波市林业信息化建设以服务林农、服务林业为宗旨，按照《宁波市“智慧林业”建设十二五规划》的具体要求，突出建设、应用、运维3个重点，加强管理，健全组织，科学实施，有序推进，达到了预期目标。

一、网站建设

宁波林业信息网经过多次改版升级，功能日益增多，内容不断丰富。网站充分发挥信息公开、对外宣传、政民互动的功能，全面推进林业政务公开和信息发布，积极拓展林业在线服务和网上办事，有效整合林业信息资源，不断提升门户网站建设运维水平和服务公众的能力，成为宁波林业部门与甬城百姓交流、沟通的桥梁和有效平台。2012年宁波林业信息网点击量3 447 183次，访问者数142 622人，网站发布信息2456条，其中宁波林业动态1703条，政府信息公开385条，数据库信息122条，其他各类信息246条。宁波林业信息网的林业数据库栏目被中国电子政务理事会、《电子政务》杂志社评为“2012·政府网站精品栏目”。林特科技推广短信服务平台，在台风、暴雨、冰冻等自然灾害到来之前，及时向注册的433名种植示范大户、林特科技从业人员发送灾害预警及相关的生产应急措施，共发送短信2.5万余条，帮助林农降低了灾害损失。

二、应用系统建设

林业信息化基础信息平台。该项目是整个宁波“智慧林业”建设的基础，是整个“智慧林业”项目建设的重点，也是应用系统的承载平台。平台统一管理数据库的数据实体，为“智慧林业”各类应用系统服务，实现各级各类业务系统的相互衔接和业务联动。2012年完成了宁波市政府应急管理平台的应急数据采集及上报维护工作。

“智慧林业”3个实施项目。森林火灾预警监测和扑救指挥系统建设分3期，一期实现了与浙江省森林防火远程视频监控系统相连接，对原有GIS信息系统进行了升级改造，并建设了二级指挥中心（县级），实现了全市护林巡查员GPS定位全覆盖。茶叶生产过程质量安全追溯管理系统实现了高效率的业务管理、高可靠的技术咨询服务、最准确的茶叶溯源管理。宁波市古树名木管理地理信息系统实现了对古树名木数据的动态管理，方便用户对古树名木现状数据的查询，并提供古树名木相关数据的分析与统计数据，为古树名木的保护提供科学的辅助决策支持。

宁波市公益林补助资金管理系统。该系统分公文发布、发放公示、补助标准、补助资金、汇总统计、系统设置等功能模块。系统实现了对森林生态效益补偿资金的使用进行有效监控，对护林管护人员的职责履行进行有力监管，强化了村级公示的力度；同时实现了对公益林的历史资料查询、报表统计等日常管理进行快速操作，达到高效、准确、及时的管理目标。

三、网络和信息安全建设

为加强对信息安全等级保护工作的领导，确保基础信息网络和重要信息系统安全，成立了由分管局长任组长的林业信息安全等级保护工作领导小组。2012年完成了林业信息系统等级保护阶段性工作，开展了全市林业网络与信息安全自查，并按照市信安办要求，做好了对相关信息系统的安全测评、整改工作，完成了现有的森林防火地理信息系统和市林业局门户网站定级备案工作。

四、保障体系建设

继续将林业信息化建设内容列入对各县（市、区）林业工作考核范畴，年中组织召开了全市“智慧林业”建设专题会议，进一步建立健全了林业信息化网络队伍建设，邀请院校专家老师，开展了业务知识专题培训。2011年整合林火监测中心成立了信息办，专门负责“智慧林业”建设具体实施工作；2012年11月16日，局长办公会议再次专题讨论林业信息化工作，决定正式向市编办申请成立林业信息中心（整合林火监测中心），机构批复成立前，增加专职工作人员两名，以强化林业信息化建设和管理。

第十章　中南地区林业信息化进展

中南地区林业信息化整体水平较2011年提升较快，在16个信息化水平居全国前列的省份中，中南地区占25%。湖南省信息化水平名列全国首位，尤其是在林业信息化建设和应用方面，成绩突出。湖北省进步较大，2012年网站绩效评估位居全国第二，在应用和保障方面成效显著。广东、河南作为全国林业信息化示范省，处于全国先进水平，在林业信息化保障建设方面表现突出。

第一节　河南省

2012年，河南省林业厅按照林业信息化示范省建设的有关要求，在河南林业信息化中长期发展规划及“十二五”规划基础上，遵循“统一规划、统一标准、统一制式、统一平台、统一管理”的基本原则，科学谋划、系统部署、强力推进，全省林业信息化取得了长足发展。

一、实施林业信息化示范省主题项目

在河南省被确定为全国第二批林业信息化示范省后，按照示范主题确定的目标，积极部署示范项目建设。截至目前，营造林管理系统各功能模块开发工作已全部完成，作业设计系统、上报审查系统等已上线投入测试使用近一年，其余功能模块正在应用实体数据测试当中，12月上旬进行全省营造林作业设计培训，在2013年度全省营造林工作中推广使用该系统。

林业行政执法与监督综合管理系统中行政执法、案件案卷管理、综合查询统计报表、电子监督系统等各功能模块已经全部开发完成，已完成系统与林木采伐证、林权证办证系统数据交换的接口开发工作，已实现在系统中实时查询林木采伐证和林权证办证结果。10个试点县和5个木材检查站系统试运行工作进展顺利。11月，对试点县和木材检查站相关使用人员进行了集中培训，并征求了对系统的修改建议，预计试点工作2012年年底前完

成，2013年将在总结试点经验的基础上在全省推广使用。

二、开展外网升级改造项目

按计划实施外网升级改造项目建设。新增省直管县试点及其他单位网站13个，开发建设了河南林业网络视频中心和会议直播系统,同时实施了河南省林业厅网站全面改版工作，在原有基础上优化了栏目设置，完善了在线互动交流功能（包括网上咨询和专家咨询），完善了商务咨询平台，新版网站于2月下旬上线运行，升级改版后网站访问速度比以前有极大提高，内容更丰富。

三、开展数据备份及灾难恢复系统建设

基于厅数据中心数据安全考虑，2012年省厅着手开展信息系统数据备份及灾难恢复系统（一期）建设工作，经过选型、测试后建设方案已制定完毕，又经过初步筛选和实地考察，初步选定南阳西峡县林业局为厅灾难备份中心共建单位，正在进行相关设备的招标采购工作。

四、推进野生动植物保护行政许可审批事项网上办理

在系统开发完成的基础上，组织完成好程序测试工作，统筹协调政务受理中心、厅保护处等部门做好系统上线试运行工作，力争2013年系统投入正式运行，实现野生动植物保护处相关行政许可审批事项的外网受理、内网审批和外网公开。

五、强化机关干部职工信息化操作技能培训

2012年5月举办了计算机应用能力和电子政务培训班，全厅干部职工积极参加培训，培训内容从计算机基础知识、文档编辑、网络应用等6个不同方面有针对性地展开，厅机关参加培训人员达95%以上，参加培训人员均独立通过考核测试。

六、基本建成森林防火指挥中心

省森林防火指挥中心火场图像传输、视频会议及办公系统基本建成，实现了火场视频信号的实时传递，实现了省指挥中心与扑火前线指挥部信息的双向交流。

七、加强信息化制度保障工作

印发了《河南省林业厅关于加强河南林业信息网内容保障工作的通知》《河南省林业厅关于开展2012年林业信息化建设应用水平测评工作的通知》《河南省林业厅关于印发〈河南省林业网站绩效评估办法（试行）〉和〈河南省林业网站绩效评估标准（试行）〉的通

知》《2012年度河南省林业厅信息化建设工作绩效考核办法》等，并按季度以《内部情况通报》形式通报河南林业信息化工作情况。

八、进一步加强林业信息化建设管理

顺利召开全省林业信息化工作会议，安排部署林业信息化重点工作。完成了全国林木采伐管理系统建设、调试工作。进行了厅机关软件正版化检查和整改工作，实现厅机关软件正版化率100%；完成省厅基础地理信息平台调研工作，进行了基础地理信息平台运行方案设计，并组织林业信息化专家咨询组有关专家对方案进行了评审，方案通过省保密局初审；完成首批全国林业信息化示范市、县筛选和上报工作；完成林业电子图书馆的方案制定和采购工作。

第二节　湖北省

2012年，湖北省林业厅在林业门户外网、办公协同内网、林业专题数据库、林政资源管理系统、森林防火系统等信息化基础设施与应用等方面都取得了长足进步，为实现湖北林业又好又快发展创造了良好的信息环境，为加快建设“美丽湖北”“文明湖北”，促进生态文明建设提供了强有力的科技支撑。

一、加强机构队伍建设

林业厅党组对林业信息化工作高度重视，上半年正式成立了独立的信息化工作机构——厅信息化管理办公室，级别为正处级。从厅直单位林科院和林调院抽调了林业信息化技术骨干，弥补了信息化机构只懂信息化技术、不懂林业业务的缺陷。利用组建机构的契机，通过明确职责建章立制，按“五个统一”的要求，调整、理顺和规范全省林业信息化建设管理工作。成立了全省林业信息化工作领导小组、全省林业信息化建设专家委员会，制定了《湖北林业信息化管理办法》，拟制了《加快湖北林业信息化发展的若干意见》，修订完善了《湖北林业信息化建设管理规章制度》，为全省林业信息化工作有序开展打下了坚实基础。

二、打造“一站式”林业网站集群

按照“统一规范，统一建设，分级管理，统一监管”设计原则，以省林业厅门户网站为中心主站，以各市（州、县）、林区、厅直单位、处室部门网站为子站，建成了130个

子站的湖北林业网站集群。该集群包含17个市（州、林区）、8个国家级保护区、57个县（市、区）林业部门和11个厅直单位及28个机关处室的网站，实现了网站信息资源的整合与共享，提供了一个高效的数据共享交换平台。2012年，通过湖北省森林资源林政管理系统在线办理林权证5.5万份，办理木材加工经营证2.5万份，办理采伐证10万多份，工作效率得到极大提升。该网站集群对整合林业信息资源、服务资源和业务应用，消除“信息孤岛”“应用孤岛”，为社会公众提供更多更好的服务发挥了重要作用。

三、完成林业门户网站升级改版工作

厅坚持把门户网站作为政府信息公开的第一平台，大力提升“湖北林业”门户网站性能。按照国家信息办的要求，对湖北林业网进行了升级改版，在内容上设置了信息公开、行政审批、办事机构、公示公告、林业动态等栏目，开设了林情讨论、生态文化、森林防火、林业百科等专栏；建立了在线视频访谈、网上办事大厅等信息交流平台；提供了网上表格下载，网上办事，公开了厅长信箱，开发了手机版平台。通过手机平台，克服了地域和时间的局限，有利于广大林业干部加强学习与交流，提高林业干部职工对信息网络的运用能力，拓展网站信息服务水平。一年来，厅门户网站开辟20多个专栏，编发信息8000多条，编发文字、图片和视频信息500多条，年访问量突破180万人次。信息公开栏目荣获“2012年中国政府网站信息公开精品栏目”。湖北林业门户网站成为社会各界了解林业、关心林业、监督和促进现代林业发展的重要窗口。

四、推进办公自动化系统开发和应用

办公自动化系统对提升政府公信力，加强办公的规范化管理，提高办公效率，节约成本具有重要的意义。2011年，完成了厅机关办公系统框架搭建、基础模块、机房环境基础设施以及硬件环境建设，办公自动化系统的开发工作基本完成。2012年完成了处室内网办公计算机的配备以及所有内网计算机的系统技术参数配置和接入，确保了OA软件的应用和系统安全正常运转，林业厅与湖北省政府办公厅协同办公系统已形成无缝对接。为加快推行公文电子化处理，实现收文、办文、发文办理过程电子化流转、电子化归档，派专业人员到各处室（单位）进行了收、发文模拟操作培训，对厅领导实行一对一培训，完成了全厅218名干部职工办公自动化系统实战演练培训。目前厅机关全体干部办公方式和习惯逐步转向电子化、网络化和无纸化。厅机关移动办公系统建设已完成了移动终端（大屏幕智能手机）的配备、专线的接入。移动办公系统开发已经完成，在厅机关“移动办公”正逐步展开。湖北林业综合办公协作平台二期项目完成了招标，正在加紧需求调研及功能开发。二期项目建成后，将实现省与17个市（州、林区）及神农架自然保护区和太子山林管局共19个单位林业系统协同办公、19个单位的无纸化办公和省、市林业部门之间公文传输网络化、电子化及行政审批网上办理。

五、推进业务应用系统开发和应用

全省森林资源动态监测平台建设，“全省林业一张图”取得阶段成果。以全省森林资源二类调查数据为基础，初步建成全省森林资源信息管理系统数据库平台，为全省森林资源管理提供了网络统一共享服务操作平台。在此基础上，通过资源整合，完成了全省生态公益林数据库建设，实施了全省森林防火通信项目及全省林火智能监控系统建设任务。目前，一方面依托本系统，采用2012年最新卫星影像数据进行全省森林资源数据更新，实现“年年出数”；另一方面，加紧数据整合，着力推动林业基础数据库建设，积极推进包括森林资源监管子系统、湿地资源监管子系统、荒漠化资源监管子系统、生物多样性资源监管子系统在内的4个子系统建设，完善“林业一张图”建设，为林业资源综合监管服务系统提供基础数据服务。

六、积极推进林业基础数据库建设

根据省政府统一部署，从2012年7月份开始着手全省林业基础数据库和全省林业公共基础地理信息系统项目的可行性研究论证工作，目前已完成可行性研究工作报告。项目建设核心为“三个一”工程，即“一套标准，一个数据中心，一个平台”，并以此为抓手，开展标准及规范建设、林业数据中心建设和林业基础数据库集成管理平台建设。项目建成后，将为各级林业管理部门的林业信息产品服务和信息共享等提供支撑服务。

七、完成机关软件正版化工作

按照省政府办公厅的统一部署，按期完成了正版软件检查整改任务，采购正版软件300多套，完成厅机关200多台计算机操作系统和办公软件、16台服务器操作系统的软件正版化工作。目前，厅机关软件正版化率达到100%，通过了国务院督检组的抽检和省政府的检查。根据湖北省委省政府关于对软件资产的配置使用、处置、财务等具体规定，建立了软件资产管理制度。

八、加快网络基础设施建设

宽带网络是信息化最为重要的基础设施。为加快互联网接入的升级与优化，在厅领导的大力支持下，厅机关互联网的接入带宽由20MB升级到40MB，完成了互联网接入的提速升级工作，提升了网络性能，提高了厅机关应用宽带网络和信息服务的能力和水平。同时，完成了厅机关内外网物理隔离改造升级工作。

九、大力改善信息安全环境

一是规范用户管理。对100多名信息工作人员进行了网络信息安全教育、检查，增强了机关人员信息安全意识，提高了信息系统安全防护水平，有效防止了信息泄密和系统受到非法入侵。二是完善信息系统安全保护工作。已在各应用系统的服务器端上安装了杀毒软件，防范计算机病毒，利用防火墙和IDS的技术措施防范网络入侵和攻击破坏。接入外网的终端机器上全部安装杀毒软件，并采用数字证书强认证机制等防范措施。一年来未发生泄密和信息系统受到非法入侵现象。三是改善信息安全环境。完成了内网办公计算机的配备和网络接入，所有办公室实现了内外网计算机独立分开，做到“涉密不上网，上网不涉密”，提高了厅机关信息保障水平和安全效能。

第三节　湖南省

2012年，湖南省按照国家林业局“加快林业信息化，带动林业现代化”的总体部署，紧紧围绕湖南省委、省政府提出的全面推进“四化两型”“四个湖南”建设目标，大力实施“突出一项重点，用好一个系统，完善一个网络，建好一支队伍，构建一项机制”的信息化五个一工程建设，不断增强历史使命感、工作责任感和集体荣誉感，扎实开展各项信息化工作，很好地完成了全年各项任务，为推动现代林业发展和绿色湖南建设增添了光彩。

一、加快推进全省林权权属数据库建设

林权权属数据库建设是一件事关民生、事关林业信息化长远发展的重大工程，对于巩固集体林权制度改革成果、深化集体林权制度配套改革、创新林业管理方式均具有在全国推广、示范和带动效应。经过全省上下的共同努力，三年任务二年完成。全省林权小班图形矢量化和林权打证数据输机工作全部到位，全省8654张2.5米卫星影像，122个县（市、区）、2662个乡镇和46 167个村界线数据全部入库。在此基础上，全省基本完成林权、资源、测土配方、森林防火、公益林、退耕还林和森林病虫害等各类数据的整合，真正实现全省林业基础数据“一张图、一套数”。与此同时，对全省林地测土配方信息系统进行了优化升级，数据库核心存储设备性能和容量得到跨越式提升；系统使用范围由以前单一的内网查询实现了内外网同步查询。由此广大林农可以通过身份证号或林权证号在互联网上就可以查询到自家有几块林地、能够种什么、怎么种、施什么肥等信息。该项目已成功申

报为全省“数字湖南”建设项目之一。

二、大力推广办公自动化系统应用

经过多年来持之以恒的努力，2012年全省14个市（州），100多个县（市、区）林业局全部启用电子公文接收系统、电子公文处理系统、电子档案管理系统、信息网络报送系统和电子公文办理系统。全省应用电子公文处理系统办结公文109 153件，编发电子简报12 493期，归档电子文件99 928件。均比2011年同期大幅度提升。目前，鼠标轻轻一点，便能按照公文处理程序，快捷完成全省林业系统所有文件网上处理。办公无纸化系统全面推广应用，对全省干部队伍自身素质建设、降低行政成本、提高工作效率、提升服务水平发挥了重要作用。仅厅机关一年用纸就节约近1000万张，节省费用60多万元。

三、着力加强信息网络建设和管理

2012年，厅直各单位、各市（州）林业局以及125个县级林业单位和2061个林业基层单位网络均与省厅实现了网络联通；省到市专网带宽由10MB提升到100MB；郴州、怀化等市网络带宽由2MB提升到10MB；更多的县将乡镇林业站的带宽提升到2MB。与此同时，狠抓了全省专业网络管理员队伍建设，现全省各市（州、县）林业局均配备了一名专职网络管理员。在此基础上，建立了供全省网络管理员交流学习的QQ群，提升了全省网络管理员的工作热情和积极性。据统计，全省林业电子政务网网络接通率达到99.14%，比2011年提高0.6%，为全省林业各应用系统正常运行提供了安全可靠的网络交互平台。

四、加强林业信息化机构队伍建设

全省各级林业部门主要领导都将信息化当作“一把手”工程，亲自动员、亲自部署，亲自参与、亲自检查。全省市（州）、县（市、区）都成立了林业信息化工作领导小组和信息化管理机构，明确了分管领导，配备了敬业精神强、专业水平高的信息化人才。永州、岳阳两市和隆回、新化、衡阳、东安、江永、祁阳、汉寿、江华、宁远、双峰、绥宁、桂东、湘潭、冷水江、汨罗、临湘、北湖、零陵、冷水滩等19个县（市、区）经编办正式发文成立了信息中心（信息办）。同时，通过在全省林业系统开展的“三感”教育活动，使全省从事信息化工作的同志思想上受到了教育，党性得到了锻炼，能力得到了提升，从而有力地推动了各项工作的开展。

五、加大林业网站信息发布力度

2012年，林业网络发布工作突飞猛进、亮点频现。一是信息发布量质齐增。湖南林业电子政务网（内网）发布各类信息68 129条，其中采纳各市（州、县）投稿6893条，比

2011年同期分别增长49%和87%。湖南林业信息网（外网）发布信息42 695条。特别是内外网升级改版后，网站界面更美观、交互更友好、信息更丰富，访问量与日俱增。内网访问量超过1600万人次，外网访问量达1300多万人次，均比2011年大幅增长。二是栏目设置精彩纷呈。开设“三感教育”专栏，为“三感”活动推波造势，发布相关信息共计1600多条，学习心得600余篇；增设了“三湘林情头条”栏目，醒目报道每日全省林业重大信息；紧密结合《绿色湖南建设纲要》增加了“绿色湖南”栏目，年内共发布信息707条；新增设了湖南林业网络电视台，整合内外网1000多部视频影片；增设“百鸟林”栏目，图文并茂地宣传“识鸟、爱鸟、护鸟”思想。三是队伍建设不断加强。建立了一支素质过硬、能力突出的网络通信员队伍，拥有通信员152名。四是加快了市（州）、县（市、区）外网门户网站建设。全省13个市（州），67个县（市、区）建立了外网门户网站。在国家林业局和湖南省政府网站绩效测评中，湖南林业信息网列全国第八，全省第二，获得了“全国林业十佳网站”和“湖南省优秀政府网站”称号。

林业信息化建设已成为湖南省林业现代化建设的一大亮点和重要支撑，有力地提升了林业的地位和社会影响力。在国家林业局发布的2012年度全国林业信息化发展水平评测中，湖南名列第一。中组部、国家林业局、国家档案局的领导先后到湖南检查指导林业信息化工作，对湖南林业信息化工作给予了充分的肯定（图10-1）。

图10-1　中组部干部四局副局长陈玉明等考察湖南林业信息化工作

第四节 广东省

2012年，广东省认真贯彻落实第二届全国林业信息化工作会议精神，坚持“统一规划，统一标准，统一制式，统一平台，统一管理”基本原则，按照《全国林业信息化建设纲要》和《全国林业信息化发展“十二五”规划》要求，结合实际，扎实推进林业信息化示范省建设，在林业信息化基础设施、核心业务系统和网络运行维护等方面，取得了一系列成果，促进了林业信息化快速发展。2012年广东省被评为“全国林业信息化建设十佳单位”，省林业厅网站被评为“全国林业十佳网站”。

一、示范建设

根据国家林业局文件要求，广东围绕核心业务系统建设的示范主题，切实加强组织领导，精心编制实施方案，提出了“一个中心，两个平台”的信息化示范省建设工作思路。“一个中心”指广东林业云计算中心，“两个平台”指广东林业外网业务平台、广东林业内网业务平台。实施方案以云计算技术为基础，以行政审批、信息公开、办公自动化、网站群建设为主要突破口，推进资源整合与共享，用统一平台管理全省林业核心业务信息系统。

完善林业信息化示范省建设管理机制。省厅张育文厅长任领导小组组长，副厅长任副组长，各业务处（室）、单位主要负责人任成员。领导小组下设办公室，具体统筹规划和组织实施林业信息化示范省建设工作，办公室主任由省厅办公室主任担任，成员由各处（室）、单位的业务骨干和信息化骨干组成。在省林业信息化工作领导小组的具体领导下，林业信息化示范省建设各方面工作得到有序、快速开展，从机制上保障了建设成效。

改进林业信息化示范省建设实施方案。为贯彻落实《全国林业信息化发展“十二五”规划》和首届全国林业信息办主任协作组会议要求，进一步改进林业信息化示范省建设实施方案，加入云计算、高清视频、万兆网等信息化前沿技术应用。省厅成立专项工作小组，开展历时半年的改进工作，期间多次征求业务单位修改意见，组织有关专家和业务骨干召开专题研讨会。经过充分讨论研究，专项工作小组提出了水平更高、质量更好的林业信息化示范省实施方案。改进方案在省厅党组会议专题研究后，获得通过。改进方案的建设目标和建设内容更明确，项目可操作性更强，系统应用成效更大。

二、网站管理

根据《全国林业网站绩效评估办法（试行）》《全国林业网站绩效评估标准（试

行）》要求，广东省各地林业部门积极开展网站升级改版建设和运行维护管理工作，取得明显成效。

省林业厅根据示范省建设要求，计划把广东林业网站升级改造为广东林业外网业务平台，具体内容是广东林业网上办事大厅建设，2012年已经完成第一阶段建设工作。升级改造后，广东林业网站每日点击量同比增加30%以上，有力提升了广东林业形象。地方网站建设得到进一步加强，佛山市注重门户网站建设和林业信息发布工作，2012年底对网站进行了改版升级，重新设计网站栏目，突出了信息发布和服务功能，并落实专人负责收集全市林业信息，第一时间通过信息网进行发布，提高林业信息化应用水平，促进网站信息资源共享；阳江市在抓好网站更新改版工作的同时，采取具体措施，建立全市信息报送机制，明显提高了网站信息发报量，全市目前初步建成市、县、乡镇三级林业信息网站体系，实现数据上下相连、互联互通、资源共享；惠州市利用网站加强政民互动，增强全市人民对林业建设的关注度和支持度，专门在网站开辟了“局长批贴”专栏，及时回复局长信箱咨询、建议和投诉等网站信息，2012年共回复25期；湛江市采取有效措施，加强林业网站建设，指定专人负责网站管护，认真做好网站内部查询系统和后台数据库维护工作，及时更新信息资料，并拨出专项经费用于网站维护，确保林业网站正常运行；潮州市重点加强网站信息发布的数量和质量管理，发布了大量林业信息，做到图文并茂、内容全面，网站增设了“咨询留言”栏目，市民可以通过这个栏目对市林业建设工作提出意见和建议；省龙眼洞林场组织建设了广东省龙眼洞林场、广东林木种苗示范基地等网站；省连山林场增加一名计算机专业工作人员负责网站建设、计算机维护和网络维护工作，各科室新设一名网站信息员。

三、网络运维

广东高度重视网络安全和运行维护工作，2012年没有发生网络安全事故和重大网络故障。2012年，广东省认真贯彻落实全国林业信息安全工作电视电话会议精神，要求全省各级林业部门和单位必须高度重视林业信息安全工作，周密部署，重点安排，开展林业信息安全专项自查，及时堵塞安全漏洞：一是通过广东林业网站等媒体，广泛宣传全国林业信息安全工作电视电话会议精神，提高全省林业干部职工牢固树立信息安全意识，时刻保持清醒的头脑，为做好林业信息安全工作提供思想保障；二是各单位成立了计算机信息安全检查组，主要由信息办主任担任组长，成员包括信息办全体成员和业务骨干。检查组全面负责信息安全的监察检查、组织管理和沟通联系工作；三是各单位全面开展计算机网络信息安全自查，重点检查林业网站、无线网卡和木马病毒等安全内容，及时发现安全漏洞和存在问题，组织有关专家和工作人员进行全面整改，制订完善相应的预防措施和应急方案；四是由各单位一把手对林业信息安全负全责，认真谋划，做好本单位信息安全建设工作；五是组织有关专家和专业人员，修改完善各单位的《计算机信息系统安全保护管理暂行规定》等信息安全管理制度，做好林业信息安全工作的制度保障；六是把存放涉密信息和重要数据的计算机所在的办公场所，列为重点保护部位，全部安装防盗门、防盗网，加强信息安全物理防护工作。

广东各地林业部门采取实际措施，不断提高网络运行维护意识，充实网络运行维护力量。韶关市完善信息安全管理机制，定期更新升级中心机房服务器的操作系统、杀毒软件和防火墙等，规范管理涉密系统和涉密移动介质；东莞市专门设立信息科，认真管理和维护网络机房、业务系统和设备，提供技术咨询和帮助，保证网络化办公正常开展；湛江市设立信息安全保密管理员，每年对重点单位、核心岗位进行彻底排查；肇庆市设立专门经费，聘请专业计算机公司，提供专业计算机网络运行维护服务；乳阳林业局成立信息站，选调3名政治敏锐、责任心强、熟悉业务的人员充实到网络运行维护工作岗位；连山林场将信息化纳入绩效考核体系，督促各责任单位按时按质完成信息化任务。

四、工程建设

2012年，广东启动林业信息化示范工程项目建设，取得良好成效。

（一）外网业务平台建设

根据项目设计方案，广东省林业网上办事大厅建设项目主要包括政务公开、投资审批、网上办事、政民互动、效能监察等5大功能版块。网上办事大厅第一阶段建设工作在2012年7月正式开展，10月15日基本完成并正式开始运行，目前系统应用成效良好。主要工作完成如下：项目需求调研，项目总体方案设计，项目应用框架开发构建，网上办事数据整合与共享，系统初始化工作（图10-2）。

图10-2 广东省网上办事大厅

（二）广东林业云计算中心建设

广东林业云计算中心是核心业务系统应用的物理网络平台，建设内容包括广东省林业计算机网络机房和广东林业云计算应用两方面。由于省林业厅办公场所较为紧张，云计算中心网络机房设计为AA级，但机房设备和设施全部采用国际或国内先进技术设计。云计算中心将首先启用云存储、云终端、云电视等成熟的、效果明显的云计算应用。云计算中心项目建设年限为两年，2012年完成项目立项工作，2013年完成项目组织实施工作。目前，已经完成云计算中心项目的需求调研、方案设计等立项工作，并已落实专项建设资金。

（三）各市各单位林业信息化项目建设

佛山市在完成市级森林防火视频会议系统建设的基础上，采取有力措施，推进区级森林防火视频会议系统建设。惠州市投入150万元，委托省林业调查规划院建设惠州市森林资源管理地理信息系统，系统将于2013年6月底前完成。东莞市与科研单位合作，开展银瓶山森林公园森林资源管理信息系统建设。天井山林场开展林业信息化基础设施升级改造工程，把互联网通信线路升级为85MB光纤，新购置18台办公电脑，安装应用视频监控录像等信息系统。

五、技术合作

为全面推进林业信息化健康发展，广东大力推进软件正版化、信息技术交流与合作、业务系统应用与培训等工作。

2012年5月，广东省林业厅组织各单位业务和技术骨干，成立软件正版化工作小组，安排专项资金购置正版软件，清理非正版软件，确保及时完成软件正版化工作任务，并建立软件正版化长效工作机制。按照省厅工作方案要求，各级林业部门积极推进软件正版化工作，大力提升软件正版化水平，全面完成软件正版化工作任务。

广东积极开展信息技术交流与合作、业务系统应用与培训等工作。韶关市多次组织行政审批工作人员和技术骨干进行学习培训，重点指导业务量较大的窗口工作人员，成效良好。2012年，市局办结行政审批申请816件，办结率达100%；省乳阳林业局组织全体机关工作人员集中参加了办公自动化系统应用培训，全面提升办公自动化水平，提高工作效率；省龙眼洞林场编制了《网站信息报送制度》《计算机设备管理规定》《网络信息安全管理规定》《网站管理规定》等文件，完善了信息化管理制度；省天井山林场组织各科室和单位办公人员，参加林业业务网络办公培训班，邀请了信息化专家和业务骨干进行授课。还组织办公人员到广东粤电南水发电有限公司，参观学习OA智能办公系统的运作和电子档案的管理；省九连山林场与中国电信开展深度合作，安装中国电信10MB互联网光纤宽带，安装企信通和防火墙等软件，实现文件收发、防火信息交流、林政信息报送等业务网络化办公。

六、办公自动化

2012年，广东各地林业部门办公自动化水平有了明显提高，公文办结时间进一步减少。佛山市对办公自动化系统和交换平台进行整合升级，简化联合发文的操作流程，使电子公文流转更为顺畅和高效。同时，加快推进全市林业系统电子政务建设步伐，全市各级林业部门和单位内部，现已实现与办公自动化系统和公文传输系统对接，切实提高办文办事效率；韶关市完成办公自动化系统与市府系统的对接工作，促进了公文网络流转，提高了办公效率；云浮市全力推进办公自动化系统和行政审批系统应用工作，实现与省林业厅、市政府联网，市局全面使用办公自动化系统处理公文，行政审批系统的应用率进一步提高，新增计算机、扫描仪、数码相机等办公自动化设备，办公计算机全部安装正版操作系统、办公编辑软件和杀毒软件；增城市投入专项资金，购置计算机、高速扫描仪、彩印机等高档次办公自动化设备，提升林业信息化装备水平，有效提高了公文处理效率，方便了林业信息资源的交流与共享。

第五节　广西壮族自治区

2012年，在国家林业局的正确领导以及各有关部门的大力支持下，广西林业信息化建设工作全面快速推进，取得了较大的阶段性成果，为发展现代林业提供了有力保障。

一、基础设施建设

完成广西森林资源保护中心综合楼智能化建设。2012年12月，完成广西森林资源保护中心综合楼的布线、中心机房、网络系统、会议室音视频系统、林业指挥中心、安防监控系统、信息广播系统等建设项目，为该综合楼2012年年底的投入使用打下坚实的信息化建设基础，极大地促进了全区信息化建设。

完成广西林业专网建设。依托广西电子政务外网搭建广西林业专网，2012年9月完成全区市级和直属单位的建网工作，正式建成广西林业专网。

二、网络应用建设

（一）林业综合协同办公系统正式试运行

广西林业综合协同办公系统于2012年6月1日起上线试运行（图10-3）。目前已将厅机关、二层机构、直属单位，市、县林业局联为一体，联通了205个单位，发放了589个账号，初步建立了广西林业综合协同办公和业务应用的统一平台。

图10-3 广西林业综合协同办公系统

（二）门户网站改版工作完成正式上线运行

新门户网站有以下特点：一是网站管理更加规范。出台了《自治区林业厅政府门户网站管理暂行办法》，明确将网站栏目维护职责落实到各相关业务处室，规范了信息审核和发布流程。二是政务公开面不断扩大。网站一级栏目开辟“信息公开”专栏，下设16个二级栏目，50个三级栏目，内容涉及“法律法规”“财政信息”“人事信息”等方面，有力地保障了公众的知情权和参与权。三是政民互动更加突出。网站建设以服务社会公众为出发点，开展了“领导信箱”“网上留言”“意见投诉”等一系列政民互动栏目，创新了服务方式，提高了服务水平。新版广西林业门户网站经过近半年时间的建设和调试，于6月29日与广西林业信息网进行切换，开始试运行。新网站运行后，点击率增加明显，群众参与度逐步加大。2012年访问量突破35万人次。目前网站运行情况良好，成为广西林业在互联网上宣传林业法规政策、展示改革发展成果、依法行政、为民服务的重要窗口（图10-4）。

图10-4 广西壮族自治区林业厅门户网站

（三）广西林业视频会商会议系统正式运行

现已建成包括广西壮族自治区林业厅、14个市林业局、13个自治区直属国有林场和广西生态学院、两家直属国家级保护区等31个单位的视频会商会议系统。该系统采用高清视频会议系统，以广西电子政务外网为骨干传输网络，同时传输数据、音频、视频信号，实现了各单位自主、双向或多向召开视频会商会议的功能。全年该系统共转播国家林业局视频会议11次，自行召开视频会议5次，运行效果良好。

（四）业务应用系统开发与应用积极推进

2012年进一步加大力度推进业务应用系统和数据库开发与应用工作，目前已完成广西县级公益林管理信息系统、林业项目数据库网络管理系统、义务植树管理软件、职称评审管理系统等信息系统的开发以及退耕还林工程信息管理系统的升级工作。产业基础信息调查及信息系统、林权登记管理信息（联网）系统、九万山保护局森林防火远程监控预警系统等正在进行开发。

三、基础数据建设

广西林业数据中心建设取得较大突破。完成主要林区森林资源数据入库工作，实现了多种比例尺各种数据的无缝连接和快速漫游。初步实现了足不出户、鼠标轻点，全区每个山头地块的森林资源情况尽收眼底，林业信息化优势开始凸显。广西林业数据中心目前已进入试用阶段。制定《广西林业数据库建设地方标准技术规范》。目前已完成实施方案等前期工作。

四、人才队伍建设

2012年先后举办了协同办公系统操作员、网络技术员、视频会议管理员培训班，培训人数超过1000人，为全区林业系统培训了一批技术骨干，为今后全区林业信息化的大规模建设和运行维护储备了一定数量的专业人才。

五、信息安全建设

2012年，按照自治区网络管理有关工作要求，对照网络清理检查的目录，着力抓好了以下4个方面的信息安全工作。

（一）狠抓管理制度建设

针对信息安全系统制定了日常信息管理、信息安全防护、信息安全应急管理等相关管理制度，包括《自治区林业厅计算机网络管理制度》《自治区林业厅计算机及网络系统保密制度》《自治区林业厅信息中心工作制度》《自治区林业厅政府门户网站管理暂行办法》等多项信息安全管理制度，细化了网络管理员、系统管理员、安全管理员等重要人员的岗位职责，明确了机关机要网、机关局域网、涉密办公设备及存储介质等管理职责、计算机涉密人员的岗位职责以及网络机房管理、设备管理与维护保养、技术资料与仪器工具管理等规章和纪律。

（二）狠抓计算机网络使用管理

按照上级要求和保密规定，制定了《计算机及网络系统保密管理规定》《对外业务公共电子邮箱保密管理规定》等相关制度。对全厅涉密网络、涉密计算机与互联网实行物理隔离，所有涉密网络都采用了身份控制或访问控制等技术防护手段。安装了网页防篡改系统，有效保障了网站的安全运行。定期对服务器进行杀毒软件的升级、系统补丁的更新，检查访问日志等日常维护工作，并设置用户密码，强化安全管理。定期对系统及数据进行备份，对网站系统做了应急演练和灾难恢复演练。

（三）狠抓网络信息发布审查

坚持“先审查、后公开”和“一事一审”原则，严格实行“信息发布三审制”，同时明确普通信息通过内部办公系统报送，涉密信息一律通过涉密渠道报送，不得通过网络报送，从源头上杜绝上网失密、泄密现象的发生。

（四）狠抓社会网络监控

制定了《广西壮族自治区林业厅网上舆情监控工作方案》，采购并安装了网络舆情监测系统，安排专人24小时值班，对涉及广西壮族自治区林业的网络舆情热点进行监控、收集、分析，并及时按程序呈报。明确厅信息中心负责门户网站的建设、运行维护和日常管理，负责对各市、县林业局、自治区直属林业事业单位子站运行状况实施监测，提供网络环境和技术支持，并督促、协调和监督各单位对网站进行维护。

第六节 海南省

2012年，认真贯彻落实全国林业信息化工作会议精神，结合海南省实际情况，不断健全创新工作机制，建立完善信息化管理机构，加快建设新省级信息应用系统，积极推广和使用新技术新方法，加速林业信息化进程，稳步推进海南林业信息化建设。

一、成立海南省林业厅信息中心

2012年1月19日经海南省机构编制委员会批准设立海南省林业局信息中心，为正处级财政预算管理事业单位，事业编制3人。2012年5月，海南省林业局正式更名为海南省林业厅后，2012年7月3日海南省林业局信息中心更名为海南省林业厅信息中心。信息中心的主要职责是承担海南省林业信息化建设和网络管理、运行维护，林业信息收集、分析、处理、宣传，林业厅网站日常维护等工作。

二、建成海南省林木种苗网站

海南省林木种苗门户网站于2012年6月1日正式对外开通服务。该网站拥有新闻中心、需求信息、种苗超市、政策法规、服务中心等服务模块，共收集了80多家苗圃信息更新到网站上，种苗品种共计400多种，总量达到5000多万株。海南省林木种苗网站自开通服务以来，充分发挥了服务于民的作用，受到了广大林农好评，目前访问量超过5000人次。

三、建成海南省集体林权制度改革信息管理系统

海南省自2008年以来租用集体林权制度改革信息管理系统，经3年试用，运行效果良好，2012年正式采购并搭建成网络系统，为配套改革工作、林权抵押贷款、林权规范流转、森林资源资产评估、森林保险、林权信息发布等提供信息数据。目前为全省林业部门提供数据操作平台，通过互联网登录该信息系统，完成林权信息录入、林权证打印、林权信息管理、林权信息查询、生成种类林权管理台账等工作。用户可查询林权证当前办理情况及鉴别林权证真伪；审批机关可在网络上进行宗地审批；发证机关可将审批后的宗地进行发证；上级部门可登录县级服务器进行查询或读取统计信息。林权信息系统运行后，省林改办组织各市县林改办技术人员进行系统使用与管理培训，建立各单位用户名和登录密码，指定系统管理人员，确保系统安全使用，以防信息泄露，数据丢失。目前系统应用非常顺利，建成网络系统后运行速度有所提高，数据库备份信息数据实现自动化处理，林权信息的初始登记、查阅、复制、统计等工作达到良好效果。

四、海南省林业厅木材运输系统联网

为了进一步对行政审批事项进行清理、规范，对审批流程进行优化，实现行政审批制度改革，海南省林业厅与海南省政务服务中心共同协作，于2012年11月中旬完成海南省林业厅木材运输管理系统与海南省政务服务中心网上审批系统的联网试运行工作。系统联网后，将解决审批办件无法督察、无法及时告知审批状态、手动二次录入及因手动二次录入可能会导致办件量统计难等问题。作为海南省政务服务中心第一家部级与省级系统跨部门联网的试点单位，海南省林业厅的做法和经验将为下一步全面铺开部、省级林业信息应用系统联网工作提供宝贵的参考模式和建设经验。

五、引用新技术手段开展第二次湿地资源调查

省第二次湿地资源调查于2012年3月正式启动。前期活动已从2011年8月开始启动，

2012年10月底结束。鉴于候鸟越冬季为12月至翌年2月的自然规律，提前开展了冬季水鸟补充调查。在调查工作中，积极引进先进技术，推广应用先进的技术成果和仪器设备，提高调查精度，使调查成果能客观地反映湿地资源现状。负责海南省湿地资源调查的国家技术支撑单位为国家林业局中南林业调查规划设计院。海南省省级技术支撑单位由华南师范大学生命科学学院和相关学科的科研单位组成。

六、新技术手段数字化管理“绿化宝岛”大行动

“绿化宝岛”大行动已在海南全省轰轰烈烈地开展起来，对海南建设生态省具有重要意义。“绿化宝岛”工程呈现面广、点多、分散、零星等特点，监督、跟踪和检查更有诸多不便。而利用新的数字化管理手段，先将市县的基础信息进行数字化，利用“3S”技术对工程的地块空间进行定位和系统的规划，并在工程实施阶段采集种植地段的信息，更新之前已建立起来的数据库，包括种植地段的环境，种植的树种、树苗大小、数量、完成质量等，就可以做到对绿化工程进度的不断更新和监控。目前该技术已在儋州、白沙试运行，利用该方法可以查询到儋州市和白沙县完成高速公路、国道、省道等路段的改造、水库绿化工程、森林抚育工程的进度等。这种科学有效的管理手段，可促进绿化宝岛工程落到实处，优质高效地完成。

七、“3S”技术开始应用于野生动物调查及监测

2012年11月启动的第二次海南省陆生野生动物调查中，将在动物调查的方案撰写、线路设计、数据库建立等工作中都应用GIS技术，GIS技术开始在海南野生动物调查及监测中发挥重要作用。利用GIS技术只需要在调查和监测过程中采集动物的地理位置、生境、海拔高度、经纬度等信息进入数字化信息平台中，可随时进行信息的提取和修改，及时体现物种分布的动态变化，绘制出动物的分布图，叠加处理各种信息，分析动物分布的规律等。实现绘制动物空间分布图、确定物种丰富度以及预测动物分布区，是实现研究、监测野生动物新技术方法。将所有调查信息统一整理纳入数字化信息平台，通过对两次调查的数据进行对比，可分析15年来海南野生动物的空间分布和动态变化，掌握野生动物资源的第一手本底数据，为今后开展野生动物监测建立坚实的数据基础，为各级保护单位掌握资源状况、制定保护策略提供重要的信息基础。

第七节　深圳市

深圳市按照国家林业局信息化建设“统一规划、统一标准、统一制式、统一平台、统一管理”的基本原则，结合城市园林绿化和公园管理等业务现代化管理的需要，积极推进深圳市城市园林绿化、林业信息化建设，实现了信息可视化管理，创新了管理手段，为城市管理、林业管理提供了科学准确的基础数据，全面提升了城市管理的科学化和精细化水平。

一、内网系统应用

成立了“城市管理宣传教育信息中心”，负责全局信息化规划、建设、管理等职能，利用深圳市政务外网与政务内网，实现局机关与直属16个单位电子办文与信息交换，局机关与国家林业局、深圳市政府公文办理、交换全程电子化。

二、网站应用

按照国家林业局建立网站群的思路，局网站新增林业相关信息的收集发布，与林业相关的行政审批事项与服务事项也集成在市局网站（图10-5）上，并实现在广东省网上办事大厅深圳分厅、深圳政府在线、深圳市城市管理局网站上，提供办事流程、表格下载、示范文本、场景式服务、办事过程结果查询、网上办事咨询等网上服务，在促进局信息公

图10-5　深圳市城市管理局主页

开、转变政府职能和提升行政效率、推进依法行政和畅通政民互动交流、推动各类业务信息资源共享、建设规范化服务型机关等方面发挥着日益重要的作用。2012年网站新增信息12 633条、图片2626张、视频269条；网上办事已提供行政审批全覆盖，在政民互动方面提供网上投诉、网上邮箱、局长信箱、在线访谈等互动方式。2012年从网站上接收的各类互动信息共335条，答复率100%（图10-6）。

图10-6　深圳市办公审批系统

三、信息系统应用

应急卫星通信指挥车子系统。建立森林消防移动通信指挥车和卫星应急通信系统可以确保在其他通信手段无法通畅和信号干扰严重的情况下持续保持通信畅通。为此，深圳市防火办配备了静中通综合卫星移动通讯指挥车一辆、小型移动通信指挥车3辆和通信车3辆。静中通综合卫星移动通信指挥车综合考虑了指挥调度、卫星传输、电话通信、视频会议、图像接入、数据共享和调用等功能要求。小型移动通信指挥车可以克服山路崎岖，道路狭窄，大型车无法进入的缺点，确保电话通信、火灾现场信息采集、现场指挥、便于操作等功能要求。通信车满足日常巡逻、通信中继等功能要求。目前，该子系统建设完毕，已投入使用。

远程林火监控子系统。为进一步提高森林火险的预警能力，实现对森林火警全天候、全方位、远距离的高清视频监控，深圳市开展了林火监控监测子系统的建设，该系统可以通过视频图像方式把山区监控实况实时传输到多媒体防火指挥中心，实现防火人员在室内对野外的远距离集中监控。在系统建设中，针对沿海地区长期多雾的特点，强调超低照度以及透雾功能的实现。在深圳市排牙山、三洲田、羊台山、凤凰山等主要的森林公园重点山头建设16个视频监控系统，二期将在其余12个森林公园和保护区建立40个林火监控点。届时，全市森林防火瞭望监控面积达80%以上。目前已完成16个站点的建设（图10-7）。

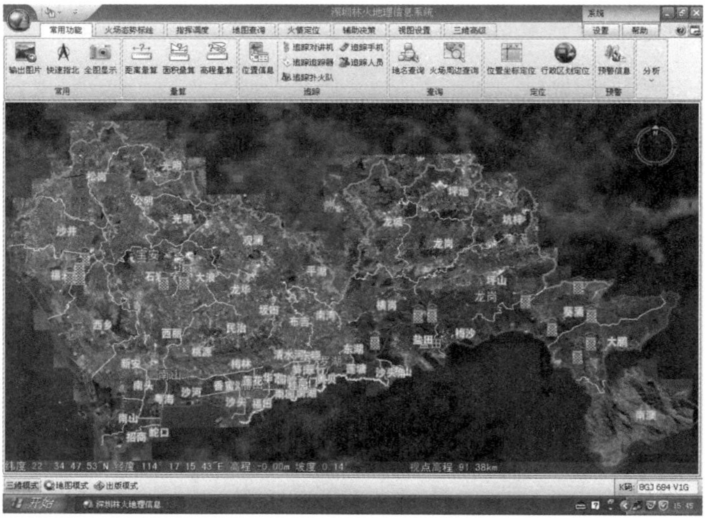

图10-7　深圳市森林防火管理系统

超短波通讯网子系统。鉴于深圳市超短波网专用频段管理极为严格、公用电磁波环境极为复杂等特点，深圳市建立了覆盖全市的数字超短波通信网子系统。系统采用全新的摩托罗拉数字常规无线通信系统，具有抗干扰能力强、语音清晰、通信距离远、自动漫游、分组呼叫、私密呼叫等功能。数字移动终端在整个区域内可以自动漫游，并且具有短信、GPS定位、呼叫控制等多种增值功能。同时，该子系统的建设也是国内首个成规模的数字超短波通信网的应用案例。目前，全市已安装完毕11个固定基站，移动车载中继站3 台，购置数字手持端300余台。

林火地理信息子系统。深圳市林火地理信息子系统是利用全市林业管理信息系统已处理完成的森林资源数据构建符合全市森林防火业务应用的信息系统。该系统包含了全市数字地图和数字高程数据库以及覆盖全市的高分辨率航拍数据。该子系统突出强调了地理信息二、三维分析和辅助决策功能。在完成常规的路径分析、地图量算、蔓延分析等基本功能上，该子系统更实现了二、三维联动、三维视域分析、通视分析、水带铺设等功能。针对深圳市手机信号覆盖较大、移动业务开展较广等特点，该系统采用多手段人员定位（手机、数字对讲机）、气象火灾预警、手机版地理信息等技术功能。深圳市森林防火工作从传统经验型的定性管理转化为自动化、标准化、规范化的定量管理，提高了森林防火管理的现代化水平。

第十一章 西南地区林业信息化进展

西南地区在2012年信息化水平评测中，处于起步阶段的省（自治区）较多，具有潜在的发展优势。四川省在全国处于先进水平，其信息化保障水平成绩突出，对西南地区其他省份具有示范作用。

第一节 重庆市

2012年，重庆市林业局坚持贯彻落实全国林业信息化工作会议精神，重点抓基础设施建设和政府信息公开，工作取得了一定成效，稳步推进林业信息化发展。

一、加快完成门户网站改版升级

重庆市林业局全面加强重庆林业门户网站建设工作，完成网站整合改版，全面提升林业形象。2012年完成了重庆市林业局门户网站、生态重庆专题网站、绿化长江重庆行动大型公益活动官方网站的整合和改版。建立了以政务信息公开、新闻宣传、网上服务和林业专题4个板块为核心的大型综合性网站，网站还配置动态专栏，对大型活动进行单独重点宣传，集成网上行政审批、森林防火、木材运输等业务系统。在管理方面，将实现信息网上报送、网上审核、网上发布、网上统计的自动化流程，提高工作效率，形成林业信息数据库。

二、加大推进政府信息公开系统集成

按市政府要求将重庆市林业局政府信息公开系统整合到新建网站，实现了政府信息在线报送。该系统和网站后台高度集成，提高政府信息公开的报送效率和准确率，并建立了重庆市林业系统政府信息公开专栏，实现与市政府信息系统同步，全面提升政府信息公开度，充分展示林业形象。

三、全面完成软件正版化工作

全面完成了林业局机关软件正版化工作，实现了全局操作系统、办公软件和杀毒软件的正版化，增强了病毒防御能力，提升了林业政府形象。为确保软件正版化后的有效管理，重庆市林业局将软件作为资产纳入部门资产管理体系，并召开了培训会，增强机关工作人员知识产权意识，要求按照“谁使用，谁负责”的原则管好用好自己使用的软件资产，禁止随意下载、安装、更换软件。

四、加快推进网络信息安全建设

重庆市林业局已将重要信息系统定级备案，完成机关网络安全评测并编制了信息安全等级保护改造方案。该方案严格按照信息安全等级保护相关要求，添置信息网络安全设备10台，新建约140平方米的局机关网络机房并新增内网网络信息点位600个，整合业务系统和数据，相关建设工作拟在2013年完成。

五、大力推行行政审批系统建设

重庆市林业局行政审批电子监察系统是市林业局办理行政审批业务和纪检监察的核心信息管理平台。依托已有的重庆市林业局门户网，实现行政审批事项的在线申报、在线审批和在线监察，提供一个社会公众和市林业局各相关部门在线交流互动的业务平台。2012年底，林业局已经完成了行政审批电子监察系统建设和核心软件开发工作，制定了相应的工作流程和制度，并在市种苗站规划了独立的审批大厅，预计2013年年初建成审批大厅，届时将全面运行重庆林业行政审批系统。

六、加速推进业务应用系统建设

一是启动了重庆市森林防火指挥中心建设工作。该系统以重庆市森林防火指挥中心和18个区位中心区（县）为重点，建立全市森林防火信息指挥系统，初步实现全市森林防火应急工作管理规范化，信息指挥科学化。二是成功研发“重庆市林业资源信息管理系统”。三是建立了林业数据中心。四是成功研发全国森林资源连续清查管理系统，并应用于各区（县）“连清”工作中，系统功能完善，满足连续工作要求，国家林业局西北院对此项成果充分肯定。五是努力构建种苗交易平台。在巴南区率先启动“重庆花木世界”项目，搭建电子商务平台，着力打造西部一流的集产、供、销、游一体的市场网络平台。网络平台的建设必将带动重庆市及周边区域的种苗产业发展，增加农民收入，推动林木种苗建设又好又快发展。

第二节 四川省

2012年，四川省林业厅按照国家林业局和省信息化建设的总体要求，投入了7300多万元，大力推进林业信息化建设，初步形成了以电子政务网络基本框架为核心的四川林业信息化体系，为现代林业建设提供了有力支撑。

一、建立四川林业外网平台

按照“统一规划、统一标准、统一制式、统一平台、统一管理”的原则，采用先进的虚拟化技术，在省林业厅中心机房建立了面向全省林业系统的互联网外网平台。

四川林业外网平台由VMware服务器虚拟软件、物理服务器、光纤交换机、磁盘阵列和统一威胁安全产品（UTM）组成。通过服务器虚拟化为应用系统提供支撑，数据存储和备份管理便捷，大大减少了物理服务器数量，大幅降低能源，符合节能减排政策。

四川林业外网平台具前瞻性、先进性、灵活性、安全性和扩展性，随着业务系统和数据量的增加，只需提高服务器性能和增加存储容量，无需增加物理服务器。统一平台、统一存储、统一管理，为全省林业系统互联网应用系统提供支撑，减少了地方数据机房投入和运行管理成本，节约大量人力物力（图11-1）。

图11-1 四川省林业厅网站主页

二、建设四川林业网站群

按照国家有关政府网站建设和绩效评估、政府信息公开制度要求，以四川省林业厅门户网站为核心，以群内子网站统一管理为手段，以“政务公开、在线服务、互动交流”为主要功能定位，建设面向未来的四川林业网站群。

四川林业网站群建设采用统一的管理平台和信息发布管理平台，数据集中存储在四川林业外网平台，统一入口、单点认证、分级授权，为全省林业系统网站建设提供服务。

四川林业网站群支持生成独立网站和横向一体化、纵向一体化的站群构建，采用一级域名（独立ICP备案）和二级域名访问，不限制子站点数。设置了机关处室、直属单位、市（州）林业局、森林公安局、县林业局、自然保护区、森林公园、种苗基地、国有林场和国有林业企业等10套子站模板，可以快速为各地林业部门建立网站。数据集中存储在四川林业外网平台，由四川省林业信息中心统一管理，有效利用资源，大幅降低了能耗和管理运行成本。

四川林业网站群全部纳入中国林业网，主站和子站都加上四川林业网站群和中国林业网的标识。

三、加强政府信息公开

四川省林业厅高度重视政府信息公开工作，按照四川省委省政府建设服务政府、责任政府、法治政府和廉洁政府的总体要求，紧密结合林业工作实际，以集体林权制度改革、棚户区改造、川西北防沙治沙、第四次大熊猫调查、资源清查、珍稀树木培育、三项建设活动、学习贯彻十八大精神等重点信息为政府信息公开工作重点，并纳入目标考核范畴，明确考核计分办法。2012年，定期通报政府信息公开和政务信息工作6次，召集有关部门会商信息工作4次，举办政府信息公开工作培训班两期，有力促进了厅信息公开工作的稳步发展，确保了全年目标任务的顺利完成。

2012年，共采编林业政务信息达6000余条，四川省林业厅门户网站采用发布4500余条，被国家林业局门户网站采用发布2200余条；2012年网站总访问量130万人次，日均访问量3500人次，为社会各界了解四川林业提供了很好的窗口和平台。

四、开发林木种苗网上查询系统

利用四川林业外网平台，开发了全省林木种苗生产经营许可资质网上查询系统和全省林木种苗质量检验员资质网上查询系统，后台由全省林业系统137家办证单位对各自数据进行维护管理，确保数据真实性、准确性、有效性和及时性，目前已录入数据2370余条。在四川林业网站群主站和市（州）、县林业局子站上提供前台查询，为社会公众提供免费查询服务。

五、加快林业OA系统建设

建立省林业厅内部OA系统和全省21个市（州）、59个扩权县林业部门和直属单位信息资料交换系统，为实现全省林业系统无纸化办公打下了坚实基础。

六、强化门户网站互动交流

四川省林业厅门户网站设立了厅长信箱、在线咨询、监督投诉、在线访谈、公众留言、网上调查、意见征集、结果运用、网上办事咨询、在线申报和全省自然保护区基本情况、森林公园基本情况和种苗生产经营许可资质、种苗质量检验员资质查询等服务，强化了政府与公众互动功能，提高了服务效率和服务质量。2012年网站厅长信箱收到239件，回复率达到100%，满意度为90.4%，按照要求公开41件，不公开198件；在线咨询收到159件，回复率达到100%，满意度为93.7%，按照要求公开65件，不公开94件；监督投诉收到50件，回复率达到100%，满意度为92%，按照要求公开20件，不公开30件。四川省林业厅门户网站位列2012年四川省政府网站社会公众网上评议第四名。

七、启动林业信息化示范市、示范县建设

启动四川省林业信息化建设示范市（州）、县工作，以建立一批水平先进、成效显著、影响力大的示范点，辐射带动全省林业信息化工作，组织地方积极申报全国林业信息化建设示范市（州）、县建设工作。

八、抓好网络和信息安全管理

严格执行各项规章制度，严把审核关，确保所发布信息的正确性、权威性和不涉密。加强四川林业网站多级安全防护管理，有效防范黑客攻击。网站服务器对外只开放80端口提供Web服务器和隐藏后台管理登录地址，大大减少服务器被攻击的可能性；网站群软件由国家互联网应急中心四川分中心进行安全测评，有效降低了软件缺陷带来的安全隐患；采用先进的篡改检测技术和应用防护模块，全面保护网站的静态网页和动态网页，支持网页的自动发布、篡改检测、应用保护、警告和自动恢复，完全实时地杜绝篡改后的网页被访问的可能性和任何使用Web方式对后台数据库的篡改；国家互联网应急中心四川分中心对网站页面和流量进行7×24小时监控，异常情况及时反馈，及时处理，避免带来负面影响。加强信息系统安全等级工作，按照三级信息系统要求对机房设施设备和软件进行了全面检查并提出了建设意见。2012年，四川省林业厅各网络系统和四川林业网站群安全、高效运行，无泄密失密和安全事故发生。

第三节　贵州省

2012年，贵州省按照《全国林业信息化建设纲要》《全国林业信息化建设技术指南》和《2006～2020年贵州省信息化发展战略》的总体思路和目标要求，坚持“以林业信息化带动林业现代化”的指导方针，突出抓好网络建设与维护、网站建设与创新、信息系统开发与应用等工作，进一步优化信息化建设环境，扎实推进林业信息化建设不断向前迈进，取得了明显进展。

一、编制《贵州省林业信息化建设规划》

加强与信息化建设科研机构合作，完成《贵州省林业信息化建设规划》的修编，明确“十二五”贵州省林业信息化发展总体目标和各年度工作任务，形成全省统一规划、统一标准、统一建设的林业信息化体系。

二、建设贵州省林业OA系统

为使贵州省林业厅实现办公自动化，2012年10月建设了贵州省林业厅OA系统。

三、网络建设逐步完善

省林业厅计算机中心机房、厅机关大楼网络建设不断升级和完善，终端用户已达199个，基本实现了信息资源共享和网上交流。铺设了政务内网、政务外网、国家林业局专网，分别运行省委公文传输系统、省政府公文传输系统、电子行政审批监察系统、省政府应急信息报送系统、国家林业局公文传输系统、视频会议系统等，网络安全保障体系也逐步完善，提升了网络安全性和稳定性。

四、网站建设不断创新

2012年，将首页显示栏目中更新不够及时的栏目“政策法规”“技术规程”“森林公园”“自然保护区”撤换为“林业产业”“相关专题”“全省动态”“市县动态”，增加了网站更新频率。

制定了《贵州省林业厅门户网站更新管理办法》，明确了各个版块更新的程序和时限，落实了责任人。

加强网站外部安全管理。在确保基本安全服务实施有效性的同时，不断完善安全策略与制度层面，形成完整的安全管理制度。对安全事件进行实时采集，对高风险的安全事件及时预警和处理，确保安全事件的影响的可控性。对存在的问题进行认真整改，完善相关制度，修补相关漏洞，确保网站的安全运行。

五、强化信息系统应用和管理

（一）电子政务系统建设日益完善

根据省委省政府和国家林业局的要求，建立健全电子政务系统，形成办公内网统一、高效、共享的信息交流平台，实现网上公文传输。

（二）进一步推进政务公开

通过门户网站及时公开政府信息，按照省林业厅制定的《省林业厅政府信息公开实施办法》《省林业厅关于国家秘密载体保密管理的规定》、《省林业厅计算机信息系统国际联网保密管理工作暂行规定》等，对不涉密的公文及行政许可事项进行公开，已通过门户网站面向社会公开文件678件，发布政务信息4367条，网站访问量达156 918次，充分保障了群众的知情权和监督权。逐步推广网上行政许可事项审批办理和保证行政许可审批结果及时公开。

（三）加强信息系统安全检查

根据贵州省政府办公厅《关于政府信息系统安全检查办法贯彻实施意见的通知》和《贵州省2010年政府信息系统安全检查实施指南》等文件要求，省林业厅及时制定信息安全风险策略，进一步明确责任和落实安全措施，不断提升信息安全强度，切实提高信息系统的安全保护能力。

六、认真贯彻落实《贵州省信息化条例》

通过组织开展《贵州省信息化条例》（以下简称《条例》）的学习培训，把握其基本内容和精神实质，加大宣传力度，推动《条例》的贯彻落实。通过《条例》的实施，加强了林业信息化工作的宣传，为推进林业信息化建设营造了良好氛围。

在《条例》的贯彻实施中，制定符合林业信息化建设实际的相关配套政策、制度和措施，并结合全省林业建设的特点，切实加快林业信息化发展。

第四节 云南省

2012年，云南省林业厅认真贯彻落实国家林业局和省委省政府信息化建设的总体部署，以“五个统一”为指导，在网络基础设施、组织机构建设、顶层设计、保障体系建设等方面取得了一定成绩，发挥了林业信息化在林业建设中的推动作用。

一、进一步加强机构队伍建设

2012年，云南省编办批复同意正式成立了云南林业信息中心。10月30日下发了《云南省林业厅办公室关于成立云南林业信息化专家委员会的通知》，正式聘请全国信息化领域的有关专家，组建了云南省林业信息化专家委员会，指导省林业信息化建设工作。

二、启动云南林业信息化顶层设计

9月份，分别在国家局网站和厅网站发出了《云南省林业信息化建设总体规划方案征集公告》，在全国范围为征集有实力的IT企业共同编制《云南省林业信息化建设总体规划方案》。11月6日召开了专家评审会，选定了最终合作公司，正式开始编制《云南省林业信息建设总体规划方案》，为全省今后一个时期的林业信息化建设工作奠定了基础。

三、积极筹措建设资金

2012年多次召开厅信息化领导小组会议，研究信息化建设资金落实事项，初步明确了信息化经费筹措渠道，即充分利用并整合现有设备和基础设施，积极争取国家“金林工程”、省级电子政务专项资金和地方财政资金扶持，整合森林防火、资源监测、重点生态工程建设等项目中的信息化建设费用，加大林业电子政务建设资金投入。同时积极拓宽资金投入渠道，鼓励林业科研部门、企事业单位积极申请国家、地方相关科研课题和信息化建设项目，扩大各级各类建设经费支持。

四、召开全省林业信息化工作会议

6月份召集全省各州（市）林业局主要领导及相关人员召开了全省林业信息化工作会议。传达贯彻了第二届全国林业信息化工作会议精神，明确了省“十二五”信息化工作目标及内容，对全省林业信息化工作进行了总体部署，对各州（市）信息化技术人员进行了培训。

五、加强合作强化专业支持

3月份和6月份分别与中国移动云南分公司、中国电信云南分公司签署了战略合作框架协议，明确了合作领域、合作方式，积极争取各企业在人才、技术、设备等方面的支持。

六、正式启动林业电子政务一期工程

该项目主要涉及云南省林业办公自动化平台建设、全省林业部门网站群建设。于11月17日完成了该项目的软件招标事项，确定了软件开发商，签订了软件开发合同。

第五节　西藏自治区

2012年，西藏自治区林业厅在国家林业局的正确领导和大力支持下，加大了西藏林业信息化工作的力度，取得了一定成效。

一、制定西藏林业信息化建设规划

按照《全国林业信息化建设纲要》和《全国林业信息化建设技术指南》的要求，制定了西藏林业信息化建设规划，为全区林业信息化工作明确了目标、任务及建设框架，强化了信息化工作的总体设计和规划。

二、成立林业信息化管理机构

2011年，成立了厅信息化建设领导小组，由厅长任组长，对全区林业信息化建设实行统一领导和组织。2012年成立了厅林业信息技术部门，负责全区林业信息化建设的管理和实施。

三、努力建设高素质技术队伍

2012年，西藏自治区林业厅建立健全林业信息化管理机构，明确职能、编制，落实人员、经费，切实承担起林业信息化管理的具体职责，保障西藏自治区林业信息化工作的顺利开展。同时，将林业信息化人才培养纳入议事日程，从其他渠道引进专业人才，并不定期举行培训班，以全面提高林业队伍的信息化水平，加快了林业信息化进程。

第十二章 西北地区林业信息化进展

甘肃、陕西在2012年信息化水平评测中处于全国前列，进步较快，在该地区具有示范作用。但西北地区多为经济基础薄弱地区，信息化资金投入不足，机构队伍保障不够，信息化整体水平较低，处于建设起步阶段。

第一节 陕西省

2012年，陕西省按照国家林业信息化发展总体部署，围绕全国第二批林业信息化示范省所确定的示范主题，积极探索、锐意改革，林业信息化建设呈现崭新面貌。林业信息化的深入推进，促进了陕西省林业管理理念的更新和体制机制的创新，推进了党风廉政建设和机关作风的转变，提升了林业的地位和形象，为全省林业改革发展注入了强大动力（图12-1）。

一、示范建设

在精心编制《陕西省林业信息化示范省建设实施方案》基础之上，2012年又下发了

图12-1 陕西省林业厅网站首页

《关于推进全省林业信息化示范省建设工作的通知》，按照“三化一提升”的总体要求，对各地市及直属单位的建设任务进行了细化分解，要求各单位成立信息化建设领导小组，明确具体部门，抽调人员开展工作，抓紧申报示范市和示范县建设工作，同时对各单位的建设任务按月份进行了进度划分，定期检查督促。4月份，又组织人员对陕南、陕北、关中各地市及直属单位的基础设施建设和示范建设进展情况进行了走访；5月份，进行了示范省建设招标采购工作；8月份，完成了陕西省林业厅门户网站的升级改版工作。

二、门户网站建设

根据国家林业局和陕西省政府要求，省林业厅对门户网站进行了升级改版工作，开设了领导信箱、在线咨询、在线办事、在线投诉、互动交流等新栏目，同时对这些栏目的受理和回复流程进行了制度规范；对省内动态、图片报道的信息发布时效性提出了要求；据不完全统计，厅门户网站全年共发布各类信息1300多条，图片260余张，视频100余分钟，网站访问量达到55万余次，达到网站开通以来的历史最高点。

三、森林资源信息管理系统建设

陕西是全国较早应用高分辨率遥感数据、基于3S技术开展森林资源规划设计调查工作的省份，虽然起步早，但推广与应用深度不够，为了建设一个符合陕西林情，覆盖全省各市、县（区）以及林业局（场），将林业信息落实到山头地块的信息化管理平台，为林业生产提供翔实、可靠的信息服务，满足现代林业建设的需要，省厅研究决定建设陕西省森林资源信息管理系统。建设内容包括以下4个方面：标准化体系与数据规范的建立、全省国家地理基础数据建库、全省森林资源规划设计调查成果汇编建库、研究建立森林资源信息管理系统（包括森林资源地理信息子系统、森林资源虚拟现实子系统、森林资源信息网络发布子系统）。建设布局按照省、市、县三级行政管理体制，搭建省、市、县三级森林资源信息管理体系，即省级建立省森林资源信息管理中心；市级建立市森林资源信息管理分中心；县（区、林业局）级建立县（区、林业局）森林资源信息管理站。该项目已经过省信息化领导小组审批通过，并获得100万元的项目资金支持，将按计划分年度实施。

四、陕西林农增收信息系统建设

为完善服务体系，强化扶持措施，开展陕西林农增收信息系统建设项目。项目主要建设覆盖全省的森林资源监管系统、集体林权改革管理系统、征占用林地管理系统、林产品交易平台及相应的数据库系统和支撑软件系统，全面应用于陕西省林业业务管理和服务，将各类系统整合到统一的平台，全面实现规范业务操作、统一平台、功能完善、易学易用、方便决策、管理灵活的全省“林农千亿增收”信息服务大平台。

五、制度和规范建设

根据实际应用中存在的问题修改和完善了有关信息化管理制度，其中包括《陕西省林业厅门户网站管理办法》《陕西省林业厅办公网管理办法》《陕西省林业厅网络信息安全应急处置预案》《陕西省林业厅门户网站栏目分工表》等，通过这些制度的建立、修改和完善，基本实现了工作有序，办事有规。

第二节　甘肃省

2012年是甘肃林业信息化建设的推进年。全省林业信息化工作认真落实国家林业局和省政府信息化工作的总体部署，经过一年的不懈努力，林业信息化实现了从无到有、从小到大的跨越式发展，顺利完成了年初制定的各项任务指标，林业信息化建设取得了显著成绩。

一、有力指导甘肃省林业信息化建设

2012年初，向全省林业系统下发了《2012年全省林业信息化工作安排》，明确了工作重点、任务分工和进度节点，创建性地将任务分解到责任单位、落实到个人，使全年工作有了抓手和抓点。及时下发了《全省林业系统视频会议、无纸化办公传输系统和网站建设指导意见》，启动了全省林业系统视频会议、自动化办公系统和网站等建设，定期印发了10期《甘肃林业信息化工作简报》，及时向市（州）林业局和厅直单位传达省厅的工作思路和要求，反映各地各单位信息化工作情况，指导完成各项建设任务。全省林业信息化建设呈现出又好又快的发展势头。

二、建成甘肃省林业厅门户网站

2月8日，甘肃省林业厅政府门户网站“甘肃林业网”正式开通运行，标志着甘肃没有林业门户网站的历史宣告结束。网站全年发布信息10 000余条，总访问量超过100万人次，日均访问3000余次，在线办理各类事项281条。及时为社会大众、基层林业单位和林农提供了需要的信息，有效地展示了林业的形象，提升了甘肃林业的社会影响力。实施了甘肃林业网站二期开发，新建了林果信息发布平台、网上预审批系统、政府信息公开网页等内容，对网站结构和功能进行了完善优化。

三、完成甘肃省林业中心机房和网络改造工程

结合厅办公楼改造，2月份完成了甘肃省林业中心机房和网络改造工程。购置了核心交换机、网站服务器、应用服务器、数据存储服务器、数据备份服务器、磁盘阵列等信息处理和存储设备；配备了机房专用空调、UPS电源、全自动气体灭火系统；对厅机关网络系统进行了升级，从原来的ADSL模式4MB带宽升级为光纤接入30MB带宽，满足了厅机关公共信息的查询、检索、交流等需要；接入了政务专网，调整优化了内外网网线布局，增设了内外网备份线，提高了网络资源利用率。

四、积极整合各类林业网站

将甘肃林业网与现有的30个市（州）林业局和厅直单位网站进行了统一整合，实行统一域名管理下的网站群管理模式，形成了甘肃省林业信息发布、在线办事和互动交流的统一平台；指导改造升级了3个市（州）林业局、5个厅直单位网站；加强了网站信息发布能力，拓展了服务功能，打造了省、市两级“甘肃林业网”站群的整体形象。

五、建成甘肃省林业专网

依托甘肃电子政务网，新建了甘肃林业专网。全省林业专网节点数达到35个，范围覆盖全省林业系统，将省林业厅与市（州）林业局和厅直单位连接成一个集文字、视频、音频等为一体的省级林业专网，为全省林业系统实现视频会议、自动化办公等功能创造了条件；接入了甘肃人事、财政、应急、防火等业务专网。

六、狠抓甘肃省林业视频会议系统建设

启动了全省林业视频会议系统建设工程。3月初完成了省厅视频会议中心建设，实现了作为分会场参加国家林业局召开远程视频会议的目标；4月初实施了覆盖全省14个市（州）林业局、21个厅直单位的视频会议系统建设。目前，10个市（州）林业局、18个厅直单位实现了省、市两级视频会议功能，1个市实现了与5个县（区）的视频会议功能，为全省林业系统召开各类会议提供了全新的现代化手段。

七、实施了甘肃省林业办公自动化系统建设

厅机关内部反复多次进行业务流程梳理，主管单位不遗余力地与开发商协调会商，广泛征询各方意见，在充分收集整理全省林业系统协同办公基础资料的前提下，形成了需求分析方案，报送国家林业局和有关IT公司征求意见。将甘肃林业办公网设计建设为集政务办公、公共信息、学习园地、生活资讯、互动交流五大应用版块于一体的内网平台，全省

14个市（州）、25个厅直单位将同步实现自动化办公。截至目前，已完成全省林业办公自动化系统设计，12月正式上线试运行。

八、制定出台甘肃林业信息化发展中长期规划

在深入研究和广泛调研的基础之上，组织编制了《甘肃省林业信息化发展中长期规划（2012版）》，于4月27日进行了专家评审，6月5日通过厅信息化建设领导小组审核，8月份正式印发出台。《规划》作为全省林业信息化建设的顶层设计，着力于对全省信息化工作的统一指导，理清建设内容，规范管理方法，优化建设布局，重点解决到2020年全省林业信息化的目标、建设内容和发展方向等问题，做到科学性、可行性和前瞻性的有机统一，使甘肃林业信息化建设做到高起点、高标准、高水平。

九、建立健全信息化管理制度

制定了《甘肃林业信息化领导小组及其办公室职责》《甘肃省林业信息化工作管理办法》《甘肃林业网站管理办法》《全省林业信息员工作职责》《甘肃省林业信息发布审核制度》、《甘肃林业网站信息报送制度》《甘肃林业信息安全突发事件应急预案》《甘肃省林业信息化工作测评办法》《机房管理制度》《视频会议管理办法》《机关信息化岗位职责》等16项规章制度，全省林业信息化制度体系基本形成。

十、积极争取林业信息化应用系统建设项目

为推进全省林业信息化应用开发，不断提升信息化在全省林业核心业务中的应用水平，2012年争取省级财政投资220万元，同时积极申报2013年信息化建设资金和项目，及时向省政府电子政务办申报了“退耕还林工程管理信息系统”和“荒漠化沙化土地管理信息系统”项目；储备了集体林权制度改革信息管理系统、林业有害生物防治管理系统、森林防火监控和应急指挥系统3个项目。

十一、较好地完成了国家林业局安排的各项任务

全年向国家林业局报送网站信息1000余条，在全国名列第九；向国家林业局报送了《甘肃林业信息化发展报告2011》《甘肃林业信息安全自查报告》《甘肃林业信息化发展中长期规划》《甘肃林业信息化工作简报》等；组织开展了全国林业信息化示范市、示范县评选、“信息改变林业”网络故事征文、全省林业信息安全检查、全省林业信息化发展测评等工作；组织参加了新技术在电子政务应用座谈会、首届全国林业信息办主任协作组会议、全国林业信息安全等级保护技术培训班、全国林业信息安全工作电视电话会等。

十二、应用开发取得阶段性成果

张掖市林业局开发建设了市级森林防火综合管理信息系统、森林资源监测管理信息系统、营造林管理系统、有害生物防治管理系统、野生动物管理系统，为全省林业信息系统建设提供了宝贵经验；兴隆山国家级自然保护区投入500万元建成了信息化办公大楼，投入547万元建设了森林数字预警管护系统，信息化程度大为提高；省林检局正式开通了甘肃网络森林医院，20位林业专家轮流值班，提供专家咨询、网上诊断等在线服务，截至目前已累积解答问题3万余条；莲花山国家级自然保护区自筹资金250万元开发建成了林业资源监控监测系统；连古城国家级自然保护区结合防火工程项目，自筹资金100余万元建成了林业信息管理系统；甘南藏族自治州林业局成立了科技信息宣传科；省林技推广总站成立了信息科。

第三节 青海省

2012年，在国家林业局的指导支持下，青海省林业信息化以“四个服务”为宗旨，以“五个统一”为原则，坚持融合、不断创新、真抓实干、奋力赶超，各项工作蓬勃开展，取得了积极成效。

一、公益林综合管理系统数据库更加完善

按照“全省林业一张图”的建设思路和实施计划，将各个数据库的数据采集和录入作为重点，从应用需求迫切程度、应用深度和广度出发，优先考虑公共基础和林业资源数据的录入，确定了省林业调查规划院为各种林业数据的采集、审核、更新、维护技术支撑单位。对各市（州）、县分管林业信息化工作的领导、计算机操作和数据采集人员100余人进行技能操作、信息采集等方面的培训。成立林业资源数据库指导督查组，深入各县对数据库质量进行督促检查和指导，建立信息质量跟踪和通报制度，及时检查各县信息更新、录入、完整等情况。目前，已初步完成多尺度级国家基础地理信息、森林资源数据库等7个数据库的数据完善工作，实现了对森林生态系统和生物多样性的有效监管（图12-2）。

二、不断增强信息公开力度

按照《工程建设领域项目信息公开和诚信体系建设工作实施意见》，在整合现有网络资源的基础上，购置服务器、入侵检测、路由器、交换机等网络设备，搭建硬件平台，以林业项目为中心，以审批流程为主线，主动公开林业重大建设项目的立项、招标投标、重

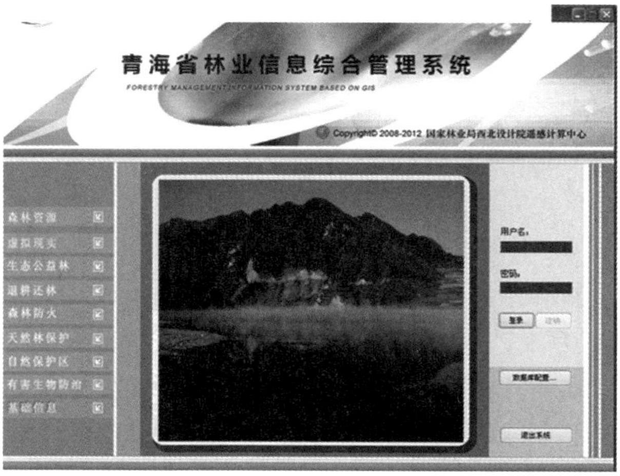

图12-2　青海公益林综合管理系统

大设计变更、施工管理等6大类22个小项信息。实现了与省政府和各厅局信息公开共享的"一站式"综合检索服务，为部门间建立信息互认机制，在市场准入、资质管理、招标投标、评优评奖等市场运行和监管环节提供应用相关信息。

三、全省木材运输管理系统更加有效

2012年，集资30余万元，通过采购二维码扫码枪、摄像机、台式计算机、打印机等设备建成了民和享堂、互助夏河等9个木材检查站联网。全年在省级中心办理木材运输证500余份，通过条码技术、网络验证技术，提高了木材运输站对运输证识别能力，基本解决了目前木材运输中假证的问题，实现了木材运输过程中无证运输、使用伪造涂改运输证、超数量运输、树种规格不符等各类案件的科学管理。

四、党员干部现代远程教育系统建成运行

2012年，以党支部为单元，建成厅党员干部现代远程教育系统（图12-3），25个党支部按要求接入系统，并结合业务发布林业行业信息30余条，制作发布集体林改、天然林保护、林业产业和30年巡礼等题材影片4部共15集900分钟，实现了优质资源共享。系统将逐步成为林业行业农村职业教育和技能培训的有效载体，是提高党员干部综合素质、培养新型农民的重要平台。

五、厅机关办公平台运转高效

为适应新形势下文件收发的需求，通过实地考察，制订实施方案，邀请专家评审等工作，对内网平台进行改版升级，升级后厅机关收发电子公文的能力显著提高，基本实现了

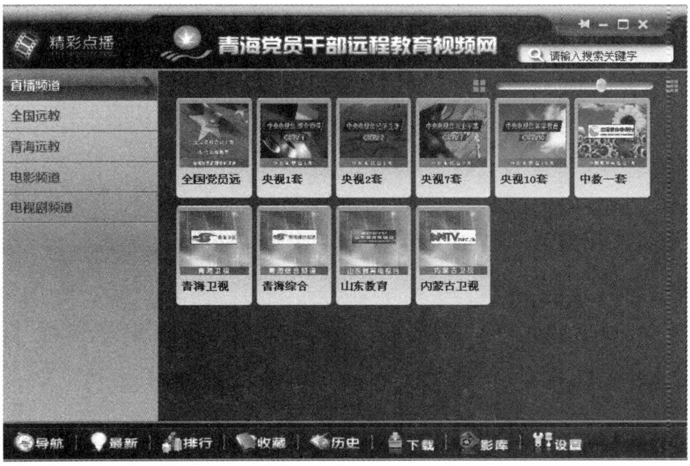

图12-3 青海党员干部现代远程教育系统

无纸化办公（图12-4）。全年接收国家林业局公文680份，信息、简报 280份，报送各类公文、信息200份；接收省政府公文800份，发送各类公文、信息150份。

图12-4 青海林业厅办公自动化系统

第四节　宁夏回族自治区

为了大力推进信息化建设，宁夏回族自治区林业局2012年经过不懈努力，做了大量卓有成效的工作，为林业快速发展发挥了巨大作用。

一、机关局域网升级改造

为适应全区林业信息化网络建设的要求，宁夏回族自治区林业局以搬入新办公楼为契机，对现有局域网进行了全面升级改造。按照先进性、安全性、可扩展性、可管理性的原则，从综合布线系统、网络交换系统、网络安全系统、机房附属系统4个方面对网络进行升级改造。改造完成后，提升了上网速度，有效提高了网上办公的便捷性和安全性，有力提高了网络系统的管理能力，为林业信息化建设应用打下了坚实基础。

二、公众信息外网升级与完善

为提高公共服务水平，宁夏回族自治区林业局对公众信息网站进行了多次升级改造，调整了公众信息网结构，提高了网站内容的更新速度。同时，制定了学习制度，开展横纵学习，纵向向国家局、自治区等上级部门学习，横向向其他省（区）林业局、自治区其他厅（局）学习，学习先进做法，及时补正不足。制定完善了信息上报、审核、上网制度，真正发挥了网站为大众服务的作用。

三、积极争取成立信息化专门机构

局设立网络管理中心，因人员流动性大，长期得不到有效培训，管理不便，不符合国家林业信息化工作要求，也给具体工作带来许多不便。目前，省厅正积极争取成立林业信息化专门机构。

第五节　新疆维吾尔自治区

2012年，新疆林业厅认真贯彻第二届全国林业信息化工作会议精神，紧紧围绕自治区民生建设大局和林业发展中心，进一步拓展林业厅信息公开领域，强化信息安全保护，着力开展软件正版化工作，林业信息化取得了新进展。

一、信息公开取得成效

印发了2012年林业厅信息公开重点工作实施方案，并召开会议进行安排部署，从6个方面加大了林业厅信息公开的力度。经过4个多月的分类审查，共梳理2011年林业厅文件1546件，确定公开文件1365件，其中，主动公开文件658件，依申请公开文707件。确定不公开文件181件。形成2011年林业厅信息公开的年度报告和公开目录电子文档，并在4月1日公开在林业厅门户网站，供公众查询。

二、加大门户网站信息发布力度

2012年，组织专人更新了“新疆林业”栏目内容。更新后的内容分为“新疆林业概况”“新疆林业十大工程”“三北防护林”“退耕还林”“特色林果业”等5个方面，不仅反映了新疆林业发展建设的成就，还就当前林业生态建设工程的目标、实施情况进行了说明。同时全面介绍了新疆林业整体发展情况及思路。

配合全民义务植树30年活动，设立了“3·12”植树节专题，并与中国林业网做了链接。引导林业系统的信息员，较全面报道了新疆各地“3·12”植树节情况。同时，紧贴2012年自治区林业工作会议、生态健康果园建设、重大林业有害生物防治、森林防火等焦点、热点，组织稿源，及时报道了相关的政策、目标、采取的措施和取得的成效，正面引导网上舆论。将梳理后的62件林业行政执法设定依据、153个林业行政执法主体、32 项林业行政许可、100项林业行政处罚、9项林业行政强制、8项林业行政征收、5项林业行政确认、6项林业行政给付、4项林业行政检查、1项林业行政裁决等结集成专题公布到网站上。在“三公经费”的公开上，将林业厅机关及事业单位的预算公布在网站上。还通过国家林业局网站、新疆人民政府网站、自治区农办网站报送渠道，报送各类林业重大信息248篇，扩大了新疆林业在网络上的影响。

为提高各地林业部门信息报送的积极性，对2011年、2012年各地及厅机关报送信息的情况进行了通报。同时，积极参与2011年新疆林业好作品好新闻活动，从1520篇网站发表的作品中，选送141篇作品参加活动评选，有13篇作品获奖。

更新了“政务公开”栏目的行政许可办事指南等，新增了集体林权改革、防沙治沙、执法依据疏理等专题栏目。据统计，截至2012年11月，林业厅门户网站共收到各类林业信息6126篇，网站发布3101篇。社会大众已将新疆林业厅网站作为了解新疆林业的一个重要窗口。

三、全面完成软件正版化工作

投入资金60余万元，一次性解决了林业厅部分计算机安装使用软件的问题。结合实际制订下发了新疆林业厅软件资产管理办法。按照软件资产管理制度的规定，各单位办理入库出库手续，登记使用人，领取相关软件。2012年3月，自治区软件正版化领导小组对林业厅软件正版化采购落实情况验收，通过查验相关资料和实际查看软件配置，对林业厅软件国产化、正版化提出了表扬，认为林业厅在加强软件正版化和国产化方面在自治区起到带头作用，值得全自治区推广和学习。

四、进一步加强网络运维管理

2012年，林业厅1号文正式印发了《新疆林业厅信息化“四法一案”的通知》，对林业厅外网、内网计算机及周边设备的采购、接入、使用、维修、报废进行了详细的规定，使林业厅信息安全管理做到了有章可依、有规可循，走向了规范化、制度化管理的新阶段。从4月6日起，对林业厅互联网开通情况进行了梳理和清理。6月12日，印发了《关于签订〈新疆林业厅国际互联网应用安全协议〉的通知》，要求各单位根据协议的要求，在规定的期限内，与林业厅信息公开和电子政务领导小组签订协议，明确接入互联网单位的责任。

2012年，在对软件、硬件、网站信息发布审查和系统安全管理制度等方面进行全面梳理、评估、整改基础上，林业厅门户网站率先在自治区达到国家信息安全等级保护2级的要求。启动了林业厅内网杀毒系统、内网软件下载系统、内网IM统一通信系统、网管系统建设。

进一步强化林业外网的技术安全保护。采购防火墙部署于厅内外网系统前端，及时恢复了林业厅信息网络安全屏障，进一步建设和完善了林业厅外网防火墙系统、网管系统、上网优化管理系统、IPS入侵检测系统、审计系统及VPN远程登录管理系统。

五、建设业务应用系统及内网办公平台

在外网部署了全国木材运输管理系统。搭建新版林业厅内网协同办公系统和虚拟服务器管理系统，并进行了测试，进入全厅试运行阶段。这为整合服务器，使服务器利用率最大化，减少资金投入，降低供电、制冷和场地方面的运维成本，提供了一个可行的方案，为今后林业信息化建设向着计算机云技术方向发展提供了宝贵的经验。

第六节　新疆生产建设兵团

新疆生产建设兵团在国家林业局的正确领导下，在国家林业局信息办的大力支持下，林业信息化建设工作稳步推进，取得了一定的成绩。

一、确保林业门户网站正常运行

2012年，印发了《关于成立兵团林业局政务信息工作领导小组的通知》《政务信息工作管理规定》《信息宣传考核办法（试行）》，进一步明确了领导小组及办公室职责，规范了信息工作管理。8月份，新疆生产建设兵团正式启动新疆生产建设兵团农业局（畜牧兽医局、林业局）政务网（http://nyj.xjbt.gov.cn）（图12-5），栏目设置主要有领导之窗、工作动态、政策法规、通知公告、党建工作、办事指南等，并对新疆生产建设兵团征占用林地许可、林木种苗生产经营许可等审批事项进行了公开。

图12-5　新疆生产建设兵团农业局政务网

二、开展森防信息化系统项目建设

森防信息化系统建设项目进展顺利。新疆生产建设兵团林业局在2012年10月至11月多次与项目研发小组进行沟通，就研发项目软件系统如何更好地满足兵、师、团三级用户的实际需要进行沟通、交流和探讨。作为2012年度绩效考核的一项重要内容，严格按照国家有关规定及项目建设要求，认真履行招标程序，积极谋划建设细则、加强与供应商沟通协调、严格落实监督检查，按项目管理要求合理使用项目资金、加强项目建设资料档案管理。

三、加大信息化应用培训力度

2012年10月，兵团林业局举办了政务信息培训班。来自兵团各师林业局、兵团林业局机关各处及事业单位近40人参加了培训。培训班传达了兵团党委常委、兵团秘书长李新明同志在兵团政务信息公开工作电视电话会议上的讲话，学习了《中华人民共和国政府信息公开条例》，安排部署今后兵团林业政务信息和工作任务。邀请了兵团林业局领导、兵团政务信息中心领导专家为学员授课。通过授课，增强了信息员对做好政务信息公开工作重要性的认识，提高了大家信息写作水平。

借鉴篇

Annual Report

on Forestry Informatization Development in China

第十三章　国际信息化发展动态

2012年，全球宏观经济仍具有很大的不确定性，各国政府积极采取措施，寻求实现“低碳、绿色、可持续发展”的新增长点，从而刺激经济增长、增加就业。信息化在促进经济发展、提升产业竞争力、改善政府效能、加强金融监管、提高国民福利、推动节能减排等方面的作用进一步凸显，信息化在各领域更加渗透、融合和创新。

第一节　政策法规

2012年，世界多国发布信息化专项战略规划，虽然不如过去两年多，但信息化专项发展规划依然频频出台。各国政府多选择信息基础设施、电子政务、网络与信息安全、IT融合等领域重点建设，有针对性地推动信息化发展。

一、美国

5月，美国白宫管理与预算办公室推出《联邦IT共享服务战略》来减少资源浪费，促进具有创新性的信息执行系统的形成。这一战略是2010年联邦IT 管理改革所确定的25项行动之一。该战略涵盖了联邦政府所有IT共享服务范围，改善了现有的战略采购方法，整合了机构间的购买力，期望以更低的价格获得更高水平的服务。联邦企业标准组织为之提供灵活、标准化的方法和工具，使下一代IT资源共享服务在资源紧缺的情况下满足机构的需求，提升服务满意度。

该战略遵循“共享第一”原则，提高IT投资的回报率，减少生产力差距，以促进管理合作伙伴和用户之间的沟通。

二、欧盟

9月27日，欧盟委员会出台了一项新战略——《充分发挥云计算在欧洲的潜力》，该战略的目的是扩大云计算在欧洲经济中发挥的作用。这些更快、更便宜、更灵活和现场IT解决方案可能更安全。许多广受欢迎的服务、社交媒体和基于Web的电子邮件使用云计算技术。然而，真正的经济利益往往是通过广泛使用云计算去解决企业和公共部门的方案。该战略预测云计算将为欧洲年GDP贡献1600亿欧元，预计到2020年，将占到GDP总量的大约1%，并将提供250万个新的工作岗位。

三、德国

3月，德国联邦内政部发表了《电子政务倡议》（以下简称《倡议》）。该《倡议》计划支持德国联邦、州、镇政府的信息需求，帮助政府开通基于互联网的、涵盖广泛的DeMail邮箱和新型身份认证服务，并切实推进该项目基础设施的引进。《倡议》的首要措施是在互联网上公布相关工作的最近发展和经验成果。预计会提供详尽的针对DeMail邮箱和新型身份认证服务在技术、机制和法律上的实际进展。《倡议》的主要目的是支持项目模式和项目整合，计划在全国范围内进行宣传。以“推己及人”为原则，开发具有吸引力的程序和应用，最大化地为全德国的管理层带来增值服务。

四、澳大利亚

澳大利亚议会6月20日通过了《e-Health法》，此法目的在于建立21世纪的健康记录管理。根据此法，7月1日正式开通“个人管理电子健康档案（PCEHR）”系统。PCEHR系统的推出使21世纪健康档案管理变为现实，在紧急情况下可提供挽救生命的信息。

PCRHR目标是减少因错误的药物治疗产生的每年19万起的入院事件，减少因不准确的患者信息导致的医疗事故。PCEHR系统开通初期提供的功能将会少于预期。目前，患者可以使用电话或前往医疗中心登录查看自己的电子健康档案，但是首次治疗的医生在2012年9月或年底才会收到从系统下载患者数据资料的软件。从2010年开始，2年内，在PCEHR系统上已经投资了4.667亿美元，政府在2012～2013年将继续投资2.337亿美元。

据估计，2012～2013年将会有50万澳大利亚人选择PCEHR服务，2014年将会有150万人，2015年将会有220万人，2016年将会有260万人选择PCEHR服务。预计到2025年，通过PCEHR系统得到的纯利润将会达到115亿美元。

五、日本

7月，日本IT战略总部根据《新信息通信技术战略》和《电子政务推进基本方针》的宗旨，发布《电子政务开放数据战略》，旨在提高公共数据的有效利用率，增强经济和企业活力，加强政府信赖度和透明度，提高行政效率，提高国民生活水平。战略回顾了以往开放数据的建设经验以及日本大地震的教训，分析了美国、英国、经济合作与发展组织、欧盟以及日本国内的现状，确立了以下 4 项基本原则：政府积极公开数据；公开机器可读格式的数据；不管是否用于商业用途都可公开；循序渐进、着手具体的措施。

此外，战略还确立了可公开的公共数据的对象以及和民间合作等原则。具体的措施包括推进公共数据的有效利用和建设有利于公共数据使用的环境两大方面。在推进体制建设方面，战略指出应进行环境建设等基本事项的探讨，制定路线图和具体对策。

六、韩国

9月，韩国政府发布《IT融合发展战略2013～2017》。该战略以5大服务10个领域为对象，以改善IT技术融合支撑对经济发展具有突破力的5大产业，解决人口结构、未来环境变化产生的社会问题，提高公民生活质量。

在战略上，分为两个方向：一是提高主导产业的全球竞争力。韩国政府选择在产业发展和IT技术融合发展上具有影响力的5大主导产业集中扶持，包括汽车IT、造船与海洋设备IT、纤维IT、国防与航空IT・能源IT。另一个方向是创建生活指向性IT融合服务市场。韩国政府扶持与公民生活相关，通过IT技术能够提高政策有效性的5大服务领域，包括饮食材料IT、教育IT、医疗保健IT、减灾与治安IT・交通IT。在实施这两个方向的同时构筑IT融合基础设施。

韩国政府期待通过IT技术融合保证新的生产动力，创造新的生产值，创造新的工作岗位，公民的权益得到进一步保障，生活质量进一步提高。

第二节　标准建设

2012年，围绕移动互联网、云计算等新一代ICT技术的应用，国际组织和主要发达国家（地区）制定了一系列新的标准制度。

一、国际组织

2012年年初，国际电信联盟确立了4G网络的标准。1月18日，国际电信联盟在2012年无线电通信全体会议上，正式审议通过将LTE-Advanced和WirelessMAN-Advanced（802.16m）技术规范确立为IMT-Advanced（俗称“4G”）国际标准，我国主导制定的TD-LTE-Advanced同时成为IMT-Advanced国际标准。IMT-Advanced全面支持并大幅改进了宽带无线数据传输。在一个信道上以更高的数据速度承载更多的用户，从而提高频谱使用效率；以更低的成本全面实现了以分组为基础的架构；降低时延，提高了互联网和多媒体应用的反应速度；改善无线电资源管控，提高服务质量，增加了宽带无线电信道和多路输入/

输出等新的无线电接口功能，在发射和接收端应用多天线，实现了通信性能的跃升。各国相继开始布局4G网络。

二、日本

为了解决ICT利用中伴随的环境问题，日本总务省对ICT系统绿化和ICT使用领域的绿化课题进行了积极探讨，于4月份出台了一份《ICT产品、网络、服务的环境影响评价方法》，作为ICT利用减轻环境负担效果的评价标准，这套评估方法已被国际电信联盟（ITU）所采纳。

此举有利于将ICT使用中二氧化碳排放量削减效果纳入国际评价标准体系中，将此作为企业采购相关产品时一种判断标准，也是日本ICT产品、网络、服务在国内外销售和普及时的评价基准。

三、韩国

2012年1月份，韩国广播委制定了《云计算服务认证制》，用来评价云计算行业提供的服务，如果服务达到了规定水平的体系或程序，将会给予认证。本次“云计算认证制”作为2011年5月经济政策调整会议上发布的《云计算扩散及竞争力强化战略》的一部分，将成为提高韩国云计算服务水平和可信度的重要契机。

韩国用户目前对于云计算的质量和安全很不信任。通过本制度的实施，可以促进优质服务的普及，提高可信度，进而扩大市场。与跨国企业或其他大型企业相比，认知度及品牌能力不强的中小企业如果服务水平良好，也可以在市场占有一席之地。美国和日本也引入了对云计算服务进行评价的制度。

“云计算服务认证制”的认证对象是云服务，已有的单一网络硬件或视频连续播放服务在认证对象范围内。审查标准包括3大领域（品质、信息保护、基础）和7个项目（兼容性、扩张性、性能或速度、数据管理、安全保护、服务持续性、服务支援），细部审查项目有105个（必需项目包括39个）。得到云计算服务认证的企业需要在全部审查项目中得到70%以上的分数，同时要满足所有必需项目。认证制处在初期阶段，所以认证结果只有合格和不合格两种。

“云计算服务认证制”的认证机构设在“韩国云计算服务协会”并运营事务局下设的由产、学、研专家组成的认证委员会。认证程序在接受申请之后60天之内完成，申请人可以通过事务局获得从提出申请到取得认证资格的所有服务。

认证结果从取得认证书日开始的两年内有效，取得认证的云计算企业应在办公场所公开认证书，在刊物、电视台、报纸和互联网等媒体公布认证标志和认证结果。取得认证的企业在参与政府事业时可以享受加分优惠。

四、中国香港

7月17日，香港特区政府资讯科技总监办公室和广东省经济和信息化委员会宣布，在粤港信息化合作专责小组下成立粤港云计算服务和标准专家委员会，推动两地云计算发展及制定有关标准和规范，以加强云计算方面的合作。

第三节　发展动态

2012年，宽带建设仍受关注，宽带费率和话费继续降低，各国政府继续致力于缩小数字鸿沟；云计算和物联网标准趋于成熟、云计算和物联网应用领域更加广泛，产业规模扩大；移动互联网产业加速发展，移动应用在政务、商务、社会服务、日常生活等各领域的应用更加广泛；社交网络蓬勃发展，同时具备社交属性和媒体属性；开放数据积极鼓励社会创新，拉动经济发展，增进政府和民众之间的信任与理解；社交媒体在电子政务中开始被用来分析民众诉求；网络空间的“跨国界”特性使得各国政府在加强网络安全的同时，也在探索合作路径。

一、光纤宽带建设积极推进，覆盖率和网速备受关注

2012年，各国政府依然将宽带看做经济复兴计划中的重要组成部分，在加速发展宽带设施的同时，不忘减少大城市、中小城市与农村之间的信息差别，减少“数字鸿沟”。国际电联宽带数字发展委员会发布的《2012年宽带现状：全面实现数字包容性》报告评估了世界各地的宽带部署情况，并对委员会2011年为提高宽带价格可承受性和促进使用而设定的4个宣传目标予以跟踪。报告围绕经济影响、普及率、国家宽带政策以及人口和住所的连接情况对177个经济体进行了排名。联合国秘书长潘基文认为宽带是“具有全面推进可持续性发展3个支柱（经济繁荣、社会包容和环境可持续性）的潜力的变革性技术”。

该报告显示，虽然家庭互联网接入在过去一年内迅猛增加并即将实现委员会设定的家庭宽带连接的目标，但个人互联网使用持续减少。国际电联的分析师认为，移动互联网可为个人互联网正常增长所需要的动力提供平台。2011年年底，移动互联网的用户数量比固定网络用户多出一倍。报告突出了网络世界正在经历的明显的语言变化。如果目前的增长趋势不变，主要采用中文上网的互联网用户数量将在2015年超过英文用户。报告概括了世界各地宽带通过移动卫生、远程教育和移动学习以及移动支付系统的使用，改善人类生活的多种方式、女性生活质量的提高、对创新的促进和技能掌握的加强。报告还重申，促进

宽带在世界各地的部署显然需要加强政策领导。

8月2日，国际电信联盟与世界领先的“点到多点”宽带基础设施提佚商Nexpedience结成伙伴关系，推进宽带在非洲的发展。Nexpedience公司将提供价值100万美元的180个新的Expedience基站，计划部署在6个国家。新基础设施的首个受益国是布隆迪，还计划在吉布提、布基纳法索、马里、卢旺达和斯威士兰进行部署。Nexpedience的基站专门为农村部署设计，可经受住极端的气象条件，并能实现32千米的扇区覆盖。国际电信联盟在非洲的无线宽带网项目旨在发展和实现无线宽带互联互通与应用，将向全非洲的学校、医院以及农村与边远地区服务欠缺的人们提供免费或低成本的数字接入。

在日内瓦签署协议时，国际电联电信发展局（BDT）主任布哈伊马·萨努强调了使发展中国家参与全球宽带革命的必要性：“这一伙伴关系代表着国际电联为将宽带技术推向世界（包括最贫穷的国家）所做的努力。我相信，这一新的伙伴关系将加快在整个非洲大陆部署宽带的速度，从而使从大城市到小村庄的各地用户均能从高速连接中受益。”

2012年8月，澳大利亚宽带、通信与数字经济部部长斯蒂芬·康罗伊和财政部参议员黄英贤共同公布了国家宽带网络（NBN）公司2012～2015年的发展计划，该计划的主要目标是“将国家宽带网络传递到每一个澳大利亚人手中”。具体来说，2012～2015年的计划主要包括NBN建设是一项非常有价值的投资，并在未来要以自己的方式产生7%的回报率；政府在2012年年底完成758 000所校舍的网络改造工程；未来实际和名义的宽带价格预计都会下降；虽然NBN的建设成本增加了3.9%，但仍明显低于最初宣布的430亿美元；建设NBN时间只会被延长6个月，而不是当初预估的一年。某种意义上而言，该计划的发布是对前几年NBN建设的肯定。澳大利亚正在全面接受整个经济都是数字化的时代——无论是在医疗、教育领域还是商业和农业领域，所有澳大利亚人都需要快速、可靠且廉价地享用宽带服务。NBN的建设将会极大提高生产力，为一个面向未来的高效经济打下坚实基础。

二、移动互联网催生新的产业形态，社交网络成为互联网主体应用

移动互联网业务和应用包括移动环境下的网页浏览、文件下载、位置服务、在线游戏、视频浏览和下载等业务。随着宽带无线移动通信技术的进一步发展和Web应用技术的不断创新，移动互联网业务的发展成为继宽带技术后互联网发展的又一个推动力，为互联网的发展提供了一个新的平台，使得互联网更加普及，并以移动应用固有的随身性、可鉴权、可身份识别等独特优势，为传统的互联网类业务提供了新的发展空间和可持续发展的新商业模式；同时，移动互联网业务的发展为移动网络带来了无尽的应用空间，促进了移动网络宽带化的深入发展。从最初简单的文本浏览、图铃下载等业务形式发展到当前的与互联网业务深度融合的业务形式，移动互联网业务正在成长为移动运营商业务发展的战略重点。埃森哲3月发布的研究结果表明，移动互联网的影响力相当于20世纪90年代互联网对

商业的影响力。67%的IT专家表明，移动产品对商业的影响会超过互联网。还有69%的受访者表示会在移动投资上增加20%。一些IT方案解决商（如LAN科技资讯公司）认为这种趋势已经很明显，用户的移动产品使用率很高，随着智能手机的发展，用户对全天访问连接有着更高的要求。

智能终端和移动互联网相辅相成，智能终端的出现和普及促进了移动互联网应用的发展，而应用的增加反过来也使越来越多的用户有购买和使用智能终端的需求。但智能手机的普及可能会带来移动信息鸿沟，2012年1月初，韩国行政安全部和韩国信息化振兴院发布了《2012年信息鸿沟消除支援事业计划》，为了应对新的信息弱势群体——结婚移民者的增加等社会环境的变化，为了消除智能手机等移动设备普及带来的移动环境信息鸿沟，该计划将培养300名移动专门讲师，通过韩国237个信息化教育场所和在线教育在全韩国范围内实施移动设备利用教育，实施公共机关提供的移动服务接近性现状调查，开展面向国民的应用软件大奖赛。

2012年2月，加拿大电信运营商TELUS宣布在以下14个加拿大大都市区推出其4G长期演进（LTE）无线服务（3G网络到4G网络的过渡技术）：温哥华、卡尔加里、埃德蒙顿、多伦多、基奇纳、滑铁卢、哈密尔顿、圭尔夫大学、贝尔维尔、渥太华、蒙特利尔、魁北克市、哈利法克斯和耶洛奈夫。TELUS公司计划继续推进其4G LTE网络覆盖更多的地区，到2012年年底将达到25万加拿大人。该网络支持的制造商的额定峰值下载速度为75MB/s。TELUS公司提供的LTE设备包括三星Galaxy Tab8.9 LTE平板电脑，LG擎天柱LTE智能手机和诺瓦泰的Ovation MC6794G LTE移动互联网等。

7月24日，英国通信办公室发布消息表示，年底将举行英国移动服务业最大的波段拍卖会，为2013年推动下一代4G网络做准备。按计划，移动网络将要覆盖英国至少98%的乡村和城镇。这一目标将由4G网络实现，它将比现在任何一种无线设备提供更快的移动数据传输。4G拍卖可提供两种频段——800MHz和2.6GHz。相对较低的800MHz频段的定位是广泛的移动覆盖。较高的2.6GHz的定位是快速传输。这种高低频段的结合使4G移动宽带服务能够在整个英国应用。频段将以批量的形式拍卖。800MHz频段的任务就是最迟在2017年使室内接收服务覆盖英国至少98%的人口。由于覆盖室外服务比室内服务容易，所以达到该要求的网络很可能有能力覆盖英国99%的室外区域。除了对英国范围内的覆盖作出规定外，通信办公室还要求相同的移动服务供应商在各个州都要做到覆盖至少95%的室内接收——英格兰、北爱尔兰、苏格兰及威尔士。每个州室外接收的覆盖可能会在98%～99%。

2012年10月，英国通信办公室、政府和主要移动网络运营商发表联合声明，将为消费者提供4G加速网络。英国4家运营商EE、O2、Three和Vodafone联合宣布正在加快800MHz频段的4G移动电话服务部署，以确保2013年开始快速部署4G服务。这4家运营商组建了一家名为“数字移动频谱”（最初称为MitCo）的联合控股公司，负责确保在2013年春季于

800MHz频段推出4G移动服务后，消费者能够继续收到清晰的Freeview频道的电视信号。在其他频段部署4G服务的工作并不需要制定类似的措施。10月2日，英国文化大臣玛丽亚·米勒说："4G网络的推出是英国移动宽带服务的一个巨大进步，在推动经济增长方面也是非常重要的。我很高兴移动运营商将共同努力，以确保在4G推出后，观众不会失去他们的电视服务。同时我也要祝贺他们这么快就设立了援助计划。"

在移动互联网爆发的同时，社交网络也迅速发展，社交网络在社会各方面的影响力加剧，在重大全球性事件中均可见社交网络的身影，有人称互联网进入了社交网络时代。全球社交网站用户数在近几年中有很大增长，以Facebook为例：2008年时Facebook用户数刚过1亿，2011年年底它的月活跃用户数为8.45亿，到2012年9月底它的月活跃用户数则达到了10亿，其中6亿为移动用户。英国媒体巨头显然也感受到了这股浪潮，在体育赛事播报上充分利用社交媒体的强大传播作用。英国广播公司（BBC）和美国国家广播公司（NBC）都推出了为伦敦奥运会赛事定制的Android和iOS客户端应用，主要功能包括赛事报道、实时赛事视频、社交化分享、个性化体育新闻订阅等。除此之外，这两家巨头也都与Facebook达成了关于服务内嵌的合作。其中，NBC与Facebook的合作强调的是借助社交平台让赛事观赏更加互动化：一是NBC会在Facebook开辟专页为粉丝传送独家新闻，用户也可以通过Facebook分享正在看的赛事和报道；二是NBC在其黄金播报时段会在Facebook上发起投票等互动栏目，且会从Facebook里的网友对话中选出精华来制作节目内容。相对于NBC，BBC和Facebook的合作更加深入。BBC推出了Facebook应用——BBC Sport，用户可直接在Facebook中观看赛事直播。5月31日，世界上第一个全球性的社会娱乐图表编制数字化平台（Starcount）在新加坡上线，并对新加坡社交网络的普及提供权威的标准。Starcount集成了世界所有娱乐（ATWE）及来自11家顶级全球性的社交网络公共数字化信息，展示所有社交网络中最著名的人物。这些网络包括Facebook、Twitter、Sina Weibo、YouTube、Google+和Orkut。

在2012年11月份举行的美国大选中，社交媒体成为新的政治演说台。电视曾经是最主要的助选武器，但现在1/3的选民不再观看电视节目或者跳过电视广告；84%的政府官员、81%的议员和所有的总统候选人都使用Twitter；2012年社交媒体广告额达1.42亿美元，较2004年的266万美元提高了52.4倍。社交媒体对选举如此重要主要有以下几个原因：一是美国人均一周10小时的时间都花费在社交媒体上；二是社交媒体都是实时的，有利于选举团队从重大新闻和公共舆论中制定合适的政治主张；三是制作节目比电视更灵活，制作一个电视上30秒的政治主张表述的时间，可以制作15个发表在社交媒体上的内容。

三、云计算取得突破性进展，应用领域不断扩大

2012年，世界各国继续加大力度推动云计算发展。欧盟委员会在欧洲网络安全战略之

前推出了云计算战略，他们认为推出欧盟云计算统一战略是形成单一数字市场的前提。这些举措将有助于欧洲形成具有活力和可信任的互联网环境。云计算的好处体现在其经济效益上，80%的机构采用云计算将实现成本至少节约10%～20%。此外，如果可以实现所有经济部门的广泛使用，可以显著提高生产效率。政府在云计算领域加大投资力度，例如，法国“未来投资”框架将云计算定义为未来的信息基础设施，并为与此相关的项目投入1900万欧元，用于云计算项目的研发。

为确保云计算健康有序发展，各国相继出台云计算相关法律法规和云标准，并成立云应用的专门机构。2012年1月，韩国广播委员会制定了《云计算服务认证制》，用来评价云计算行业提供的服务，如果服务达到了规定水平的体系或程序，将会给予认证。6月，韩国广播委员会制定了以扶持云计算企业、促进云计算应用、营造云服务安全环境为主要内容的《云计算的发展和用户保护法》新法案。2月，日本成立了共同研发和营销推广云基础技术的团体开放云标准协会（OSCA），OSCA的宗旨是加强云商务的发展，对会员公司的产品进行相互连接和通用性检验，检验合格的产品利用云基础技术纳入标准云环境中并公开销售。参与的会员包括新日铁、NTT数据、日立、微软日本和英特尔、戴尔等13家日本和美国的公司，会长由戴尔公司执行董事町田荣作担任。韩国知识经济部于6月13日举行了“云计算支援中心”运营仪式，承担促进公共部门和民间引进云计算，推广成功模式，提供市场和技术信息等机关和企业的所需事项的综合支援。

随着云计算技术应用的不断深入，出现了“政府云”“社交云电视”等新的应用领域。6月4日，英国政府信息官安迪·尼尔森敦促公共部门的IT管理者确保他们利用“云存储”和“公共部门网络”（PSN）服务，以实现这些服务的利益最大化。“云存储”已经得到250家供应商的回应，其中3/4是中小企业。在网上专栏中提供人们可直接购买的服务，同之前的采购制度相比的确是一大进步。云存储和PSN的嵌入十分有益，但除非公共部门充分利用它们，否则是无法实现这些益处的。新加坡电信（SingTel）已选择惠普为其新加坡政府云（G-Cloud）5年期项目的战略合作伙伴，该项目由资讯通信发展管理局（IDA）授予。G-Cloud将是新加坡第一个向所有政府部门提供的庞大云。

8月，新加坡南洋理工大学计算机工程学院的科学家们公布了“社交云电视”技术，基本上可以看做是一个多屏幕的移动电视体验。“社交云电视”可以让用户在平台上通过视频、音频或文字进行聊天，与他们的朋友分享在社交网站如Facebook、Twitter和Google+上的信息。他们可以在云端通过互联网电视或在智能电视或移动设备上共享使用的Web浏览器，来访问本地存储的信息。例如，当你回家时，你可以把相同的视频从你的平板电脑中“扔”到你的电视里。同样的，当你离开家时，你也可以把正在看的内容从电视“拉”到平板电脑或智能手机中。除了内容的转移，还可以将与朋友的聊天转移。

四、开放型政府持续演进，开放数据增进政民互信

2009年，美国奥巴马政府上台后，就大力推动“开放政府运动”，尽可能地向民众开放政府的数据资料，并吸引民众参与政府事务的讨论和政策制定。在美国的影响下，其他很多国家和国际组织也纷纷提出“开放政府计划”并开放政府数据。其中，开放数据（Open Data）是增加透明性的主要内容。开放数据作为一种理念与实践也受到了人们的关注，一切都在不断开放，一切都可以共享；研发是开放的，可以共享的；创意、资源、生产、营销……甚至政务无一不在朝着这个趋势发展。究其政府推动的背景与原因，乃是信息社会环境下信息的方便获取与公民参与意识的加强，作为有责任和作为的政府，有义务向社会开放这些数据，减少政府与公众之间的信息不对称，增强互信和理解。于是，政府信息公开、向社会开放门户等理念与实践便应运而生，开放数据作为一种强调数据的再利用与开放的理念，便受到了西方一些发达国家的推动、重视与实践应用。开放数据成为开放民众参政、问政的新渠道，也成为激励社会创新，拉动经济增长的新手段。

全球技术研究和咨询公司Gartner的分析报告作出结论，对于任何使用互联网作为宣传工具的机构来说，采取“开放数据”都应当是最优先考虑的策略。大数据对企业和IT业的重要性毋庸置疑，特别是能够使机构发现新的机遇、开发内部环境的新观角。但是，对于希望通过加强直接对话而获得优势的客户来说，开放数据才是真正的解决方案。政府机构已经开始在公共网络中开放数据以提高透明度。

但是“开放”究竟意味着什么，这个问题在业界只有少量珍贵共识。Gartner公司的分析认为，信息开放的意义相当于一个游乐场，每个人都可以随意玩里面装置的游戏。信息资源开放（如编码、数据、内容和标准）、信息服务（包括提供信息数据的服务，如互联网、维基百科、GPS）和共享这些信息与服务的公众之间是一种积极的关系。这种现象被企业中的信息员称作“信息共享网络效应”：随着数据集的传播越来越容易和广泛，它的商业价值也会增长。开放数据应用接口（API）是数据交换的一步浅显尝试。它们的作用已经得到承认。机构使用API来制造新的利润点、促进改革、提高透明度和扩大品牌价值。Gartner公司表示，改进提升数据质量的技术和数据隐藏技术将会减轻条件约束并减少威胁因素，同时，API可以为数据交换提供简单的、以网络为导向的方案，链接数据技术对制作大型数据集也很有效。

美国政府开设了可提升政府透明性的信息公开网站Data.gov，不断推进联邦政府基于IT技术的信息公开。欧洲各国不断跟进开放数据的进程，3月14日，英国政府内阁办公室部长弗朗西斯•莫德在伯明翰通过讲话对企业家做出承诺——开放数据公开入口，开放数据是未来公共政策中的“基本要素”。现在，世界各地的政府、企业、社会都变得越来越开放。数字化时代使得数据透明不得不做，也无法停止。莫德在讲话中表示同意开放数据网

站Data.gov.uk重新运行的计划，政府已经通过这一网站发布了4万条数据信息，此外，也表示要告知企业，他们可以使用发布的数据来提供服务。这些数据库包括伯明翰“市民仪表盘”平台上的Mudlark和Mudlabs，它们关注气候和环境变化的信息。政府还准备发表一系列案例调查报告，调查若干已经使用这些数据的公司。

6月8日，欧盟电信委员会将开放数据作为委员会的重点战略项目之一。这也成为法国明确开放数据的接入和数据再使用重要性的机会，开放数据成为经济增长不可或缺的“发动机”。法国国家数字委员会在6月5日的政策建议书中提出了针对推动开放数据发展的11条建议，旨在实行现代化管理措施，促进公民参与公共政策制定的行为和提升民众的生活质量。

五、大力研发“大数据”技术，推动精准营销发展

2012年被称为大数据元年。麦肯锡全球研究所发布的报告《大数据：下一个创新、竞争和生产率的前沿》中称：“在全球经济的很多领域，大数据在以很多方式创造价值。事实上，我们正处在一个巨大浪潮的尖峰，这个浪潮，就是大数据驱动的创新、生产率提高、经济增长以及新的竞争形式和新的价值的产生。”2012年，以美国、韩国为代表，政府开始加大推进大数据发展的力度。

1月，韩国知识经济部确定了2012年软件和计算机技术研发领域中的22项新增研发课题。2012年，韩国知识经济部将会投入约1400亿韩元用于软件和计算机技术研发，本次确定了约355亿韩元的课题（表13-1）。当前软件产业的核心趋势是“人性化软件、大数据、云计算”，为了进军这些领域，政府以所需核心技术为中心，制定了“2012年研发细部课题计划”。涉及大数据的课题总共有3项，每年投入73亿韩元。随着Twitter等SNS的发展和移动设备的普及，图像、位置、自然语言信息也大幅增加，政府将加大用于分析和交易这种大容量数据的“大数据”技术开发。韩国广播委员会于2012年2月1日通过的旨在推进2012年广播委研究开发事业施行计划中包含推进大数据的内容，即通过大数据的创意利用开发新服务，政府决定开发用户参与型的数字视觉展示技术，以提供处理大数据的服务技术及提供根据个人的喜好和位置而制作个性化广告的服务，或提供搜索服务。

表13-1　2012年韩国软件和计算机技术研发领域大数据课题及投入资金

（单位：百万韩元）

	课题名称	领域	研究年限	2012 年投入资金	总投入
1	自主开发新一代基于存储器的大数据分析和管理软件技术	SW	5 年	2900	14 500

（续）

	课题名称	领域	研究年限	2012 年投入资金	总投入
2	自主开发超小型、高信赖型（99.999%）OS 和高性能 multi-core OS 可以同时运行的二元模式运行系统	SW	5 年	2800	14 000
3	开发可以提供通过网络启动建筑内部设备的个性化控制、监控服务的软件	SW	4 年	1600	6400
合计	3 项课题			7312	34 900

4月，美国奥巴马政府从联邦预算中拨出2亿美元来推动各联邦机构的数据挖掘工作，这笔资金将用于国家安全局、国土安全部等部门。这次新行动被称为“大数据研究与发展计划”，旨在从海量复杂的数据库中挖掘出有用的信息。项目包括国家科学基金会和国家卫生研究院承担的关于分子、细胞等其他数据相关的采集和可视化项目；上传遗传信息的千人基因组数据计划；美国国家科学基金会和国家地质调查局主办的分享气候变化信息网站；国防部高级计划研究局剖析文本文件、交通信息和半结构化信息的项目；国防部利用数据挖掘提高士兵信息共享水平的计划；由可扩展数据管理分析可视化研究所牵头的科学数据挖掘项目等。国家安全局和国土安全部将获得关于深层数据挖掘的资金。国家安全局将使用部分资金建立Vigilent网络，鼓励私营部门和政府共同合作对抗外来威胁。国土安全部将和罗格斯大学、普渡大学等机构合作，研究人为或自然灾害、恐怖事件、边境安全和爆炸问题数据。

企业已经开始将数据竞争作为企业盈利之道。一些企业已经把他们商业活动的每一个环节都建立在数据收集、分析和行动的能力之上。首当其冲的是顾客分析。例如，在电子商务领域，对顾客购买信息进行分析，宏观上就可以把握每一名顾客，可以确定其购买频率，预测其感兴趣的商品、忠诚度和流失的可能性。有了这些点、线、面齐全的分析，网络零售商就可以确定最可靠的顾客群体、预测其消费意愿，主动为其提供个性化的销售和促销服务，提高销售额和利润率，网络营销开始进入大数据下的精准营销时代。其次，还有商品分析和供应链分析等。一句话，基于数据的分析和竞争已经成为网络零售业的常态，零售业在某种程度上已经成为基于数据的竞争。伴随大数据而来的数据分析和数据挖掘技术，随着人们在网上的联系、沟通的增加，有关单个用户的任何数据的保存和分析都能帮助企业更好地理解客户和市场。目前，大数据已给谷歌带来每天2300万美元的收入，其大数据处理主要应用于趋势预测、Google翻译、个性化搜索、情感分析以及Google语音识别等方面。

六、新一代ICT技术加快融入智慧城市建设，助推城市可持续发展

“智慧城市”是在城市运行和发展的各个环节，充分利用各种信息感知、自动控制、网络传输、智能处理等信息通信技术，使城市管理更科学，使市民生活更美好，使经济发展更具竞争力，使城市发展更可持续，进而创造更美好的城市生活。各国推动智慧城市发展的目的主要有两点，一是实现城市的可持续发展；二是提高生活质量。在建设智慧城市的过程中，强调城市基础设施的智能化建设，包括交通、能源（智能电网）、水资源、环保和建筑的智能化，其次，注重推动面向民生的公共服务，以创建智能住宅、智慧医疗和远程教育为代表。在这个美好愿景的驱使下，智慧城市建设已成为全球的浪潮，截至2012年上半年，全球共有700多个城市正在建设智慧城市。

城市信息化发展的背景主要有以下两点：一是城市发展的内在需求。在人口快速增长的背景下，安全问题、交通拥堵、食品安全、医疗资源紧张、环境污染、公共卫生事件、教育资源分配不均、就业压力等城市问题进一步凸显。二是信息通信技术迅猛发展，加强其应用。信息通信技术不断突破时间、空间的限制以及终端设备的束缚，从计算、传输到处理，从感知、传感到智能，泛在连接和普适计算已无所不在。随着新一代识别、计算、存储、网络和智能系统的发展，泛在获取、海量存储、高速传输、信息处理、数据挖掘和知识共享技术不断取得突破，模式识别、语义分析、人机互动将共同驱使人类智能迈向更高境界。多技术、多系统集成和综合，促进了平台、产品、内容等多层面融合，网络、业务、内容和终端互动发展，技术进步、生产生活和人的发展相辅相成，推动经济社会发展正迈向新高度。信息通信技术创新及产业化加快向传统产业渗透，催生新兴产业，衍生新的业态，技术进步持续推动产业结构调整和产业重组；信息通信技术在政务的中应用推进政府改进业务流程，提高公共服务的智能化水平，提升政府执行能力和政府体系的运转效率；信息通信技术应用拓展了人的生活空间，陶冶了人的情操，丰富了人的健康心理，提升了人的生活质量。

国外在构建智慧城市时，强调制定规划，全民参与共建，通过建设智能基础设施、提供便民的公共服务来全方位发展。2012年纽约宣布城市宽带系列计划，旨在通过世界领先的宽带覆盖率和先进的技术部门来提高纽约在未来世界城市上的地位。华盛顿开始建立100KM光纤的DC-CAN网络，为整个华盛顿地区的家庭和企业提供负担得起的宽带服务，预计2013年完成。伦敦超40个地铁站被无线网络覆盖，2012年6月底，约有10万地铁旅客已经使用它们的服务，其地铁网络平台的社交网络已经收到超过100万条信息。柏林开始提供免费无线局域网，目前无线局域网主要覆盖柏林的繁华地带，诸如哈克市场、菩提树下大街、宪兵广场以及科维兹广场，预计到2013年7月将会有100个。韩国继2011年在明洞、清溪川、汉江公园等24个区域设置公共WiFi后，首尔2012年公共WiFi覆盖区域再增加128个。

这意味着，2012年首尔市市内可以免费使用WiFi的公共场所将比2011年增加6倍以上，总覆盖152个区域。10月，法国帕雷索市宣布将创建为法国第一个100%铺设光纤的城市。光纤铺设的城市被法国政府称为“明天的城市”。目前，这样的城市服务不是很到位，而这些地方往往是中小企业驻扎的地方。今天，法国认为这样的地区必须成为优先服务的目标。

2012年芝加哥、西雅图、纽约和旧金山4大城市发布共享数据平台；旧金山在Cities.data.gov上发布了近90%的数据集，并将之作为主要的开放数据库，这将进一步打破部门分割的思想，减少政府部门和民众之间的沟通差距。

七、网络空间呈现跨国界特性，各国博弈日趋激烈

近年来，世界强国高度重视网络空间这一新兴全球公域，围绕网络空间发展权、主导权和控制权展开激烈角逐。网络空间国际战略竞争影响深远，堪比19世纪的海洋战争、20世纪50年代的核竞争和80年代的空间竞争，在很大程度上决定着21世纪国际战略力量的消长和大国的兴衰。美国声称要像拥有核优势那样拥有对网络空间的控制，奥巴马政府把扩大网络空间优势作为巩固美国“全球领导地位”的重要举措。在美国带动和刺激下，俄、英、法、印、日、德、韩等国纷纷跟进，将网络空间安全提升至国家战略层面，全面推进相关制度创设、力量创建和技术创新，试图在塑造全球网络空间新格局进程中抢占有利地位。

总体而言，在政治、军事等传统领域，互联网造成的“先行有利、强者有利、适者有利、马太效应”等使原优势强国政治军事力量继续加强。同时，互联网也加大了国家等行为体在经济、金融、网络安全、文化、科技、跨国犯罪等非传统安全领域的全球互联和相互依存，这些领域的国际互动中合作趋向明显。当然，这并不意味着只有竞争或只有合作。任何国际互动都是竞争的绝对性与合作相对性的矛盾统一体，只不过互联网空间的政治军事国际博弈出现了竞争性趋势有所加剧的苗头，但也存在缓和因素；经济、科技、文化等领域的国际博弈合作因素有所增多，但也存在激烈竞争。结合各国网络空间政策的特点分析发现，趋向竞争型国际博弈中能够发现合作的因素，在趋向合作型国际博弈中认识到竞争的必要性。

2012年网络安全问题呈现几点特征：一是有针对性的持续性威胁，黑客们有目的性地挑选应用软件和高净值对象，如行政人员或特定开发商。黑客会袭击社交网络，甚至搜查垃圾箱中的信息或在非工作环境中拦截雇员的信息。二是公共部门应向商业部门学习更多的安全技术，在缩减成本方面，几乎所有的公共部门都想做到少花钱多办事，并尽可能地平衡商业安全技术。即使是在传统的密码学的神秘世界，“公共服务网络”倡议也正帮助公共部门向商业部门取经，以节省开支或增加选择。在未来的几年，政府技术和商业技术之间的区分将越来越模糊，直到某天，这种区别将消失。三是云计算的安全和数据保护规范相互碰撞。企业们针对数据破坏，采取了非常谨慎的措施——企业选择揭露所有类型的

数据破坏事件，尽管法律有时并未要求。这种趋势在云技术方面便不那么乐观，特别是在公共部门中。它归结于问责：谁应在第一时间对数据保护负责？四是“嵌入式信任”的理念。嵌入式加密的本质是一种在特定存储设备、网络设备或软件中引入加密技术。嵌入式安全被囊括在更大范围的安全的主题中，目的是在广泛的设备和计算平台中建立真正的信任。这包括在这些设备中装入内置防篡改芯片。这在外接设备的基础上前进了一大步，被称作硬件安全模块或HSM，这为当今的服务平台带来了合适的安全级别。这一技术很可能为公共部门的雇员使用设备带来高度安全和信任，如智能手机、平板电脑等。

2011年年底，美俄展开网络空间合作。尽管美俄关系紧张，但两国计划就出现在对方境内的来自计算机的“技术威胁”进行定期交流。白宫国家安全委员会发言人Caitlin Hayden称，两国正在计划建立信任和危机预防机制，以应付在网络空间中的突发重大事件。例如，建立无故障通信的机制，帮助防止危机升级和建立信任。有一些项目与核风险控制中心已经合作多年。白宫网络安全协调员Howard Schmidt称美国和俄罗斯计划出台3种类型与网络安全相关的合作机制，包括特殊的通信线路。

2012年3月，美国总统奥巴马和英国首相卡梅伦重申了两国间关于网络空间的重要合作关系。奥巴马和卡梅伦认为，促进经济发展的前提是必须保证国内安全。经济体要促进创新，增强网络的安全性和稳定性，充分开发私人运营商、公民社会和学界的力量来促进可靠的网络技术政策的制定。8月，美国白宫网络安全协调员迈克·丹尼尔表示，网络安全是一个非常棘手的问题，因为其具有交叉性，这不仅会影响到所有的联邦机构、也影响了州和地方政府、私营部门、学术界、非政府组织和其他国家。网络空间集国家安全、国土安全、经济安全、网络防御和执法问题为一体。因此需要一个综合的办法来解决这个问题，也需要公共和私营部门的协作。在政府和私营部门的合作下，许多组织也需要共同努力，探索合作的新途径，还需要结合技术、政策和相关的立法工具来促进合作。

2012年10月，欧盟组织400多位网络安全专家进行全欧范围应对网络攻击的名为“网络欧洲2012”的演习。演练涵盖金融机构、电信公司、网络服务供应商及政府机构，重点演练如何合作应对针对欧洲银行计算机系统和公共网站的1200起网络攻击，包括发送大量垃圾邮件造成的网络瘫痪等问题。

第四节　关键技术

2012年，全球信息化发展比较务实，侧重运用信息化解决经济和社会发展中面临的突出问题，包括提升产业竞争力、催生新产业、改善政府效能、提高国民福利、促进智能发展和保障国家信息安全等重大问题。在这过程中，注重融合、利用新一代ICT技术，包括移动通信技术、云计算、物联网和Web 2.0等技术。开放数据和大数据进一步推动政府数据共享，促进社会创新，推动经济发展。2012年，应用场合和范围越加广泛的技术主要包括移动通信技术、云计算和开放数据。

一、移动通信技术

移动互联网的兴起无疑是最近几年最激动人心的事情，它的崛起比传统互联网带来的冲击更大、变化更快、颠覆的范围更广。国际电信联盟发表报告显示，2011年年底全球手机用户达到59亿，占全球79亿人口的84%，在发展中国家这一比例为79%。目前，全球159个国家和地区推出了3G网络，但2G网络的覆盖范围是3G的两倍。通常情况下，发达国家用户同时使用移动和固定宽带连接，欠发达国家的用户通常只使用移动宽带连接。市场调研机构Infonetics公司预测，2012年，全球移动用户有望突破60亿大关，并于2016年接近70亿。

（一）国际4G移动技术规范达成一致

2012年，在需求的推动下，4G网络加快部署。年初，国际电联无线电通信全会就下一代移动技术规范——IMT-Advanced，即通常所谓的第四代移动通信（4G）达成了一致。根据严格的技术和操作标准进行详细评估后，国际电信联盟决定“LTE-Advanced”和“WirelessMAN-Advanced”正式成为IMT-Advanced的成员。IMT-Advanced系统包括了超越IMT-2000的新性能，后者自2000年以来已经广泛部署，被称为第三代移动技术。现在，国际电信联盟已经规范了下一代全球宽带通信IMT-Advanced的标准，该技术可提供各种移动和固定网络支持的分组电信业务。

国际电信联盟无线电通信局主任弗朗索瓦·朗西先生指出：“IMT-Advanced将如同在移动电话上加上光纤宽带连接一样，可使你的手机比现今的智能手机至少快500倍。但这还不仅仅是一个速度问题，更是一个效率问题。IMT-Advanced将采用效率更高的无线电频谱，可在更小的带宽内实现更快的数据传输。这将使得移动网络可应对预期未来几年将会出现的数据业务量激增的情况。”

IMT-Advanced系统可根据用户和业务的需求，在多用户环境中支持从低移动性到高移动性的应用以及各种数据速率。IMT-Advanced也具有支持各种业务和平台高质量多媒体应用的能力，实现性能和服务质量的重大改进。

（二）全球加速布置LTE

根据全球移动供应商协会（GSA）发布的《LTE演进》报告显示，截至2012年7月，全球101个国家的338家运营商正在投资LTE。其中，90个国家的280家运营商已明确作出LTE投资承诺，另外11个国家的58家运营商正在进行LTE网络试验。运营商的LTE大规模建设必将加大对网络设备的投资，届时，电信设备行业又将呈现欣欣向荣的局面。到2012年年底，预计至少134个LTE网络在57个国家中实现商用。

根据Wireless Intelligence的数据，2011年年底全球只有1000万LTE用户，仅仅6个月时间，这个数字翻了几乎3倍。市场分析机构Visiongain预测，2012年全球LTE用户将达1.25亿，而到2015年将达到2.5亿。而Juniper预计到2016年，全球LTE用户将达到4.3亿。

最早的商用LTE网络是在2010年年初由Verizon在2010美国开始运营，从目前看LTE技术已经战胜Wimax和HSPA+成为商用4G网络的标准技术，被电信运营商和终端厂商广泛采用。苹果公司几乎是主流手机厂商中最后一个支持LTE技术的，其最新发布的iPhone 5中有3个版本分别支持9个国家的16个不同运营商的LTE网络。

移动终端技术的发展除了要有高速性能和不断提升的屏幕显示体验，更需要高速的网络数据传输作保证。LTE技术的连接速度大约是之前3G网络的10倍，甚至可以超过大多数的家用宽带。所以LTE网络的商用普及，将让移动互联网整体得到跨越式发展。BI Intelligence分析，充分利用LTE的高速网络性能，移动应用将得以爆发式增长，尤其是以下的8大应用更将充分受益于LTE：视频分享、视频聊天、增强现实、游戏、地图、个人热点、移动办公、家用宽带。

二、移动终端技术

2012年，全球终端上网设备日趋多样化，带动流量增长。在2011年，智能手机出货量只占全部手机的35%，2012年这一数字为46%。IHS iSuppli 的《全球无线市场跟踪报告》统计了3种类型的手机：智能手机、功能手机和入门级低价手机，并根据手机出货量和全球数据统计进行分析，预计2013年全球智能手机出货量为54%。到2016年，全球智能手机出货量将占到67.4%，每3部手机里面就有2部是智能手机。

随着智能手机的普及，功能手机和低价手机市场份额将进一步萎缩。2011年，功能手机占全球出货量的46%，2012年则下降到41%，等到2016年，预计这一数字会降到28%。而入门级低价手机，2012年的市场份额是14%，预计到2016年全球只剩下4.2%。

市场研究机构Flurry Analytic发布的一项报告中称，iOS和Android设备的普及速度超过历史上任何一项消费者技术。从普及速度来看，智能手机比20世纪80年代PC革命时的PC要快10倍，比90年代因特网爆炸时的互联网要快2倍，比最近火热的社交网络快3倍。如今智能手机这项技术早已不再局限于最初的北美和西欧市场，真正在全球开始了一个新的时代。

据Flurry估测，2012年6月全球约有6.4亿台iOS和Android活跃设备。其中美国和中国分列第一位和第二位，美国有1.65亿，中国有1.28亿。同比2011年6月美国大约增长了3000万台设备，而中国则是惊人的1亿多台，增长率高达401%，在全球增长最快区域中排行第一。除中国外，年增长超过200%的国家还有3个，都位于南美洲，分别是智利、巴西和阿根廷（图13-1）。

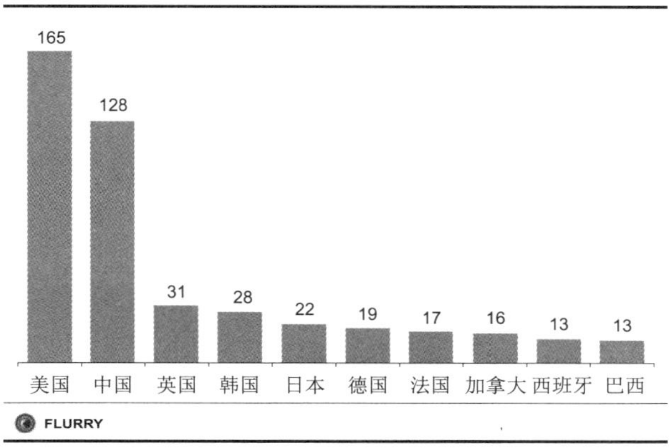

图13-1 iOS和Android活跃设备最多的国家

至于各地区成年人（15～64岁）中智能机的渗透率（活跃设备数除以成年人总数）则是由新加坡领衔，高达92%，中国香港、瑞典和澳大利亚紧随其后。美国、韩国和英国也位列前十，渗透率在70%之上，如图13-2所示。IDC提供的数据显示，智能手机和平板电脑等移动计算设备的出货量已经远远超过了PC的出货量，除了出货量之外，从接入互联网的设备总量上，PC也已经不再是主力设备。

2011年年底，智能手机的出货量首次超过了PC的出货量。2012年智能手机已经成为接入互联网设备的主力，全球范围内超过了50%的份额，在亚太地区更是高达64%。

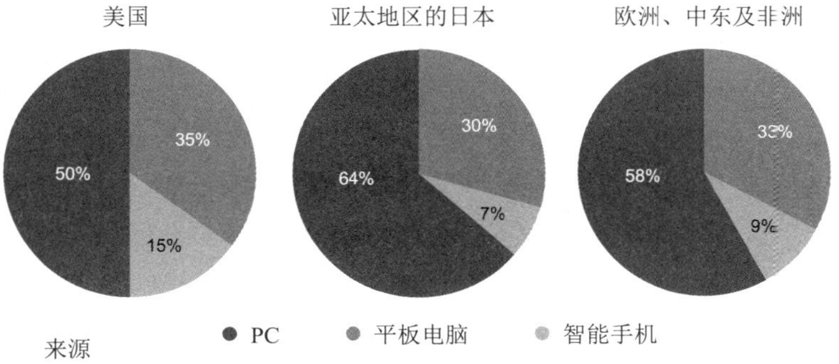

图13-2 全球互联网接入设备类型分布

三、开放数据

“开放政府计划”是美国政府2009年最早提出的一项计划，确立了“政府政策信息透明性(Transparency)”、“市民参与(Participation)”、“政府间以及官民协作(Collaboration)”三大目标。其中，开放数据是增加透明性的主要内容。在美国的影响下，其他很多国家和国际组织也纷纷提出“开放政府计划”并开放部分政府数据。

对于开放数据，尚未形成统一的定义。人们比较认可维基百科对其的定义，即开放数据是一种哲学理念及实践，要求数据可以被任何人自由获取，没有来自版权、专利或其他机制限制。综合来看，开放数据就是按照用户特定的需求和一定的互联网协议、规则、框架，对Web数据进行存储和组织，而利用的数据或来自不同的数据源或是不同的数据类型，最终目标是实现信息在网络空间的开放、共享与重用，以寻求信息数据最大可能的无限获取与重用。

由于开放数据具有本身数据集和“开放性”两种增值方式，因而开放数据在信息组织与信息发现中的应用较为广泛。目前，主要集中在公共信息服务领域（政府）和商业应用领域，如在美国（Data.gov）、加拿大（Data.gc.ca）、英国（Data.gov.uk）、澳大利亚（Data.gov.au）等政府信息公开及电子政务中的应用，在微软基于云计算的开放政府数据计划（Open Government Data Initiative，OGDI）等企业中的应用。从以下3个角度来理解开放数据。

（一） 开放数据的对象：数据集

开放数据的对象从字面上理解即为数据，但事实上这里指的是一种集合概念。从数据链的角度予以理解，是包含所有事实、数据、信息、知识、智慧所组成的数据。它不是单一的数据链上的某一种元素，而是呈现的一种集合数据形式。其原因主要有两点：①从单一链上来看，它能够清晰地反映数据的基础性地位以及数据、信息与知识之间的组织与表达关系，开放获取与开源都可以看做是对知识的一定程度的开放；②从整体来看，该系统所组成的数据是有格式的，数据的格式化存储使其易于被描述、处理、加工、扩展与获取，也在一定程度上有助于它实现可理解性，即开放数据的数据对象是一种具有数字化格式的数据集，包括描述该组合数据的元数据，这一数据集也超越了科学实验数据本身，是广泛意义上的各种领域的数据。

（二）开放数据的条件：开放

开放知识定义给出了判断作品为开放的几项条件：获取（Access）；重新分布（Redistribution）；再使用（Reuse）；无技术限制（Absence of Technological Restrition）；成果归属（Attribution）；完整性（Integrity）；无个人或者群组歧视（No Discrimination Againast Persons or Groups）；无领域歧视（No Discrimination Against Fields of Endeavor）；许可的发布（Distribution of License）；许可不是只针对特定的包（License Must not be Specific to Package）；许可不能限制其他作品的发布（License Must not Restrict the Distribution of other Works）。同时，开放数据的重要概念就是“再使用”，普遍属性是“排除使用障碍”（Removal of Permission Barriers）。开放数据的“开放”应该包含以下要素。

再使用。该方面有两点需要关注：一是入口，即保证再使用的各项措施，技术层面、法律层面及社会层面等；二是出口，开放数据再使用所要求的数据管理新模式。

开放许可（Open License）。开放许可不仅是保证数据再使用的有力武器，它也是保证数据实现再增值的重要条件。国外关于开放许可对于开放数据的重要性，不仅在理论探讨层面，还是在应用实践层面，都得到广泛关注。首先，在理论研究方面，最近几年万维网会议都对开放数据许可进行了专门探讨。其中，2007年万维网会议对开放数据的探讨，主要包括开源、开放数据法律许可等几个方面，开放数据许可的原因在于许可数据以使其开放要比许可数据使其封闭重要；开放许可包含的要素有以下几个方面：内容、数据、元数据。而2008年万维网会议也对开放数据的开放许可进行了探讨，开放数据共用: 开放数据的一个许可 (Open Data Commons, A License For Open Data) 。其次，在开放许可的实例方面，也出现了许多相关组织，如开放知识联盟(the Open Knowledge Foundation, OKF) 、Talis、创作共用CC (Creative Commons) 及科学共用(Science Commons)。一些重要的许可包括创作共用CC 许可、开放数据共用(Open Data Commons) 的公共领域贡献与许可(Public Domain Dedication and License, PDDL) 和开放数据库许可(Open Data base License, ODbL) 。因此，开放数据从数据层面来讲能否实现持续再增值，就在于开放许可机制是否完善。

（三）开放数据的最终目的：再增值

它可以分为两个部分：一是基于开放数据对象（数据集）的增值，其主要的增值空间在于从数据本身角度实现数据的增值性应用，更多的是与新的信息技术环境与互联网环境的结合（如Web 2.0、云计算、语义网等），但该层面的增值是根本性的增值，它将作为新互联网与新信息通信技术环境下实现各种应用的基础，改变整个信息管理的方式，并影响商业模式的运作。二是基于开放数据开放性的增值，其主要的增值空间在于从数据受众与时间跨度的角度实现数据的多次获取、发布、共享、使用、仓储等，从而保障数据的长期开放性增值。可以看出，这两种增值的方向是不同的，一个是技术层面的应用性增值，偏向利用开放数据对象（数据集） 进行技术创新与变革性应用；另一个方向则是社会层面的保障性增值，偏向利用开放数据条件（开放）进行持续性增值保障。而后一种增值方向可以为前一种增值方向提供基础，从而强化其增值；前一种增值又会为后一种增值提供良好的技术支撑，两者相辅相成，实现开放数据的价值最大化。

四、大数据

大数据之所以产生，是因为今天无处不在的传感器和微处理器。我们正在迈进普适计算的时代。事实上，所有的机械或电子设备都可以留下数据痕迹，这些痕迹表明了它的性能、位置或状态。这些设备和使用它的人，通过互联网互相交流，又形成了另外一个庞大的数据源。当这些数据和来自其他媒体、无线或有线电话、有线电视、卫星等来源的数据相结合时，更加显得庞大无比。

《纽约时报》2011年年底出版文章称，麻省理工学院数字商业中心首席科学家安德鲁·麦卡菲（Andrew McAfee）认为，大数据将成为人类商业历史上新的篇章。该中心另一名教授埃里克·布林约尔森（Erik Brynjolfsson）称，大数据将取代想法、范例、组织以及人们思考世界的方式。

据介绍，这些前卫的预测的前提是，Web浏览记录、传感器信号、GPS跟踪和社交网络信息等数据能够以前所未有的程度面向衡量和监控人类及设备的行为敞开大门。通过计算机算法，可以预测出人类的许多事情，如购物、约会或投票等。业内专家预计，最终的结果就是，世界变得越来越智能，企业的工作效率越来越高，消费者获得的服务质量越来越高，人们所做出的决定也越来越合理。

对于大数据，研究机构Gartner给出了这样的定义。大数据是需要新处理模式才能具有更强的决策力、洞察发现力和流程优化能力的海量、高增长率和多样化的信息资产。

“大数据”这个术语最早期的引用可追溯到apache org的开源项目Nutch。当时，大数据用来描述为更新网络搜索索引需要同时进行批量处理或分析的大量数据集。随着谷歌MapReduce和GoogleFile System（GFS）的发布，大数据不再仅用来描述大量的数据，还涵盖了处理数据的速度。

大数据的特点有4个方面：第一，数据体量巨大，从TB级别跃升到PB级别；第二，数据类型繁多，前文提到的网络日志、视频、图片、地理位置信息等；第三，价值密度低，以视频为例，连续不间断监控过程中，可能有用的数据仅仅有一两秒；第四，处理速度快。1秒定律，最后这一点也是和传统的数据挖掘技术有着本质的不同。业界将其归纳为4个“V”——Volume、Variety、Value、Velocity。

大数据技术的战略意义不在于掌握庞大的数据信息，而在于对这些含有意义的数据进行专业化处理。换言之，如果把大数据比作一种产业，那么这种产业实现盈利的关键，在于提高对数据的“加工能力”，通过“加工”实现数据的“增值”。

大的数据需要特殊的技术，以有效地处理大量的数据。适用于大数据的技术，包括大规模并行处理（MPP）数据库、数据挖掘电网、分布式文件系统、分布式数据库、云计算平台、互联网和可扩展的存储系统。

第五节　典型案例

一、无线通信技术应用案例

2012年，全球各大城市加强对无线通信技术（WiFi）的应用，强化优质普遍服务提供。

（一）美国利用WiFi技术实现智能汽车计划

2012年8月，美国联邦政府宣布了一项为期一年的智能汽车计划，希望通过此项目产生的数据来证明联网汽车的无线通信能够改善美国高速公路的交通安全问题。这项计划是由美国密歇根州运输研究所（UMTRI）联合汽车厂家和各种机构，准备推出一个基于专用短程通信（DSRC）的云平台，利用类似WiFi的技术来实现车载电脑和远程交通安全管理平台的连接，让驾驶者可以及时了解到危险路况信息，发出警告信息，提醒司机注意安全驾驶，从而减少交通事故的发生。此智能汽车计划会首先在美国底特律市实施，将在3000辆轿车、公交、汽车和卡车等车辆上配备车载电脑、通信设备、若干传感器和多个摄像头，车载电脑会在车辆行驶时的各种实时信号传给交通安全管理平台。若有危险情况发生，比如超速或者逆向行驶，安全平台就会立刻察觉并通过车载电脑发出语音或者振动来警告驾驶者。这个平台除了提供安全警告还有其他应用，如可以设置提醒功能下班记得接孩子放学等，也支持开发者为其开发各种应用。这项智能汽车计划的主要目的是实现联网车辆之间的安全信息分享，为汽车联网实现彼此之间的通话将是安全性汽车的未来。

（二）伦敦奥运会期间无线网络覆盖地铁站

2012年伦敦超40个地铁站被无线网络覆盖，2012年6月底，约有10万地铁旅客已经使用此项服务，其地铁网络平台的社交网络已经收到超过100万条信息。11月，英国伦敦计划在接下去的4年里花费325万英镑对他们位于威斯敏斯特的路灯系统做一个升级——更换14 000盏节能版本的新路灯。这些新路灯最吸引人的地方在于它们是“智能路灯”，具有在需要维修或更换时通过iPad的应用来警示工人的能力。此外，技术人员还可以使用应用程序控制每一盏灯的输出，进一步提高效率。英国议会决定将在未来4年中陆续安装这些灯泡，政府投资325万英镑，每两年可为伦敦节省100万英镑的电费和工程费，因此这笔投资将可以在7年内收回成本。称路灯从2015～2016年起将可以每年节省42万英镑的电费和维护费。这是英国首次采用这种先进的路灯控制系统。如果效果好，特别是如果可以省下很多电费，很有可能看到有更多的现代城市采用类似的智能街灯。

（三）韩国首尔市提供“无处不在的服务”

韩国首尔市4月29日宣布将首尔市主要的旅游景点清溪川、仁寺洞、首尔森林公园等地点与IT技术相结合，为市民和外国游客提供多样的“无处不在的服务”。

市民和国内外游客在清溪川、仁寺洞和首尔森林公园可以体验免费使用WiFi网络，获得多语种的旅游信息，并通过邮件获得相册的u-seoul服务。此外，在首尔森林公园还可以免费获得u-health（体型、体力检查）服务，在livecam网站上实时观看首尔的13处主要旅游景点。无法亲自参观首尔的人可以在livecam网站上欣赏首尔市政府广场和世宗大王、李舜臣将军铜像，体验从63大厦上俯瞰汉江的服务。2012年还开发智能手机应用软件，方便市民随时随地通过移动服务观看视频。

二、大数据应用案例

2012年，大数据悄然改变我们生活的例子有很多。数据化、对数据的处理和重视，为人们提供了一种新的看待世界的方式，这将推动社会运行方式的巨大变革。

（一）大数据助力美国大选

2012年备受瞩目的美国大选中，大数据也扮演了重要的角色。和以往不同，此次大选伊始，美国总统的竞选团队就纷纷利用数据分析方法来寻找和锁定潜在的己方选民，并使用最前沿的数字化策略定位并拉拢那些中间派选民。大选结果出炉后，美国《时代》周刊网站刊文指出，数据挖掘团队为奥巴马的连任立下了汗马功劳，政治领域的大数据时代已经到来。

（二）利用大数据技术判断全球微博用户的情绪

大数据在商业领域同样有着不俗的表现。华尔街德温特资本市场公司首席执行官保罗•霍廷每天的工作之一，就是利用计算机程序分析全球3.4亿微博账户的留言，判断民众情绪，从而决定股票的买入和卖出。他的判断原则是，如果人们似乎都高兴，那就买入；如果大家的焦虑情绪上升，那就抛售。2011年一季度，霍廷的公司获得了7%的收益率。

（三）“谷歌流感趋势系统”大显身手

通过分析大量用户的搜索记录，比如“咳嗽”“发烧”等特定词条，谷歌公司能准确预测美国冬季流感传播趋势。和官方机构相比，谷歌能提前一两周预测流感暴发，预测结果与官方数据的相关性高达97%。2009年甲型H1N1流感暴发时，“谷歌流感趋势”系统大显身手。这已经成为大数据应用的一个经典案例。

三、开放数据应用案例

美国的电子政府（e-Gov）建设是世界上最先进的。2009年1月奥巴马政府成立以后，其建设重点不断地发生变化，逐渐转向“开放政府”。美国以往的电子政府政策，重点大多放到了在联邦政府部署IT系统，推进政务电子化与高效化，让国民与企业享受到更为便捷的服务。而奥巴马政府目前的开放政府政策的特征是，将“政府信息公开”与“基于新Web技术促进市民参与政府各项决策过程”等视为重点，并积极加以推进。在“开放政府”计划推出的背景下，美国政府开设了可提升政府透明性的信息公开网站Data.gov，不断推进联邦政府基于IT技术的信息公开。

（一）美国Cities.data.gov 收录该国最大的4个城市的数据

2012年8月，美国联邦政府开放数据门户网站Data.gov新增了一个地方政府新数据层。在该数据层中，Cities.data.gov 收录了美国最大的4个城市的数据：芝加哥、西雅图、纽约和旧金山。尽管地方政府的数据集不受联邦数据政策限制，但来自不同级别政府的不同数据有助于软件开发者的工作。Cities.data.gov是G7最主要的推动者之一。大城市的CIO就共同关心的问题进行非正式的合作，他们在开放数据方面的推动使得这个概念被列入公共数据开发的优先项。旧金山在Cities.data.gov上发布了近90%的数据集，而且仍在不断维护更新。旧金山还打算在共享的门户网站上率先发布新的数据集，并将之作为主要的开放数据库。Usaspending.gov和Data.gov等联邦政府网站鼓励各级地方政府向公众开放数据，这提高了政务透明度。Cities.data.gov的管理权限向多级开放的数据将进一步打破部门分割的思想，帮助减少政府部门和民众之间的沟通差距。

（二）法国拉罗谢尔市开启开放数据门户网站

5月23日，法国拉罗谢尔市开启该市的开放数据门户网站“拉罗谢尔开放数据”，旨在开放本地政府数据以利于公共数据再利用。230个数据集合覆盖人口、交通、地理、公共空间、公共采购、财政、文化、年轻人和运动等领域，在这个网站上均以可读取的格式存储。数据集授权OdbL许可证，这就保证了数据再利用的免费性和不受限制。数据再利用的唯一条件是资源的分配，在数据重新分配（或者是分配数据）的情况下，可以使用同样的授权许可。该门户网站上的开放数据不仅可以下载，还可以通过API接口得到，同样开发人员也被鼓励在网站上进行互动。开放数据是原始的、未经加工的，不像传统的门户网站上所公开的数据。

（三）新西兰奥克兰市推行开放数据政策

2012年5月，新西兰奥克兰正在像旧金山和其他城市一样，采取让市民更加便利地访问城市日常运作相关数据的政策。这种开放数据政策允许公众浏览或下载有用的信息，有些市民还需要下载用以建设网站或应用于手机的软件。例如，在旧金山，市民可以使用城市数据来寻找适合儿童的活动场所、停车位、餐厅卫生评分等信息。支持者认为这是政府透明度的一个重要组成部分。

第十四章 国内信息化发展动态

2012年，我国信息化继续深入、健康、快速发展，应用服务不断创新和深化，对国民经济和社会生活的影响力进一步增强。国务院批复了《"十二五"国家政务信息化工程建设规划》，明确了"十二五"期间国家重点建设4大方面29项重大信息化工程，发布了《关于大力推进信息化发展和切实保障信息安全的若干意见》，要求确保重要信息系统和基础信息网络安全，提升网络与信息安全监管能力。

第一节 政策法规

2012年，为推动信息化科学发展，全国人大、国务院、国家发展改革委等单位制定了一系列决定、政策、法规、规划，对指导信息化发展具有重要的作用。

一、全国人民代表大会常务委员会关于加强网络信息保护的决定

2012年12月28日第十一届全国人民代表大会常务委员会第三十次会议通过了关于加强网络信息保护的决定（专栏14-1）。

专栏14-1

全国人民代表大会常务委员会关于加强网络信息保护的决定

（2012年12月28日第十一届全国人民代表大会常务委员会第三十次会议通过）

为了保护网络信息安全，保障公民、法人和其他组织的合法权益，维护国家安全和社会公共利益，特作如下决定：

一、国家保护能够识别公民个人身份和涉及公民个人隐私的电子信息。

任何组织和个人不得窃取或者以其他非法方式获取公民个人电子信息，不得出售或者非法向他人提供公民个人电子信息。

二、网络服务提供者和其他企业事业单位在业务活动中收集、使用公民个人电子信息，应当遵循合法、正当、必要的原则，明示收集、使用信息的目的、方式和范围，并经被收集者同意，不得违反法律、法规的规定和双方的约定收集、使用信息。

网络服务提供者和其他企业事业单位收集、使用公民个人电子信息，应当公开其收集、使用规则。

三、网络服务提供者和其他企业事业单位及其工作人员对在业务活动中收集的公民个人电子信息必须严格保密，不得泄露、篡改、毁损，不得出售或者非法向他人提供。

四、网络服务提供者和其他企业事业单位应当采取技术措施和其他必要措施，确保信息安全，防止在业务活动中收集的公民个人电子信息泄露、毁损、丢失。在发生或者可能发生信息泄露、毁损、丢失的情况时，应当立即采取补救措施。

五、网络服务提供者应当加强对其用户发布的信息的管理，发现法律、法规禁止发布或者传输的信息的，应当立即停止传输该信息，采取消除等处置措施，保存有关记录，并向有关主管部门报告。

六、网络服务提供者为用户办理网站接入服务，办理固定电话、移动电话等入网手续，或者为用户提供信息发布服务，应当在与用户签订协议或者确认提供服务时，要求用户提供真实身份信息。

七、任何组织和个人未经电子信息接收者同意或者请求，或者电子信息接收者明确表示拒绝的，不得向其固定电话、移动电话或者个人电子邮箱发送商业性电子信息。

八、公民发现泄露个人身份、散布个人隐私等侵害其合法权益的网络信息，或者受到商业性电子信息侵扰的，有权要求网络服务提供者删除有关信息或者采取其他必要措施予以制止。

九、任何组织和个人对窃取或者以其他非法方式获取、出售或者非法向他人提供公民个人电子信息的违法犯罪行为以及其他网络信息违法犯罪行为，有权向有关主管部门举报、控告；接到举报、控告的部门应当依法及时处理。被侵权人可以依法提起诉讼。

十、有关主管部门应当在各自职权范围内依法履行职责，采取技术措施和其他必要措施，防范、制止和查处窃取或者以其他非法方式获取、出售或者非法向他人提供公民个人电子信息的违法犯罪行为以及其他网络信息违法犯罪行为。有关主管部门依法履行职责时，网络服务提供者应当予以配合，提供技术支持。

国家机关及其工作人员对在履行职责中知悉的公民个人电子信息应当予以保密，不得泄露、篡改、毁损，不得出售或者非法向他人提供。

十一、对有违反本决定行为的，依法给予警告、罚款、没收违法所得、吊销许可证或者取消备案、关闭网站、禁止有关责任人员从事网络服务业务等处罚，记入社会信用档案并予以公布；构成违反治安管理行为的，依法给予治安管理处罚。构成犯罪的，依法追究刑事责任。侵害他人民事权益的，依法承担民事责任。

十二、本决定自公布之日起施行。

（摘自中国政府网 www.gov.cn）

二、国务院关于"十二五"国家政务信息化工程建设规划的批复

2012年4月18日，国务院对"十二五"国家政务信息化工程建设规划进行了批复（专栏14-2）。

专栏14-2

国务院关于"十二五"国家政务信息化工程建设规划的批复

国函〔2012〕36号

发展改革委：

你委关于审批"十二五"国家政务信息化工程建设规划的请示收悉。现批复如下：

一、原则同意《"十二五"国家政务信息化工程建设规划》（以下简称《规划》），请你们认真组织实施。

二、《规划》实施要深入贯彻落实科学发展观，围绕"十二五"期间国民经济和社会发展的主要任务，以促进转变经济发展方式、提升治国理政能力为宗旨，以推动经济社会各领域信息化、保障和改善民生、维护经济社会安全为目标，加快推进国家政务信息化工程建设。要加强顶层设计，坚持需求主导，强化信息共享、业务协同和互联互通，突出建设效能，有效提高公共服务水平，强化国家网络与信息安全保障，推进国家信息化建设步伐，促进经济平稳较快发展和社会和谐稳定。

三、通过实施《规划》，大力推进国家政务信息化工程建设，到"十二五"期末，形成统一完整的国家电子政务网络，基本满足政务应用需要；初步建成共享开放的国家基础信息资源体系，支撑面向国计民生的决策管理和公共服务，显著提高政务信息的公开程度；基本建成国家网络与信息安全基础设施，网络与信息安全保障作用明显增强；基本建成覆盖经济社会发展主要领域的重要政务信息系统，治国理政能力和依法行政水平得到进一步提升。

四、各地区、各部门及有关单位要进一步统一思想，增强大局意识、责任意识，切实加强《规划》实施的组织领导。发展改革委要强化统筹协调，明确具体工程项目的牵头建设部门和单位，科学组织工程建设，推进管理创新，强化信息安全保密，确保完成工程建设任务。要进一步明确工程项目完工投用后的共用共享机制，增强部门间的业务协同能力，确保取得实际效果，切实提高投资效益。各有关部门要根据职能分工，加强对《规划》实施的指导支持和监督检查，及时研究解决《规划》实施中存在的问题，中期评估结果和总体实施情况要向国务院报告，确保《规划》目标任务的顺利实现。

国务院

二〇一二年四月十八日

（摘自中国政府网 www.gov.cn）

三、国务院关于大力推进信息化发展和切实保障信息安全的若干意见

2012年6月28日，国务院印发关于大力推进信息化发展和切实保障信息安全的若干意见（专栏14-3）。

专栏14-3

国务院关于大力推进信息化发展和切实保障信息安全的若干意见

国发〔2012〕23号

各省、自治区、直辖市人民政府，国务院各部委、各直属机构：

大力推进信息化发展和切实保障信息安全，对调整经济结构、转变发展方式、保障和改善民生、维护国家安全具有重大意义。近年来，各地区、各部门认真贯彻落实党中央、国务院决策部署，加快推进信息化建设，建立健全信息安全保障体系，有力地促进了经济社会发展。当前，世界各国信息化快速发展，信息技术的应用促进了全球资源的优化配置和发展模式创新，互联网对政治、经济、社会和文化的影响更加深刻，围绕信息获取、利用和控制的国际竞争日趋激烈，保障信息安全成为各国重要议题。但是，我国信息化建设和信息安全保障仍存在一些亟待解决的问题，宽带信息基础设施发展水平与发达国家的差距有所拉大，政务信息共享和业务协同水平不高，核心技术受制于人；信息安全工作的战略统筹和综合协调不够，重要信息系统和基础信息网络防护能力不强，移动互联网等技术应用给信息安全带来严峻挑战。必须进一步增强紧迫感，采取更加有力的政策措施，大力推进信息化发展，切实保障信息安全。为此，提出以下意见。

一、指导思想和主要目标

（一）指导思想

以邓小平理论和“三个代表”重要思想为指导，深入贯彻落实科学发展观，以促进资源优化配置为着力点，加快建设下一代信息基础设施，推动信息化和工业化深度融合，构建现代信息技术产业体系，全面提高经济社会信息化发展水平。坚持积极利用、科学发展、依法管理、确保安全，加强统筹协调和顶层设计，健全信息安全保障体系，切实增强信息安全保障能力，维护国家信息安全，促进经济平稳较快发展和社会和谐稳定。

（二）主要目标

重点领域信息化水平明显提高。信息化和工业化融合不断深入，农业农村信息化有力支撑现代农业发展，文化、教育、医疗卫生、社会保障等重点领域信息化水平明显提高；电子政务和电子商务快速发展，到“十二五”期末，国家电子政务网络基本建成，信息共享和业务协同框架基本建立；全国电子商务交易额超过18万亿元，网络零售额占社会消费品零售总额的比重超过9%。

下一代信息基础设施初步建成。到“十二五”期末，全国固定宽带接入用户超过2.5亿户，互联网国际出口带宽达到6500QB/s，第三代移动通信技术（3G）网络覆盖城乡，国际互联网协议第6版（IPv6）实现规模商用。

信息产业转型升级取得突破。集成电路、系统软件、关键元器件等领域取得一批重大创新成果，软件业占信息产业收入比重进一步提高。

国家信息安全保障体系基本形成。重要信息系统和基础信息网络安全防护能力明显增强，信息化装备的安全可控水平明显提高，信息安全等级保护等基础性工作明显加强。

二、实施“宽带中国”工程，构建下一代信息基础设施

（一）加快发展宽带网络。实施“宽带中国”工程，以光纤宽带和宽带无线移动通信为重点，加快信息网络宽带化升级。推进城镇光纤到户和行政村宽带普遍服务，提高接入带宽、网络速率和宽带普及率。加强3G网络纵深覆盖，支持具有自主知识产权的3G技术TD-SCDMA及其后续演进技术TD-LTE产业链发展，科学统筹3G及其长期演进技术协调发展。加快下一代广播电视网络建设，推进广播电视网络数字化、双向化和互联互通改造。

（二）推进下一代互联网规模商用和前沿性布局。加快部署下一代互联网，抓紧开展IPv6商用试点，适时推动IPv6大规模部署和商用，推进国际互联网协议第4版（IPv4）向IPv6的网络演进、业务迁移与商业运营。完善互联网国家顶层网络架构，升级骨干网络，实现高速度高质量互联互通。重点研发下一代互联网关键芯片、设备、软件和系统，推动产业化步伐。加快未来网络体系架构关键理论和核心技术的研发，加强战略布局，建设面向未来互联网创新发展的示范平台。

（三）加快推进三网融合。总结试点经验，在确保信息和文化安全的前提下，大力推进三网融合，推动广电、电信业务双向进入，加快网络升级改造和资源共享，加强资源开发、信息技术和业务创新，大力发展融合型业务，培育壮大三网融合相关产业和市场。加快相关法律法规和标准体系建设，健全适应三网融合的体制机制，完善可管、可控的网络信息和文化安全保障体系。

三、推动信息化和工业化深度融合，提高经济发展信息化水平

（一）全面提高企业信息化水平。推广使用数字化研发设计工具，加快重点行业生产装备数字化和生产过程智能化进程，全面普及企业资源计划、供应链、客户关系等管理信息系统。实施重大信息化示范项目，引导企业业务应用向综合集成和产业链协同创新转变。继续实施中小企业信息化推进工程和制造业信息化科技工程，提高中小企业和制造业企业信息化水平。完善企业信息化和工业化融合水平评估认定体系，支持面向具体行业的信息化公共服务平台发展。

（二）推广节能减排信息技术。推动工业、建筑、交通运输等领域节能减排信息技术的普及和深入应用，加大主要耗能、耗材设备和工艺流程的信息化改造。建立健全资源能源综合利用效率监测和评价体系，提升资源能源供需双向调节水平。建立健全主要污染物排放监测和固体废弃物综合利用信息管理系统，完善污染治理监督管理体系。

（三）增强信息产业核心竞争力。加大国家科技重大专项对信息产业核心基础产品、网络共性关键技术开发的支持力度，加快推动新一代移动通信、基础软件、嵌入式软件以及制造执行系统、工业控制系统、大型管理软件等技术的研发和应用。加强统筹规划，积极有序促进物联网、云计算的研发和应用。实施工业电子产品提升工程，推进信息技术与工业技术融合创新，提高汽车、船舶、机械等产品智能化水平。推动电子信息产品制造企业由单纯提供产品向提供综合解决方案和信息服务转变。

（四）引导电子商务健康发展。健全安全、信用、金融、物流和标准等支撑体系，探索有效监管模式，建立规范有序的电子商务市场秩序。引导电子商务平台向提供涵盖信息流、物流、资金流的全流程服务发展。鼓励大中型企业开展网络采购和销售，加强供应链协同运作，重点推动小型微型企业普及电子商务应用。实施移动电子商务试点示范工程，创建电子商务试点示范城市，创新电子商务发展模式，改善电子商务发展环境。

（五）推进服务业信息化进程。推动银行业、证券业和保险业信息共享，支持金融产品和服务创新，促进消费金融发展，提高面向小型微型企业和农业农村的金融服务水平。加快推进交通、旅游、休闲娱乐等服务业信息化。培育和发展地理信息产业，大力发展信息系统集成、互联网增值业务和信息安全服务。提高工业设计信息化水平。

四、加快社会领域信息化，推进先进网络文化建设

（一）提升电子政务服务能力。围绕提升服务和监管能力，促进政府管理创新，加强电子政务顶层设计。以互联互通为重点，形成统一的国家电子政务网络，完善项目建设管理、绩效评估和运行维护机制。扎实推进药品、食品、住房、能源、金融、价格等重要监管信息系统建设。推动重点领域信息共享和业务协同，加快电子政务服务向街道、社区和农村延伸，支持基层政府和社区开展管理和服务模式创新试点示范。加强地理空间和自然资源、人口、法人、金融、税收、统计等基础信息资源的开发利用，促进共享。全面提升电子政务技术服务能力，鼓励业务应用向云计算模式迁移。加强电子文件管理与应用。

（二）提高社会管理和城市运行信息化水平。建立全面覆盖的社会管理综合信息系统。完善人口信息共享机制，实现实有人口动态管理，提高人口信息动态监测和分析预测能力。建设公众诉求信息管理平台，改进信访工作方式。加强网络舆情分析，健全网上舆论动态引导管理机制。推动城市管理信息共享，推广网格化管理模式，加快实施智能电网、智能交通等试点示范，引导智慧城市建设健康发展。

（三）加快推进民生领域信息化。加快学校宽带网络建设，推动优质数字教育资源开发和共享，完善教育管理信息系统，构建面向全民的终身学习网络和服务平台，大力发展远程教育，形成教育综合信息服务体系。完善医疗服务与管理信息系统，加快建立居民电子健康档案和电子病历，加强国家和区域医药卫生信息共享，夯实远程医疗发展的基础。构建覆盖城乡居民的劳动就业和社会保障信息服务体系，全面推行社会保障卡应用，推动就业信息共享。推进减灾救灾、社会救助、社会福利和慈善事业等社会服务信息化。提高面向残疾人等特殊人群的信息服务能力。

（四）发展先进网络文化。鼓励开发具有中国特色和自主知识产权的数字文化产品，加强知识产权保护，壮大数字内容产业，培育数字内容与网络文化产业骨干企业，扩展数字内容产业链。加强重点新闻网站建设，规范管理综合性商业网站，构建积极健康的网络传播新秩序和网络氛围。积极推进数字图书馆等公益性文化信息基础设施建设，开发精品网络科普资源，完善公共文化信息服务体系。

五、推进农业农村信息化，实现信息强农惠农

（一）提高农业生产经营信息化水平。推动农业适用信息技术的研发应用，加快推进农业生产基础设施、装备与信息技术的融合。提高种植业、养殖业生产信息化和农村专业合作社、农产品批发市场经营信息化水平。加强农业生产环境监控、生产过程监测、行业发展监管，建立和完善农产品质量安全追溯体系。积极培育、示范、推广适用的农业信息化应用模式。

（二）完善农业农村综合信息服务体系。规范各类农业信息服务系统，建立全国农业综合信息服务平台，鼓励发展专业信息服务，加快推进涉农信息资源开发、整合和综合利用。继续推进农村基层信息服务站和信息员队伍建设，形成以村为节点、县为基础、省为平台、全国统筹的农村综合信息服务体系。

六、健全安全防护和管理，保障重点领域信息安全

（一）确保重要信息系统和基础信息网络安全。能源、交通、金融等领域涉及国计民生的重要信息系统和电信网、广播电视网、互联网等基础信息网络，要同步规划、同步建设、同步运行安全防护设施，强化技术防范，严格安全管理，切实提高防攻击、防篡改、防病毒、防瘫痪、防窃密能力。加大无线电安全管理和重要信息系统无线电频率保障力度。加强互联网网站、地址、域名和接入服务单位的管理，完善信息共享机制，规范互联网服务市场秩序。

（二）加强政府和涉密信息系统安全管理。严格政府信息技术服务外包的安全管理，为政府机关提供服务的数据中心、云计算服务平台等要设在境内，禁止办公用计算机安装使用与工作无关的软件。建立政府网站开办审核、统一标识、监测和举报制度。减少政府机关的互联网连接点数量，加强安全和保密防护监测。落实涉密信息系统分级保护制度，强化涉密信息系统审查机制。

（三）保障工业控制系统安全。加强核设施、航空航天、先进制造、石油石化、油气管网、电力系统、交通运输、水利枢纽、城市设施等重要领域工业控制系统以及物联网应用、数字城市建设中的安全防护和管理，定期开展安全检查和风险评估。重点对可能危及生命和公共财产安全的工业控制系统加强监管。对重点领域使用的关键产品开展安全测评，实行安全风险和漏洞通报制度。

（四）强化信息资源和个人信息保护。加强地理、人口、法人、统计等基础信息资源的保护和管理，保障信息系统互联互通和部门间信息资源共享安全。明确敏感信息保护要求，强化企业、机构在网络经济活动中保护用户数据和国家基础数据的责任，严格规范企业、机构在我国境内收集数据的行为。在软件服务外包、信息技术服务和电子商务等领域开展个人信息保护试点，加强个人信息保护工作。

七、加快能力建设，提升网络与信息安全保障水平

（一）夯实网络与信息安全基础。研究制定国家信息安全战略和规划，强化顶层设计。落实信息安全等级保护制度，开展相应等级的安全建设和管理，做好信息系统定级备案、整改和监督检查。强化网络与信息安全应急处置工作，完善应急预案，加强对网络与信息安全灾备设施建设的指导和协调。完善信息安全认证认可体系，加强信息安全产品认证工作，减少重复检测和重复收费。

（二）加强网络信任体系建设和密码保障。健全电子认证服务体系，推动电子签名在金融等重点领域和电子商务中的应用。制定电子商务信用评价规范，建立互联网网站、电子商务交易平台诚信评价机制，支持符合条件的第三方机构开展信用评价服务。大力推动密码技术在涉密信息系统和重要信息系统保护中的应用，强化密码在保障电子政务、电子商务安全和保护公民个人信息等方面的支撑作用。

（三）提升网络与信息安全监管能力。完善国家网络与信息安全基础设施，加强网络与信息安全专业骨干队伍和应急技术支撑队伍建设，提高风险隐患发现、监测预警和突发事件处置能力。加强信息共享和交流平台建设，健全网络与信息安全信息通报机制。加大对网络违法犯罪活动的打击力度。进一步完善监管体制，充实监管力量，加强对基础信息网络安全工作的指导和监督管理。倡导行业自律，发挥社会组织和广大网民的监督作用。

（四）加快技术攻关和产业发展。统筹规划，整合力量，进一步加大网络与信息安全技术的研发力度，加强对云计算、物联网、移动互联网、下一代互联网等方面的信息安全技术研究。继续组织实施信息安全产业化专项，完善有关信息安全政府采购政策措施和管理制度，支持信息安全产业发展。

八、完善政策措施

（一）加强组织领导。在国家信息化领导小组和国家网络与信息安全协调小组的领导下，各有关部门要按照职责分工，认真落实各项工作任务，加强协调配合，形成合力，共同推进信息化发展和网络信息安全保障工作。各地区要将保障网络与信息安全列入重要议事日程，逐级建立并认真落实网络与信息安全责任制，明确主管领导，确定工作机构，负责督促落实网络与信息安全规章制度，组织制定应急预案，处理重大网络与信息安全事件等，并根据本地实际情况，建立省（区、市）、地（市）两级网络与信息安全协调机制。

（二）加强财税政策扶持。发挥财税政策的杠杆作用，加大对信息化和工业化深度融合关键共性技术研发与推广、公共服务平台、重大示范工程建设等的支持力度。完善农村通信普遍服务补偿机制，优先支持农村、欠发达地区综合信息基础设施建设和改造。整合利用现有资金渠道，中央财政加大投入，重点支持信息安全重要基础性工作。各地区、各部门要将基础性公益性网络与信息安全设施运行维护、安全服务和检查等费用纳入财政预算。

（三）加快法规制度和标准建设。完善信息化发展和网络与信息安全法律法规，研究制定政府信息安全管理、个人信息保护等管理办法。健全相关法规制度，明确并落实企事业单位和社会组织维护信息安全的责任。制定完善新一代信息技术在重点领域的应用标准，注重发挥标准对产业发展的技术支撑作用。培育国家信息安全标准化专业力量，加快制定三网融合、云计算、物联网等领域安全标准。积极参与制定信息安全国际行为准则、互联网治理等国际规则和标准。

（四）加强宣传教育和人才培养。开展面向全社会的信息化应用和信息安全宣传教育培训。支持信息安全与保密学科师资队伍、专业院系、学科体系、重点实验室建设。加强大中小学信息技术、信息安全和网络道德教育，在政府机关和涉密单位定期开展信息安全教育培训。各级财政要加大对信息安全宣传教育和培训等公益性活动的支持。加快培养创新型、应用型信息化人才。

国务院

二〇一二年六月二十八日

（摘自中国政府网 www.gov.cn）

四、国务院办公厅关于印发2012年政府信息公开重点工作安排的通知

2012年4月28日，国务院办公厅印发了2012年政府信息公开重点工作安排的通知（专栏14-4）。

专栏14-4

国务院办公厅关于印发2012年政府信息公开重点工作安排的通知

国办发〔2012〕26号

各省、自治区、直辖市人民政府，国务院各部委、各直属机构：

《2012年政府信息公开重点工作安排》已经国务院同意，现印发给你们，请认真贯彻落实。

国务院办公厅

二〇一二年四月二十八日

2012年政府信息公开重点工作安排

《中华人民共和国政府信息公开条例》（以下简称《条例》）施行以来，各地区、各部门认真贯彻落实，政府信息公开工作取得显著进展，主动公开内容不断丰富，基本覆盖《条例》规定应当主动公开的主要方面，财政预算决算、“三公”经费支出等信息公开迈出较大步伐，依申请公开工作稳步有序开展，制度不断完善，社会公众依法获取政府信息的权益得到有效保障。随着我国经济社会的不断发展，社会公众对政府信息公开工作提出了更高要求，对此，各地区、各部门务必高度重视，进一步增强工作的责任感，更加积极主动地做好政府信息公开工作。

当前和今后一段时间，各地区、各部门要紧紧围绕党和政府工作大局，着眼于落实政府重点工作部署，着眼于加强政府自身建设，着眼于保障人民群众合法权益，着眼于促进社会和谐稳定，进一步加强《条例》的贯彻落实，深入推进政府信息公开工作。现就2012年政府信息公开重点工作作如下安排。

一、推进重点领域信息公开

（一）推进财政预算决算、“三公”经费和行政经费公开。一是推进财政预算和决算公开。报送全国人大审查部门预算的国务院部门和单位，要在2011年普遍公开收支预算总表和财政拨款支出预算表的基础上，公开财政部批复的全部预算表格并细化公开到款级科目，其中有关教育、医疗卫生、社会保障和就业、农林水事务、住房保障等支出要细化公开到项级科目。除少数按有关保密规定不宜公开部门预算决算的单位外，其他尚未公开预算决算的中央部门，要加快公开步伐；已经公开的，要进一步细化公开内容。各省（区、市）政府要按照《条例》要求，在普遍公开财政预算决算的基础上，推进省级政府部门公开部门预算和决算，并扩大范围，细化内容。二是推进“三公”经费和行政经费公开。中央部门要在2011年公开“三公”经费支出总额和分项数额的基础上，细化“三公”经费的解释说明，公开车辆购置数量及保有量、因公出国（境）团组数量及人数、公务接待有关情况等。各省（区、市）政府要制订“三公”经费公开时间表，争取在两年左右的时间内，实现省级政府全面公开“三公”经费。同时，要指导督促省级以下政府及其部门加快“三公”经费公开步伐。推进中央部门公开行政经费，2012年各部门要及时公开2011年本部门行政经费支出情况。（财政部牵头落实）

（二）推进保障性住房信息公开。要按照《国务院办公厅关于保障性安居工程建设和管理的指导意见》（国办发〔2011〕45号）的要求，向社会公布年度保障性安居工程建设计划、项目开工和竣工情况，以及项目名称、建设地址、建设方式和建设总套数等信息，并不断扩大建设信息的公开范围。进一步加大保障性住房分配和退出信息公开力度，全面公开分配政策、分配程序、分配房源、分配对象、分配过程、分配结果、退出情况等信息，确保分

配工作公开透明。（住房城乡建设部牵头落实）

（三）推进食品安全信息公开。要加大食品安全监管信息公开力度，食品生产经营许可、专项检查整治、违法生产经营行为查处等日常监管信息以及风险评估和风险警示信息原则上都应依法公开。卫生行政主管部门要进一步强化食品安全标准公开，拓宽公众参与食品安全标准起草的渠道，进一步做好征求公众意见工作，提高公众参与度。（食品安全办、卫生部牵头落实）

（四）推进环境保护信息公开。要加强环境核查审批信息公开，着力推进建设项目环评、行业环保核查、上市环保核查等信息的主动公开。加强监测信息公开，落实新修订的《环境空气质量标准》，提升环境监测能力，加大超标污染物监测信息公开力度，推进重点流域地表水环境质量、重点城市空气环境质量、重点污染源监督性监测结果等信息的公开，提升环境监测信息公开水平；污染情况较严重的城市，尤其要做好环境监测信息公开工作。加强重特大突发环境事件信息公开，要按照应急预案信息发布有关规定，及时公布重特大突发环境事件的处理情况等信息，提高处理透明度。（环境保护部牵头落实）

（五）推进招投标信息公开。要强化违法违规行为及处理情况的信息公开。招投标违法违规行为及处理情况、违法违规企业名单应全面公开；对不依法履行公开职责的责任人员依法给予处分。要加强招投标有关信息公开。国有资金占控股或者主导地位依法必须进行招标的项目，其招投标信息、投标单位及从业人员信用信息等有关政府信息，要向社会公开；同时，加快推动全国范围内的招投标信息共享。（发展改革委牵头落实）

（六）推进生产安全事故信息公开。要加强应对处置信息公开，按照有关规定，及时准确发布政府举措、处置进展、风险预警、防范措施等信息，不断提高生产安全事故应对处置工作的透明度。进一步做好调查处理结果的发布工作，除依法应当保密的内容外，要主动公开事故调查报告；同时，对公众依法提出的事故信息公开申请，要积极回应，依法应当公开的要予以公开。（安全监管总局牵头落实）

（七）推进征地拆迁信息公开。在征地征收补偿方案报批前要严格履行公告、告知、论证、听取意见等程序，进一步扩大社会公众对征地拆迁工作的参与，提高工作透明度。加强补偿信息公开，重点做好补偿方案、补偿标准、补偿结果等各个环节的信息公开工作。（住房城乡建设部、国土资源部牵头落实）

（八）推进价格和收费信息公开。对实行政府指导价、政府定价的商品和服务价格，以及行政事业性收费，要加大信息公开力度，认真回应社会公众和市场主体集中关切的问题。一是要加强政府制定价格信息公开。政府指导价、政府定价和收费标准调整时，要公开调整的原因、标准、执行期限等；依法应当听证的，要进一步公开听证信息，扩大公众参与度。执行政府指导价、政府定价的经营服务性收费，要完善目录公开、明码标价、收费公示等相关制度。在加强对垄断行业和公共企事业单位有关价格行为的监管工作中，要把信息公开作为一项重要内容，依法完善公开制度。二是要进一步落实好行政事业性收费公示制度。收费单位必须及时公开收费文件依据、收费项目、收费范围、收费标准等，主动接受社会监督。

对取消的收费项目及调减后的收费标准，要及时向社会公布。三是要加大对价格和行政事业性收费违法违规行为及处理情况的信息公开力度。对不执行政府指导价或政府定价和擅自设立收费项目、扩大征收范围、提高收费标准等违法违规行为，情节严重、屡禁不止的，要及时公布查处结果。（发展改革委、财政部按职责分工牵头落实）

各地区、各部门在做好上述重点工作的同时，要按照《条例》规定，进一步全面做好政府信息公开工作，凡是《条例》规定应该公开、能够公开的信息，都要及时、主动公开，并不断扩大公开信息量，更好地满足社会公众的信息需求。

二、推进制度建设，提高工作质量与实效

（九）制定完善《条例》实施办法。国务院各部门要依照《条例》要求，对本部门、本系统政府信息进行认真梳理，对公开目录和公开范围作出更加明确的规定，并不断细化，便于实际工作中遵循。尚未制定实施办法的，要抓紧制定。各地区、各部门在做好依申请公开工作的基础上，要加强对工作中疑难问题的研究，推动健全有关制度，依法满足公民、法人或其他组织对政府信息的特殊需求。

（十）加强社会反映评估和舆情引导工作。一些方面的政府信息如食品安全信息、环境保护信息等，涉及面广，社会关注度高，公开前，要对公开后的社会反映进行预判，做好应对预案；公开后，要跟踪舆情，主动引导，对易于引发炒作的情形，要及时发布正面信息，正确引导舆论。

（十一）进一步加强政府网站等公开渠道建设。各地区、各部门要切实加强政府网站管理，逐级督促检查，充分发挥政府网站信息公开第一平台作用。凡属于需要社会公众广泛知晓的政府信息，要及时在政府网站公布；对财政预算决算、保障性住房等方面的信息，要集中展示，方便公众查阅。同时，要充分发挥政府公报、新闻发布会、报刊、广播、电视以及信息公开栏等渠道的作用，方便社会公众获取政府信息。

（十二）加强机构和队伍建设。政府信息主动公开任务重、申请公开量大的地方和部门，要进一步加强工作机构和工作力量；其他地方和部门也应进一步配强、配齐队伍，确保政府信息公开工作扎实有效推进。要加强对政府有关工作人员的培训工作，提高认识，增强工作能力。国务院有关主管部门要把政府信息公开工作列为公务员培训的重要内容，各地区、各部门也要根据工作需要，开展好相关培训工作。

各地区、各部门要充分认识推进政府信息公开的重要意义，加强组织领导，认真做好工作部署，积极推进政府信息公开工作深入开展。国务院有关部门要按照上述工作安排和任务分工，对涉及本部门的工作进一步分解细化，抓紧制定具体措施，加强工作指导，认真抓好落实。涉及多个部门的工作，牵头部门要切实负起责任，加强组织协调，其他部门要密切配合。各牵头部门要于2012年10月底前将相关工作进展情况报送国务院办公厅。国务院办公厅将对政府信息公开工作的落实情况适时进行督查。

（摘自中国政府网 www.gov.cn）

五、关于印发“十二五”国家政务信息化工程建设规划的通知

2012年5月5日，国家发展改革委印发了“十二五”国家政务信息化工程建设规划的通知（专栏14-5）。

专栏14-5

国家发展改革委关于印发“十二五”国家政务信息化工程建设规划的通知

发改高技〔2012〕1202号

党中央各部门，各省、自治区、直辖市及计划单列市人民政府，国务院各部委、各直属机构，中央军委办公厅、各总部、各军兵种、各大军区，全国人大常委会办公厅，全国政协办公厅，高法院，高检院，各民主党派中央：

根据《国务院关于“十二五”国家政务信息化工程建设规划的批复》（国函[2012]36号），现将《“十二五”国家政务信息化工程建设规划》（以下简称《规划》）印发给你们，请按照执行，并就有关事项通知如下：

一、“十二五”时期是全面建设小康社会的关键时期，是深化改革开放、加快转变经济发展方式的攻坚时期，也是我国政务信息化深入发展的重要阶段。各单位要认真领会国务院批复精神，深入贯彻科学发展观，围绕“十二五”期间国民经济和社会发展的主要任务，以促进转变经济发展方式、提升治国理政能力为宗旨，以推动经济社会各领域信息化、保障和改善民生、维护经济社会安全为目标，加快推进国家政务信息化工程建设。要加强顶层设计，坚持需求主导，强化信息共享、业务协同和互联互通，突出建设效能，有效提高公共服务水平，强化国家网络与信息安全保障，推进国家信息化建设步伐，促进经济平稳较快发展和社会和谐稳定。

二、请各地区、各部门及有关单位按照国务院批复精神，进一步统一思想，增强大局意识、责任意识，切实加强《规划》实施的组织领导，保障《规划》有效实施，大力推进国家政务信息化工程建设。到“十二五”期末，要形成统一完整的国家电子政务网络，基本满足政务应用需要；初步建成共享开放的国家基础信息资源体系，支撑面向国计民生的决策管理和公共服务，显著提高政务信息的公开程度；基本建成国家网络与信息安全基础设施，网络与信息安全保障作用明显增强；基本建成覆盖经济社会发展主要领域的重要政务信息系统，治国理政能力和依法行政水平得到进一步提升。

三、我委将按照国务院的批复精神，进一步做好统筹协调工作。各有关部门要科学组织工程建设，推进管理创新，强化信息安全保密，确保完成工程建设任务，要进一步明确工程项目完工投用后的共用共享机制，增强部门间的业务协同能力，确保取得实际效果，切实提高投资效益。我委将会同有关部门做好对《规划》实施情况的监督检查和评估工作，对《规

划》实施中存在的问题、评估结果和总体实施情况向国务院报告。

附件："十二五"国家政务信息化工程建设规划

国家发展改革委

二〇一二年五月五日

"十二五"国家政务信息化工程建设规划

一、现状和形势

加快国家信息化建设是党中央、国务院顺应世界信息化发展趋势作出的重大战略决策，政务信息化建设是国家信息化建设的重要组成部分。"十一五"时期，我国政务信息化建设快速推进，信息化水平不断提高。经过多年努力，围绕各级党委、人大及其常委会有关政务机构、政府部门以及政协、法院、检察院有关政务机构（以下统称"政务部门"）的办公自动化、重要领域和重点业务信息化、网络与信息安全基础设施保障开展的一系列信息化工程建设取得了实质性进展，金盾、金关、金财、金税、金审、金农等近百个重大信息化工程项目陆续建成，相关业务信息系统顺利投入运行，各级政务网站成为信息公开、网上办事、便民服务的重要渠道，对于强化科学民主决策、保障政务部门高效运转、推动信息化和工业化深度融合、保障信息安全、促进经济社会发展发挥了重要作用。但同时必须清醒地看到，当前我国政务信息化建设中依然存在一些突出矛盾和问题，需要尽快加以研究解决。主要是：一批面向公共服务和改善民生的重要信息化系统尚需加快建设，信息共享、业务协同和服务应用程度需进一步提高，网络和信息安全形势不容乐观。

"十二五"时期是全面建设小康社会的关键时期，是深化改革开放、加快转变经济发展方式的攻坚时期，也是我国政务信息化深入发展的重要阶段。编制和实施《"十二五"国家政务信息化工程建设规划》是强化顶层设计，加强规划指导，大力推进国家政务信息化工程建设的基本要求和重要举措，是落实《中华人民共和国国民经济和社会发展第十二个五年规划纲要》和《2006～2020年国家信息化发展战略》的具体部署。《"十二五"国家政务信息化工程建设规划》是"十二五"期间安排国家投资建设重大政务信息化工程的重要依据。

二、总体要求

（一）指导思想

以邓小平理论和"三个代表"重要思想为指导，深入贯彻落实科学发展观，围绕"十二五"期间国民经济和社会发展的主要任务，以促进转变经济发展方式、提升治国理政能力为宗旨，以推动经济社会各领域信息化、保障和改善民生、维护经济社会安全为目标，加快推进国家政务信息化工程建设。要加强顶层设计，坚持需求主导，强化信息共享、业务协同和互联互通，突出建设效能，有效提高公共服务水平，强化国家网络与信息安全保障，推进国家信息化建设步伐，促进经济平稳较快发展和社会和谐稳定。

（二）基本原则

——坚持统筹协调。统筹规划和综合协调政务信息化工程建设，结合各政务部门核心职能，深入开展需求分析，合理设定建设任务，科学量化效能目标。加强顶层设计、统筹规划，分步实施，试点先行，成熟一项，建设一项，确保工程应用实效。

——坚持协同共享。科学规划工程项目，统筹部署应用系统，支持跨部门、跨区域的业务协同和信息资源共享，共用基础网络，有效控制投资规模，切实发挥投资效益，坚决避免重复投资、重复建设。

——坚持创新发展。结合公共服务模式改革和政务运行机制创新，优化业务流程，顺应新技术发展趋势，探索政务信息化工程建设运行管理的新模式，提高投资管理水平。

——坚持安全保障。强化与新一代信息技术发展相适应、满足信息化发展实际需要的信息安全基础设施。坚持自主可控，强化安全保密措施，确保重要信息系统安全可靠，着力提升国家网络与信息安全保障能力。

（三）主要目标

通过实施国家政务信息化工程，到“十二五”期末，形成统一完整的国家电子政务网络，基本满足政务应用需要；初步建成共享开放的国家基础信息资源体系，支撑面向国计民生的决策管理和公共服务，显著提高政务信息的公开程度；基本建成国家网络与信息安全基础设施，网络与信息安全保障作用明显增强；基本建成覆盖经济社会发展主要领域的重要政务信息系统，治国理政能力和依法行政水平得到进一步提升。

三、重点任务

“十二五”国家政务信息化工程以《国民经济和社会发展第十二个五年规划纲要》、相关法律法规和政策文件为依据，重点明确以下建设任务。

（一）构建国家电子政务网络

基于国家电子政务传输骨干网，建好内网，扩展外网，整合优化已有业务专网，构建完整统一的国家电子政务网络。加快推进专网业务向国家电子政务网络迁移，确需保留的部门专网根据业务需要实现与国家电子政务网络互联互通。

1．国家电子政务内网平台

建设目标：形成统一的国家电子政务内网平台，主要用于承载各级政务部门的内部办公、管理、协调、监督和决策等业务信息系统，并实现安全互联互通、资源共享和业务协同。建设内容：加快建设统一的电子政务内网平台。规范网络连接，整合网络资源，确保安全接入。重点建设中央级平台，尽快实现顶层互联互通。各部门按照业务系统部署和安全管理要求，依托统一的国家电子政务内网平台，开展跨地区跨部门业务应用，实现网络资源的共享共用。

2. 国家电子政务外网平台

建设目标：实现国家电子政务外网平台的互联互通，为各级政务部门履行职能提供服务，为面向公众、服务民生的业务应用系统以及国家基础信息资源的开放共享提供信息支持。建设内容：完善国家电子政务外网中央级平台，整合地方网络资源，加大地方各级电子政务外网建设，推进中央级电子政务外网平台与地方各级电子政务外网的有效联通。

（二）深化国家基础信息资源开发利用

基础信息资源库包括基础信息库和业务信息库，并依法向政务部门和社会开放。基础信息库要按照一数一源、多元采集，共享校核、及时更新、权威发布的原则建设。业务信息库要按照物理分散、逻辑集中、共享校核的原则建设。

1. 人口信息资源库

建设目标：初步实现相关部门人口信息资源的实时共享，为区域资源承载能力、实有人口统筹管理、人口全生命周期管理、社会治安状况、人力资源能力素质、社会就业形势、市场消费能力和公益事业发展水平、城镇化水平等的监测分析和评价决策提供信息支持，提高管理、服务和决策水平。建设内容：建设和完善覆盖全国人口、以公民身份号码为标识、以居民身份证信息为主要内容的国家人口基础信息库。以人口基础信息为基准，建立信息共享和校核机制，充分利用全国人口普查信息，逐步建设人口总量和静态动态分布、户口登记、健康素质、残疾人口、年龄和性别结构、教育程度、就业状态、居住状况、收入水平、纳税情况、参保缴费、社保待遇、婚姻状况、优抚救助、扶贫开发、党员、公务员、专业技术人才等方面的业务信息库。

2. 法人单位信息资源库

建设目标：初步实现相关部门法人单位信息资源的实时共享，为企业技术创新、产品质量保障、中小企业发展、劳动就业需求、行政资源配置、产业经济安全、社会事业发展、市场开放竞争、社会信用体系等的监测分析和评价决策提供信息支持，提高管理、服务和决策水平。建设内容：建设和完善以法人组织机构代码为标识的机关法人、事业法人、企业法人、社团法人及其他依法成立的各类机构单位基础信息库。以法人单位基础信息为基准，建立信息共享和校核机制，充分利用经济普查信息，逐步建设法人信用、固定资产投资、产业结构、就业规模、生产经营、税源税收、法人业务范围等方面的业务信息库。

3. 空间地理信息资源库

建设目标：初步实现相关部门空间地理信息资源的实时共享，为自然资源储备和开发利用状况、人居环境、生态环境、自然灾害、交通资源配置和物流配送效率的监测分析和评价决策提供信息支持，提高国土空间资源配置效率。建设内容：在国家自然资源和地理空间基础信息库一期工程的基础上，进一步扩充和整合相关数据资源，完善信息共享机制。建设和完善以测绘基础地理信息为主要内容的国家空间地理基础信息库。以国家空间地理基础信息为基准，建立信息共享和校核机制，逐步建设土地矿产资源、海洋环境状态、地质地震构造、耕地草原状况、森林湿地荒漠、水源水系分布、城乡建设规划、综合交通布局、水域空域航线、网络资源分布、重点水利工程分布、行政区划和地名、邮政编码和地址、地理数据资源等业务信息库和国土资源监管信息系统。

4．宏观经济信息资源库

建设目标：依据业务需要实现宏观经济信息的共享，为有关部门和地方开展经济运行动态监测、产业安全预测预警等分析决策提供信息支持，确保金融、税收、统计等宏观经济基础数据真实准确、完整及时，提高政府统计公信力，提高宏观调控的科学性、预见性和有效性。建设内容：强化金融、税收、统计等基础信息资源开发利用，逐步完善消费、投资、进出口以及经济运行、节能减排、知识产权等方面的业务信息资源。建立完整、统一、高效、适用的国家统计信息系统，完善国家统计数据库，建成安全畅通、便捷高效的联网直报系统。

5．文化信息资源库

建设目标：推动文化信息资源共享和开发利用，促进中华文化的传承和传播，提升国家文化软实力。建设内容：完善文化信息资源共享工程，逐步建设以国家物质和非物质文化遗产信息、少数民族传统文化、国家重要文物、国家档案信息等为主要内容的信息库。完善文化市场信息监管平台，加强重点新闻网站建设，推动新闻信息搜索引擎发展，完善国家级网络视频内容传播和共享平台。

（三）完善国家网络与信息安全基础设施

坚持以促发展、保安全为主线，按照规制为主、疏堵兼顾、科学管控、共建共享、政企结合的方针，加快网络与信息安全基础设施建设，完善国家信息安全保障体系，提高我国基础信息网络和重要信息系统的安全保障能力。

1．网络与信息安全基础设施

在已有设施和资源的基础上，重点围绕提高网络舆情监测能力、网络失窃密监测预警能力、网络有害信息监测和管控能力、网络违法犯罪防范和打击能力等，逐步建立科学高效的信息安全管控机制，建设统一的网络与信息安全基础设施，健全重点信息安全管理业务系统，构建密码保障、身份认证、保密监管、检测评估和监测预警等技术支撑体系，切实保障我国信息网络空间的安全可控。

2．重要信息系统安全保障设施

减少各部门互联网出入口数量，推进党政机关互联网统一接入。加强涉密信息系统与信息资源的安全保密设施建设，统筹应急响应与灾难备份能力建设，增强电子政务网络、基础信息库和重要业务信息系统的安全防护能力建设，为重要信息系统的安全可控运行提供支撑。完善密钥管理基础设施，推进电子政务网络信任体系建设，充分利用已依法设立的电子认证服务机构，实现面向电子政务内外网与各级各类业务应用的身份认证、访问授权和责任认定等安全管理，为跨部门、跨地区的政务业务应用提供安全保障。

（四）推进国家重要信息系统建设

在继续加快推进金盾、金关、金财、金税、金审、金农等重要信息系统建设的基础上，重点建设保障和改善民生、维护经济社会安全、提升治国理政能力等方面的重要信息系统。根据各部门的职能分工，整合部门工程项目功能，实现重要信息系统的跨部门协同互动和资源共享，形成相关部门项目关联组合的信息化一体工程。

1．全民健康保障信息化工程

建设目标：实现相关政务部门的信息共享和业务协同，提高突发公共卫生事件应对能力、重大疾病防控能力、卫生监督和公众健康保障能力以及基层医疗卫生服务能力。提升医疗卫生事业行政监督管理水平。提高远程医疗服务能力，促进医疗卫生公共服务均等化，满足人民群众多层次多样化医疗卫生需求。建设内容：按照深化医药卫生体制改革的要求，完善以疾病控制网络为主体的中西医协同的公共卫生管理信息系统。建立涵盖基本药物采购供应和使用管理、居民健康管理、诊疗导航与管理、综合业务管理和绩效考核等功能的基层医疗卫生管理系统。以建立城乡居民电子健康档案和中西医电子病历、推广医保“一卡通”为重点，建设支持各级医院上下联动、医保医药医疗业务协同、居民健康监测咨询等的医疗健康公共服务信息系统，支持医疗机构分级协作和医保支付即时结算。建设基本药物制度运行监测评价信息系统和基本医疗卫生服务质量与绩效评价信息系统。推动远程医疗试点。

2．全民住房保障信息化工程

建设目标：实现相关政务部门的信息共享和业务协同，为加强住房保障工作提供信息支持，增强国家房地产市场宏观调控能力，提高科学决策水平。建设内容：以人口分布、建设用地供给信息监测为基础，整合房屋权属信息和房地产市场交易信息，重点建设住房信息系统，加强对保障性住房资源配置的监管、互助性住房建设资金的监控以及投资性住房需求的监测。

3．全民社会保障信息化工程

建设目标：实现社会保险经办服务的多险种跨省区可接续，规范业务办理流程，控制资金风险，实现精细化管理，为完善社会保障制度提供信息支持，不断提升国家社会保障的能力和水平。建设内容：在“金保”一期工程基础上，加快社会保障信息化工程建设。推进社会保障卡应用，建设覆盖乡村社区、实现多险种和跨省区接续的社会保险经办服务信息系统。在低保一期工程基础上，建设由城市延伸到农村的统一社会救助、社会福利和慈善事业管理信息系统。建设社会保障监管信息系统。

4．药品安全监管信息化工程

建设目标：实现相关政务部门的信息共享和业务协同，进一步加强对药品和医疗器械研制、生产、流通和使用全过程监督，实现药品流通过程的透明监管，有效提高对药品全生命周期安全监管的水平，强化药品（含医疗器械）安全监管，满足国家基本药物制度和深化医药卫生体制改革的需求。

建设内容：建设药品监管信息化工程。建成国家药品监管信息系统一期工程，支持药品真伪鉴别、来源追溯、过程追踪、快速召回和紧急调配。在此基础上，加快建设药品安全监管信息系统。

5．食品安全监管信息化工程

建设目标：逐步实现食品生产、流通、消费全程监管业务的紧密协同和数据共享，支持食品安全事件的预防预警和应急处置，满足预防为主、科学管理、明确责任、综合治理的食品安全监管工作要求，切实提高食品安全的保障水平。建设内容：加快建设食品（含农产品）生产、加工、流通（含进出口）、消费等环节的安全监管信息化工程。利用物联网技术、溯源技术、防伪技术、条码技术、云计算技术等，建设支持食品及食品添加剂生产达标的生产监管信息系统，建设支持食品及食品添加剂品牌真伪认证、来源追溯、过程追踪、责任追查及召回销毁的流通监管信息系统，建设支持对食品生产商、经营商和餐饮服务商进行信用评价、守信激励、失信惩戒的食品经营者信用监管信息系统。建设食品安全风险监测和评估信息系统，建设相应的食品安全信息共享平台。

6．安全生产监管信息化工程

建设目标：推进各级安全生产监管部门对安全生产信息的共享共用，提升重大危险源管理和生产安全事故的预防预警、监管监察和应急处置能力。建设内容：按照加强安全生产监管监察能力建设的要求，在煤矿、非煤矿山、危险化学品、病险设施、特种设备、工业生产、工程建设、交通运输等领域，充分利用企业安全生产的实时监测信息，完善和建设安全生产监管信息系统。

7．市场价格监管信息化工程

建设目标：实现相关政务部门的信息共享和业务协同，切实加强价格调控监管，防范市场投机炒作和价格异常波动，提升重要商品的市场价格监测预警、价格调控、监督检查，以及公共服务的能力和效率。建设内容：充分利用已有的信息化设施，优化整合现有信息化资源，加快建设和完善价格监管、价格监测预警、成本调查、价格鉴证、药品和医疗器械价格评审、价格监督检查等信息系统，形成统一协调的价格管理和数据共享平台，加强对生产、流通、消费各环节的价格监测分析。

8．金融监管信息化工程

建设目标：实现相关政务部门的信息共享和业务协同，为金融市场平稳运行和国民财富安全等方面的有效监管提供信息支持，逐步增强金融信息服务能力，规范金融机构行为，提高对金融风险的防范预警能力和应急处置水平。建设内容：按照深化金融体制改革和加强金融监管的要求，加快建设金融监管信息系统，完善针对金融业系统性风险、信用风险、市场风险的风险管控和信息共享系统，重点加强对外汇业务、资本市场交易和跨境资金流动等的动态监测和信息共享。建设和完善金融信息平台。

9．能源安全保障信息化工程

建设目标：实现相关政务部门的信息共享和业务协同，提高对油、气、电、煤等能源供需、价格走势、国际能源市场发展变化，以及重点能源企业财务状况的监测预测和预警能力，为提高国家能源安全保障能力提供信息支持。建设内容：按照构建安全、稳定、经济和清洁的现代能源产业体系的要求，建设能源安全保障信息化工程。建设覆盖能源资源、能源生产、运输、储备、库存、价格、进出口、消费等各个环节，能源上下游相关产业的监测预警与监督管理信息系统。重点建设支持国内能源生产结构调整、合理布局、确定能源定价策略、制定重大能源战略规划的宏观决策信息系统。

10．信用体系建设信息化工程

建设目标：依法实现信用信息的跨部门共享，有效支撑对失信行为的惩戒和守信行为的激励，提升信用监管水平，推进社会信用体系的建设。建设内容：按照加快推进社会信用体系建设的要求，利用人口和法人基础信息库，依托部门和地方建设的业务信息系统，进一步完善公民和法人的信贷、纳税、履约、生产、交易、服务、工程建设、参保缴费以及违法违纪等信用信息记录。根据客观需求，结合实际条件，建设公民和法人信用信息征信信息系统。

11．生态环境保护信息化工程

建设目标：逐步实现污染源、污染物、生态环境质量等方面的信息共享，不断提高对重点流域、区域的环境治理水平，有效增强对环境生态和生物多样性保护的监测、评估、服务能力，有效遏制工业污染，促进环境友好型社会建设。建设内容：针对危害群众生命健康的突出环境问题，按照从源头上扭转生态环境恶化趋势的要求，充分利用物联网、遥感等先进技术，进一步完善土壤、森林、湿地、荒漠、海洋、地表水、地下水、大气等方面的生态环境保护信息系统。运用新一代信息网络技术，动态汇集工业企业污染监测信息，加强工业污染和温室气体排放的评估和监测能力建设。

12．应急维稳保障信息化工程

建设目标：实现相关政务部门的信息共享和业务协同，有效提高对自然灾害和突发公共事件的综合防范和应对能力，提升应急维稳信息预测预警通报、综合分析研判和决策指挥支持能力，切实维护社会和谐稳定，保障国家安全。建设内容：进一步建设和完善应急管理信息系统，加强对自然灾害、公共卫生事件和突发群体性事件的信息报送、预测预警、分析评估、舆论引导、应急预案智能化联动、预警信息发布、应急通信、应急指挥、防灾减灾、应急队伍和物资调配、应急处置责任认定等信息能力建设。充分利用、整合和完善各类社会管理动态综合信息，拓宽民意反映渠道，建设维护社会稳定信息系统，面向重点地区、特殊群体、敌对势力和矛盾多发领域，加强舆情搜集和信息监测。

13．行政执法监督信息化工程

建设目标：为有效防控廉政风险，促进行政权力规范运行，深入推行行政执法责任制，加大行政复议指导监督力度，提高面向公共财政资源配置的制度监督水平等提供信息支持，规范行政自由裁量行为，促进依法行政。建设内容：加快建设行政监察信息系统，以落实违法违纪责任追究为重点，加强行政权力运行监察监管机制，完善电子监察系统。以行政许可和行政处罚等执法行为为重点，建设行政执法监督信息系统。以公共财政运行安全和绩效评价为主要内容，在金审工程的基础上，进一步完善政府预算执行监督的审计信息系统。

14. 民主法制建设信息化工程

建设目标：有效满足立法和监督等工作需求，为人大及其常委会履职提供信息支持。进一步提高政协政治协商、民主监督和参政议政能力。有效增强司法能力、提高司法效率、确保司法公正、推进司法公开。实现检察信息资源的整合与共享，促进公正廉洁执法。建设内容：围绕国家基本法律制度的建设，加强人大信息系统建设，完善法律信息库。整合共享有关信息资源，完善政协业务网络系统。加快推进法院系统信息化，建设完善法院案件管理及决策支持系统。加快推进检察系统信息化，建设以控告举报与刑事申诉、职务犯罪侦查与预防、侦查监督、刑事审判监督、民事审判与行政诉讼监督、刑罚执行监督为主要内容的检察院法律监督信息系统。

15. 执政能力建设信息化工程

建设目标：充分运用信息化手段，加强党的建设，优化配置党的执政资源。为不断巩固党的执政基础，提高执政能力提供信息支持。建设内容：整合利用各级党委、政府和其他相关机构的信息资源，建设完善党的决策指挥管理系统、执政资源配置和运行监测系统、惩治和预防腐败系统、社会管理和群众工作服务系统。

四、保障措施

（一）科学组织工程建设

国家政务信息化工程建设任务涵盖的具体工程项目，均应严格按照基本建设程序审批。要加强工程建设的跨部门统筹协调，确定牵头建设部门，建立健全“一把手”负责制，确保完成规划提出的目标任务。牵头建设部门要会同有关部门严格依照规划要求，对具体工程项目开展专题研究，逐项细化工程体系架构和具体项目的建设范围，落实实施步骤和部门职责分工。各项目建设单位必须充分利用统一的国家电子政务网络开展本部门信息化工程建设，避免重复投资、重复建设。对各自为政、不支持信息共享和业务协同、不能满足国家政务信息化工程整体建设要求、论证不充分的项目不予审批。有关部门要抓紧研究制定部门现有业务专网迁移规划，促进部门业务网络尽快向国家电子政务网络迁移。原则上不再审批新建部门信息化专网。要进一步明确工程项目完工投用后的共用共享机制，增强部门间的业务协同能力，确保工程项目取得实际效果，切实提高国家投资效益。鼓励采用物联网、云计算、下一代互联网、绿色节能、模拟仿真等新技术，以促进信息基础设施和信息资源共享、培育多元化公共服务为重点，在相关领域开展政务信息化试点示范工程建设。

（二）落实工程建设资金

充分保障国家政务信息化工程的建设资金和运维经费。中央地方共建项目按照统一规划，根据中央地方事权划分确定相应的建设内容和建设资金。建设资金列入同级政府固定资产投资，运维经费列入同级财政预算。国家对西部地区和中部欠发达地区的中央和地方共建项目予以适当补助，通过中央基建投资安排解决。中央和地方的建设资金、运维经费必须及时到位，确保项目顺利实施。

（三）加强工程全过程管理

项目建设单位应按照国家电子政务工程建设项目管理的相关规定加强项目的全过程管理。严格项目概算调整管理，严格工程项目信息通报制度和档案管理制度，同步推进电子化档案管理，进一步强化工程监理。有关部门要抓紧研究制定国家政务信息化工程效能评价指标体系，在项目验收阶段和投入运行后对工程项目进行效能评价，评价结果作为项目验收和后续项目建设立项的重要参考。要深入开展项目需求分析，科学确定项目建设内容和投资规模，确保政务信息化工程取得实效。

（四）推进工程建设管理创新

鼓励项目建设单位积极采用服务外包、项目代建等专业化和市场化方式，探索政务信息化工程建设运行的新机制新模式。有关部门应抓紧研究编制国家数据中心和灾备中心的整体规划，制定促进部门信息化建设采用共建、代建、服务外包等方式的具体措施以及与之配套的信息安全保密管理制度，有效促进部门信息化建设的改革发展，合理控制、切实降低建设与运维成本，提高专业化水平和服务质量，确保重要信息系统安全可靠运行。工程建设中应按照优先采购安全可控、绿色节能软硬件产品的原则进行设备选型和招标，并将采购情况作为项目验收和效能评价的重要内容。继续组织实施信息安全产品和服务产业化专项，推进自主创新产品发展，为政务信息化工程提供技术支持。

（五）加强信息安全保密

工程建设必须与安全保密措施有机结合，做到安全保密措施先行。项目建设单位要严格依据国家关于涉密信息系统分级保护和非涉密信息系统信息安全等级保护的有关规定，在政务信息化工程项目的需求分析报告和建设方案中同步落实分级保护和等级保护要求。制定实施与业务应用紧密结合、技术上自主可控的信息安全和保密解决方案。项目建成后的试运行期间，项目建设单位应按有关规定组织开展信息安全风险评估，确保信息化工程项目安全保密。

（六）强化规划监测评估

建立动态评估机制，强化对规划实施情况的跟踪分析和督促检查。发展改革委要对规划实施的年度进展情况进行总结，并适时开展中期评估，不断优化规划实施方案和保障措施，促进规划工程建设目标和任务的顺利实现。

（摘自国家发展改革委网站 www.ndrc.gov.cn）

六、关于组织实施2012年下一代互联网技术研发、产业化和规模商用专项的通知

2012年2月10日，国家发展改革委办公厅发布了关于组织实施2012年下一代互联网技术研发、产业化和规模商用专项通知（专栏14-6）。

专栏14-6

国家发展改革委办公厅关于组织实施
2012年下一代互联网技术研发、产业化和规模商用专项的通知

发改办高技〔2012〕291号

各省、自治区、直辖市及计划单列市、新疆生产建设兵团发展改革委，国务院有关部委、直属机构办公厅（室），有关中央管理企业：

为贯彻落实国务院关于加快我国下一代互联网发展的工作部署，2012年国家发展改革委将组织实施下一代互联网技术研发、产业化及规模商用专项。现就有关事项通知如下。

一、专项目标

通过2012年专项的组织实施和带动，我国下一代互联网发展要实现以下目标。

（一）网络建设与用户规模

骨干网和约10%城域网支持IPv6；制定大规模公众网络由IPv4向IPv6平滑演进过渡方案，实现IPv4和IPv6网页浏览业务互通；IPv6宽带接入用户数超过800万。

（二）业务应用与终端

国内具有重要影响力的100家商业网站支持IPv6，推动部分政府机关及企事业单位网站、城市政府网站支持IPv6，电信运营企业新开展的业务基本支持IPv6，新增上网固定终端和移动终端基本支持IPv6。

（三）技术突破与产业带动

加快IPv4向IPv6平滑演进、新型网络体系架构及技术的研究、论证和试验，掌握核心关键技术，建立较为完善的标准体系。网络单位信息流量综合能耗年均下降8%以上，网络设备制造产业万元产值增加值能耗年均下降3%以上。

二、支持重点和要求

（一）电信运营企业公众网络IPv6升级改造及规模商用

要求：（1）由三大电信运营企业统一组织，分别选择部分试点城市，改造公众城域网络，提供IPv6宽带接入服务，实现不少于300万IPv6宽带接入用户；（2）接入网具备同时分配IPv4和IPv6地址的能力，能够承载IPv6流量（包括DNS流量）；（3）城域网同时承载IPv4和

IPv6的流量，提供IPv4和IPv6访问通道；（4）固定网络关键网元设备（包括宽带接入服务器、交换机、路由器、家庭网关、DSLAM、PON设备等）和移动网络关键网元设备（包括GGSN/PDSN等）均应升级支持IPv4/IPv6双协议栈，并根据过渡方案支持相应的过渡技术；（5）新开展的业务具有支持IPv6的能力；（6）升级业务支撑系统（如认证、鉴权、计费、DNS、网管系统）提供IPv6服务支撑；（7）互联网数据中心（IDC）升级支持IPv4/IPv6双协议栈，提供IPv6宽带接入服务，在试点城市内要求对所有IDC进行升级改造；（8）切实保障网络与信息安全。

根据电信运营企业申报和相关城市基础条件，我委将采取适当形式对下一代互联网商用试点城市予以公布。

（二）网站系统IPv6升级改造

1．商业网站系统IPv6升级改造

要求：（1）网站（包括服务器、负载均衡等关键网元设备，Web引擎等核心系统软件）升级支持IPv4/IPv6双协议栈；（2）同时支持IPv4和IPv6用户访问；（3）切实保障网络与信息安全。

鼓励具有影响力的各商业网站自主开展支持IPv6的升级改造，专项将采取后补助方式，视其升级改造完成情况，从中优选50家予以支持。

2．部门、地方政府及企事业单位网站系统IPv6升级改造

要求：（1）网站（包括服务器、负载均衡等关键网元设备，Web引擎等核心系统软件）升级支持IPv4/IPv6双协议栈；（2）同时支持IPv4和IPv6用户访问；（3）切实保障网络与信息安全。

专项重点支持CNGI领导小组组成部门及直属事业单位网站、商用试点城市的政府网站、电子信息制造领域主营业务收入超百亿元的企业网站等升级改造。

3．域名系统IPv6升级改造

要求：（1）支持IPv4/IPv6双协议栈；（2）支持IPv4/IPv6地址到域名和域名到IPv4/IPv6地址的正确解析；（3）切实保障网络与信息安全。

（三）技术研发、产业化和新兴应用示范

1．高性能IPv4与IPv6网络互通设备，支持IPv6的高端路由交换设备、接入设备和多功能终端设备以及认证鉴权、网络管理、客户服务、融合计费等相关支撑系统设备

要求：（1）支持IPv4/IPv6双协议栈；（2）支持满足电信运营企业和网站过渡方案需求的多种网络过渡技术；（3）要与网络、网站的升级改造紧密结合，项目验收前须提供与之相关的商业合同、试运行报告或试验验证材料。

2．下一代互联网在石油、电力、交通、安防等重点行业的规模应用示范，以及基于IPv6的移动互联网业务创新和应用示范

要求：（1）基于IPv6并兼容IPv4，项目应具有较好的技术和应用基础；（2）面向具有重要示范意义的行业领域，构建具有一定网络和用户规模的下一代互联网应用平台；（3）切实

保障网络与信息安全。

3．新型网络体系架构的技术研发和试验

要求：（1）结合互联网未来发展与长期演进，研究关键理论与核心技术；（2）针对网络可扩展性、移动性、实时性等问题，研究新型网络体系架构，开展应用试验和论证。

4．网络及网站IPv6支持度评测体系及平台建设

要求：（1）研发相应的测试工具，建设IPv6支持度系统评测平台；（2）完善评测体系，制定设备测试规范及网络、网站IPv6支持度的评测方法；（3）为下一代互联网专项支持的内容提供考核依据。

（四）下一代互联网标准体系建设

要求：以IPv4/IPv6网络（含终端）过渡技术、业务互通、网站系统IPv6升级改造、网络过渡设备及域名服务等为重点，完成技术、测试等方面的标准化工作，形成系统标准，并推进国际标准化工作。相关技术标准及测试规范需在CNGI网络和电信运营企业商用网络上进行验证。

三、申报要求

（一）项目主管部门应根据投资体制改革精神和《国家高技术产业发展项目管理暂行办法》的有关规定，按照专项实施重点的要求，结合本单位、本地区实际情况，认真做好项目组织和备案工作，组织编写项目资金申请报告并协调落实项目建设资金、环保、土地、规划等相关建设条件。

（二）项目主管部门应对资金申请报告及相关附件（如银行贷款承诺、自有资金证明等）进行认真核实，并负责对其真实性予以确认。

（三）项目承担单位原则上应为企事业法人。在制定建设方案时，应实事求是，严格控制征地、新增建筑面积和投资规模。项目资金申请报告的具体编写要求及所需附件内容参见附件一（附件略）。

（四）为加强高技术产业发展项目管理工作，本次专项继续采取纸质材料申报和网上申报并行的组织实施方式。

请项目主管部门于2012年3月15日前，将项目的资金申请报告和有关附件、项目及项目单位基本情况表（见附件二）（附件略）、项目的备案材料等一式两份（同时须附各项目简介及所有项目汇总表的电子文本）报送我委高技术产业司，另送一份至CNGI专家委秘书处。

同时，请项目主管部门登录国家发展改革委高技术产业发展项目管理系统（http://ndrc.jhgl.org/xxcyh），履行相关网上申报手续。纸质材料申报和网上申报的截止时间相同，项目信息应完全一致，未履行网上申报手续的项目将不予受理。

（五）在项目主管部门申报的基础上，我委将按照公正、公平的原则，组织专家评审，择优支持。

国家发展改革委办公厅

二〇一二年二月十日

（摘自国家发展改革委网站 www.ndrc.gov.cn）

七、关于组织实施2012年国家下一代互联网信息安全专项有关事项的通知

2012年2月10日，国家发改委办公厅下发了关于组织实施2012年国家下一代互联网信息安全专项有关事项的通知（专栏14-7）。

专栏14-7

国家发展改革委办公厅关于组织实施2012年国家下一代互联网信息安全专项有关事项的通知

发改办高技〔2012〕287号

教育部、中科院办公厅，各省、自治区、直辖市及计划单列市、新疆生产建设兵团发展改革委，相关中央直属企业：

为了贯彻落实国务院关于加快我国下一代互联网发展的工作部署，进一步提升下一代互联网网络信息安全产品的技术水平，国家发展改革委决定组织实施2012年国家下一代互联网信息安全专项。现将有关事项通知如下：

一、专项支持的重点

重点支持满足下一代互联网发展需要的高性能网络信息安全产品。产品必须同时支持IPv4和IPv6环境，符合IPv6相关规范要求，能够满足IPv6环境下各种场景的网络信息安全需求。产品自身应具有较高的安全性，不低于目前GB/T 20281-2006、GB/T 20275-2006、GB/T 18336-2008等国家标准中3级的相关要求。具体支持重点和主要要求如下。

（一）高性能防火墙

主要功能包括：透明传输、路由协议支持、访问控制安全策略、会话限制、ALG协议、IP/MAC绑定、流量管理、拥塞控制、应用层过滤等。在启用一般功能后，多对端口汇聚吞吐量达到80GB/s以上，能够适用于不同的万兆网络应用场景，TCP最大并发连接数至少达到800万，TCP最大新建连接速率至少达到50万/秒等。

（二）高性能统一威胁管理系统（UTM）

UTM主要功能包括：各安全模块协调联动、入侵防御、病毒检测与数据包阻断、已知漏洞攻击检测、配置管理、用户鉴别和授权、控制和通信安全、用户登录和入侵报警、碎片包处理、隧道流量处理、基于端口/协议/地址的阻断过滤、用户访问控制、畸形报文检测、端口扫描检测、反垃圾邮件等。在启用防火墙和入侵防御功能后，多对端口汇聚吞吐量达到20GB/s以上，启用病毒防护功能后多对端口汇聚吞吐量达到6GB/s，能够适用于不同的万兆网络应用场景，TCP最大并发连接数至少达到500万。

（三）入侵检测系统（IDS）

IDS主要功能包括：已知漏洞攻击检测、畸形报文检测、配置管理、用户鉴别和授权、用户登录和入侵报警、碎片包处理、端口扫描检测、安全报警定制响应、防火墙联动、分布式部署和多级管理、流量监测等。IDS要支持万兆网络环境，能够支持20GB/s的背景负荷量等。支持在海量事件中分析出关键事件的挖掘能力。

（四）高性能入侵防御系统（IPS）

IPS主要功能包括：已知漏洞攻击阻断、端口扫描监控、畸形报文监控、配置管理、用户鉴别和授权、控制通信安全、用户登录和入侵报警、碎片包处理、隧道和IPSec流量的分析和处理、用户访问控制、综合日志分析处理、潜在威胁发现、硬件Bypass以及基于集群管理等。IPS要支持万兆网络环境，能够支持20GB/s的背景负荷量等。

（五）高性能安全隔离与信息交换系统

主要功能包括：协议的剥离与重组、数据摆渡、3至7层的访问控制、数据内容过滤、配置管理、鉴别和授权、登录和报警、用户访问控制等。支持万兆网络环境，交换速率大于1000MB/s；硬件切换时间不多于5ms等。

（六）高性能防病毒网关

主要功能包括：病毒检测与数据包阻断、配置管理、用户鉴别和授权、登录和报警、碎片包处理、阻断过滤、用户访问控制、畸形报文检测、病毒库升级等。在启用病毒防护功能后，多对端口汇聚吞吐量达到10GB/s以上，能够适用于不同的万兆网络应用场景，TCP最大并发连接数至少达到200万，TCP最大新建连接速率达到20万/秒等。

（七）下一代互联网网络病毒监控系统（VDS）

VDS主要功能包括：基于海量病毒规则过滤、在包和流层次的病毒传输和各种行为的检测能力、可疑文件样本的缓存和可疑源捕获、配置管理、鉴别和授权、控制和通信安全、登录和报警、碎片包处理、阻断过滤、用户访问控制、畸形报文检测等功能。支持对病毒事件的统一管理。支持万兆网络环境，负荷量不小于20GB/s等。

（八）高性能VPN设备

符合国家密码局相关要求，主要功能包括：加密与解密、配置管理、鉴别和授权、控制和通信安全、登录和报警、隧道流量处理、用户访问控制等。在启用一般功能后，多对端口汇聚吞吐量达到20GB/s以上，能够适用于不同的万兆网络应用场景，对于客户端/服务器模式的VPN，要求支持客户端并发连接不小于10万等。

（九）下一代互联网网络审计系统

主要功能包括：串联并联接入、用户行为审计和访问控制、报表统计、配置管理、鉴别和授权、控制和通信安全、登录和报警、碎片包处理等。支持万兆网络环境，负荷量不小于20GB/s等。

（十）下一代互联网网络漏洞扫描和补丁管理产品

主要功能包括：支持对IPv4/IPv6设备的漏洞扫描、对IPv4和IPv6双协议栈网络设备和服务节点的漏洞扫描、对所发掘出的安全漏洞进行自动更新等，可应用在IPv4和IPv6环境下，支持多线程并发扫描大于1000。

二、申报要求

（一）请项目主管部门根据投资体制改革精神和《国家高技术产业发展项目管理暂行办法》的有关规定，结合本单位、本地区实际情况，认真做好项目组织和备案工作，组织编写项目资金申请报告并协调落实项目建设资金、环境影响评价、节能评估等相关建设条件，同时汇总相关申请材料并报我委（国务院有关部门及中央直属企业与项目单位之间必须有财务隶属关系才可申报，其他项目单位均应按属地原则，由项目单位所在地的省级发展和改革委员会申报）。

（二）项目主管部门应对报送的材料（如资金申请报告、银行贷款承诺、自有资金证明等）进行认真核实，并负责对其真实性予以确认。

（三）为加强项目管理工作，本次专项项目采取纸质材料申报和网上申报并行的组织实施方式。请项目主管部门在报送项目纸质申报材料前，先登录国家发展改革委高技术产业发展项目管理系统（网址：http://ndrc.jhgl.org/xxhc），履行相关网上申报手续，纸质申报材料的具体报送地点将在网上申报系统首页另行通知。

项目纸质申报材料包括：项目资金申请报告（达到可行性研究报告深度）、项目简表和项目汇总表，上述材料一式两份。项目所需备案文件和自有资金情况、投资及信贷承诺等证明资料须和项目资金申请报告一并装订。纸质材料和网上申报的项目信息原则上应保持一致（涉密及不宜通过网上申报的项目材料，可在纸质报件中予以补充），未履行网上申报手续的项目将不予受理。

（四）项目承担单位原则上应为企业法人。申报项目应具备以下条件：（1）按规定在当地政府备案；（2）已落实项目建设资金；（3）采用的科技成果应具有自主知识产权；（4）项目申报单位必须具有较强的技术开发和项目实施能力，具备较好的资信等级，资产负债率在合理范围内。资金申请报告的具体编制要求请详见附件。

（五）项目申报日期截止至2012年3月24日，4月上旬将举行项目现场答辩评审，通过评审后的项目，将在9月进行公开测试。有关具体项目答辩和测试名单、时间和地点将另行通知。

国家发展改革委办公厅

二〇一二年二月十日

（摘自国家发展改革委网站 www.ndrc.gov.cn）

八、关于组织实施2012年物联网技术研发及产业化专项的通知

2012年5月15日，国家发展改革委办公厅发布了关于组织实施2012年物联网技术研发及产业化专项通知（专栏14-8）。

专栏14-8

国家发展改革委办公厅关于组织实施2012年物联网技术研发及产业化专项的通知

发改办高技〔2012〕1203号

国务院有关部门、直属机构办公厅（室），各省、自治区、直辖市及计划单列市、新疆生产建设兵团发展改革委（局），有关中央管理企业：

为加快引导和推动我国物联网产业发展，根据有关工作部署，2012年我委将组织实施物联网技术研发及产业化专项。现就有关事项通知如下：

一、专项目标

结合国民经济和社会发展的重大需求，以重点领域的物联网应用示范为依托，着力突破制约我国物联网发展的关键核心技术，为物联网规模化发展提供有效的产业支撑；制定基础共性技术标准，完善物联网标准体系，着力解决我国物联网应用的互联互通问题；依托已有基础，建设公共服务平台，着力解决检测认证和标识管理问题；加强产业自主创新能力建设，着力培育发展一批物联网技术研发和产品设备制造优势企业。

二、支持重点和要求

重点依托交通、公共安全、农业、林业、环保、家居、医疗、工业生产、电力、物流等10个领域我委已启动的国家物联网应用示范工程，统筹推进物联网关键技术研发及产业化、标准体系和公共服务平台建设，着力突破核心关键技术，完善产业链，为重点领域物联网应用示范提供有效支撑。

（一）关键技术研发及产业化

1．低成本、低功耗、微型化、高可靠性智能传感终端

一是专用及多用途感知设备，如集成加速度/温湿度/光感等传感技术、RFID技术及定位技术的智能终端；基于环保监测、森林资源安全监管、油气供应、粮食储运监管、电网管理、食品质量安全监控等物联网应用、并支持多种通信传输方式（如TD-SCDMA等第三代移动通信技术）的远程监控智能终端等。

二是传感器件，如精度在±0.02%以内的低成本压力/应力光电传感器、高灵敏度GMR/TMR磁性传感器、CCD/CMOS图像传感器、精度在±0.2℃以内的数字温度传感器、精度在

±3%以内的数字湿度传感器、快速响应电化学气体传感器等通用传感器以及粉尘传感器、PM2.5细粒子传感器、磷化氢传感器、烟雾传感器等基于自主核心技术的专用传感器。

三是用于传感器/传感终端的专用芯片，如基于CMOS工艺、支持多协议处理单元、接收灵敏度优于 -70dBm且输出功率大于23dBm的超高频RFID读写设备芯片；基于CMOS工艺、激活灵敏度优于-14dBm、存储器不小于2KB且芯片面积不大于0.25mm^{2}的超高频RFID标签芯片；基于CMOS工艺、接收灵敏度优于 -100dBm、输出功率在-10～3dBm范围、最大功耗为25mA且支持消耗电流小于5μA的低功耗监听模式的微波频段RFID标签/读写器芯片；基于CMOS工艺的压力/加速度/陀螺仪微机电系统专用芯片等。

2．智能仪表

集传感器、微处理器、智能控制和通信技术为一体的智能化、网络化仪器仪表等。

3．网络传输设备

物物通信技术和传感器网络通信产品，如：自组织通信网络、无线传感网设备，基于TD-SCDMA技术的M2M通信模块等。

4．信息处理产品

物联网海量信息分析与处理、分布式文件系统、实时数据库、智能视频图像处理、大规模并行计算、数据挖掘、可视化数据展现、智能决策控制以及基于物联网感知层与传感层间数据接入中间件（包括物联网传感节点标识定位、底层解析软件）等。

（二）基础共性技术标准研究制定

重点支持物联网应用示范亟需的基础共性技术国家标准的研究制定，包括标识与解析、智能传感器接口、中间件、信息安全、测试方法等。

（三）公共服务平台建设

1．检测认证公共服务平台

以现有第三方评测服务实验室（平台）为基础，整合相关优势资源，构建涵盖物联网标准与知识产权信息查询、标准符合性验证及物联网智能传感终端、智能仪表等产品检测与认证、解决方案测评等功能的物联网公共服务平台。

2．标识管理公共服务平台

以提高物联网标识管理和规划能力，促进物联网应用跨行业、跨平台、规模化发展为目的，研究提出物联网标识管理体系，进一步加强物联网标识管理与服务系统建设，建立物联网统一标识管理和公共服务平台。

三、申报要求

（一）项目主管部门应根据投资体制改革精神和《国家高技术产业发展项目管理暂行办法》的有关规定，按照专项实施重点的要求，结合本单位、本地区实际情况，认真做好项目组织和备案工作，组织编写项目资金申请报告（编制要点见附件一）并协调落实项目建设资金、环保、土地、规划等相关建设条件。

（二）项目主管部门应对资金申请报告及相关附件（如银行贷款承诺、自有资金证明等）进行认真核实，并负责对其真实性予以确认。

（三）关键技术研发及产业化类项目，承担单位原则上应为企业法人，研发产品需面向国家发展改革委已启动的国家物联网应用示范工程应用，重点支持与应用示范工程主管部门或牵头实施单位签订合作协议的项目；公共服务平台建设类项目，承担单位原则上为行业内具有相应工作基础的企事业单位；基础共性技术标准研究项目，由国家标准化管理委员会牵头实施申报。

（四）各单位应具有较强的技术开发、资金筹措、项目实施能力以及较好的资信等级；在制定建设方案时，严格控制征地、新增建筑面积和投资规模。

（五）为加强高技术产业发展项目管理工作，本次专项继续采取纸质材料申报和网上申报并行的组织实施方式。

请项目主管部门于2012年5月31日前，将项目的资金申请报告和有关附件、项目及项目单位基本情况表（见附件二）、项目的备案材料等一式两份（同时须附各项目简介及所有项目汇总表的电子文本）报送我委高技术产业司。

同时，请项目主管部门登陆国家发展改革委高技术产业发展项目管理系统（http://ndrc.jhgl.org/xxcyh），履行相关网上申报手续。纸质材料申报和网上申报的截止时间相同，项目信息应完全一致，未履行网上申报手续的项目将不予受理。

（六）在项目主管部门申报的基础上，我委将按照公正、公平的原则，组织专家评审，择优支持。

附件一（略）

附件二（略）

国家发展改革委办公厅

二〇一二年五月十五日

（摘自国家发展改革委网站 www.ndrc.gov.cn）

九、关于印发下一代互联网“十二五”发展建设的意见的通知

2012年3月27日，发改办等印发了关于下一代互联网“十二五”发展建设意见的通知（专栏14-9）。

专栏14-9

关于印发下一代互联网“十二五”发展建设的意见的通知

发改办高技〔2012〕705号

各省、自治区、直辖市人民政府办公厅，国务院各部委、各直属机构办公厅（室），各中央管理企业：

根据党中央、国务院关于从战略高度重视下一代互联网发展的精神，按照《国民经济和社会发展第十二个五年规划纲要》和《国务院关于加快培育和发展战略性新兴产业的决定》的统一部署，为加快推进我国下一代互联网发展，国家发展改革委、工业和信息化部、教育部、科学技术部、中国科学院、中国工程院、国家自然科学基金会研究制定了《关于下一代互联网“十二五”发展建设的意见》（以下简称《意见》）。

经国务院同意，现印发你们。请按照《意见》中提出的我国发展下一代互联网的指导思想、基本原则、发展目标、产业发展路线图和时间表等内容，研究制定相关措施，切实做好贯彻落实工作。

附件：关于下一代互联网“十二五”发展建设的意见

国家发展改革委办公厅　工业和信息化部办公厅　教育部办公厅
科技部办公厅　中国科学院办公厅　中国工程院办公厅　国家自然科学基金会办公室
二〇一二年三月二十七日

关于下一代互联网“十二五”发展建设的意见

互联网是与国民经济和社会发展高度相关的重大信息基础设施，互联网发展水平已成为衡量国家综合实力的重要标志之一。抓住新形势下技术变革和产业发展的历史机遇，在现有互联网基础上进行创新，发展地址资源足够丰富、设施先进、节能泛在、安全可信的下一代互联网，提供更大信息量和多样化的业务应用，更智能地支持人与人、人与物、物与物相互联通，为社会生产生活构建更坚实有力的信息基础，对加强信息化建设、维护国家安全和促进经济发展方式转变具有重要意义。根据党中央、国务院关于从战略高度重视下一代互联网发展的精神，按照《国务院关于加快培育和发展战略性新兴产业的决定》（国发〔2010〕32号）的统一部署，为加快推进下一代互联网发展，特制定本意见。

一、发展现状及面临形势

基于IPv4（国际互联网协议第4 版）的现有互联网，用于标识全球网络设备和终端设备的网络地址约有40 亿个，目前已基本分配殆尽。基于IPv6（国际互联网协议第6 版）的下一代互联网，地址空间是现有互联网的1029 倍，目前根域名服务器已实现对IPv6 的支持，全球互联网管理机构对IPv6 地址的分配速度日益加快，IPv6 已具备广泛应用的基础。推动互联网由IPv4 向IPv6 演进过渡，并在此基础上发展下一代互联网已成为全球共识。截至2011年年底，我国网民数量达5.13 亿，互联网普及率为38.3%，互联网已深入到国民经济和社会发展各领域，我国已成为全球互联网大国。但由于技术和历史方面的原因，我国互联网存在网络地址获取量不足、安全可信度较差、服务质量较低等突出问题，严重制约互联网产业向更高层次发展。目前，我国仅拥有约3.32 亿个IPv4 地址（不含港澳台地区），即使大量应用地址翻译（NAT）等技术延缓IPv4 地址消耗，仍不能满足快速增长的应用需求，还会显著增加网络复杂性和管理难度，降低网络与信息安全水平和服务质量。为系统解决互联网领域存在的问题，近年来，我国组织实施了下一代互联网示范工程（CNGI），并通过国家科技重大专项和其他相关科技计划，在基于IPv6 的下一代互联网理论研究和标准制定、网络基础设施建设、关键设备研发、技术试验与应用示范等方面取得了一系列成果，锻炼培养了一批专业人才，为下一步产业发展打下了良好基础。但也要看到，我国推进下一代互联网发展仍存在不少困难和挑战：一是宽带网络基础设施较为薄弱，用户普及率较低且分布不均衡；二是发展路线图和时间表尚不明确，尚未调动产业链各方的积极性；三是面向未来的新型网络体系关键技术支撑还不完善，研究工作需进一步加快；四是特色业务应用不多，尚未形成完善的产业链；五是信息安全形势严峻，安全可信水平有待提升。“十二五”期间，我国将加快推进经济结构调整和发展方式转变，加快培育和发展战略性新兴产业，推动三网融合，为发展下一代互联网提供了新的战略机遇。国内电信运营企业亟需获取丰富的网络地址资源，设备制造企业亟需寻找新的增长点，服务提供企业亟需开发特色服务，用户迫切需要更先进的网络设施和更安全、优质的业务体验，物联网、云计算、移动互联网、三网融合等新兴交互式应用将大规模发展，产业链各环节形成了对加快发展下一代互联网的迫切需求。我国亟需制定适合国情的下一代互联网技术路线和发展计划，加快培育产业链，实现互联网跨越式发展。

二、指导思想、基本原则和发展目标

（一）指导思想

以邓小平理论和“三个代表”重要思想为指导，深入贯彻落实科学发展观，立足国情、适应产业发展需要，按照“政府引导、应用驱动、积极过渡、开放创新、保障安全、跨越发展”的基本思路，充分发挥市场配置资源的基础性作用，加大政府统筹引导和政策扶持力度，加强创新发展，深化国际合作，加快推进IPv6 网络规模化商用，在此基础上逐步实现网络体系架构、关键技术、安全保障、业务应用等领域重大突破，构建设施先进、节能泛在、安全可信、具有良好可扩展性和成熟商业模式的下一代互联网，形成完善的产业链，为促进经济社会又好又快发展提供有力支持和重要保障。

（二）基本原则

坚持产业发展与安全保障并重。通过技术进步和产业发展提升网络与信息安全水平，保障产业可持续发展。坚持政府引导与市场驱动结合。加强统筹规划和政策扶持，促进下一代互联网快速、有序发展；突出企业在产业发展中的主体地位和市场在资源配置中的基础性作用，依靠市场需求驱动产业发展，通过市场竞争促进发展水平提高。坚持创新发展与国际合作协同。加快提升关键领域创新能力，在互利共赢基础上深化国际合作。坚持新技术研发应用与现有资源利用联动。以产业需求为牵引，充分利用现有资源，积极开展新技术、新业务研发应用，推动互联网由IPv4 向IPv6 平滑演进过渡。坚持服务国防建设与满足民用需求统筹。根据军民需求和军民特点，协调推进网络发展。

（三）发展目标

“十二五”期间，互联网普及率达到45%以上，推动实现三网融合，IPv6 宽带接入用户数超过2500 万，实现IPv4 和IPv6主流业务互通，IPv6 地址获取量充分满足用户需求。下一代互联网理论研究、软件研发、设备制造、应用服务等领域实现高端突破，业务应用和终端设备对网络的支持能力显著提高，推动形成系统的标准体系。建成较为完善的网络与信息安全保障体系，网络与信息安全水平显著提升。网络单位信息流量综合能耗下降40%以上，网络设备制造产业万元增加值能耗下降15%以上。形成一批具有较强国际影响力的下一代互联网研究机构和骨干企业，新增就业岗位超过300 万个，进一步增强对消费、投资、出口的拉动作用以及对信息产业、高技术服务业、经济社会发展的辐射带动作用。“十三五”期间，基本建成世界先进水平的网络基础设施，完成向下一代互联网的平滑演进过渡，进一步提高互联网普及率，大幅缩小数字鸿沟，基本掌握关键领域核心技术和知识产权，实现我国互联网的跨越发展。

三、发展路线图和时间表

（一）现网商用试点阶段（2013 年年底前）

开展IPv6 网络小规模商用试点，向用户和应用优先分配IPv6 地址，形成成熟的商业模式和技术演进路线，为全面部署IPv6 网络做好准备，加快推进新型网络体系架构及技术研发工作。具体任务是：

1. 网络建设与用户规模

所有骨干网和约10%的城域网支持IPv6，所有新建网络设备支持IPv6，中国教育网（CERNET）和中国科技网（CSTNET）全部支持IPv6，电信运营企业、域名托管服务企业、顶级域运营机构、域名注册服务机构的域名服务器基本支持IPv6 访问与解析；制定大规模公众网络由IPv4向IPv6 平滑演进过渡方案，实现IPv4 和IPv6 网页浏览业务互通；互联网普及率达到40%以上，IPv6 宽带接入用户数超过800 万。

2. 业务应用与终端支持

国内访问流量排名前100 位的商业网站系统支持IPv6，约70%的中央企业及地市级以上政府外网网站系统支持IPv6，“211”工程学校外网网站系统全部支持IPv6，电信运营企业新开展的业务基本支持IPv6，新增上网固定终端和移动终端基本支持IPv6。

3. 技术突破与知识产权

加快开展IPv4向IPv6 平滑演进、新型网络体系架构及技术的研究、论证和试验，形成一定数量具有知识产权的技术，缩小与国际先进水平之间的差距；建立较为完备的标准体系。

4. 网络与信息安全

在CNGI 示范网络开展网络与信息安全防护试点，建立网络信任体系，加强互联网数字证书的管理。

5. 节能降耗与产业带动

网络单位信息流量综合能耗年均下降8%以上，网络设备制造产业万元增加值能耗年均下降3%以上；新增就业岗位超过150 万个。

（二）全面商用部署阶段（2014～2015 年）

开展IPv6 网络大规模部署和商用，逐步停止向新用户和应用分配IPv4 地址，推动实现三网融合，组织新型网络体系架构及技术的规模验证，为“十三五”期间产业创新发展做好准备。具体任务是：

1. 网络建设与用户规模

东部发达地区所有城域网支持IPv6，中西部欠发达地区约50%的城域网支持IPv6，电信运营企业、域名托管服务企业、顶级域运营机构、域名注册服务机构的域名服务器全面支持IPv6 访问与解析；推动大规模公众网络由IPv4 向IPv6 平滑演进，实现IPv4 和IPv6 主流业务互通；互联网普及率达到45%以上，IPv6 宽带接入用户数超过2500万。

2. 业务应用与终端支持

国内访问流量排名前1000 位的商业网站系统支持IPv6，约70%的县级以上政府外网网站系统支持IPv6，约70%的高校外网网站系统支持IPv6，移动互联网业务全面向IPv6 演进过渡，物联网、云计算等新型业务需要IP 网络地址时全部使用IPv6 地址，电信运营企业既有业务逐步向IPv6 迁移，广电企业开展的电信业务基本支持IPv6，互动电视业务和电视终端逐步支持IPv6，新增上网固定终端和移动终端全面支持IPv6。

3. 技术突破与知识产权

建立新型网络体系架构及技术试验床，在具备条件的网络开展小规模现网试验验证，形成大量具有知识产权的下一代互联网技术，在部分关键领域达到国际先进水平；建立适用全面商用的下一代互联网标准体系。

4. 网络与信息安全

在公众网络中建立网络与信息安全防护体系，完善国家数字证书管理体系，提升网络安全可信水平。

5．节能降耗与产业带动

网络单位信息流量综合能耗年均下降12%以上，网络设备制造产业万元增加值能耗年均下降4%以上；新增就业岗位超过150万个。

四、重点任务

（一）网络信息基础设施建设

建设宽带、融合、安全、泛在的下一代国家信息基础设施，加强资源共建共享，进一步缩小数字鸿沟。在网络规划、建设、运营、管理、维护、废弃等环节，同步考虑节能降耗措施；加快公众骨干网、城域网、互联网数据中心（IDC）、业务系统、支撑系统IPv6升级改造，提升网络设备性能；加快公众移动、有线、无线宽带接入网规模部署及IPv6升级改造；升级扩容CNGI示范网络骨干网、驻地网和支撑系统，增加过渡、安全、运营管理等方面的功能；推动政府、学校、企事业单位外网网站系统及商业网站系统的IPv6升级改造。

（二）重点产品研发及产业化

研发支持IPv6、满足节能降耗要求的下一代互联网关键芯片、设备、软件、系统，加快推动产业化及现网部署，形成较为完善的产业协同创新体系。主要包括高性能路由芯片和终端芯片，高速路由交换设备、接入设备，多功能终端设备，高性能IPv4和IPv6网络互通设备，传感网设备，各类基础软件、应用软件和业务平台；认证鉴权、域名解析、地址分配查询、网络管理、客户服务、融合计费等支撑系统；流量控制、防火墙、入侵检测等安全防护设备；网络设备功能及性能测试仪器，大规模网络性能测试设备与系统。

（三）网络商用及业务创新

加快推动基于IPv6的下一代互联网商用进程，促进新型业务研发、现网试验和在线应用。开展第三代移动通信及后续演进技术、光纤网、以太网、无线局域网等IPv6宽带接入业务，促进基于IPv6的宽带数据业务商用；推动现有业务逐渐向IPv6网络过渡，并确保平滑演进，积极发展地址需求大、速率快、移动性高的个性化互动业务。根据国务院推进三网融合的总体方案要求，建设基于IPv6的三网融合基础业务平台，加快发展移动多媒体广播电视、网络电视（IPTV）、手机电视、数字电视宽带上网等融合类业务应用；以物联网、云计算和移动互联网等为重点，积极推动下一代互联网在教育、农业、工业、医疗、交通、铁路、水利、环保和社会管理等重点领域的应用。

（四）网络与信息安全保障

加强网络与信息安全保障工作，全面提升下一代互联网安全性和可信性。加强域名服务器、数字证书服务器、关键应用服务器等网络核心基础设施的部署及管理；加强网络地址及域名系统的规划和管理；推进安全等级保护、个人信息保护、风险评估、灾难备份及恢复等工作，在网络规划、建设、运营、管理、维护、废弃等环节切实落实各项安全要求；加快发展信息安全产业，培育龙头骨干企业，加大人才培养和引进力度，提高信息安全技术保障和支撑能力。

（五）理论研究与技术突破

结合产业发展需要和技术进步方向，推进网络由IPv4 向IPv6 演进过渡，加强互联网未来发展与长期演进的战略布局和技术储备，积极研究新型网络体系架构涉及的关键理论和核心技术。针对具体网络与业务环境，制定大规模公众网络由IPv4向IPv6 平滑演进过渡方案；着眼于未来10～20 年互联网发展面临的挑战和技术变革，研究未来发展战略，针对网络可扩展性、移动性、实时性、安全性、可信性等问题，加强新型网络体系架构及寻址、路由、安全、业务、管理、运营等方面理论和技术研究，并开展规模应用试验和论证；根据产业节能降耗目标，开展网络、设备、服务节能技术研究。

（六）标准体系与知识产权

建立并完善下一代互联网标准体系，重点制定网络由IPv4向IPv6 演进过渡、网络与信息安全防护、业务应用、评估检测、网络基础资源等领域的技术标准，支撑下一代互联网的建设及商用；积极参与互联网工程任务组（IETF）、国际电信联盟电信标准局（ITU-T）、第三代移动通信技术伙伴计划（3GPP）、电信和互联网融合业务及高级网络协议（TISPAN）、电气电子工程师协会（IEEE）等国际标准化组织；落实国家知识产权战略。

五、保障措施

（一）完善体制机制

进一步加强部门间协调配合，建立IPv6 网络商用推进机制，规范网络基础资源管理机制，健全网络与信息安全管理长效机制，完善产业发展统计机制；加强下一代互联网发展与国家科技重大专项及其他相关科技计划的衔接，以CNGI 示范网络为平台促进新型网络体系架构研发、技术试验和业务应用，强化CNGI 专家委在下一代互联网重大问题研究、重大决策制定、重大事项推进中的支撑作用；以业务为纽带，以企业为主体，按市场化方式运作，推动成立下一代互联网产业联盟，促进产业链各环节共同发展。

（二）加大政府投入

根据发展路线图和时间表，围绕重点任务，结合培育战略性新兴产业、实施科技重大专项等，加大国家资金投入，带动社会资金投入，分阶段组织实施下一代互联网“十二五”发展重大工程，积极引导电信运营企业、有线电视运营企业、软件研发企业、设备制造企业、服务提供企业等产业链各环节发展下一代互联网，确保实现发展目标；鼓励地方政府对重点任务和重大工程给予资金支持；鼓励金融机构、社会资本参与下一代互联网的发展，充分整合利用市场资源，推动设立产业发展基金。

（三）提升创新能力

加强专业人才队伍建设，鼓励高校、科研机构和企业引进和联合培养满足市场需求的技术和管理等各领域专业人才，特别是高端人才；通过“863”计划、“973”计划、自然科学基金等渠道，大力支持网络基础理论和关键技术研究；建设并利用好下一代互联网国家工程实验室和国家工程研究中心，使其成为产业共性技术研发创新平台；加大对标准制定和应用的支持力度；积极支持企业以市场为导向，加强业务应用创新；鼓励建立产学研相结合的市场化合作机制，联合研发关键技术和设备，加速科研成果转化。

（四）深化国际合作

在互利共赢、保障安全的原则下，鼓励外资企业参与我国下一代互联网的理论研究、设备开发、行业应用、服务咨询等合作，加强国际优势资源的整合利用；加强与相关国家的合作，建立有效沟通渠道，在网络由IPv4 向IPv6 演进过渡进程以及国际标准制定等工作中互相协调、共同发展；加强与国际标准化及基础资源管理等组织的合作，推动建立更加科学合理的IP地址分配、网络域名管理以及互联网治理机制。

（五）优化市场环境

加大宣传力度，加深社会对下一代互联网的认知；在技术、政策、标准等方面多措并举，提升网络安全可信水平，保障国家网络安全；加快修订设备入网检测标准规范，明确基于IPv6的下一代互联网属性要求，并在入网检测工作中实施，完善网络、业务、软件对IPv6的支持度评测认证体系；细化、修订互联网网站年审等管理规定，引导网站顺应市场发展趋势适时增加IPv6 服务器，向公众提供基于IPv6 的内容服务；研究完善财政支持政策，落实好有利于下一代互联网发展的有关税收优惠政策；建立鼓励电信运营企业发展下一代互联网业务的绩效考评机制；选择若干城市开展“下一代互联网示范城市”建设，整合地方资源，开展特色应用，推动城市信息化进程。

（摘自国家发展改革委网站 www.ndrc.gov.cn）

十、关于促进电子商务健康快速发展有关工作的通知

2012年2月6日，国家发展改革委办公厅、财政部办公厅、商务部办公厅、人民银行办公厅、海关总署办公厅、税务总局办公厅、工商总局办公厅、质检总局办公厅共同下发了关于促进电子商务健康快速发展有关工作的通知（专栏14-10）。

专栏14-10

关于促进电子商务健康快速发展有关工作的通知

发改办高技〔2012〕226号

北京市、天津市、上海市、重庆市、吉林省人民政府办公厅，青岛市、宁波市、厦门市、深圳市、哈尔滨市、武汉市、广州市、成都市、南京市、杭州市、福州市、郑州市、昆明市、

银川市、南宁市、苏州市、汕头市人民政府办公厅：

为了贯彻落实《国民经济和社会发展“十二五”规划纲要》关于积极发展电子商务的任务，深入开展国家电子商务示范城市创建工作，国家发展改革委、财政部、商务部、人民银行、海关总署、税务总局、工商总局、质检总局研究决定，近期重点推动以下工作。

一、为了做好国家电子商务示范城市创建工作的咨询指导，八部委联合成立国家电子商务示范城市创建工作专家咨询委员会（以下简称专家委，名单见附件）。专家委的主要职责是，配合有关部门开展电子商务发展重大问题研究，为八部委研究制定相关政策提供决策支持，为示范城市完善创建工作方案、实施相关工程提供咨询指导。专家委秘书处设在中国信息协会信息化促进工作委员会。

二、促进国家电子商务示范城市各项创建工作任务落实。国家发展改革委要按照《国民经济和社会发展“十二五”规划纲要》要求，做好电子商务发展与现代服务业、战略性新兴产业等领域“十二五”规划的衔接。协调推进相关部门和地区的电子商务规制建设，对示范城市开展的电子商务应用基础设施、公共服务平台、支撑体系建设等领域的试点工程给予支持。

三、推动商贸流通领域电子商务应用的健康快速发展。商务部负责组织各示范城市研究推动网络零售规制和电子商务统计制度建设，推进内外贸流通领域的电子商务应用，组织实施电子商务示范基地和电子商务示范企业创建活动，并在相关示范城市组织开展试点工作。

四、规范电子支付，推广金融IC卡应用。人民银行要加强电子支付服务市场的制度建设，强化对电子支付机构的监督管理，制定在线支付、移动支付技术标准和安全规范，组织示范城市开展在线支付、移动支付等基础平台试点工作，推动电子支付互联互通与安全保障体系、金融IC卡检测认证服务体系建设，促进电子支付、金融IC卡的应用与推广。

五、建立电子商务信用服务体系。人民银行会同国家发展改革委、商务部、税务总局、工商总局、质检总局等有关部门，研究建立涉信执法信息开放共享和规范信用信息服务的机制、体制，组织示范城市率先开展电子商务信用体系、信用服务标准和信用服务监管等方面的研究，适时启动面向电子商务服务企业的在线信用信息服务平台试点工程建设。

六、开展网络（电子）发票应用试点。税务总局、财政部负责组织相关部门及各示范城市，研究完善电子商务税收征管制度，制定网络（电子）发票管理暂行办法及标准规范，研究安全网络（电子）发票系统及网络（电子）发票管理与服务平台的建设思路，形成试点工程方案，并在相关示范城市组织开展试点，推动基于电子商务交易、在线支付、物流信息的网络（电子）发票应用。规范电子商务纳税管理，促进网络（电子）发票与电子商务税收管理的衔接。

七、加强网络商品交易监管，构建诚信交易环境。国家工商总局负责加快推进网络商品交易及有关服务行为监管的法制建设，在各示范城市开展网络经营者电子标识和网络交易商品、交易行为的标准规范与服务试点工作，促进电子商务市场主体、客体及交易过程的规范管理，维护网络交易秩序，改善公共服务。研究建立网络经营者统计制度，并在相关示范城市组织开展试点。

八、研究跨境贸易电子商务便利化措施，提高通关管理和服务水平。海关总署牵头，组织利用各示范城市的地方电子口岸平台资源，推动地方电子口岸开展跨境贸易电子商务服务，并在相关示范城市组织开展试点。

九、积极推进电子商务标准化建设。质检总局负责研究建立涵盖电子商务全过程的标准体系以及电子商务急需的关键技术标准，开展电子商务标准化综合试点示范。

请各示范城市结合各自创建方案和工作进展，落实八部委近期推动的重点工作，根据八部委工作要求，在可信交易保障环境建设、网络（电子）发票应用、跨境电子商务等方面，研究提出试点工程项目的资金申请报告，在征求相关主管部门意见后，于2012年2月底前，由地方发展改革部门按程序报国家发展改革委审理。

附件：国家电子商务示范城市创建工作专家咨询委员会专家名单

国家发展改革委办公厅　财政部办公厅　商务部办公厅
人民银行办公厅　海关总署办公厅　税务总局办公厅
工商总局办公厅　质检总局办公厅
二〇一二年二月六日

附件

国家电子商务示范城市创建工作专家咨询委员会专家名单

组　长：柴跃廷　清华大学教授/博士生导师
成　员：杨国勋　国家信息化专家咨询委副主任，海关总署科技顾问
杜　链　国家信息化专家咨询委委员，中国信息协会副会长
陈　静　国家信息化专家咨询委委员、中国人民银行参事
张成海　中国物品编码中心主任/研究员
咸奎桐　中国标准化研究院所长/研究员
李鸣涛　中国国际电子商务中心电子商务研究院副院长/高级工程师
陈　进　对外经贸大学信息学院院长
荆林波　社科院财经战略研究院副院长
陈永梅　国家工商总局研究中心处长
陈建平　北京市工商局特殊交易监管处处长

谢波峰　中国人民大学金融与财税电子化研究所副所长/副教授
刘　权　工业和信息化部赛迪信息安全研究所所长
阿拉木斯　中国电子商务协会政策法律委员会副主任
郑　敏　中国信息协会信息化促进工作委员会主任助理
郁　晓　浙江财经学院东方分院财税分院副教授
陈曙光　福建省电子商务协会副秘书长

（摘自国家发展改革委网站 www.ndrc.gov.cn）

十一、关于印发《国家电子政务“十二五”规划》的通知

2011年12月12日，工信部印发了《国家电子政务“十二五”规划》的通知（专栏14-11）。

专栏14-11

关于印发《国家电子政务“十二五”规划》的通知

工信部规〔2011〕567号

各省、自治区、直辖市及计划单列市、副省级省会城市、新疆生产建设兵团工业和信息化主管部门：

大力推进电子政务发展是国家“十二五”的重要任务，是落实科学发展观、加快转变经济发展方式、深化改革开放的必然要求，是政务部门提升履行职责能力和水平的重要途径。依据《2006～2020年国家信息化发展战略》《中华人民共和国国民经济和社会发展第十二个五年规划纲要》等文件，我部制定了《国家电子政务“十二五”规划》。现印发给你们，请结合各自实际，认真贯彻落实。

工业和信息化部
二〇一一年十二月十二日

国家电子政务“十二五”规划

前言

大力推进国家电子政务发展是国家“十二五”的重要任务，是落实科学发展观、深化改革开放、加快转变经济发展方式的必然要求，是党委、人大、政府、政协、法院、检察院系统各级政务部门政务工作的组成部分，是政务部门提升履行职责能力和水平的重要途径，也是深化行政管理体制改革和建设人民满意的服务型政府的战略举措。依据《2006～2020年国家信息化发展战略》《中华人民共和国国民经济和社会发展第十二个五年规划纲要》，制定本规划，作为“十二五”期间推动国家电子政务发展的指导性文件。

一、发展成绩和形势

（一）“十一五”期间电子政务发展成绩

党中央、国务院高度重视国家电子政务发展。“十一五”期间，国家电子政务快速发展，电子政务在改善公共服务、加强社会管理、强化综合监管、完善宏观调控等方面发挥了重要作用，促进了政府职能转变，已成为提升党的执政能力和建设服务型政府不可或缺的有效手段。

地方和部门电子政务建设普遍开展，组织体系不断健全，专业技术队伍建设不断加强。推动电子政务发展的政策、制度和标准规范继续完善，许多地方制定了相关法规。围绕经济和社会发展的需要，电子政务应用深入推进，富有成效的典型应用不断涌现，中央和省级政务部门主要业务电子政务覆盖率已经达到70%。金关、金税、金盾、金审等一批国家电子政务重要业务信息系统应用进一步深化，取得更大的经济和社会效益。宏观经济管理、财政管理、进出口业务管理等宏观调控信息系统在有效应对国际金融危机冲击、保持经济平稳较快发展方面发挥了重要作用。教育、医疗、就业、社会保障、行政审批和电子监察等方面电子政务积极推进，改善和增强了政府为社会公众提供服务的能力和水平。食品药品安全、社会治安、安全生产、环境保护、城市管理、质量监管、人口和法人管理等方面电子政务应用持续普及，加强和提升了社会管理能力和水平。县级以上政务部门普遍建立政府网站，积极开展政府信息公开、网上办事和政民互动等服务。电子政务基础设施建设取得成效，国家电子政务网络初步满足党委、人大、政府、政协、法院、检察院各系统推进业务应用的需要，技术支撑能力明显提高。电子政务信息安全保障系统普遍建立，管理制度规范逐步健全，网络与信息安全保障能力明显提升。

（二）“十二五”时期电子政务发展形势

“十二五”时期是我国全面建设小康社会的关键时期，是深化改革开放、加快转变经济发展方式的攻坚时期。国家电子政务发展面临新的环境和要求，正处于转变发展方式、深化应用和突出成效的关键转型期。

"十二五"时期，我国改革开放继续深化，加强和改善宏观调控，保持经济平稳较快发展任务加重；保障和改善民生，推进基本公共服务均等化进程加快；加强和创新社会管理，建设资源节约型、环境友好型社会形势紧迫；加快转变政府职能，加大行政审批制度改革力度，进一步加强行政管理创新和服务型政府建设要求更高，这些都对电子政务发展提出了更新更高的要求。电子政务依托的信息技术手段发生重大变革，超高速宽带网络、新一代移动通信技术、云计算、物联网等新技术、新产业、新应用不断涌现，深刻改变了电子政务发展技术环境及条件。经济社会发展需求和技术创新为国家电子政务发展提供了难得的历史机遇，必须扎实落实科学发展观，努力转变电子政务发展方式，大力推进国家电子政务健康持续发展。

面对新的形势，必须清醒地认识到电子政务发展中存在着一系列严峻挑战：对发展电子政务作用的认识亟待进一步提高，需要大力提升政务与技术融合程度，不断缩小应用成效与服务型政府建设需要之间的差距；符合电子政务科学发展的体制机制亟待健全，需要着力改变统筹不足、政出多门、分散建设、低水平重复、投资浪费等现象；国家电子政务统筹规划和顶层设计亟待加强，需要着力改变应用发展水平不高和政务信息资源开发利用不足等现状，加大解决行业与地方间条块矛盾突出、信息共享和业务协同难以推进等问题的力度；电子政务建设对国家信息产业发展的拉动作用亟待提升，需要努力提高安全可靠的信息技术和产品应用水平，切实转变电子政务信息安全保障薄弱的现状。必须科学判断和准确把握发展趋势，采取更加有力的措施，集中力量解决国家电子政务发展中的突出矛盾和问题。

二、指导思想和发展方针

（一）指导思想

以邓小平理论和"三个代表"重要思想为指导，深入贯彻落实科学发展观，紧紧围绕全面建设小康社会的总目标，以电子政务科学发展为主题，以深化应用和注重成效为主线，转变电子政务发展方式，充分发挥电子政务应用成效，服务经济结构战略性调整，服务保障和改善民生，服务加强和创新社会管理，促进服务型政府、责任政府、法治政府和廉洁政府建设，走一条立足国情、讲求实效、面向未来的电子政务发展道路。

（二）发展方针

1．必须坚持将科学发展观贯穿电子政务发展全过程

加快转变电子政务发展方式，坚持统筹规划，抓好顶层设计，强调政务与技术深度融合，深化电子政务应用，突出发展质量，注重可持续全面协调发展。

2．必须坚持把以人为本和构建和谐社会作为电子政务发展的出发点和落脚点

以服务社会公众为中心，围绕解决经济社会重大问题和突出矛盾，把保障和改善民生、促进社会和谐稳定、保持经济平稳较快发展作为发展重点，加快服务向基层延伸，提升服务效率和质量，使电子政务惠及全民。

3．必须坚持把深化应用和突出成效作为电子政务发展的根本要求

切实以提高各级政务部门履行职责能力为目标，优化业务流程，创新服务模式，强化应

用推广，加大政务信息资源开发、利用和管理力度，大力推动信息共享和业务协同，突出建设集约化、应用平台化、服务整体化，进一步提高电子政务的经济和社会效益。

4．必须坚持创新发展和加强管理的有机统一

积极探索新技术在电子政务中的应用，构建互联互通和高效服务的技术应用体系。顺应发展形势需要，进一步健全管理体制机制，加强建设、运行和服务管理，开展考核评估，加大安全可靠产品的研发和应用力度，带动信息产业发展，提升信息安全保障能力。

三、发展目标

“十二五”期间，电子政务全面支撑政务部门履行职责，满足公共服务、社会管理、市场监管和宏观调控各项政务目标的需要，促进行政体制改革和服务型政府建设的作用更加显著。

电子政务统筹协调发展不断深化。全面推进电子政务顶层设计，符合科学发展的电子政务工作体制和机制不断完善，统筹协调能力不断提高。

—— 应用发展取得重大进展。县级以上政务部门主要业务基本实现电子政务覆盖，政务信息资源开发利用成效明显。政务部门主要业务信息化覆盖率，中央和省级超过85%，地（市）和县区分别平均达到70%、50%以上。

—— 政府公共服务和管理应用成效明显。县级以上政府社会管理和政务服务电子政务水平明显提高，社会管理和政务服务事项电子政务覆盖率平均达到70%以上。县级以下街道（乡、镇）和社区（行政村）的政务服务事项电子政务覆盖率分别平均达到50%、30%以上。

—— 电子政务信息共享和业务协同取得重大突破。县级以上政府普遍开展跨地区、跨部门信息共享和业务协同，共享内容和范围不断扩大，业务协同能力不断增强。主要业务信息共享率平均达到50%以上。

—— 电子政务技术服务能力明显加强。电子政务基础设施建设不断发展，专业技术服务水平持续提升，应用支撑服务能力明显提高。电子政务网络互联互通率平均达到85%以上，专业技术服务机构技术服务达标率平均达到60%以上。

—— 电子政务信息安全保障能力持续提升。县级以上地方电子政务信息安全管理制度普遍建立，信息安全基础设施不断发展，安全可靠软硬件产品应用不断加强，信息系统安全保障取得显著成绩。

四、发展方向和应用重点

（一）加快推动重要政务应用发展

1．推进业务应用协同发展

坚持统筹协调，充分发挥电子政务基础设施作用，围绕解决经济和社会发展的重点难点问题，优先推进经济运行、财政管理、综合治税、强农惠农、城市管理、国土管理、住房管理、应急指挥、信用监管等一批重要协同业务应用。加大行业与地方应用发展的条块结合统筹力度，努力构建基础统一与应用协同的电子政务应用整体发展格局。兼顾行业与

地方业务应用发展，行业业务应用发展纵向部署要充分考虑地方实际，加强与地方应用建设和发展衔接。地方要加强行业与当地应用的统筹协调，建设内容纳入当地电子政务规划和年度计划，做好配套工作，满足行业业务应用要求，确保纵向互联互通的行业电子政务应用整体发展。

2．推进部门业务应用发展

围绕信息化环境下提升执政和履职能力的需要，加强统筹规划和顶层设计，统筹推进政务部门业务应用发展，全面支撑社会主义经济建设、政治建设、文化建设、社会建设以及生态文明建设发展。加强重要信息系统建设，不断扩大应用规模，逐步实现应用全业务、全流程和全覆盖，推动政务与技术深度融合，充分发挥应用成效。加强国民经济预测预警应用功能建设，提高信息分析和利用能力，创新分析研判的方式和手段，提高各类突发事件的应急应对能力，提升宏观调控和科学决策水平。推进法规、规章、政策制定和实施管理，加强实施情况信息采集和落实成效分析评估，支持动态调整，增强科学决策能力。加强信息综合利用，强化信息分析研判，提高宏观调控的科学性和预见性，增强针对性和灵活性。推进国家级全民健康保障、住房保障、社会保障、药品安全监管、食品安全监管、能源安全、安全生产监管、市场价格监管、金融监管、社会信用体系等重点工程建设。

3．强化政府网站应用服务

加强政府网站建设和管理，促进政府信息公开，推动网上办事服务，加强政民互动。加大政府网站信息公开力度，不断丰富公开信息内容，提高公开信息质量，增强信息公开的主动性、及时性和准确性。大力提升政府网站网上办事能力，以社会公众为中心，扩大网上办事服务事项，优化办事流程，不断提高网上办事事项的办事指南、表格下载、网上咨询、网上申请、结果反馈等5项服务功能覆盖率，提高便捷性和实效性。推进政府网站政民互动服务发展，建立健全公众意见及问题的受理、处理及反馈工作机制，实现网上信访、领导信箱、在线访谈等互动栏目的制度化和规范化，注重民意收集与信息反馈，保障人民的知情权、参与权、表达权、监督权。加强政府网站服务保障和运行维护保障，建立相关制度，明确各方责任，加大管理力度，开展绩效评估和考核，大力提高政府网站服务能力。

（二）加强保障和改善民生应用

1．深化保障和改善民生应用

加快推进劳动就业、社会保障、医疗卫生、教育、文化等应用服务，促进基本公共服务体系建设发展。加快推进劳动就业应用，提供公共就业信息发布、需求预测、跟踪监测和失业预警等服务，促进构建和谐劳动关系。统筹推进城乡社会保障应用，覆盖社会保险、社会救助、社会福利等社会保障业务。完善医疗卫生应用，健全覆盖城乡居民的基本医疗和药品供应服务体系，拓展新型农村合作医疗服务覆盖面，完善重大疾病防控等专业公共卫生业务应用，提高重大突发公共卫生事件的处置能力。完善教育和文化行政管理信息化应用，促进教育公平，为公众提供优秀文化资源服务。推进交通运输管理应用，促进综合交通运输体系不断完善。加强水资源、管理应用，提高水量水质监测能力，确保水资源安全。

2．加强县级政府和基层政务服务应用

加大县级政府政务公开和政务服务应用推进力度，不断创新政务服务方式和手段，促进基本公共服务体系建设的应用发展。依托县级政府电子政务公共基础设施，开展民政、计生、劳动、教育、卫生、公安、农业等政务服务应用，增加服务内容，扩大服务范围，加强业务应用系统互联互通，推进信息共享和业务协同，提高服务水平。深化政务服务中心和各类政务服务窗口等多种渠道服务应用，充分利用已有的基层为民场所和服务设施，推进基层政务服务窗口的应用服务环境建设，配备服务终端、自助终端和辅助设备，加快推进政务服务应用向乡镇(街道)和社区(行政村)的延伸。不断提升基层政务工作人员电子政务应用能力，开展“一站式”服务，为社会公众提供方便优质、多方式全方位的服务，提高基层服务水平，促进基本公共服务均等化。

（三）加强创新社会管理应用

1．深化社会管理应用

加快推进维护社会秩序、促进社会和谐、保障人民安居乐业的电子政务应用建设，电子政务要在协调社会关系、规范社会行为、解决社会问题、化解社会矛盾、促进社会公正、应对社会风险、保持社会稳定等方面发挥作用。以解决影响社会和谐稳定突出问题为突破口，深化社会管理应用，逐步建立覆盖全面、跟踪动态、信息共享、功能齐全的社会管理应用服务体系，促进社会管理水平提高。推进实有人口和流动人口管理服务应用，保障人民安居乐业。推进基层社会管理和服务应用，强化基础工作，促进社区和谐稳定。推进公共安全、食品药品安全监管、安全生产监管、应急处置管理等应用，为人民群众提供安全稳定的生活环境。加强生态环境保护应用，确保国家生态安全。推进非公有制经济组织、社会组织管理等应用，推动社会组织健康有序发展。推进信息网络管理应用，提高对虚拟社会的管理水平。大力推进政务公开和权力阳光运行应用，完善权力网上公开运行和电子监察应用，推进公共权力运行、公共资金使用和公共资源交易等领域的综合监控应用，促进行政行为的公开公正和透明廉洁。

2．促进城镇社会管理创新

加大城镇社会管理应用推进力度，进一步创新管理模式，不断提高社会管理科学化水平。加强城镇人口管理和服务应用，支持“以证管人、以房管人、以业管人”新模式，提高管理服务水平。推进社会治安防控应用，实现城镇社会治安有效防控。推进城镇基层社会管理和服务应用，强化城镇社区自治和服务功能，改善自我管理，提升自我教育，强化自我监督，加强突发事件应急处置和管理应用，提升自然灾害和公共突发事件的预测预警、分析评估、应急处置等能力和水平。推进城镇基础设施服务管理应用，建设文明、卫生、宜人、宜居城镇。加快推进依托电子政务平台促进城镇基层社会管理和服务应用向街道和社区延伸，提高社区自治和服务功能，实现城市网格划分、管理联动，构建城市综合管理格局。

（四）强化政务信息资源开发利用

1．建设高质量政务信息资源

推进政务部门依据职能建设政务信息资源，逐步覆盖业务活动中产生和获取的各类政务信息。加强政务信息资源建设规划和计划的制订，梳理信息内容，明确程序、建立制度、落实责任、提高质量。大力推进基础信息资源建设，完善基础信息资源体系，动态完善地理、人口、法人、金融、税收、统计等基础信息资源，规范信息采集，保证信息质量，推动应用服务。围绕促进经济平稳较快发展的需要，加强宏观经济、财政、土地、投资、工业经济、科技创新、贸易、商品市场、房地产市场、现代农业、服务业等宏观调控信息资源建设。围绕促进社会和谐稳定的需要，加强食品药品监管、环境保护、公共安全、流动人口、安全生产监管、质量监管、城镇综合管理、网络舆情等社会管理信息资源建设。围绕保障和改善民生的需要，加强劳动就业、教育文化、社会保障、医疗卫生、社会救助等公共服务信息资源建设。

2．加强政务信息资源管理

建立健全政务信息资源管理制度，提高政务信息资源管理能力，明确政务信息管理要求，提升政务信息资源管理水平。加强政务信息资源专业管理队伍建设，建立政务信息资源产生、传输、存储、管理、维护、服务等环节的管理规范和标准，加强政务信息资源管理系统运行维护，保障信息安全，强化信息服务，提高政务信息资源利用成效。加强政务信息资源准确性管理，明确信息来源，建立实时动态更新机制，确保信息及时准确。加强政务信息资源可靠性管理，明确信息管理要求，建立授权信息使用制度，加强信息防篡改和可恢复管理，确保信息安全可靠。加强政务信息资源可用性管理，确保信息真实、准确和完整。加强国家电子文件管理，确保电子文件的真实、完整、可用和安全，保存国家历史记录。

3．大力推动信息共享和政务信息资源社会化利用

积极推进跨地区、跨部门、跨层级信息共享，丰富信息共享内容，扩大信息共享覆盖面，提高信息共享使用成效。加强信息共享规划和计划制定，建立跨地区、跨部门、跨层级的信息共享推进机制，以协同业务需求为导向，明确共享信息内容和程序，确定信息共享部门责任，制定信息共享制度，建立信息共享基础设施，保障共享信息安全，进一步完善信息共享管理和服务。重点推进地理、人口、法人、金融、税收、统计等基础信息资源共享，推进宏观经济、财政、国土、技资、工业经济、科技创新、贸易、房地产、现代农业等宏观调控信息共享，推进食品药品监管、环境保护、公共安全、流动人口、安全生产监管、质量监管、社会信用、城镇综合管理等社会管理信息共享，推进劳动就业、教育、文化、社会保障、医疗卫生、社会救助等公共服务信息共享。围绕地市和县级政府深化社会管理和公共服务应用需要，汇聚在国家、省级集中管理的各类基础信息资源和重要业务信息，要采取多种方式和手段，为地市和县级政府深化电子政务应用提供跨层级、跨部门信息共享服务，促进地方政府社会管理和服务水平持续提高。加快推进国家级电子政务信息共享平台建设，为各级政务部门开展跨地区、跨部门、跨层级信息共享和业务协同提供支撑服务.建立完善有利于

社会化、市场化利用政务信息资源的机制。

（五）建设完善电子政务公共平台

1．完成以云计算为基础的电子政务公共平台顶层设计

积极研究云计算模式在电子政务发展中的作用，全面分析新技术对电子政务公共平台发展的影响和全方位业务协同、信息资源共享及信息安全保障对电子政务公共平台发展的需求，适时开展以云计算为基础的电子政务公共平台顶层设计试点，在此基础上开展国家电子政务公共平台顶层设计，充分发挥既有资源的作用和新一代信息技术潜能，加快电子政务发展创新，为减少重复浪费、避免各自为政、信息孤岛创建技术系统。

2．全面提升电子政务技术服务能力

鼓励地方在国家电子政务规划和顶层设计指导下，在现有基础上建设集中统一的区域性电子政务云平台，降低电子政务建设和运维成本，提高电子政务发展质量，增强电子政务安全保障能力。鼓励电子政务建设的运行维护走市场化、专业化的道路。系统集成资质管理和电子政务管理密切结合，将建设和运维安全可靠、复杂大系统的能力和绩效作为系统集成资质评价的重要内容。

3．制定电子政务云计算标准规范

加快研究制定基于云计算的电子政务标准规范，主要包括系统架构、技术标准等技术性标准规范，应用分类服务标准、应用迁移标准、数据管理标准等服务性标准规范，公共平台安全规范、应用安全规范、信息安全规范、服务安全规范等信息安全保障标准规范，绩效评价标准、平台和信息管理标准、技术服务管理规范等管理性标准规范。

4．鼓励向云计算模式迁移

以效果为导向，推行“云计算服务优先”模式，制定电子政务公共平台建设和应用行动计划，明确相关部门的职责和分工，共同推动电子政务公共平台运行和服务。在满足安全需求、遵从法律法规和业务准备的基础上，推动政务部门业务应用系统向云计算服务模式的电子政务公共平台迁移，先期重点推进新建、升级改造的业务信息系统在电子政务公共平台上部署运行，提高基础资源利用率和应用服务成效。开展电子政务公共平台应用试点示范工作，总结推广应用服务成功做法和有益经验。

（六）提高政府信息系统的信息安全保障能力

1．建设完善信息安全保障体系

加强信息安全防护体系建设，建立电子政务网络信任体系、应急处置体系和监管体系。加强政府网站安全管理，实施政务部门互联网安全接入防护工程。按照国家等级保护和涉密信息系统分级保护的有关要求，建立完善等级保护工作机制，落实涉密信息系统分级保护制度，规范涉密信息系统使用管理。

2．制定电子政务安全可靠的标准规范

按照安全可靠的要求，保护政府信息系统不被攻破和信息不被窃取泄漏，研究制定政

府信息系统的信息安全标准规范。推进安全存储、数据备份与恢复、主动防护、安全事件监控、恶意代码防范等信息安全保障。加大电子政务安全可靠软硬件产品的研制力度，建立应用评估机制，建设安全可靠的电子政务应用。

3．进一步加强政府信息系统安全管理

建立完善政府信息系统安全管理制度规范，制定政务部门计算机安全配置和审计制度，建立信息系统安全检查制度，加强信息安全检查工作力度，加强对政务部门使用信息技术外包服务的安全管理，不断提高电子政务信息安全保障水平。

五、保障措施

（一）加强组织领导，加大工作力度

加强国家级电子政务部际统筹协同工作制度建设，建立健全部门协同工作机制。地方要结合实际，进一步明确工业和信息化主管部门、财政部门、投资主管部门、科技部门、业务部门等职责，不断完善在统筹规划、顶层设计指导下的各司其职、各负其责、相互配合的工作体系和机制。加强电子政务发展共性基础性工作，协调电子政务规划、顶层设计、工程投资、应用建设、系统运维、考核评估等环节的管理。地方和部门要重视电子政务发展工作，列入重要议事日程和考核内容，确定分管领导和责任单位及人员，明确目标和任务，精心组织实施，确保认识到位、责任到位、措施到位、投入到位。

（二）加强资金保障，提升使用成效

研究完善适应我国实际情况的电子政务资金投入和管理办法，实现集中统一、高效、低成本的管理制度。加强电子政务建设发展必需的财政资金保障，调整和优化支出结构，统筹各种渠道的建设资金，实行公共基础设施、业务应用和系统运维的资金分类保障制度，加强资金管理和监督，不断提升资金使用成效。推进公共基础设施统建共用和统一运维服务的集中投入，确保基础设施投入效益，坚决制止重复建设和技资浪费。加强业务应用和信息资源开发利用建设投入，满足部门业务发展需要，深化电子政务应用，持续提升电子政务应用成效。保障电子政务系统运维经费，研究制定部门系统运维费用支出核定标准，落实政务部门系统运维费用，确保电子政务可持续发展。做好政府采附和使用电子政务正版软件资金保障，加大中西部地区电子政务建设转移支付力度，地方财政也要加大对贫困地区电子政务建设的转移支付力度。加强经费使用管理和监督，建立科学、规范的管理制度，提高资金使用效率，严肃查处财政专项资金管理和使用中出现的问题。

（三）加强规划实施，落实目标任务

加强电子政务规划组织落实工作，建立目标一致、方向统一、互联互通、层级衔接的全国电子政务规划实施体系。地方工业和信息化主管部门要根据国家要求结合实际，制订本地区电子政务规划及规划实施方案，加强地方规划与国家规划衔接，按年度分解目标指标，落实保障措施。加强地方和部门规划年度实施的统筹管理，建立规划及年度计划备案制度和实施监测评估机制，加强对规划执行情况的监测、评估、督导和工程项目动态跟踪及实施效果评估。组织开展电子政务发展水平综合评估，积极开展信息共享和业务协同、政府网站发展的专项评估。建立地方和部门规划实施年度报告制度和规划中末期实施成效评估制度，根据变化情况，对规划适时修订和完善。大力推进政务公开，加大信息公开力度，增强规划实施及修编过程的公开性和透明度。

（四）加强队伍建设，提高服务能力

加强行政部门、技术服务单位和专业人员队伍建设，建设一支规模适当、结构合理、德才兼备、符合不同层次需要的高素质、职业化电子政务管理和服务队伍。加强行政机构和干部队伍建设，建立科学考核评价制度，对任务完成情况实行绩效考核，完善激励约束机制，建设一支政治坚定、业务精通、清正廉洁、作风优良的电子政务干部队伍，提高履行职责能力。加强电子政务技术服务单位和专业人员队伍建设，制订技术服务单位服务评价标准和办法，建立服务质量、运维保障、技术管理等综合考核制度，强化队伍职业道德建设，建立专业人员职业资格认证制度，建设一支技能高、专业强、服务优的专业技术服务队伍，提高技术服务能力和质量。强化运行保障服务工作，地方要建立以工业和信息化部门为核心，技术服务单位为主体，专业技术队伍为基础，服务制度为保证，合作密切、功能互补、资源共享的电子政务运行保障服务体系，提升系统运维服务能力。充分利用社会专业技术资源，推行运维服务外包，逐步实现技术服务机构和人员规范化管理。重视西部和困难地区的队伍建设，不断充实工作力量，改善工作环境和条件。结合实际组织开展培训工作，不断提升业务部门工作人员电子政务应用能力，不断提高专业技术人员政务服务能力。

（五）健全法规制度，促进持续发展

加强电子政务相关行政法规研究，积极推进电子政务相关法规制度建设，实施依法行政，完善监督措施和办法，健全行政责任制。开展国家电子政务顶层设计，统筹电子政务发展中整体与局部、行业与地方、建设与应用、统一与分散、管理与服务的关系，促进电子政务全面协调发展。加强电子政务规范性文件和技术标准制定，规范网络、应用、信息、网站、运维、队伍等方面建设，逐步覆盖电子政务全过程。推进业务应用和服务规范化标准化，依据职能结合实际，制定符合应用条件的业务工作规范和服务标准，规范相关职能业务在电子政务条件下的工作程序、内容和要求。开展电子政务理论研究和学科建设，积极学习国外先进经验。加强电子政务发展指导，建立地方电子政务发展指导工作制度，不断总结成功做法和经验，组织开展经验交流。

（摘自中国林业网 www.forestry.gov.cn）

第二节　标准建设

2012年，国家质量监督检验检疫总局和国家标准化管理委员会发布了一系列信息技术标准，主要标准如下。

表14-1　2012年发布信息化领域国家标准一览表

标准编号	标准名称	发布部门	实施日期
GB/T 25068.1—2012	信息技术 安全技术 IT 网络安全 第 1 部分：网络安全管理	中华人民共和国国家质量监督检验检疫总局 中国国家标准化管理委员会	2012/10/1
GB/T 25068.2—2012	信息技术 安全技术 IT 网络安全 第 2 部分：网络安全体系结构	中华人民共和国国家质量监督检验检疫总局 中国国家标准化管理委员会	2012/10/1
GB/T 28447—2012	信息安全技术 电子认证服务机构运营管理规范	中华人民共和国国家质量监督检验检疫总局 中国国家标准化管理委员会	2012/10/1
GB/T 28448—2012	信息安全技术 信息系统安全等级保护测评要求	中华人民共和国国家质量监督检验检疫总局 中国国家标准化管理委员会	2012/10/1
GB/T 28449—2012	信息安全技术 信息系统安全等级保护测评过程指南	中华人民共和国国家质量监督检验检疫总局 中国国家标准化管理委员会	2012/10/1
GB/T 28450—2012	信息安全技术 信息安全管理体系审核指南	中华人民共和国国家质量监督检验检疫总局 中国国家标准化管理委员会	2012/10/1
GB/T 28451—2012	信息安全技术 网络型入侵防御产品技术要求和测试评价方法	中华人民共和国国家质量监督检验检疫总局 中国国家标准化管理委员会	2012/10/1
GB/T 28452—2012	信息安全技术 应用软件系统通用安全技术要求	中华人民共和国国家质量监督检验检疫总局 中国国家标准化管理委员会	2012/10/1
GB/T 28453—2012	信息安全技术 信息系统安全管理评估要求	中华人民共和国国家质量监督检验检疫总局 中国国家标准化管理委员会	2012/10/1
GB/T 28454—2012	信息安全技术 入侵检测系统的选择、部署和操作	中华人民共和国国家质量监督检验检疫总局 中国国家标准化管理委员会	2012/10/1

（续）

标准编号	标准名称	发布部门	实施日期
GB/T 28455—2012	信息安全技术 引入可信第三方的实体鉴别及接入架构规范	中华人民共和国国家质量监督检验检疫总局 中国国家标准化管理委员会	2012/10/1
GB/T 28456—2012	IPsec 协议应用测试规范	中华人民共和国国家质量监督检验检疫总局 中国国家标准化管理委员会	2012/10/1
GB/T 28457—2012	SSL 协议应用测试规范	中华人民共和国国家质量监督检验检疫总局 中国国家标准化管理委员会	2012/10/1
GB/T 28458—2012	信息安全技术 安全漏洞标识与描述规范	中华人民共和国国家质量监督检验检疫总局 中国国家标准化管理委员会	2012/10/1
GB/Z 28828—2012	信息安全技术 公共及商用服务信息系统个人信息保护指南	中华人民共和国国家质量监督检验检疫总局 中国国家标准化管理委员会	2013/02/01

各标准的主要内容如下：

GB/T 25068.1—2012　安全技术IT网络安全　第1部分：网络安全管理（ISO/IEC 18028—1:2006，IDT）

本部分规定了网络和通信安全方面的指导，包括信息系统网络自身的互联以及将远程用户连接到网络。适用于那些负责信息安全管理，尤其是网络安全管理的相关人员。针对与通信网络连接相关的安全，介绍如何识别适当的控制域。综述可能的控制域，包括在GB/T 25068.2至GB/T 25068.5中详细论述的那些技术设计和实施主题。

GB/T 25068.2—2012　安全技术IT网络安全　第2部分：网络安全体系结构（ISO/IEC 18028—2:2006，IDT）

本部分规定了用于提供端到端网络安全的网络安全体系结构。适用于体系结构能应用于关注端到端安全且独立于网络下层技术的各种类型的网络。其目的是作为开发详细的端到端网络安全建议的基础。

GB/T 28447—2012　信息安全技术　电子认证服务机构运营管理规范

本标准规定了电子认证服务机构在业务运营、认证系统运行、物理环境与设施安全、组织与人员管理、文档、记录与介质管理、业务连续性、审计与改进等多方面应遵循的要求。适用于在开放互联环境中提供数字证书服务的电子认证服务机构的建设、管理及评估。对于在封闭环境中(如在特定团体或某个行业内)运行的电子认证服务机构，可根据自身安全风险评估以及国家有关的法律法规有选择性地参考本标准。国家有关的测评机构、监管部门也可以将本标准作为测评和监管的依据。

GB/T 28448—2012　信息安全技术　信息系统安全等级保护测评要求

本标准规定了对实现的信息系统是否符合GB/T 22239—2008所进行的测试评估活动的要求，包括对第一级信息系统、第二级信息系统、第三级信息系统和第四级信息系统进行测试评估的要求。适用于信息安全测评服务机构、信息系统的主管部门及运营使用单位对信息系统安全等级保护状况进行的安全测试评估。信息安全监管职能部门依法进行的信息安全等级保护监督检查可以参考使用。

GB/T 28449—2012　信息安全技术　信息系统安全等级保护测评过程指南

本标准规定了信息系统安全等级保护测评工作的测评过程，对等级测评的活动、工作任务以及每项任务的输入/输出产品等提出指导性建议。适用于测评机构、信息系统的主管部门及运营使用单位对信息系统安全等级保护状况进行的安全测试评价。

GB/T 28450—2012　信息安全技术　信息安全管理体系审核指南

本标准在GB/T 19011—2003的基础上为信息安全管理体系（简称ISMS）的审核原则、审核方案管理和审核实施提供了指导，并对审核员的能力及其评价提供了指导。适用于需要实施ISMS内部审核、外部审核或对审核进行管理的所有组织。

GB/T 28451—2012　信息安全技术　网络型入侵防御产品技术要求和测试评价方法

本标准规定了网络型入侵防御产品的功能要求、产品自身安全要求和产品保证要求，并提出了入侵防御产品的分级要求。适用于网络型入侵防御产品的设计、开发、测试和评价。

GB/T 28452—2012　信息安全技术　应用软件系统通用安全技术要求

本标准规定了按照GB 17859—1999的5个安全保护等级的划分对应用软件系统进行等级保护所涉及的通用技术要求。用于按照GB 17859—1999的5个安全保护等级的划分对应用软件系统进行的安全等级保护的设计与实现。对于按照GB 17859—1999的5个安全保护等级的划分对应用软件系统进行的安全等级保护的测试和管理也可参照使用。

GB/T 28453—2012　信息安全技术　信息系统安全管理评估要求

本标准依据GB/T 20269—2006规定的信息系统分等级安全管理要求，从信息系统生存周期的不同阶段，规定了对信息系统进行安全管理评估的原则和模式、组织和活动、方法和实施，提出了信息安全等级保护第一级到第五级的信息系统安全管理评估的要求。适用于相关组织机构（部门）对信息系统实施安全等级保护所进行的安全管理评估与自评估以及评估者和被评估者对评估的管理。

GB/T 28454—2012　信息安全技术　入侵检测系统的选择、部署和操作

本标准给出了帮助组织准备部署IDS的指南。特别是详细说明了IDS的选择、部署和操作。同时给出了这些指导方针来源的背景信息。

GB/T 28455—2012　信息安全技术　引入可信第三方的实体鉴别及接入架构规范

本标准规定了引入可信第三方的实体鉴别及接入架构的一般方法。适用于无线网络访

问控制、有线网络访问控制和IP网络访问控制系统等。

GB/T 28456—2012　IPsec协议应用测试规范

本标准对IPsec协议应用的测试内容及测试步骤进行了规范。适用于IPsec协议应用的开发单位、第三方授权测试认证机构、用户等对IPsec协议应用测试时参考使用。

GB/T 28457-2012　SSL协议应用测试规范

本标准规定了SSL协议应用的测试内容和基本测试步骤。适用于SSL协议应用的开发单位、第三方授权测试认证机构、用户等对SSL 协议应用的测试。

GB/T 28458-2012　信息安全技术　安全漏洞标识与描述规范

本标准规定了计算机信息系统安全漏洞的标识与描述规范。适用于计算机信息系统安全管理部门进行安全漏洞信息发布和漏洞库建设。

第三节　发展动态

一、发展新一代信息技术产业，推动产业结构优化升级

新一代信息技术产业是我国战略性新兴产业重点发展的七大产业之一，具有创新活跃、渗透性强、带动作用大等特点，被普遍认为是引领未来经济、科技和社会发展的一支重要力量。电子信息产品制造、信息网络、信息服务和软件产业的融合发展，极大地推动了云计算、物联网、移动互联网、新一代移动通信等新兴业态的发展。我国新一代信息技术产业已经形成了一定的发展能力，市场应用需求广阔。围绕经济、科技和社会发展重大需求，加快发展新一代信息技术产业，必将进一步促进产业结构的优化升级，增强对经济社会发展的带动性，为加快转变经济发展方式提供强有力的支撑。

未来一段时期是我国深化改革开放、加快转变经济发展方式的攻坚时期，是全面建设小康社会的关键时期。我国新一代信息技术产业发展已迎来难得的历史机遇。一是发展环境日趋完善。为贯彻落实好党中央、国务院有关部署，有关部门正积极制定相关专项发展规划和政策措施，推进相关领域的改革和制度建设，为新一代信息技术产业发展营造良好的环境。二是信息网络建设和技术演进不断加快。宽带、泛在、融合、安全的新一代信息网络发展正加速推进，物联网、云计算等新兴业态的技术创新和产业化方兴未艾，新兴服务模式不断涌现。信息技术的持续进步将不断推动产业融合发展。三是国内市场需求潜力巨大。随着我国工业化、信息化、城镇化、市场化、国际化的深入发展，经济结构转型升级和经济社会各领域信息化建设的加快，为新一代信息技术提供了广阔的市场空间。

《国民经济和社会发展第十二个五年规划纲要》和《国务院关于加快培育和发展战略性新兴产业的决定》对加快发展新一代信息技术产业做出了明确部署。为切实贯彻落实好党中央、国务院领导的指示精神和有关规划部署，国家发展改革委会同有关部门高度重视和推进新一代信息技术产业发展，取得了积极进展。在物联网领域，结合国民经济和社会发展的重大需求，会同财政部组织交通运输部、公安部、农业部、环保部、林业局、国家标准委、江苏省发展改革委等有关部门和地方政府部门，在智能交通、智能公共安全管理、智能农业、智能环保、智能林业等重点领域研究启动了12个国家物联网应用示范工程，统筹核心技术研发、标准制定和产业化；会同国家标准委组织成立了国家物联网标准化专家咨询委员会和国家物联网基础标准工作组，启动物联网标准体系建设工作。为加强顶层设计，统筹布局，会同财政部、科技部、国家标准委向国务院上报了《关于推进我国物联网健康有序发展的通知》。在云计算领域，会同工信部在北京、上海、深圳、杭州、无锡5个城市先行启动了云计算服务创新发展试点示范，着力推动云计算服务，探索云计算服务于经济社会发展的可行性和服务模式，有序引导和推进云计算的发展。在此基础上，会同财政部、工信部结合5个云计算试点城市组织实施了一批云计算示范工程。在下一代互联网领域，会同有关部门，积极组织实施下一代互联网示范工程（CNGI），并在总结示范工作的基础上，研究提出了《关于下一代互联网“十二五”发展建设的意见》，已经国务院常务会议审议通过和发布。该意见明确了“十二五”时期我国下一代互联网发展的路线图、时间表、主要任务和政策措施等。目前正在抓紧研究下一代互联网发展专项，将通过专项的实施支持我国下一代互联网公众网络和网站改造、新兴应用示范及标准研制。在新一代移动通信领域，积极支持我国主导的TD-SCDMA/TD-LTE技术的研发和产业化，不断完善自主产业链，增强自主创新能力。按照党中央、国务院领导批示精神，组织有关方面和专家梳理分析了我国TD-LTE发展情况、面临的主要问题，提出了下一步工作的建议。在数字电视领域，在会同有关部门推动我国具有自主知识产权的地面数字电视国家标准（DTMB标准）研究制定的基础上，积极支持DTMB标准国际化发展，并组织实施了数字电视产业化专项，着力完善数字电视产业链，并加快推动国内外应用。目前，DTMB标准已在老挝、古巴、柬埔寨等国家落地，取得了历史性突破。在信息网络基础设施建设领域，会同相关部门研究成立“宽带中国战略”实施方案研究工作小组和专家组，启动了“宽带中国战略”实施方案研究工作。在核心基础产业发展领域，会同财政、税务等有关部门研究提出了《进一步鼓励软件产业和集成电路产业发展的若干政策》（国发〔2011〕4号）。加快推进“909”升级改造重大工程，组织实施集成电路设计专项，积极培育一批具有国际竞争力的集成电路设计企业。会同工信部研究提出《2010～2012年平板显示产业发展规划》，加强我国平板显示面板生产的规划布局，并积极支持京东方、华星光电、上海天马、四川长虹等加快平板显示项目建设，突破关键核心技术，完善国内产业链。目前，上述工作的开展已经取得了初步成效，为推动我国新一代信息技术产业持续健康发展奠定了良好基础。

下一步，国家发展改革委将继续围绕新一代信息技术产业发展，以增强自主创新能力推动产业的战略转型，以积极开拓市场推动产业的内生增长，以加强统筹布局推动产业结构的优化，以深化国际合作推动国际分工地位的提升，通过统筹协调、科学布局，进一步凝聚有关部门工作合力，准确把握新一代信息技术和产业发展趋势，加强协同推进、开拓创新，推动我国新一代信息技术产业又好又快发展，为加快转变经济发展方式做出新的贡献。（摘自中华人民共和国国家发展和改革委员会网站）

二、软件产业增速放缓，需求强劲，模式创新成重点

工业和信息化部运行监测协调局数据显示，2012前4个月，我国软件产业收入增幅有所回落，同比增长26%，增速低于2011年同期1.9%，比第一季度回落0.4%。虽然前4个月软件产业增速有所放缓，但在5月31日～6月2日中国国际软件博览会（以下简称“软博会”）上，《中国电子报》记者了解到，以云计算、物联网和移动互联网为代表的新一代信息技术，已成为软件业的关注热点，电力、电信、交通等重点领域对信息技术的强劲需求以及各大城市提出的智慧城市建设规划，都将成为软件业增长的持续动力。

（一）新兴应用有亮点

国发4号文的出台，彰显国家宏观层面对软件和集成电路产业前所未有的支持；国家战略大力支持两化深度融合，使得各行各业与软件关联度越来越大，对软件的需求也越来越多，内需拉动软件发展将进一步显现。

据了解，前4个月，信息技术咨询服务、数据处理和运营服务同比增速分别高于行业5.7%和10.2%。随着云计算等信息技术服务新模式、新业态的迅猛发展，软件产业结构调整的步伐也在加快，在新兴技术服务业带动下，软件产业进一步向服务化趋势发展。

新兴领域正在大环境趋紧的背景下表现出更大的能量。地理信息业没有受到宏观环境的影响，一方面是因为国家政策层面大力支持位置服务业的发展，有相应的政策、资金在扶持；另一方面是因为这个市场本身有刚性的发展需求，地理位置信息服务于大众，确实能给他们带来经济、生活上的效益。

（二）重点领域是热点

重点区域和重点领域相结合，智慧城市便成为软件名城的发展方向之一。南京作为首个被授予“软件名城”称号的城市，智能电网、智能交通、电信通信等软件在国内占有领先地位，也达到了跟国际接近的水平。

南京市副市长罗群表示，南京的软件产业将引导城市向智慧城市方向发展。他认为，在城市的信息化、知识化和智能化的大背景下，软件和信息服务无处不在，软件名城的发

展要与市民、企业、政府的需求紧密结合起来，着眼于电子商务、电子政务、数字社区等领域，提升整个城市的品质。

从技术应用看，地理信息技术、云计算、物联网等将成为推动智慧城市建设的重要技术，新兴技术服务有望快速发展。从参与企业看，伴随智慧城市建设深度和广度的推进，传统的信息系统集成商和安防生产商将在智慧医疗、智慧物流等领域迎来发展新机。

国产中间件在性能上可与国际同类产品媲美，在安全上又有自己的优势，而在智慧城市、云计算的应用中需要集成各式各样的软硬件产品，中间件具有不可替代的化解异构环境的能力，国产中间件在智慧城市进程中大有可为。

（三）模式创新成重点

移动互联网已经进入快速发展通道，应用服务是移动互联网未来发展的根基所在。

2012年软博会没有国外企业参展，全部由本土企业展示自己的产品和技术。这一方面表明国家正加大对本土企业的扶持力度，另一方面也暗示本土企业应该更多思考如何创新技术和服务模式，加快做大做强。

主营移动应用开发的3G门户是第三次参加中国国际软件博览会，其副总裁魏雷告诉《中国电子报》记者：在移动应用急剧增加的竞争环境下，开发者的关键策略是汇聚更多资源，增加应用，让用户不断使用产品，得到更好的体验。

在他看来，移动应用的出路有两条，精细化和类平台：一是做单一产品的垂直的移动应用，例如大众点评网，在美食领域可以做得特别精细，提升用户体验；另一个就是综合的、类平台的服务，将更多类似大众点评网的各类应用放在这个大平台中，给用户更多体验。

而3G门户就属于第二类。这种模式的第一步是先占领用户的终端设备，然后再建立商业模式，这个速度要比当初互联网发展的速度快得多。魏雷坦言，生存的关键词就是用户、内容、服务和商业模式。

移动互联网的发展也将使地理信息服务业面临新的转变。泰瑞数创产品经理李蔚蔚告诉《中国电子报》记者，随着物联网、移动互联网、传感网的发展，这个领域迎来了新的转变。他认为技术和服务需要从两方面延伸，一是积极深入新兴领域，例如物联网、车联网、海联网，把车辆、船舶、飞机在地图中有效地展现，让数据更实时、更精确、更直观；二是要让地图上叠加的数据更加直观、更容易理解，达到现实场景的效果。

在李蔚蔚看来，只有当移动互联网足够完善的时候，应用在物联网的地理信息服务才能真正地完善起来。

（摘自《中国电子报》）

三、国内通信业竞争激烈，大三角格局初显

移动互联时代，以数据业务为主要盈利模式的运营商正面临严峻的挑战。近日，中国移动微博首次提出的移动互联网战略也被看做是其向这一领域转型的重大标志。有关专家

指出，未来电信业格局将由3个运营商之间的竞争变成运营商面对新兴互联网运营商、IT设备商之间的“大三角”竞争关系。

（一）中国移动全新战略定位

在日前召开的移动互联网国际研讨会上，中国移动提出了发展移动互联网的16字方针：“智能管道、开放平台、特色业务、友好界面。”这也意味着中国移动将在这一领域全面发力。

目前是中国移动的重要转型时刻，根据中国移动财经报告，上半年中国移动营业收入达2665亿元，同比增长6.6%；净利润622亿元，同比增长1.5%。虽然收入增长情况尚可，但净利润增长情况不佳。在这种情况下，中国移动也迫切希望从移动互联网挖掘新的利润增长点。

在论坛现场，中国移动数据部副总经理沈红群告诉记者：“我们的总体战略是智能管道、开放平台、特色业务、友好界面。在这样一个总体战略情况下，中国移动目前已经形成了一个比较丰富的业务体系，以MM、飞信、无线城市作为三大业务龙头。同时可以提供音乐、视频、游戏、阅读等一系列数字内容下载服务。同时，还能对外提供位置、支付等功能性的业务。”

此前，中国联通微博和中国电信微博均推出了一系列的移动互联网业务。数据显示，2012年一季度，中国电信、中国移动、中国联通的营业收入分别达到679.29亿元、1274.45亿元、611.93亿元，比2011年同期分别增长15.7%、7.8%、24.8%，总体增速达到预期，但数据业务发展难言乐观。

业内人士指出，移动互联时代的到来，让电信业和互联网碰撞得更为激烈。而以数据业务为主要盈利模式的运营商正遭遇前所未有的冲击，单一的盈利模式显然无法满足运营商的需求。

（二）单一模式遭受冲击

中国移动董事长奚国华强调，要构建智能管道，即构建支撑移动互联网发展的下一代信息基础设施。按照他的思路，中国移动要大力推进GSM、TD-SCDMA、WLAN、TD-LTE4网协同发展，主要措施包括从网络、终端、应用3个方面积极加快TD-SCDMA发展，并且精确建设有效发展WLAN，积极开展TD-LTE，扩大规模实验。

面对互联网企业在一些业务上的咄咄逼人，中国移动认为，运营商不仅要做智能管道，还要出更多更好的移动互联网创新产品，大力发展云计算、物联网等社会化公众信息服务。中国移动希望能够成为整个产业合作供应的大平台。

在做智能化管道这一点上，中国移动与中国电信的思路如出一辙。中国电信董事长兼首席执行官王晓初明确提出：中国电信要成为智能管道的主导者、综合平台的提供者、内容和应用的参与者。将用3～5年时间分阶段、分重点提升管道智能化。

不过，业内人士指出，运营商如何通向智能化管道，却任重而道远。毕竟在云、管、端三位一体的移动互联网时代，运营商的身份就注定了它不可能像苹果一样靠卖终端赚钱，也不可能像开发者一样靠卖App以及服务来赚钱，其收入的最大来源仍将是数据流量费用。

（三）竞争格局发生改变

从依靠短信到依靠无线上网，移动互联网的压力也逼迫着运营商开始转型。“必须看到全球运营商都面临着数据流量爆炸式增长的巨大压力，互联网业务加剧了传统运营模式转型的压力。”奚国华表示。

邮电部原部长吴基传表示：未来电信业格局将由3个运营商之间的竞争变成运营商面对新兴互联网运营商、IT设备商之间的“大三角”竞争，并且在应对市场变化灵活性等多个方面，电信运营商已落后。

他指出，后互联网时代的特点在于以云计算为代表的新技术改变了互联网的基础设施和平台架构以及合作模式，使其更加集中化、智能化、服务化，并随着无线接入能力的提高，为互联网发展掀开了新的一页。

目前，新兴互联网运营商已有相当规模。因此，电信运营商的网络优势、运营经验优势、用户规模优势等都将受到新的挤压。同时，在创新能力、技术研发、开发平台、新兴的商业运营模式以及在体制、机制和应对市场变化灵活性方面，电信运营商还落后于互联网运营商、IT软件和设备厂商。

此外，在后互联网时代，必须认识到是互联网在前，移动互联网在后。移动互联网在无线接入能力、终端技术水平、应用的软件综合化水平等领域的高速发展，是对互联网的延伸。而电信运营商在终端技术领域和运营软件终端化水平、原有在无线接入能力的优势很有可能遇到更新技术的冲击。（摘自《北京商报》）

四、信息经济发展提速，六方面提升信息生产力

随着云计算、物联网的出现，信息化的第三次浪潮扑面而来，使人类社会进入以信息生产力为主要标志的新阶段。

随着云服务和物联网应用的拓展，以知识化、协作化、软件化、服务化、共享化为特征的信息经济发展愈加明显。可喜的是，我国并没有盲目跟随国外，而是面向国家重大战略和应用需求，形成以应用为牵引的发展路线，使我国在该领域占领系统创新、协同服务、基础标准等价值链的高端市场成为可能。

人类社会正处于工业生产力向信息生产力转型过程之中，竞争的焦点已经从硬件转向软件，从单机技术转向网络集成，从加工生产转向应用服务。我国拥有雄厚的智力资源和优秀的软件后备大军，同时我国长期积淀了更适合信息共享、协作共赢的社会文化。

信息服务业已经成为现代服务业的主要成分。可有学者认为，我国尚处在工业经济初

期阶段，现在就把发展高端服务业提上日程，会“唱衰制造业”；更有学者认为，根本不可能存在一个信息化的社会阶段。持以上观点者在认识上陷入三大误区：一是延续传统工业化、城市化思维模式，资源、能源难以支撑，生存环境将严重恶化。二是他们疏忽了“各种经济时代的区别，不在于生产什么，而在于怎样生产，用什么劳动资料生产”。三是人类需求也不会无止境地占有物质财富，通过交流、交易、交往实现自我价值就会成为更高级人类需求，产品经济一定要让位服务经济，经济人一定被社会人代替。

我们必须树立一个新的重要概念：工业时代是制造业推动服务业时代，而信息时代是服务业拉动制造业的时代。历史一再证明，产业结构从重到轻，产品结构由粗向细，劳动结构从体力向智力发展的趋势不可逆转；专业化运输服务比企业自办运输体系具有更高的运输效率；信息集成和软件的外包模式比各单位自办信息体系和软件车间更代表产业优化方向。

我国在模拟信息化阶段严重落后，通信曾经与交通、能源并列成为影响改革开放和国民经济发展的三大瓶颈。第二阶段奋起直追，无论是通信服务业还是通信装备制造业，都进入了国际先进行列。但问题是，在宽带信息化发展阶段，我国3G决策拖延了8年，三网融合政策拖延了12年，宽带中国国家政策至今没有出台，使得我国信息化再次处于落后状态。

为解决信息孤岛问题，应当从技术、管理、体制改革等方面入手。信息网络代表着新型社会生产力，它必然要求有新的生产关系与其相适应。未来信息社会应当是多方合作共赢的社会，而信息数据的共享是其中重要部分，必须树立信息共建共享观念，并在此基础上实现网络资源共建共享，这样才符合信息社会新产业链分工趋势。

“十二五”期间，现代服务业已经被列入经济社会发展的战略重点。在这样一个重要历史阶段，信息通信服务业至少应该像综合运输、能源部门一样，有一个独立的管制或者管理机构。

随着信息生产力的渗透，信息服务专业化已经成为发展潮流。在我国培育生产型信息服务业有3条途径，一是在原来企业和行业信息化基础上，遴选成功的大企业内部或者行业信息系统，通过转制成为第三方生产型信息公共服务平台；第二条途径是信息设备制造商主动承担企业信息服务环节，走制造业向生产型信息服务业转型道路；第三条途径是现有IT系统集成商、电信运营商与生产企业合作，承包生产企业的信息服务环节，最后与原企业脱钩。

鉴于基础网络服务的基础性、公共性、社会性，应该将电信等基础信息服务企业定位为准公共物品和公共企业范畴。通过法律规制，使它以超低、简单、透明价格进行微利经营，同时要保有3～4家基础运营商开展异质化有效竞争，均享受国家公共政策和税收、公共资源和站址、小区接入方面的相应优惠。随着信息生产力进一步发展，各行业信息应用平台也将具备准公共品性，也应该参照以上方案，逐步纳入公共企业范畴。

光纤宽带网络才是信息社会最重要的基础设施，是核心之网，移动通信从3G到LTE也在向宽带方向发展。各国政府从20世纪90年代就开始制订国家级宽带信息通信网络发展计划，但我国仅有行业宽带发展战略，不足以支撑国家信息化发展，必须出台国家级宽带信息化战略。

我国网络融合主要障碍在于高层体制设计缺位，当务之急是淡化行业和部门利益，超越以信息通道和媒体为核心的融合阶段，以信息生产力阶段的泛网融合思维方式，站在“调整产业结构、转变发展方式”的大背景下，建立“国家综合信息通信管理机构”。考虑到目前我国新闻内容的特殊地位，广播电视、网络媒体内容可以暂时纳入大文化宣传部门监管，而所有的信息网络设施、台、站以及非新闻媒体信息内容都应该由这个“国家综合信息通信管理机构”监管。

唯有在国家综合信息通信管理机构的科学规制之下，才有可能落实信息普遍服务政策、国家宽带信息化政策，为信息生产力护航。

以往由主管部门负责起草的电信法草案，越来越纠结于行业和部门之间的利益，以至于多次起草多次流产、搁浅。建议打破常规，直接由全国人大常委会组织起草班子，重新起草《信息通信法》，将重点调节转移到信息资源共享和信息普遍服务机制上来。如果说以前为了建立竞争机制，对共享服务能力有所忽视，那么云服务时代建议设立信息普遍服务基金，完善国家级信息普遍服务体制和机制。

网络信息安全需3个层面治理机制：一是技术层面，二是法律层面，三是道德层面。但过分依靠技术手段和行政手段，肯定会走向“道高一尺、魔高一丈”的死胡同，而最好的办法是把技术、法律、道德结合起来，形成新的平台化治理模式。利用各类公共信息服务平台，通过实名制、诚信记录、网络监督形成一种非正式约束的“软法律”。平台企业对网络信息安全治理具有内在动力，在法律允许范围内与执法部门合理分工，共同担负起确保网络安全的社会责任。

（摘自《通信信息报》）

五、新一代信息技术产业发展提速，迎来难得机遇

我国新一代信息技术产业已形成了一定的发展能力，市场应用需求广阔。未来一段时期是我国深化改革开放、加快转变经济发展方式的攻坚时期，是全面建设小康社会的关键时期。我国新一代信息技术产业发展已迎来难得的历史机遇。

一是发展环境日趋完善。为贯彻落实好党中央、国务院有关部署，有关部门正积极制定相关专项发展规划和政策措施，推进相关领域的改革和制度建设，为新一代信息技术产业发展营造良好环境。

二是信息网络建设和技术演进不断加快。宽带、泛在、融合、安全的新一代信息网络发展正加速推进，物联网、云计算等新兴业态的技术创新和产业化方兴未艾，新兴服务模

式不断涌现。信息技术的持续进步将不断推动产业融合发展。

三是国内市场需求潜力巨大。随着我国工业化、信息化、城镇化、市场化、国际化的深入发展，经济结构转型升级和经济社会各领域信息化建设的加快，为新一代信息技术提供了广阔的市场空间。

《国民经济和社会发展第十二个五年规划纲要》和《国务院关于加快培育和发展战略性新兴产业的决定》对加快发展新一代信息技术产业做出了明确部署。为切实贯彻落实好党中央、国务院领导的指示精神和有关规划部署，国家发展改革委会同有关部门高度重视和推进新一代信息技术产业发展，取得了积极进展。

六、物联网标准领域领先全球，产业化提速

“近两年，国内物联网产业以超乎想象的速度膨胀，已在国际标准领域占据了主导性话语权”，国家973物联网首席科学家刘海涛10月25日在此间召开的中国国际物联网博览会期间表示，中国有望凭借国际标准化制高点率先于全球开启大规模产业化及应用，领航新一轮“万亿级”产业。

自2009年温家宝总理提出在无锡建立“感知中国”中心开始，3年来，中国物联网产业从无到有，各大城市纷纷以物联网产业为战略核心，制定发展规划。截至目前，已形成环渤海、长三角、珠三角及中西部地区4大物联网集聚区，其中以无锡领衔的长三角区域发展最为迅猛。

全球物联网尚处于起步阶段之时，中国已初步具备了一定产业化规模基础。刘海涛认为，尤其在物联网市场应用技术瓶颈上，其团队担任国际物联网标准工作组期间所提出的标准体系、系统架构等67项核心提案被国际标准组织采纳，数量居全球首位，也因此为中国物联网产业在国际标准上赢得了垄断性话语权。

物联网应用领域很广，但具体应用的行业所涉及的终端、系统均千差万别，难以大规模市场化，而标准即是解决这一难题的核心。刘海涛介绍，1999年，其团队创立“共性平台+应用子集”的物联网技术与产业化架构，提出从各种物联网系统中凝练共性，再“依葫画瓢”运用到具体实例，由此形成的物联网感知社会论成为国际上首个攻克物联网产业化瓶颈的理论基石。

据介绍，在初步攻克物联网规模产业化难题后，以刘海涛为首的科学家团队近两年实现了华丽转身，成功打造了拥有数十种自主知识产权的产品、方案，涵盖交通、安防等十多个行业，产品远销欧美发达国家。

得益于理论创新、标准引领、产业化推进，中国已初步奠定了在全球物联网领域的影响力。刘海涛表示，目前在中国创建的“感知中国”物联网联盟已拥有国内外业界相关企业成员3000余家，世界物联网开始汇聚中国。

（摘自中国新闻网）

七、信息化应用走向深入，需建立普遍服务机制

2012年，我国信息化发展总体形势良好，以云计算、物联网为代表的新一代信息技术快速扩散，两化融合向深层次发展，电子政务进入集成应用阶段，智慧城市建设以点带面扩散发展，社会领域信息化建设步伐加快。展望2013年，随着信息化向深度应用发展，普遍服务机制缺乏引起数字鸿沟持续扩大、跨国公司加快布局云服务市场给我国信息产业带来严峻挑战、标准规范制约等问题将显得更加突出。

（一）信息化与工业化、城镇化和农业现代化同步发展，在发展方式转变中的作用凸显

2013年从国内看，国家将推动信息化与工业化深度融合，促进信息化、工业化、城镇化和农业现代化同步发展，“宽带中国”战略将开始实施，IPv6规模商用，移动互联网全面普及，信息化在经济发展、社会管理、公共服务及城市建设中得到深度应用，加强信息系统的综合集成、统筹整合将是基本的发展趋势，信息化对工业转型升级和发展方式转变起到显著推动作用。

展望2013年，在国际形势复杂多变、国内外需求增速趋缓的大背景下，我国经济增长面临较多的制约因素，粗放式增长向集约型发展转型的迫切性更加突出，对工业转型升级的要求越来越强烈。国内企业近两年加快技术改造、加强自主创新、挖掘内部潜力，在一定程度上减缓了外需萎缩带来的困难。工业企业对信息化应用的效益已有较深切的认识，不少企业制订了信息化规划或实施方案。新的一年中，各行业信息化应用将深入发展，信息技术在改造企业装备、创新工业产品、提升经营效益等方面将发挥更大作用，加速推动我国工业转型升级和发展方式转变。

（二）信息基础设施加快改造提升，宽带应用大面积普及

2012年，工业和信息化部全面部署了推进宽带普及提速工程，以“建光网、提速度、促普及、扩应用、降资费、惠民生”为总体目标，通过加速城市光纤宽带网络发展、加快农村宽带网络建设、改善宽带接入条件、加强宽带应用创新与示范等工作，推动我国宽带基础设施水平提升，促进宽带应用普及和推广。截止到2012年6月，我国宽带平均速度达到1.5MB/s。随着宽带普及提速工程的深入实施，我国宽带速率还将进一步加快提升，预计到2013年年底，宽带平均速度将达到2.7MB/s。

2012年，我国网民规模持续增长，互联网普及率进一步提升，基础电信企业的互联网用户进一步趋向宽带化，宽带应用大面积普及。截止到2012年6月底，互联网普及率达到39.9%，预计到2012年年底，互联网普及率将达到42.1%，2013年年底将达到46.2%。截止到2012年9月，我国互联网宽带接入用户数达到1.71亿户，比2011年年底净增0.21亿户，预计到2013年年底，我国互联网宽带接入用户数将超过2亿户。

（三）信息化发展差距拉大，区域发展特点突出

我国信息化呈现出明显的地域性差别，东部地区信息化发展水平明显高于中西部地区。2012年第二季度，广东、上海、北京、浙江等8个东部地区网民比例高于其人口比例，而中西部地区的网民比例则低于人口比例。移动电话普及率方面，东中西部地区也存在明显的差距；2013年，这种差距还将继续保持。

东中西部信息化特点也各不相同。东部地区具有较好的信息化基础，侧重于数字内容建设和信息化深度应用，“云服务平台”“网格化社会管理”“智慧城市”“数字社区”“智慧产业”等成为各省（直辖市）信息化建设的重点；中西部地区正处于信息基础设施快速普及阶段，侧重于政府主导的国土资源管理、人口管理、农业水利等基本信息化建设。2013年，以东部纵深发展和中西部基础夯实的梯度格局将日渐清晰。

（四）移动互联网应用创新活跃，大数据商业模式引人关注

随着移动通信技术的发展和智能手机的普及，移动互联网应用不断推陈出新。手机即时通信工具功能不断增强，能实现集音频、文字、图像、视频的低成本高效率的通信服务，并与社交应用完美融合。手机视频、手机搜索、手机微博等应用快速普及。互联网产业不断催生新兴业态，移动云服务备受推崇。2013年，移动搜索将向智能化、语音化发展；跨平台、跨网络、跨终端的即时通信将加快普及；高清网络视频将成为移动视频行业发展的方向；社交、评论、购物网站将紧密结合，并向“社交+本地+移动”的模式演化。移动金融云、电子商务云、物流云等行业云将迅速发展，面向个人的移动云存储、移动云音乐具有巨大的市场前景。

云计算、物联网、社交网络、移动互联的快速发展让各类数据量急剧增长，大数据正成为行业关注的热点。电子商务中的大数据挖掘将进一步拓展服务商的业务范围，淘宝、腾讯、百度等互联网巨头率先使用大数据技术进行数据分析。信息内容服务商将利用大数据开展个性化服务。移动互联网将结合LBS与大数据技术开辟新型业务。2013年，将有更多互联网企业布局大数据战略，精准营销、精准服务将成为现实，面向海量数据的数据挖掘孕育着更多的商业模式创新，数据存储、数据处理与分析、数据应用等大数据产业将快速发展。

（五）“两化”融合在试点评估引导下向深层次发展，智能工业将成为工业发展新方向

2012年以来，在“信息化与工业化融合成果展览会”“两化”融合水平评估、试点示范重点项目的典型引路和带动下，我国“两化”融合向深层次发展。大型企业加快推进“两化”深度融合，普遍实现了信息系统综合集成，中小企业利用电子商务开展网上招标采购、网上营销等，大幅度节约了企业成本。2012年第三季度，我国电子商务市场交易额达2.05万亿元，同比增长38.51%，其中，B2B电子商务市场交易规模达1.7万亿元，同比增长30%。2013年，装备制造、消费品、原材料行业将加快推广面向产品全生命周期的智能制造模式；长链条供应链管理、集成化生产执行系统、管控一体化、新一代集散控制系统等将成为大型企业应用的重点。贯通企业生产经营和产品服务的全程电子商务将成为企业加强资源整合和开拓市场的重要手段。

2013年，以智能设计、智能制造、智能运营、智能管理、智能决策为特征的智能工业将成为工业发展新方向。3D打印等新技术将开始应用在设计领域，尤其是工业设计、数码产品开模等。基于网络、面向产品全生命周期的虚拟制造、网络化制造、敏捷制造等新型制造模式将更加受到各行业重视。智能工业的发展将促进多领域技术集成，推动工业技术、企业管理理念的根本革新，并引起产业组织的革命性创新。

（六）电子政务更加注重集成集约，公共服务成为电子政务建设重点

电子政务已进入综合集成应用阶段，各地政府积极建设电子政务公共平台，开展跨部门、跨层级的信息共享和业务协同。工业和信息化部确立了陕西、福建和海南作为基于云计算的电子政务公共平台顶层设计试点，并组织相关单位研究制定电子政务公共平台顶层设计实施指南。

电子政务建设重点逐步由面向政府内部管理转向社会公共服务。2012年，一大批经济实用、企业有需求、百姓有期待的电子政务项目涌现出来。2013年，面向公共服务的电子政务建设力度将进一步加大，伴随政务信息资源开发、业务流程再造和政府管理机制创新的电子政务将进一步增强政府服务能力。

（七）智慧城市建设成果显现，社会与民生服务领域信息化效果突出

建设智慧城市，已成为加强创新社会管理、提高城市管理水平的内在要求。2012年，各地政府积极开展智慧城市建设。截至2012年4月，我国共有51个城市提出建设智慧城市，其中副省级城市10个，地级市41个。总体来看，这些城市大都选择基础设施建设、物联网产业发展、社会服务管理等基础性、实用性、见效快的领域作为建设起点和突破口，按照“以点带面、扩散发展”的思路进行建设。2013年，各地在基础设施信息化和部分先行项目成熟的基础上，将陆续启动智慧交通、智慧服务、智慧城市管理等综合性强、建设周期长、实施难度大的信息化项目，这些项目将在未来2～3年显现成效。

关注问题：防止数字鸿沟继续扩大。

第四节　项目建设

一、国家自然资源和地理空间信息库建设

2012年，国家自然资源和地理空间基础信息库项目工程完成了项目可行性研究报告和

初步设计中所要求的基础性工作、数据整合改造、交换系统、网络系统、计算机及存储系统、安全保障系统、环境设施等各项任务，形成了跨部门多源异构数据加工、组织管理和共享应用的完整标准体系，建立了跨部门多源异构数据整合流程、更新机制和运行模式以及跨部门、军民结合的协同工作机制，可为国家宏观决策、政务部门和社会公众提供标准化、可持续更新的自然资源和地理空间基础信息服务与应用服务。

（一）综合信息产品库、综合信息定制产品库建设通过终验

为进一步做好应用服务工作，国家自然资源和地理空间基础信息库项目综合信息产品库、综合信息定制产品库通过专家终验。综合信息产品库、定制产品库是国家自然资源和地理空间基础信息库项目建设的重要内容之一，通过跨部门的协同信息处理、模型应用与综合分析，向决策部门和社会公众提供时效性强、显现度高的综合信息资源及产品服务。结合实际应用需求和项目建设情况，项目办公室从自然资源开发利用、资源环境遥感监测、重大生态环境建设、重大自然灾害、全国生态环境、区域规划与可持续发展建设等6个方面组织承建单位进行综合信息产品库、综合信息定制产品库重点产品开发建设，经过与相关领域专家的多次沟通交流、不断的修改完善，完成了相应的建设任务，并顺利通过终验专家评审，综合信息产品库、综合信息定制产品库开始进入正式运行状态。

（二）数据主中心数据整合改造合同通过专家验收

2012年6月18日，国家自然资源和地理空间基础信息库项目信息库数据主中心数据整合改造通过专家验收。数据主中心数据整合改造合同规定的任务全部完成，主要包括收集整理国家社会、经济、人口、区域规划、主体功能区划等支持宏观决策的数据，并按照项目统一标准规范进行数据整合改造，形成56个综合信息子库。经检查，每个综合信息子库达到了项目质量要求，相关文档材料符合项目档案管理要求。

（三）军事测绘数据分中心建设通过初步验收

2012年3月7日，国家自然资源和地理空间基础信息库项目测绘数据分中心数据整合改造合同验收和工程初步验收完成。

军事测绘数据分中心按照项目办公室的统一部署和项目初步验收的总体要求，制订了有关标准规范和管理办法，整合建立了专题信息库、专题信息产品库和综合信息子库，形成了面向国家电子政务应用的标准化地理空间信息资源；研制了地理信息服务、产品下载服务和元数据目录服务功能，形成了地理空间信息资源及应用产品的网络化服务能力，实现了军事测绘由面向军队的专业化服务到面向国家的规模化服务的跃升；探索了军民融合发展的机制体制和实现路径，树立了军民融合发展的典范。同时，“国家自然资源和地理空间基础信息库军事测绘数据分中心”网络也正式开通运行，标志着军事测绘地理信息库形成了面向国家电子政务和社会公众的网络服务能力。

（四）交换系统终验通过专家评审

2012年6月18日，国家自然资源和地理空间基础信息库项目交换系统通过终验。交换系统是信息库项目建设的重要组成部分，建立跨部门、跨地区和跨行业的全国性地理空间信息共享与交换网络服务体系，对于促进自然资源和地理空间数据资源交换、汇集和共享具有重要的支撑作用。2011年1月，项目办公室组织完成了交换系统5个分系统23个子系统的建设并通过了初验，初步形成了国家级地理空间信息资源共享和交换枢纽。在一年多的试运行期间，数据主中心利用交换系统实现了数据汇集、信息资源服务发布和共享目录服务；各数据分中心通过交换系统完成了综合信息子库信息发布工作，向各类用户提供了“一站式”、统一认证、分级授权的信息服务。

（五）气象和气象卫星数据分中心建设通过初步验收

2012年1月10日，国家自然资源和地理空间基础信息库项目气象和气象卫星数据分中心数据整合改造合同验收和工程初步验收会在北京召开。气象数据分中心按照项目办公室的统一部署和项目初步验收的总体要求，完成了数据整合改造和工程建设任务，是第一批具备初步验收条件的承建单位。气象数据分中心完成了初步设计和数据整合改造合同规定的建设任务，集成测试表明系统试运行稳定可靠，符合合同规定的技术要求，同意通过验收。

（六）资源环境科学数据分中心建设通过初步验收

2012年8月8日，国家自然资源和地理空间基础信息库项目办公室组织召开了资源环境科学数据分中心数据整合改造合同验收和工程初步验收会议。数据分中心建设在初步设计的基础上，完成了10项标准规范、5项管理办法的编制和试行，79个综合信息子库、26个专题信息库、26个专题信息产品库的整合改造，构建了联通国家电子政务外网的软硬件、网络环境和符合国家等级保护要求的安全保障系统，形成了支持元数据目录服务、在线下载和在线服务的共享发布系统，已具备初步验收的各项条件。

（七）土地和矿产资源数据分中心建设通过初步验收

2012年5月4日，国家自然资源和地理空间基础信息库项目土地和矿产资源数据分中心数据整合改造合同通过验收。

土地和矿产资源数据分中心按照项目办公室的统一部署和项目初步验收的总体要求，完成了实用规范和管理办法的编制与试行工作以及专题信息库、专题信息产品库和综合信息子库的数据整合改造，数据库管理系统已上线并稳定运行。

（八）卫星遥感数据分中心建设通过初步验收

2012年4月17日，国家自然资源和地理空间基础信息库项目卫星遥感数据分中心数据整合改造合同验收和工程通过初步验收。数据分中心建设是信息库项目建设的重要内容，卫星遥感数据分中心按照项目办公室的统一部署和项目初步验收的总体要求，完成了数据整合改造和工程建设任务。

（九）林业数据分中心建设通过初步验收

2012年5月29日，国家自然资源和地理空间基础信息库项目林业数据分中心数据整合改造合同验收和工程通过初步验收。

林业数据分中心按照项目办公室的统一部署和要求，完成了4项实用规范、7项管理办法的编制和试行，36个综合信息子库、26个专题信息库、28个专题信息产品库的整合改造，构建了联通国家电子政务外网的软硬件、网络环境和符合国家等级保护要求的安全保障系统，形成了支持元数据目录服务、在线下载和在线服务的共享发布系统。

（十）资源卫星数据分中心建设通过初步验收

2012年6月21日，国家自然资源和地理空间基础信息库资源卫星数据分中心数据整合改造合同通过验收。数据分中心建设是信息库项目建设的重要内容，在项目初步设计的基础上，完成了12项标准规范、18项管理办法的编制和试行，6个综合信息子库、2个专题信息产品库的整合改造，构建了联通国家电子政务外网的软硬件、网络环境和符合国家等级保护要求的安全保障系统，形成了支持元数据目录服务、在线下载和在线服务的共享发布系统。

（十一）海洋和海洋卫星数据分中心建设通过初步验收

2012年6月20日，国家自然资源和地理空间基础信息库项目海洋和海洋卫星数据分中心数据整合改造合同通过验收。海洋和海洋卫星数据分中心按照项目办公室的统一部署和项目初步验收的总体要求，在项目初步设计的基础上，完成了6项标准规范、1项管理办法的编制和试行，29个综合信息子库、44个专题信息库、11个专题信息产品库的整合改造，构建了联通国家电子政务外网的软硬件、网络环境和符合国家等级保护要求的安全保障系统，形成了支持元数据目录服务、在线下载和在线服务的共享发布系统，已具备初步验收的各项条件。

（十二）数据集成处理系统建设通过初验

2012年9月28日，国家自然资源和地理空间基础信息库项目数据集成处理系统建设通过初验。数据集成处理系统建设为信息库项目开展综合信息定制产品库应用服务提供了统一的开发环境和运行支撑环境，有效降低了信息库项目应用系统的建设难度，避免重复工作，便于项目运行维护。

二、“金卡”工程建设

2012年随着国家“十二五”发展规划的逐步落实以及国务院加快培育和发展战略性新兴产业规划的出台，相关主管部门继续落实专项基金，务实支持和推动包括物联网在内的战略性新兴产业发展。这些都为国家“金卡”工程建设带来了新的机遇，也使金卡工程能在更高层面、向更广领域加快推进。截至目前，我国累计发行统一标识的银行卡约28.5亿张，行业与地方的各类智能IC卡80多亿张。在“金卡”工程7个行业大卡中，智能电信卡发行了40多亿张，居于首位；银行卡28亿张，正向芯片化过渡；第二代居民身份证（非接触IC卡）发行13亿张；社会保障卡发行3.02亿张，城市交通与各种公用事业缴费卡发行了3.5亿张，还有卫生部、旅游局和试点省（市）发行了多功能卡，功能日趋完善，并向融合集成发展。2012年，物联网行业专项资金投入约为5亿，支持项目共计149项。项目包括8项技术研发与5大智能领域。其中，技术研发包括超高频和微波RFID芯片，微型和智能传感器，无线传感器网络自组网技术，低功耗无线传感器节点产品，物联网数据传输中间件，图像视频智能分析和识别，面向行业应用海量数据的数据挖掘，物联网安全等级保护和安全测评。5大智能领域包括工业、农业、物流、交通、医疗等领域。

三、“金土”二期工程

作为国家信息化建设基础工作的组成部分，“数字国土”工程2012年进入收工阶段，在此基础上实施的“金土”工程一期准备验收，二期工程即将启动。

国土资源部部长、国家土地总督察徐绍史在2月28日召开的全国国土资源信息化工作现场会上指出，即将启动的“金土”二期工程将围绕国土资源管理工作，重点考虑整合各专业领域的国土资源数据，建设全国国土资源遥感影像一张图。

四、“金税”三期工程

“金税”工程（三期）的主要任务是，用4～5年的时间，基本完成“一个平台，两级处理，三个覆盖，四个系统”的建设。

“一个平台”是指建立一个包含网络硬件和基础软件的统一的技术基础平台，即逐步建立覆盖总局、国地税各级机关以及与其他政府部门的网络互联，形成基于因特网的纳税人服务网络平台；对业务处理、在线分析、存储系统、数据交换、网络、安全和系统管理7部分配备相应的硬件设备；并建立覆盖从物理环境、网络层、系统层、数据库层、应用层信息安全的安全管理体系和安全技术体系等。以保证税务工作在统一、安全、稳定的网络化平台支撑下平稳运行。

“两级处理”是指依托统一的技术基础平台，逐步实现税务系统的数据信息在总局和省局集中处理，即在“一个平台”的支撑下，建立总局、省局两级数据处理中心和以省局为主、总局为辅的数据处理机制，逐步实现涉税电子数据在总局、省局两级的集中存储、集中处理和集中管理。以使业务流程更加简化，机构趋于扁平，管理和监控更加严密，纳税服务更加简便，系统维护更加便捷，系统运行更加安全，并使数据的宏观分析与微观分析相结合、全局分析与局部透视相结合，全面提升数据的价值。

“三个覆盖”是指应用内容逐步覆盖所有税种，覆盖主要工作环节，覆盖各级国税、地税机关，并与有关部门联网，即通过“金税”工程（三期）的建设，促进信息技术和管理方法在全国税务系统得到广泛应用，逐步实现税务管理信息系统对国税、地税机关管理的所有税种和税务工作的全过程进行全面、有效的电子化监控，以保证税务工作简便、规范、高效地运行。

“四个系统”是指通过业务的重组、优化和规范，逐步形成一个以征收管理和外部信息为主，包括行政管理和决策支持等辅助业务在内的4个信息管理应用系统。主要任务是重点建立以税收业务为主要处理对象的征收管理系统，以外部信息交换和为纳税人服务为主要处理对象的外部信息系统，并配套建设以税务系统内部行政管理事务为处理对象的行政管理系统和面向各级税务机关税收经济分析、监控和预测的决策支持系统，以全面满足税务工作多层面、全方位的应用需求。

建设规模按照上述建设目标，“金税”工程（三期）最终将建成拥有一个覆盖全国的行业网络、一个国家级税务处理中心（含备份中心）、70个省级税务处理中心（含备份中心）、80万个工作站、年事务处理量超过10亿笔、内部用户约80万人、外部用户过亿人、覆盖各级国税地税、所有税种、所有工作环节的全国性信息系统。

“金税”工程（三期）应用系统的建设将包括税收业务管理、税务行政管理、外部信息管理、决策支持管理4大应用系统。

五、“金农”工程

“金农”工程一期建设已通过初验，大部分地方项目完成了建设任务，一大批业务管理系统相继投入使用，部省联动业务系统基本部署到位，各级农业部门在硬件建设和软件配备等方面均取得了突破性进展，农业政务管理信息化水平明显提高，有效地支撑了农业部门履职能力和服务水平的提高。

第十五章 地方信息化发展动态

全球信息化发展正在引发当今世界的深刻变革，也重塑了我国政治、经济、社会、文化和军事发展的新格局。为了牢牢把握这一发展机遇，我国从国家到地方，各层面纷纷确立信息化发展战略，各地政府也相继推出了信息化发展规划，不断注入新的发展内容和投入巨额资金，并从技术、标准和法规等各个方面加强保障，显示了各级政府的创造性智慧。

第一节 政策法规

2012年以来，各地政府纷纷梳理、规范、优化、精简行政审批服务和信息化相关政策法规，为营造良好的信息化发展环境纷纷献计献策，有效地带动了信息化的发展。

一、河北省信息化条例

2012年9月26日，河北省第十一届人民代表大会常务委员会第三十二次会议通过《河北省信息化条例》（专栏15-1）。

专栏15-1

河北省信息化条例

第一章　总 则

第一条　为了规范信息化管理，加快信息化发展，促进经济发展和社会进步，根据国家有关法律、法规的规定，结合本省实际，制定本条例。

第二条　本省行政区域内的信息化规划与建设、信息产业发展、信息资源开发利用、信息技术推广应用、信息安全保障及相关管理活动，适用本条例。

第三条　信息化发展应当遵循统筹规划、资源共享、需求主导、实用高效、融合创新、保障安全的原则。

第四条 县级以上人民政府应当将信息化发展纳入本行政区域国民经济和社会发展规划，建立信息化工作领导协调机制，制定信息化发展政策和措施。

县级以上人民政府应当根据实际情况加大对信息化建设的投入，引导和支持社会资金投资信息化建设。

乡（镇）人民政府和街道办事处应当推进本辖区内的信息化应用。

第五条 县级以上人民政府工业和信息化主管部门负责本行政区域内信息化发展的统筹规划、组织协调、监督管理工作。

县级以上人民政府其他有关部门应当按照各自职责，做好信息化发展的相关工作。

省人民政府工业和信息化主管部门应当统筹推进全省信息化工作，推进信息技术在工业化、城镇化和农业现代化等领域中的广泛应用，协调信息化建设中的重大问题，推动跨行业、跨部门的互联互通和重要信息资源的开发利用、共享，指导和监督全省信息安全保障工作。

第六条 县级以上人民政府应当鼓励和支持信息化研究与创新、信息技术相关人才的培养和引进，加强信息化知识和技能普及，提高全社会信息技术应用水平。

机关、团体、企业事业单位应当加强信息技术的推广和应用，提高管理和服务水平。

鼓励公民、法人或者其他组织依法从事与信息化建设相关的科学研究、生产经营和服务等活动，其权益受法律保护。

社会公众平等享有获取和利用公共信息资源的权利。

第七条 县级以上人民政府或者有关部门应当对在信息化发展中做出突出贡献的单位和个人给予表彰。

第二章 信息化规划与建设

第八条 县级以上人民政府工业和信息化主管部门应当依照本行政区域国民经济和社会发展规划以及上一级信息化发展规划，组织编制本行政区域信息化发展规划，报本级人民政府批准，并报上一级人民政府工业和信息化主管部门备案。

县级以上人民政府其他有关部门应当根据本行政区域信息化发展规划，编制本系统、本部门的信息化发展专项规划，并报本级人民政府工业和信息化主管部门备案。

第九条 编制信息化发展规划和信息化发展专项规划，应当科学预测本行政区域经济和社会发展的实际需要，使信息化建设规模、建设水平与经济和社会发展水平相适应，防止重复建设和资源浪费。

编制信息化发展规划和信息化发展专项规划，应当组织专家论证，广泛征求意见。

第十条 设区的市、县(市)人民政府工业和信息化主管部门应当根据城乡规划和信息化发展规划，会同有关部门编制本行政区域包含电信网、广播电视网、互联网等在内的公共信息基础设施建设规划，报本级人民政府批准后实施。

县级以上人民政府及有关部门应当根据国家有关规定，推进公共信息基础设施的共建共享和互联互通，加快宽带网络建设，促进电信网、广播电视网、互联网三网业务融合。

第十一条 县级以上人民政府工业和信息化主管部门负责组织实施本行政区域内的信息化发展规划，会同有关部门对信息化发展专项规划、公共信息基础设施建设规划实施情况进行监督检查。

经批准的信息化发展规划、信息化发展专项规划和公共信息基础设施建设规划，不得随意变更；确需变更的，应当按照原审批程序报请批准。

第十二条 县级以上人民政府应当安排信息化建设专项资金。专项资金的使用、管理依照有关规定执行。

第十三条 使用财政性资金建设的信息化工程项目，应当按照固定资产投资管理程序执行，由建设单位的同级人民政府工业和信息化主管部门提出初审意见，报同级人民政府发展和改革主管部门审批。

使用财政性资金对信息化工程进行改建、扩建、运行维护的，建设单位在报财政部门审批经费前，应当由同级人民政府工业和信息化主管部门提出初审意见。

使用非财政性资金建设的重大公共基础性信息化工程和信息安全工程，建设单位应当在依法办理相关手续后，向当地人民政府工业和信息化主管部门备案。

第十四条 新建建筑物内的电信网、广播电视网、互联网等信息管线和配线设施以及建设项目用地范围内的信息管道，应当统筹共建共享，并纳入建设项目的设计文件，由建设单位随建设项目同时施工。已建建筑物驻地网的新建、改建、扩建，应当对所有电信、广播电视业务经营者和其他驻地网建设方开放，实行平等接入、公平竞争。

第十五条 信息化建设应当执行国家、行业强制性标准以及本省的信息化建设地方标准和技术规范。

省人民政府质量技术监督主管部门应当会同省人民政府工业和信息化主管部门，制定本省的信息化建设地方标准和技术规范并监督实施。

第十六条 信息化工程项目建设单位应当遵守计算机信息系统集成、信息系统工程监理和竣工验收等有关规定，并接受有关部门的监督管理。

第十七条 承担信息化建设项目的工程设计、施工、集成、监理等业务单位，应当依法取得相应资质，并在其资质等级许可的范围内开展业务。

同一信息化建设项目的施工和监理，不得由相互有隶属关系或者其他利害关系的单位承担。

第十八条 信息化工程项目竣工后，建设单位应当提供专业技术机构的技术验收测试报告，并按照国家和省有关规定进行验收。未经验收或者验收不合格的项目，不得投入使用。

县级以上人民政府工业和信息化主管部门应当对使用财政性资金建设的信息化工程项目竣工验收进行监督。

第十九条 承担信息化工程的业务单位应当对信息化工程质量承担保修责任。保修期自工程竣工验收合格之日起不得少于两年。

第三章 信息产业发展

第二十条 县级以上人民政府应当根据经济和社会发展需要，定期发布信息产业发展导向目录，确定信息产业发展重点领域，引导和促进产业整合，支持信息产业基地建设，促进区域信息产业集群发展。

第二十一条 县级以上人民政府应当发挥财政资金的带动作用，引导社会资金加大对信息产业发展的投入，培育和发展信息技术转让和知识产权交易市场，促进信息技术成果转化。

第二十二条 县级以上人民政府工业和信息化主管部门应当加强对信息技术产品生产、服务企业的监督管理，落实信息产业政策和措施，依法维护公平竞争秩序和消费者的合法权益。

第二十三条 县级以上人民政府及有关部门应当引导和支持通信、广播电视、应用软件、系统集成和网络服务等信息服务业的发展，拓宽服务领域。

第二十四条 县级以上人民政府应当推动信息技术创新，鼓励和支持具有自主知识产权的信息技术研究、开发和应用。鼓励企业、院校、科研机构联合研究、开发、推广信息技术产品和服务，推进创新成果的产业化。

第二十五条 设计、制造电子信息产品，应当采用节约资源、保护环境的材料、技术、工艺，严格控制、限制使用有毒、有害物质或者元素。

第二十六条 符合条件的从事信息技术产品制造、软件开发以及信息服务的单位和个人，按照国家和省有关规定享受税收减免、投资融资、土地使用、人才培养等方面优惠政策。

第四章 信息资源开发利用

第二十七条 县级以上人民政府应当建设和完善本行政区域内的人口、市场主体、地理、住房、税收、统计等基础数据库，促进政务信息资源共享和信息资源的开发利用。

第二十八条 省人民政府工业和信息化主管部门应当会同有关部门，通过电子政务网络建立全省统一的信息交换共享体系，并组织制定信息共享标准规范和管理办法，报省人民政府批准后实施。

县级以上人民政府工业和信息化主管部门应当统筹建立信息交换平台，实现信息资源共享和业务协同。

第二十九条 县级以上人民政府工业和信息化主管部门应当加强对政务信息资源开发的监督和指导，组织制定政务信息资源目录，定期通报政务信息资源的采集、更新、公开、共享等情况，推动建立政务信息资源开发和利用的长效机制。

第三十条 国家机关应当按照政务信息资源目录，在各自职责范围内做好信息资源采集，不得重复采集，多头采集。

国家机关、有关公共企业事业单位应当依法及时发布、更新政务信息，确保信息的真实、准确和安全。按照法律、法规规定属于主动公开范围的政府信息，应当自该政府信息形成或者变更之日起20个工作日内在政府公众信息网予以公开。法律、法规对政府信息公开的期限另有规定的，从其规定。

国家机关、有关公共企业事业单位应当充分利用基础数据库，建设本行业、本部门的业务信息资源库及应用系统。基础数据库和业务信息资源库的建设或者管理单位，应当依托信息交换平台为国家机关无偿提供信息共享服务，并依法为社会提供信息服务。

第三十一条 单位和个人向公民、法人或者其他组织采集信息，应当说明用途，征得被采集人同意，并在用途范围内依法使用所采集的信息。

任何单位和个人不得以非法手段获取他人信息。

第三十二条 向社会提供公共服务的单位以及其他掌握公众信息的单位，应当采取措施，防止个人信息的丢失、泄露、损毁和篡改。

任何单位和个人不得将获取的公民、法人或者其他组织的信息出售或者以其他方式非法提供给他人。

第三十三条 县级以上人民政府应当建立和完善信息资源产品登记备案和监督制度。

鼓励信息资源的公益性开发利用，引导公民、法人或者其他组织开发信息资源，开展公益性信息服务。

第三十四条 信息资源开发利用应当依法保护国家秘密、知识产权、商业秘密和个人隐私。

公民、法人或者其他组织有权要求采集、使用其信息的单位和个人更正、删除与其相关的不实信息。

第五章 信息技术推广应用

第三十五条 县级以上人民政府工业和信息化主管部门应当会同有关部门编制信息技术推广应用指南，明确推广应用的目标和重点领域，组织实施重点推广应用项目。

第三十六条 县级以上人民政府在安排产业发展、农业发展、战略性新兴产业发展、服务业引导、科技技术改造、民营经济等专项资金时，应当充分考虑信息技术推广应用项目。

第三十七条 县级以上人民政府及有关部门应当完善农村信息基础设施，加强农业农村综合信息服务，推广信息技术在农业生产、农村社会管理、农村文化生活等方面的应用，促进新农村建设和现代农业发展。

第三十八条 县级以上人民政府应当制定促进信息化与工业化深度融合的优惠政策和措施，推行企业信息主管制度，鼓励企业在产品研发、生产经营、节能减排、创新发展中广泛应用信息技术，改造和提升传统产业，提高产品的智能化水平，促进企业技术进步、产品升级和效益提升。

第三十九条 县级以上人民政府工业和信息化主管部门应当培育信息化与工业化深度融合试验区和示范企业，加强信息化与工业化融合水平评估工作。

第四十条 县级以上人民政府及其有关部门应当制定中小企业信息化应用发展指南，建设中小企业信息化公共服务平台，支持和扶持中小企业应用信息技术。

第四十一条 县级以上人民政府应当建立和完善社会信用服务、安全认证、标准规范、在线支付和现代物流等支撑体系，推进电子商务的发展。

第四十二条 县级以上人民政府应当推进公共事业智能卡跨行业和跨地区的一卡多用，提高社会公共服务水平。

县级以上人民政府有关部门和向社会提供公共服务的单位，应当建立健全全面覆盖的社会管理综合信息系统，建设公众诉求信息管理平台，提高社会管理和城市运行信息化水平。

县级以上人民政府应当推进居民自助、互助、无线、远程等信息便民服务设施建设，整合各类资源和业务，加强社区管理和信息综合服务。

第四十三条 县级以上人民政府应当采取措施推进信息交流无障碍建设，为残疾人等社会成员平等参与社会生活提供保障。

第四十四条 县级以上人民政府应当充分利用信息技术，规范网络文化传播秩序，提高文化产品质量，发展先进网络文化。

第四十五条 省人民政府应当逐步完善全省统一的电子政务网络；县级以上人民政府应当建设统一的电子政务平台。

国家机关应当加强电子政务建设，充分利用电子政务平台推进信息技术在内部办公、社会管理、公共服务和监督检查等方面的应用，提高行政效能和公共服务水平。

第四十六条 县级以上人民政府统计部门应当会同工业和信息化主管部门建立信息化统计指标体系。

县级以上人民政府工业和信息化主管部门应当会同相关部门，开展信息化发展水平评价，定期发布评价报告。

第六章　信息安全保障

第四十七条 县级以上人民政府应当建立信息安全应急处理协调和信息安全保障机制，提高信息安全防御能力和信息安全突发事件处理能力。

县级以上人民政府工业和信息化主管部门应当会同公安、国家安全、保密、密码管理、通信管理等部门，加强信息安全管理，提升信息安全保障水平。

信息网络和信息系统的主管部门和运营、使用单位，应当制定本部门、本单位信息安全保护措施，确定本单位信息网络和信息系统的安全等级，并进行相应的安全系统建设。

第四十八条 信息安全保障系统应当采用依法认证的信息安全产品，并与信息化工程同步规划、同步建设、同步运行，所需经费列入工程预算。

涉及国家秘密的信息网络和信息系统，应当按照国家有关法律法规的规定进行规划、建设和管理。

第四十九条 基础网络和重要信息系统的运营、使用单位，应当按照国家技术规范和标准，委托具有相应资质的检测机构定期进行安全检测和风险评估，并根据评估结果，采取相应等级的安全保护措施。

县级以上人民政府工业和信息化主管部门应当组织有关部门，定期对基础网络和重要信息系统的信息安全进行检查。

基础网络和重要信息系统的具体范围，由省人民政府确定。

第五十条 省人民政府工业和信息化主管部门应当会同密码管理等部门建立和完善网络信任体系，加强身份认证、授权管理和责任认定。

县级以上人民政府工业和信息化主管部门应当会同有关部门依法推广应用电子签名和自主可控的信息安全产品和服务。

第五十一条 县级以上人民政府工业和信息化主管部门应当会同有关部门编制本行政区域网络和信息安全突发事件应急预案，经本级人民政府批准后实施，并报上一级工业和信息化主管部门备案。

基础网络和重要信息系统的主管部门和运营、使用单位，应当制定网络和信息安全突发事件应急处置预案，定期进行演练。发生信息安全突发事件，主管部门和运营、使用单位应当迅速采取措施，防止事态扩大，并按照有关规定及时向相关部门报告。

县级以上人民政府工业和信息化主管部门应当加强对网络和信息安全容灾备份设施建设的指导和协调。

第五十二条 禁止利用信息网络实施下列行为：

（一）危害国家安全、损害国家利益和社会公共利益。

（二）危害信息网络和信息系统安全。

（三）侵犯知识产权、商业秘密、个人隐私以及公民、法人或者其他组织的合法权益。

（四）散布谣言，谎报险情、疫情、警情扰乱公共秩序。

（五）制作、散布淫秽、色情、暴力、恐怖或者教唆犯罪的信息。

（六）法律、行政法规禁止实施的其他行为。

第七章 法律责任

第五十三条 县级以上人民政府工业和信息化主管部门和其他有关部门及其工作人员有下列行为之一的，由有关部门责令限期改正；情节严重的，对直接负责的主管人员和其他直接责任人员依法给予行政处分；构成犯罪的，依法追究刑事责任：

（一）违法变更信息化发展规划、信息化发展专项规划、公共信息基础设施建设规划的。

（二）使用财政性资金建设的信息化工程项目未经初审、审批开工建设的。

（三）将使用财政性资金的信息化工程项目交由不具备相应资质的单位建设的。

（四）使用财政性资金建设的信息化工程项目未经验收合格擅自投入使用的。

（五）其他玩忽职守、滥用职权、徇私舞弊的行为。

第五十四条 违反本条例规定，未取得相应资质从事信息化计算机系统集成和信息系统工程监理业务的，由县级以上人民政府工业和信息化主管部门责令停止违法行为，没收违法所得，并处以违法所得一倍以上3倍以下罚款。

第五十五条 违反本条例第三十条第一款、第三款和第三十一条第一款规定的，由县级以上人民政府工业和信息化主管部门责令限期改正；逾期不改正的，对责任单位给予警告；造成重大损失的，依照有关法律、法规处理。

第五十六条 违反本条例第三十一条第二款、第三十二条第二款规定的，由县级以上人民政府工业和信息化主管部门责令停止违法行为，没收违法所得，并给予警告；情节严重的，对单位处以10万元以上50万元以下罚款，对个人处以1万元以上五万元以下罚款；构成犯罪的，依法追究刑事责任。

第五十七条 违反本条例第五十二条规定的，由有关部门责令改正；违反治安管理秩序的，由公安机关依照《中华人民共和国治安管理处罚法》予以处罚；构成犯罪的，依法追究刑事责任；给当事人造成损失的，依法承担赔偿责任。

第八章 附则

第五十八条 本条例自2013年1月1日起施行。

（摘自河北省人民政府网www.hebei.gov.cn）

二、湖南省信息化条例

《湖南省信息化条例》于2012年5月31日经湖南省第十一届人民代表大会常务委员会第二十九次会议通过，自2012年9月1日起施行（专栏15-2）。

专栏15-2

湖南省信息化条例

第一章 总 则

第一条 为了规范信息化行为，促进信息化发展，提高信息化水平，根据有关法律、行政法规，结合本省实际，制定本条例。

第二条 本省行政区域内的信息化规划与建设、信息资源开发利用、信息技术推广应用、信息产业发展、信息安全保障以及对信息化行为的监督管理等活动适用本条例。

第三条 信息化发展应当遵循统筹规划、资源共享、务求实效、保障安全的原则。

第四条 县级以上人民政府应当将信息化发展纳入国民经济和社会发展规划，安排专项资金用于信息化发展，逐步增加信息化投入，统筹协调解决信息化发展工作中的重要问题，建立信息化绩效评估指标体系和考核制度，推进信息化进程。

县级以上人民政府鼓励企业事业单位加大对信息化发展的资金投入，引导和支持社会资金投资信息化建设。

第五条 县级以上人民政府经济和信息化部门是本行政区域信息化工作的主管部门（以

下简称信息化主管部门），负责信息化的统筹规划、指导协调和监督管理。

县级以上人民政府其他有关部门按照各自职责做好信息化相关工作。

第六条 对在信息化工作中取得突出成绩的单位和个人，由县级以上人民政府及其有关部门给予表彰、奖励。

第二章 信息化规划与建设

第七条 县级以上人民政府信息化主管部门应当根据上一级人民政府信息化发展规划以及本行政区域国民经济和社会发展规划，编制本行政区域信息化发展规划，经本级人民政府批准后发布实施，并报上一级人民政府信息化主管部门备案。

县级以上人民政府其他有关部门根据本行政区域信息化发展规划编制本部门、本系统信息化专项规划，应当征求同级人民政府信息化主管部门的意见并报其备案。

第八条 县级以上人民政府信息化主管部门应当会同有关部门，根据本行政区域城乡规划和信息化发展规划，编制本行政区域信息基础设施建设规划。

信息基础设施建设应当符合信息基础设施建设规划要求，实行集约化建设和管理，提高基础设施利用率，防止重复建设。

第九条 电信网、广播电视网、互联网等公共信息基础设施建设，应当实行城乡统筹、互联互通、信息资源共享。

省人民政府应当组织有关部门根据国家规定，制定电信网、广播电视网、互联网融合发展目标和措施。县级以上人民政府及其有关部门应当积极推进电信网、广播电视网、互联网在业务、网络和终端等层面的融合。

第十条 商业开发建筑物内的电信网、广播电视网、互联网等信息管线和配线设施以及建设项目用地范围内的信息管道，应当纳入建设项目的设计文件，与建设项目同时施工，所需费用由建设单位承担。

已建建筑物驻地网的新建、改建、扩建，应当尊重业主选择，对所有电信、广播电视、互联网业务经营者和其他驻地网建设方开放，实行平等接入、公平竞争。

第十一条 县级以上人民政府应当扶持农村信息化发展，引导完善农村基础信息网络，整合农村信息资源和农村信息业务应用系统，构建农村信息综合服务平台，建立城乡一体化的综合信息服务体系，提高农村信息化服务水平。

第十二条 县级以上人民政府应当加强信息化建设政府投资项目的管理，建立健全信息工程预算、建设、维护和管理制度。

第十三条 信息工程应当符合信息化规划和信息安全管理要求。

信息安全工程和使用财政性资金新建、改建、扩建的信息工程，应当经同级人民政府信息化主管部门审查；按照法律、法规规定需要其他部门审查的，从其规定。

县级以上人民政府信息化主管部门应当会同发展和改革、财政等有关部门，对使用财政性资金建设的信息工程项目进行绩效评价。

使用非财政性资金建设的信息工程，建设单位应当将工程设计施工方案报信息化主管部门备案。

第十四条 信息工程建设应当依法招标投标。

使用财政性资金的信息工程应当实行项目法人负责制、工程监理制和质量负责制。

承担信息工程设计、施工、监理的单位，应当具有国家规定的资质。信息工程建设单位不得将工程发包给不具备相应资质的单位。

第十五条 信息工程建设竣工后，应当按照国家标准或者行业标准进行性能测试，并按照国家有关规定组织验收。验收合格的，方可交付使用。

信息工程性能测试应当由具有相应资质的机构实施。

第十六条 信息化建设应当严格执行国家强制性标准、行业强制性标准或者本省地方标准。

第三章 信息资源开发利用

第十七条 县级以上人民政府及其有关部门应当建立信息资源开发利用保障机制，建立和完善本行政区域的基础信息共享平台，促进政务信息资源共享和信息资源社会化开发利用。

第十八条 县级以上人民政府信息化主管部门应当会同有关部门制定政务信息资源目录，完善交换共享体系，组织有关部门共同推进重大基础性信息资源的开发利用，推动政务信息在国家机关之间的资源共享和利用。

第十九条 国家机关采集信息，应当遵循一个数据一个来源的原则，并在其职责范围内做好信息资源维护、更新、管理，避免重复采集、多头采集。

国家机关在履行职责过程中形成或者获取的信息资源应当依照相关规定予以共享。

第二十条 国家机关以外的单位和个人向公民、法人和其他组织采集信息，应当征得被采集人同意，说明用途，并在该用途范围内使用所采集的信息。

第二十一条 任何单位和个人不得违反国家规定，非法披露所采集的信息，将获取的公民、法人和其他组织的信息出售或者以其他方式非法提供给他人，以窃取等方式非法获取信息。

第二十二条 信息资源开发利用应当依法保护国家秘密、知识产权、商业秘密和个人隐私。

信息服务提供者发布的信息应当合法、真实，不得制作、复制、发布、传播含有法律、法规禁止内容的信息。

公民、法人和其他组织有权要求采集、使用其信息的单位和个人更正、删除与其相关的不实信息。

第二十三条 县级以上人民政府应当支持重点领域公益性信息资源的开发利用，引导公民、法人和其他组织开发信息资源，开展公益性信息服务。

鼓励和支持信用服务机构依法采集、整合信用信息，为社会提供信用征信、评估评级、信用管理等服务。

第二十四条 县级以上人民政府应当推动信息资源开发利用市场化，鼓励政府部门采用外包、政府采购等方式获取信息服务。

第四章 信息技术推广应用

第二十五条 县级以上人民政府信息化主管部门应当组织编制本地区信息技术推广应用指南，确定推广应用目标和重点领域，完善推广应用体系，实行引进推广应用先进成果和自主创新相结合，组织实施重点推广应用项目。

科技、技术改造、农业发展等专项资金应当安排一定比例用于引导和扶持相关领域信息技术的推广应用。

第二十六条 县级以上人民政府应当推进信息化与工业化融合，推动信息技术在设计研发、生产装备、生产过程以及经营管理等方面的应用；支持应用信息技术改造传统产业，促进产业转型升级；建设面向中小企业的公共信息服务平台，支持中小企业应用信息技术。

第二十七条 各级人民政府和县级以上人民政府有关部门应当加强对农村的信息服务和指导，推进农村现代远程教育；推广信息技术在农业生产与经营、农村社会管理、农村文化生活等方面的应用；鼓励通过信息化手段为农民提供生产、生活应用信息服务，发挥农村专业合作社等组织的作用，开发、利用农村信息资源，开展面向农民的信息化知识和技能培训。

第二十八条 省人民政府推进建立全省统一的电子政务网络；县级以上人民政府应当建设统一的电子政务平台。

国家机关建设电子政务工程应当充分利用已有电子政务平台，实现互联互通，推进信息技术在社会管理和公共服务等方面的应用，促进政务资源共享和业务协同，提高行政效能和公共服务水平。

第二十九条 县级以上人民政府有关部门和社会公共服务机构，应当建立健全社会管理信息网络，及时、准确提供与民众生活相关的公共信息服务。

鼓励整合社区公共服务信息资源，构建社区综合便民服务平台，提高社区公共服务水平。

第三十条 县级以上人民政府应当支持建立和完善社会信用服务、安全认证、在线支付和现代物流等支撑体系，推动电子商务的建设和应用，促进电子商务发展。

第三十一条 机关、团体、企业事业单位应当根据自身特点，加大信息化投入，加强信息化建设和管理，提高信息化水平，推进信息技术在工作、生产、经营中的应用。

第五章 信息产业发展

第三十二条 县级以上人民政府应当根据本行政区域信息化的需要，制定鼓励信息产业发展的优惠政策；支持信息产业基地建设，推动信息技术创新和应用，引导信息产业发展。

鼓励建立产、学、研用合作机制，联合研究、开发、推广信息技术产品和服务，推进创新成果的产业化。

第三十三条 省人民政府信息化主管部门应当会同有关部门编制信息产业发展目录，定期公布信息产业关键技术和产品指南。

第三十四条 从事信息技术产品制造、软件开发和信息服务的企业应当遵守诚实信用的原则，为用户提供优质的产品和服务，不得损害用户和其他经营者的合法权益；并按照国家标准、行业标准、地方标准和有关规范的要求，组织产品生产和技术开发。

从事信息技术产品制造、软件开发以及信息服务的企业，按照国家和省有关规定享受税收减免、投资融资、土地使用、人才培养等方面优惠政策。

第三十五条 设计、制造电子产品，应当采用节约资源、保护环境的材料、技术和工艺。鼓励采用先进工艺集中处理废弃电子产品。

第三十六条 电子交易服务提供商应当对利用其电子交易平台从事经营活动的经营主体的身份信息、合法经营凭证和反映交易信用状况的材料进行核查，并对相关信息做好数据备份，便于当事人和有关部门查询、核对。

电子交易服务提供商应当建立投诉受理机制，对利用其电子交易平台从事的经营活动进行监督，配合政府有关部门的管理活动，但不得妨碍相关经营主体开展正常交易活动。

电子交易服务提供商应当对利用其电子交易平台从事交易活动的信息采取安全保密措施，未经当事人同意，不得向他人泄露或者出售。

第三十七条 信息终端维修、维护服务的提供者对其维修、维护的信息终端储存的信息，不得复制、泄露和出售。

第三十八条 建立信息化人才培养和引进机制，普及中小学信息技术教育，发展信息技术职业教育。

第三十九条 鼓励信息产业行业协会和有关社会中介组织按照诚信、守法的原则，依法开展信息市场调查、信息交流、咨询和评估等中介活动，加强行业自律。

第六章　信息安全保障

第四十条 县级以上人民政府应当加强信息安全基础设施建设，建立和完善信息安全保障体系，提高信息安全防御能力。

第四十一条 县级以上人民政府信息化主管部门应当会同有关部门和机构，加强信息安全协调管理，建立健全信息安全等级保护、安全预警、风险评估、应急指挥、安全通报和责任认定制度。

第四十二条 县级以上人民政府信息化主管部门应当会同有关部门推动信息安全技术的研发和产业化，在电子政务、电子商务和公共服务等领域推广应用电子签名，采用自主可控的信息安全产品和服务。

第四十三条 信息网络和信息系统的主管单位或者运行单位应当根据国家有关规定，确定本单位信息网络和信息系统的安全等级，并进行相应的信息安全系统建设。

信息安全系统必须采用依法认证的信息安全产品，并与信息网络和信息系统同时设计、同时施工、同时投入使用。

第四十四条 关系国计民生、社会稳定的基础信息网络和重要的信息系统应当进行信息安全测评和风险评估，建设容灾备份系统。对涉及国家秘密的信息网络和信息系统应当按照国家有关保密规定做好信息保密工作。

第四十五条 信息网络与信息系统的主管单位或者运行单位，应当确定信息安全管理人员，建立信息安全管理制度，加强信息安全教育，保证本单位信息网络与信息系统安全运行。

基础信息网络和重要信息系统的所属单位或者运行维护单位应当制定信息安全事件应急预案，并报相关主管部门备案。

发生信息网络或者信息系统安全事件，其所属单位或者运行单位应当迅速采取措施降低损害，防止事态扩大，保存相关记录，并按照有关规定及时向相关主管部门报告。

第七章 监督管理

第四十六条 县级以上人民政府信息化主管部门应当会同有关部门，对信息化发展规划实施情况、使用财政性资金的信息工程建设情况、信息化标准执行情况等进行监督检查。

县级以上人民政府信息化主管部门应当建立健全信息服务市场管理制度，加强对信息服务市场的监督管理，维护信息服务市场秩序。

第四十七条 县级以上人民政府公安机关负责信息系统安全等级保护工作的监督检查，依法查处破坏信息基础设施、危害信息安全、扰乱社会秩序的违法行为。

县级以上人民政府国家安全机关负责信息系统国家安全工作的监督检查及涉及国家安全的信息网络的反窃密技术安全工作，依法查处利用网络信息危害国家安全的违法行为。

县级以上人民政府保密、密码管理等机构分别负责信息系统保密、密码工作的监督检查。

第四十八条 县级以上人民政府广播电视部门和通信管理机构应当加强对基础信息网络的监督管理，防止利用网络信息危害国家安全、扰乱社会秩序，危害公民、法人或者其他组织的合法权益。

第四十九条 县级以上人民政府有关部门应当组织对本系统公共服务机构的公共信息服务情况进行监督检查，并将有关情况向社会公布。

第五十条 县级以上人民政府财政部门应当会同信息化主管部门及其他有关部门加强信息资产的监督管理，建立信息资产评估制度，促进信息资源的优化配置。

县级以上人民政府审计机关应当加强对使用财政性资金建设的信息工程项目的审计监督。

第八章 法律责任

第五十一条 违反本条例第十四条第三款规定，将信息工程发包给不具备相应资质的单位的，由县级以上人民政府信息化主管部门责令改正，并对直接负责的主管人员和其他责任人员依法给予处分；对不具有国家规定的资质承揽信息工程设计、施工、监理的，由县级以上人民政府信息化主管部门责令改正，没收违法所得，并处违法所得1倍以上3倍以下罚款。

第五十二条 违反本条例第十五条规定，信息安全工程和使用财政性资金的信息工程，未经验收或者验收不合格投入使用的，由县级以上人民政府信息化主管部门予以警告，责令限期改正；情节严重的，处合同标的价款2%以上4%以下罚款。

第五十三条 违反本条例第二十一条、第三十六条第三款、第三十七条规定，非法披露、出售或者以其他方式非法提供所获取的信息，或者以窃取等方式非法获取信息，情节轻微的，由县级以上人民政府信息化主管部门责令停止违法行为，给予警告；情节严重的，对单位处5万元以上10万元以下罚款，对个人处1万元以上3万元以下罚款；有违法所得的，没收违法所得。

第五十四条 违反本条例其他规定，依照有关法律、法规应当给予处罚的，由相关部门依法给予处罚；给他人造成损害的，依法承担民事责任；构成犯罪的，依法追究刑事责任。

第五十五条 县级以上人民政府信息化主管部门和其他有关部门工作人员玩忽职守、滥用职权、徇私舞弊的，依法给予处分；构成犯罪的，依法追究刑事责任。

第九章 附 则

第五十六条 本条例自2012年9月1日起施行。

（摘自湖南省人民政府网www.hunan.gov）

三、广州市政府信息共享管理规定

《广州市政府信息共享管理规定》已经于2012年5月28日由广州市政府第14届17次常务会议讨论通过，自2012年9月1日起施行（专栏15-3）。

专栏15-3

广州市政府信息共享管理规定

第一章 总 则

第一条 为规范政府信息资源的有效利用，促进政府信息共享，提高政府整体行政效能，提升社会管理和服务水平，根据《广州市信息化促进条例》，结合本市政府工作实际，制定本规定。

第二条 本市行政机关提供和共享政府信息的行为，适用本规定。

法律、法规授权或者受行政机关委托行使行政权力的本市组织提供和共享政府信息的行为，依照本规定执行。

本市行政区域内与人民群众利益密切相关的教育、医疗卫生、计划生育、供水、供电、供气、供热、金融、电信、公共交通等公共企事业单位和社会团体在行使国家行政权力时提供和共享政府信息的行为，参照本规定执行。

第三条 本规定所称的基准信息是指各级行政机关在其管理或者提供公共服务过程中产生的具有标识性、基础性和稳定性的政府信息，是用来确定对象和具有普遍参照作用的信息。

本规定所称的政府信息共享平台（政务信息资源目录体系与交换体系），是指为政府机关之间信息共享提供支撑的信息平台。

第四条 政府信息共享应当遵循依职能共享、规范有效、及时完整、合法使用、保障安全的原则。

行政机关之间无偿共享政府信息。

第五条 市（区、县）级市人民政府负责本行政区域内政府信息共享工作的组织领导，协调解决和政府信息共享有关的重大问题。

市、区、县级市信息化主管部门负责本行政区域内政府信息共享的日常管理工作，组织建设政府信息共享技术平台，管理政务信息资源共享基础设施，会同质量技术监督机关制定相关标准规范，定期对政府信息共享工作进行检查评估。

其他行政机关应当在各自职责范围内做好政府信息采集、更新和共享工作，并按照法律、法规和有关规定要求，合法使用所获取的共享信息。

第六条 行政机关的信息采集、目录编制、交换共享、运行维护等信息共享全流程工作经费，纳入本机关电子政务费用，由各级财政予以保障。

第二章 政府信息共享平台

第七条 行政机关应当根据政务信息资源目录体系的要求，编制机关政务信息目录，并报送同级信息化主管部门备案。

第八条 市（区、县）级市信息化主管部门应当根据同级政府各行政机关的法定职责及其可供共享的信息和共享需求，编制政府信息共享目录，报市人民政府批准后公布实施。

政府信息共享目录应当包括政府信息的共享内容、共享方式、共享范围、共享频率和时效要求等内容。

第九条 行政机关可供共享的政府信息和共享需求发生变化时，应当及时报告同级信息化主管部门，同级信息化主管部门应当根据各行政机关可供共享的政府信息和共享需求的变化等实际情况，及时对政府信息共享目录进行调整更新，其中对于减少政府信息共享目录中信息的，应当报同级人民政府批准。

第十条 市信息化主管部门统筹建设市级政府信息共享平台，为市级行政机关提供信息共享服务。

各区（县）级市信息化主管部门统筹建设区、县级市政府信息共享平台，为区（县）级市行政机关提供信息共享服务，并与市级政府信息共享平台对接。

市（区、县）级市信息化主管部门负责政府信息共享平台的日常管理和运行维护，加强共享政府信息的日常管理，确保政府信息共享平台的正常运作。

第十一条 市信息化主管部门负责统筹自然人、法人、自然资源和空间地理基础数据库和不动产、证照及其他共享信息库的建设。

其他行政机关应当根据法律、法规规定和履行职责需求，统筹建设管理本行政机关的专业数据库。

第三章　信息采集

第十二条　行政机关应当根据国家、省和市电子政务总体规划和本机关工作实际要求，在职能范围内采集信息，明确信息收集、发布、维护的规范和程序，确保信息真实、可靠、完整、及时。

第十三条　行政机关采集政府信息应当遵循依职能采集，谁采集、谁更新，保障数据来源唯一性的原则，可以通过信息共享方式从其他行政部门获取的信息，不得重复采集。法律、法规另有规定的除外。

第十四条　市信息化主管部门会同市机构编制管理机关制定基准信息目录，明确基准信息采集和提供的责任机关，报市人民政府批准后公布实施。

市信息化主管部门负责为行政机关提供基准信息服务。

第十五条　行政机关应当利用信息技术，将采集、产生的信息进行数字化处理，同时将具备条件的信息进行结构化处理，并通过数据库进行管理。

市（区、县）级市档案管理机关负责对行政机关电子文件档案管理工作进行指导，制定电子文件档案归档、移交、接收制度和标准并组织实施，实现以传统载体保存的公文、档案、资料等信息资源的数字化管理。

行政机关应当指定专人负责电子文件移交归档工作，将电子文件的收集、整理、归档、保管、利用列入机关文书处理程序和相关人员的岗位责任，并在每年6月30日前将上一年度的电子文件移交同级国家档案馆。

第四章　提供和获取

第十六条　行政机关采集的政府信息，属于政府信息共享目录之内的，应当依照本规定中的相关标准和程序，直接接入政府信息共享平台。

行政机关向政府信息共享平台提供的信息，事先应经过保密审查，不得涉及国家秘密，其中自然人信息应当以法定身份证件作为标识提供，法人及其他机构信息应当以组织机构代码作为标识提供，没有组织机构代码的市场经营主体应当以营业执照作为标识提供，以便信息的共享使用。

行政机关以其他途径提供经常性共享信息的，应当报同级信息化主管部门备案。

第十七条　行政机关应当对所提供的共享信息实行动态管理，其中电子证照、文书类信息应当进行实时更新，其他业务信息应当在产生后3日内进行更新。

情况特殊的，行政机关应当在向同级信息化主管部门备案后，至少每季度第一个月的前10日内更新1次。

第十八条　行政机关应当依职能获取本机关履行职责所需要的共享政府信息。

行政机关获取共享政府信息应当优先通过政府信息共享平台进行。

第十九条　行政机关要求获取的共享政府信息属于政府信息共享目录之内的，信息化主管部门应当根据目录规定在政府信息共享平台上开放相应的访问权限给需要共享政府信息的行政机关，即时完成共享实施。

行政机关要求获取的共享政府信息属于政府信息共享目录之外的，信息化主管部门应当提请同级人民政府做出决定。同级人民政府决定应当共享的，提供政府信息的行政机关应当自决定做出之日起5个工作日内向政府信息共享平台提供信息。

第二十条 市（区、县）级市信息化主管部门应当会同保密、公安等机关制定政府信息安全工作规范，建立应急处理和灾难恢复机制，制定事故应急响应和支援处理措施。

行政机关应当加强日常联调工作，确保发生突发事件时政府信息共享有效进行。

第五章 信息使用

第二十一条 市级行政机关应当将依职能采集、产生的信息按照职能和行政区划经由市、区（县级市）两级政府信息共享平台共享给区、县级市行政机关。

行政机关应当依职能使用本机关获取的共享政府信息。

第二十二条 行政机关对共享的政府信息内容有异议的，应当向市信息化主管部门提出复核申请。

市信息化主管部门接到信息内容复核申请后，在3个工作日内对异议信息进行核查，并根据核查情况做出确认或者更正。

对非技术性原因产生的信息差异，市信息化主管部门应当及时通知信息提供机关，由信息提供机关在3个工作日内对异议信息进行核查，并将核查结果报送市信息化主管部门；核查结果与原信息记载不一致的，信息提供机关应当对相关数据进行修改。

第二十三条 行政机关应当将共享的文书类、证照类政府信息加盖电子印章，以保证信息的不可更改性。

市（区、县）级市信息化主管部门应当采取保障措施，使政府信息共享平台在行政机关查询获取文书类、证照类政府信息作为办事依据和执法参考时同步生成数据快照等电子凭证，以明确共享信息的时间状态。

第二十四条 行政机关通过政府信息共享平台获得的加盖电子印章文书类、证照类政府信息，与纸质文书具有同等效力。其他相关法律、法规对共享的政府信息法律效力另有特别规定的，依照其规定。

行政机关可以将通过共享方式获得的文书类、证照类等政府信息作为办事和执法依据。

行政机关可以通过电子方式确认的事项和获取的材料不得要求行政管理相对人自行确认并提交。法律、法规另有规定的除外。

第二十五条 行政机关未经信息提供机关的同意，不得自行向社会公众发布或者公开所获取的共享政府信息，不得自行向其他行政机关提供所获取的共享政府信息，属于政府信息公开范围内的信息除外。

第六章 安全保障

第二十六条 市（区、县）级市信息化主管部门应当严格遵守相关法律、法规、规章和本规定，采取必要的安全措施，保障政府信息共享活动的安全。

行政机关应当加强政府信息安全管理，制定信息安全管理规章制度，做好信息安全防范工作。

任何行政机关及其工作人员不得泄漏从政府信息共享平台获取的涉及公民个人隐私或者法人和其他组织商业秘密的政府信息。

信息化主管部门和信息使用单位的工作人员不得擅自更改共享的政府信息。

第二十七条 市（区、县）级市信息化主管部门应当对共享信息库进行同城及远程异地备份。

第二十八条 信息化主管部门应当加强信息安全管理，按照国家有关规定管理共享信息，按照共享条件提供信息，建立信息安全等级保护措施，确保信息的可用性、安全性、完整性。

第七章 监督考核

第二十九条 行政机关应当制定政府信息共享内部工作程序、管理制度以及相应的行政责任追究制度，并指定专人负责政府信息共享工作。

第三十条 行政机关每年应当向信息化主管部门提交共享信息使用情况，由信息化主管部门汇总并定期通报。

第三十一条 市（区、县）级市信息化主管部门应当会同同级监察机关对政府信息共享工作进行监督和绩效评估，并定期进行通报。

第八章 争议处理和法律责任

第三十二条 行政机关拒不按照政府信息共享目录或者同级人民政府的决定提供政府信息的，由同级人民政府责令改正。

第三十三条 行政机关违反本规定的，其他行政机关有权向信息化主管部门投诉。信息化主管部门接到投诉后应当及时调查处理，并将处理结果书面反馈投诉单位。

第三十四条 行政机关工作人员在政府信息共享工作中有下列行为之一的，由所在单位责令立即改正；情节严重的，依法给予行政处分；构成犯罪的，依法追究刑事责任：

（一）篡改政府信息内容的；

（二）泄漏政府信息内容侵害自然人、法人和其他组织合法权益的；

（三）拒绝提供或者故意拖延提供应当共享的政府信息的；

（四）对共享信息的使用超越了履行职责的必要范围的；

（五）未及时更新相关信息的；

（六）故意隐瞒机关目录信息的；

（七）其他违反本规定的行为。

第九章 附 则

第三十五条 本规定自2012年9月1日起施行。

（摘自广州市人民政府网www.gz.gov）

第二节　标准建设

为满足地方信息化日益复杂、多元化的建设需要，信息化标准的研究和制定已经得到各地方的关注，建立信息化标准规范体系，最大限度地实现地方信息资源共享，为促进地方信息化稳定发展、建设起到了明显的支撑作用。

一、辽宁省

辽宁省为促进信息化工程监理的规范化、量化安全等级测评和规范物理安全测评方法，制定下列4个地方标准，于2012年实施：

DB21/T 1712.4—2012　信息化工程监理实施方法 第4部分 软件工程监理实施方法；

DB21/T 1712.5—2012　信息化工程监理实施方法 第5部分 信息化工程安全监理实施方法；

DB21/T 1936—2012　信息系统安全等级测评量化评价方法；

DB21/T 1937—2012　信息系统物理安全测评方法。

二、四川省

四川省为促进规范使用计算机电线电缆，于2012年10月1日发布实施下列地方标准：

DB51/T 1453—2012　计算机电线电缆技术规范。

三、陕西省

陕西省视频监控联网共享系统以预防和打击违法犯罪，加强社会管理创新，提升维护稳定工作水平和公共服务能力为目的，为实现全省范围内图像信息资源共享，制定下列两个地方标准，于2011年12月1日实施：

DB61/T 524—2011　视频监控联网共享系统管理平台规范；

DB61/T 525—2011　视频监控联网共享系统技术规范。

第三节　发展动态

物联网被认为是继互联网之后的又一次技术革命而备受关注，如何利用物联网发展现代城市已经成为政府和社会共同的研究课题，各地纷纷打响了利用物联网技术实现“数字”向“智慧”的转变。

一、智慧北京推动“三网融合”全面进入家庭

北京市政府2012年正式发布《智慧北京行动纲要》。到2015年，北京信息化整体发展达到世界一流水平，实现从“数字北京”向“智慧北京”的全面跃升。《智慧北京行动纲要》包括城市智能运行行动计划、市民数字生活行动计划、企业网络运营行动计划、政府整合服务行动计划、信息基础设施提升行动计划、智慧共用平台建设行动计划、应用与产业对接行动计划、发展环境创新行动计划等8大行动计划。为落实上述计划，北京将推广“市民卡”（包括社保卡和实名交通卡），使市民能持卡享受医疗、就业、养老、消费支付等社会服务。北京还将加强网络化基本公共服务，推广电子病历和居民健康档案，提供基于网络的预约挂号、双向转诊服务，实现城镇基本医疗保险和新型农村合作医疗患者持卡就医、实时结算，建设保障性住房网上服务系统，完善用人单位、劳动力、服务机构三方便利的“一站式”网络就业服务体系。

同时，北京将推动“三网融合”业务全面进入家庭。将建设智慧社区（村），提供智能社区服务，完善面向老年人和特殊人群的数字便捷服务；发展智慧旅游文化服务，开展公园和风景名胜区智能化管理试点示范，促进旅游电子商务，加快图书馆、博物馆、美术馆、档案馆等文化资源的数字化进程。同时，北京还将推广车辆智能终端、不停车收费系统、“电子绿标”等智能化应用，加强营运车辆的智能化管理和调度。在公共收费停车区域（场）推广停车电子计费系统，为出行者提供全面及时的出行服务信息。

可以预见，智慧北京将成为北京信息化发展的主题。

二、山西省物联网“十二五”发展

《山西省物联网“十二五”发展指导意见》已正式印发，对山西省物联网未来发展的3大重点行业、5大核心技术、8大公共服务平台和10大重点应用领域，都提出了具体要求。其中，3大重点行业为制造业、通信业、服务业；10大重点应用领域包括智能煤炭、智能环保、智能物流、智能城市管理等。

“十一五”期间，山西省对环保物联网的研发应用十分重视，先后投资10多亿元，建成了全国最大的环境质量监测和污染源自动监控系统，现有联网的环境质量监测点位300余个，废气、废水监测点位2000余个，重点污染源、工业园区和城市高空视频监控点位200余个。目前，物联网在山西省环保监控、煤矿安全、城市管理、电力监测、智能消防、公路交通、车辆运营等领域已得到应用。太原高新技术开发区已成为物联网产业集聚区。目前，园区共有各类孵化器和科技园25个，全区从事科技活动人员1.8万人。

按照规划，“十二五”期间，山西省物联网产业工业增加值年度增长率将保持在15%以上。其中，“智能工业、智能环保、智能交通”等10大重点领域的应用将达到国内先进水平。

三、《智慧城市上海发展报告（2012）》出台

《智慧城市上海发展报告（2012）》（以下简称《报告》）是我国首部反映国际智慧城市发展和研究成果的报告，《报告》认为，智慧城市是上海城市建设与社会发展的必由之路，上海智慧城市建设处于发达经济体城市中等、国内先进水平。目前，上海市光纤到户完成改造覆盖累计达到665万户，手机用户超过3000万户，均处于全国领先地位，WLAN覆盖密度则居国内城市第一。在建设智慧城市方面，上海在注重面上覆盖、数量推进的同时，更强调素质的提高和质量的深化。与国际先进城市相比，上海在智慧资源管理、智慧公共服务以及智慧产业体系方面，发展潜力较大。

未来3年，上海将从4方面着手，推进智慧城市的建设：建设国际化的、具有国际水平的通信基础设施；在此基础上，形成各种产品满足市民需求和城市功能、社会发展的需要；推进新一代的通信技术、产业体系的发展；形成区域网络，并进一步保证其安全性。

四、浙江物联网助推智慧城市发展

根据《浙江省物联网“十二五”产业发展规划》，把握信息技术革命带来的历史机遇，加快推进物联网产业发展，对浙江省调整产业结构、转变经济增长方式、抢占未来经济科技发展制高点，具有重大战略意义。因此，浙江物联网行业作为支持“智慧浙江”建设的新兴产业，其巨大发展潜力受到关注。

作为智慧城市建设的大力倡导者，浙江启动了智慧城市项目的示范工作，副省长毛光烈强调了建设智慧城市的重要意义：“没有信息化，就没有现代化”。建设智慧城市顺应了当今“智能、绿色（低碳）、健康、服务”的发展趋势，不仅有利于发展现代农业、现代工业和现代服务业，还有利于破解市民“就业难”“出行难”“就学难”“就医难”“安全保障难”等突出问题，使老百姓生活更安逸、出行更方便、环境更舒适、吃喝更放心、游玩更惬意。

五、重庆5年构建千亿物联网产业基地

重庆市将建立国家物联网业基地，大力发展宜居通、智慧城市等物联网项目。预计3年后，重庆市物联网产业年产值将超过500亿元，5年后突破千亿元。接下来，重庆市将通过园区建设和招商，引进一大批物联网相关项目。

重庆是国内领先的信息敏感材料及器件研发基地以及全国最大的自动化与仪器仪表生产基地。近年来，随着惠普、英业达等著名IT企业的落户，重庆市物联网相关产业基础正不断夯实。迅速发展的本地汽车业，则有望成为物联网产业的首批用户。

重庆物联网基地的建设和发展，将与上海、天津、无锡等城市有所差异。比如，无锡主攻物联网技术研发，重庆市将主要在发展物联网应用上下工夫，通过培育与引进规模企业、打造完整的物联网产业链，争取率先成为一座“智能城市”，提高重庆市物联网产业发展水平与规模。

六、武汉智慧城市总体规划与设计

武汉作为中国科技部批准的“智慧城市”示范城之一，自2010年起率先启动“智慧城市”建设试点工作。历经1年8个月的精心编制，《武汉智慧城市总体规划与设计》方案出炉。

从“三网融合”到无线网全覆盖，从电子政务到智慧城管、智慧市政，从智慧社区到智能交通、智慧旅游……该规划囊括了文化、教育、医疗、环保、水务等15个领域。届时，一张“武汉通”可走遍全城，覆盖居民衣食住行等小额消费；无线网络覆盖全城，实现全民上网；人人都有电子档案，让武汉市民之家、29个园区、1342个社区、300万家庭插上信息的“翅膀”。智慧城市即智慧管理，“一张网”将使政府办事效率更高、老百姓生活更便捷。出门前，利用手机或计算机查询到达目的地的最佳路线，避开拥堵路段；一回到家，窗帘自动打开，热水刚刚好；生病时，可提前预知就诊排队等候时间。

第四节 项目建设

随着信息化建设在地方各部门、各行业中所处的地位和所起的作用越来越大，在客观上存在着带动全局发展的作用，部分省（市）已将信息化项目建设作为重点，由此带动整个地方经济的加快发展。

一、天津市开启“智慧天津”建设

中国电信与市政府签署共建“智慧天津”战略合作协议，出资80亿元投入天津，用于信息化网络运营维护、就业培训支出、信息化普及推广等。到2015年，天津的骨干节点总出口带宽将达到6TB以上，实现向集团客户提供100MB以上宽带接入能力，向城市居民提供50MB以上宽带接入能力；将进一步深化3G网络覆盖深度和WiFi网络覆盖范围，至2015年年底3G网络容量达到400万以上，建成WiFi AP数超过3.6万个。

据介绍，“智慧天津”以互联网、电信网、广电网、无线宽带网等网络基础为特征，以物联网技术为核心，具备安全、高效、和谐、绿色节能、智慧五大要素。到2015年构建一个以“智能、融合、惠民、安全”为目标的“智慧天津”。

二、全国首个网络与信息安全应急管理事务中心成立

全国首个网络与信息安全应急管理事务中心在上海揭牌，它整合原有的市计算机病毒防范服务中心和上海互联网络交换中心相关职能，将面向全市提供信息安全监测预警信息等服务。

下一步，上海市将强化重点领域信息安全保障，以重点领域信息安全检查为重要抓手，推动信息安全等级保护、安全测评、应急管理等信息安全基本制度落实；提升信息安全综合监管和服务水平，加快推进网络与信息安全应急基础平台建设；积极应对信息安全新情况、新问题，针对云计算、物联网、移动互联网、下一代互联网等新技术、新应用开展专项研究，建立信息安全风险评估和应对机制；全市统一的网络信任体系、信息安全测评认证平台、电子政务灾难备份中心等基础设施也相继建成，开始对全市信息安全保障工作形成更强的基础支撑。

三、江苏省“国检通”项目建设成效

江苏省出入境检验检疫局（以下简称江苏局）依托3G/4G网络，借助便携智能终端，整合现有系统资源，结合检验检疫业务需求，高起点规划和建设 “国检通”移动应用项目，充分满足移动状态下检验检疫工作的需要，努力实现检验检疫工作的“随时随地、触手可及”。

通过“国检通”，集检验检疫日常办公、执法监管、业务处理于一体，突破了时间场所的局限，真正实现了移动办公、无纸化办公，便捷、高效、准确，推动检验检疫现有业务管理体系变革，促进现有监管模式转变，发挥明显的社会和经济效益，代表了现代化质检的方向，体现3大好处：一是推动现有业务管理体系的变革；二是促进现有监管执法模式的转变；三是发挥明显的社会和经济效益。

江苏局“国检通”探索和应用的远景目标，就是结合移动通信技术的深化应用，研究物联网如何应用于检验检疫业务、行政管理及实验室检测等方面，发挥信息化有效推进检验检疫各项工作的作用，打造“智慧检验检疫、感知检验检疫”的信息化统一支撑体系。

四、重庆市通过“123工程”实现“智能环保”

“十二五”期间，我国将进行环保物联网第三梯次的推进，通过投资、考核和创新，按照物联网的体系结构，把物联网最新技术用到环境在线监控中，建立运维体系，实现三级数据贯通。据统计，目前我国已建成343个省、市两级污染源监控中心，对1.5万多家重点污染源实施了自动监控。

重庆环保物联网应用示范工程建设旨在综合考虑重庆市环保工作面临的主要问题及物

联网产业发展的相关政策，以构筑完善的三峡流域水环境物联网监控预警和综合管理体系为突破，实施重庆环保物联网“123工程”。其中，“1”是指构建1个环保物联网数据资源云计算平台，“2”是指开展2项物联网创新体系研究。重庆环保物联网应用示范工程中的“3”是指建设3大环保物联网应用工程，即环境质量物联网监测工程、库区环境安全物联网监管工程和污染源在线物联网监控工程。

五、陕西省“数字陕西”建设成效显著

2012年以来，随着西安市以及各区（县）的数字城市建设不断走向深入，“数字西安”的信息化绿色应用生态效应正在逐步显现。据统计，通过“数字西安地理空间框架平台”的持续接入应用，西安市信息化建设已节省了约6000万元的重复建设资金。

“十二五”期间，陕西省将投资77.84亿元建设数字城市，以西安、宝鸡、咸阳等智慧城市为引领，至2012年年底，完成所有县级中心的数字城市建设，实现“数字陕西”。目前，宝鸡、西安数字城市建设已初具规模，咸阳、渭南、延安、榆林都已经全面部署在建，汉中、安康、商洛、铜川的数字城市建设方案也正在制订中。

第五节　典型案例

如何找到公众需求与政务工作的结合点，实现服务型政府建设模式的新突破，一直是各地区、各部门着力探索的重要课题。2012年全国各地对新时代政府履职，民众问政进行了一系列大胆而卓有成效的尝试。

一、海南省网络问政直面民生

目前，微博已经成为舆论事件的第一信息源。政府部门应高度重视微博的传播作用，树立起“织博为民”的理念，做好社会管理。通过微博问政于民、问需于民、问计于民，努力引导好社会舆论，切实维护人民群众的合法权益。

“微博问政”是当前社会管理的热点和趋势。海南省在2011年成立了全国首家省级层面的群众工作部，2012年又率先开通了信访政务微博，势必对海南省的社会管理创新工作产生积极的推动作用。省委群工部开通官方微博，进行网络问政，不仅有利于研究部署和指导推动全省群众工作，更方便调查收集社情民意，协调涉及群众切身利益政策的制定，纠正损害群众利益的行为，化解人民内部矛盾，及时辟谣，处理信访事项等。

二、甘肃开启全国首家省级“政务微博矩阵”

2012 年1 月16 日，甘肃省委宣传部、甘肃省政府新闻办、腾讯网在兰州大学逸夫科学馆举行甘肃“微博政务大厅”开启暨全国首家省级“政务微博矩阵”上线仪式。甘肃作为全国第一个开通政务微博的省份，在利用微博及时发布权威信息、积极回应社会关切、正确引导舆论走向方面走在了全国前列。

随着微博运用多元化的凸显，开通单个微博已经难以形成声势。为提升甘肃整体形象，加强正面宣传和舆论引导，经甘肃省委宣传部批准，由甘肃省政府新闻办公室与腾讯网合作，借助腾讯网这一全国最大网络平台，建立甘肃省“微博政务大厅”和全国首家省级“政务微博矩阵”。把各部、委、厅、局以及市、州官方微博按照在实际工作中的架构搭建起来，形成统一的网络表达出口，变一家“独唱”为各部门共同发布的大家“合唱”，形成有效传播政府声音、提供服务咨询、倾听社情民意、回应社会关切的政务微博，努力成为政府信息传播的“麦克风”媒体信息快捷获取的新平台、政府与百姓沟通对话的新窗口。

三、大连“一网通”让百姓生活更便捷

大连市民登录大连市公共企事业单位办事公开网（http://bsgk.dl.gov.cn/），就可在对应栏目中查询到相关行业固定类和动态类信息，涉及医疗卫生、社会保障、公共交通、教育、文化、供水、供电、供暖、供气、金融、环保等44个大类行业。只要在信息公开栏目鼠标单击对应行业，即可实现公交线路、旅游住宿、社保医保、法律援助、物价调控、食品药品等固定类信息的查询，还可以通过公示公告栏目快速查看水电气等紧急通知、交通临时挖占道信息、学区变动通知、文化体育活动及就业招聘会等动态类信息，还可以根据自身对信息服务的需求进行个性定制。

截至目前，办事公开网以多种方式覆盖市、县、乡、村各层级，实现了信息发布、在线服务、互动交流3大功能。其中，信息发布版块共建立地区和行业级类目168个、企事业单位级类目38 400个，共发布涉及公共管理和公共服务领域各类信息近4万余条；在线服务项目总数达到116个，包括公积金查询、有线电视缴费、银行保险项目服务、医疗保险卡挂失等。

市民还可以对各行业和各地区办事公开工作和日常办事服务情况进行满意测评，测评结果由系统直接记录并运行计算，满意度数值在网站首页显著位置实时排行，通过“晒出”百姓的直接评价结果，建立起各单位的自我监管和约束机制。

四、青岛“四级联动”力促网上办事

通过政府门户网站这个窗口，依托部门联合和上下联动来实现网上办事，真正为公众

提供实用便捷的一站式服务，一直是政府网站的“致命短板”。2012年以来，青岛市通过实现“部门间联合办理”和“市区街居四级联动”的网上办事功能，使政府网站成为真正意义上的网上政府。

（一）依托各级政府网站共同办理联动事项需要遵循的原则

即统一入口原则：将门户网站的办事平台作为统一入口，用户通过访问市级网站即可了解到所有联办事项的办事信息与办理指南；共享同步原则：各级政府网站的联动事项实现信息共享，根据办理流程实现各级政府网站之间信息的同步互动；统一管理原则：由市级政府统一负责联动事项信息的管理，其他层级政府负责各自环节的具体事项信息。

（二）整合市级、区级、街道、社区四级办事事项，理出其中涉及多级联动事项

建议选取教育、医疗、社保、住房等重点领域，选择业务办理量大、跨层级、服务提供主体保障情况较好的服务事项；明确办理流程中的每一个办理环节，同时整理各联动事项的核心条件与辅助条件，为市级网站的事项导航提供信息资源。

（三）定义规范

区、街道、社区按照规范填报信息，并由市级网站负责设计展现模板供区级及以下政府网站使用，从而保证各级网站形式的统一性与完整性。

（四）做好网站内容保障

制定网站信息内容保障职责规范，各级政府按照规范要求保障其职责范围内信息的准确性与实时性。

目前，青岛市对四级联动网上办事进行了初步探索。随着工作的推进和发展，未来的政府网上服务会更多依托多级联动的模式，为社会和公众提供真正的“一站式服务”。

第十六章　专家视点

2012年，我国信息化建设快速推进，有力地促进了经济社会科学发展，为全面建成小康社会奠定了良好基础。这其中，相关领域的专家发挥了重要作用。他们思路开阔、思想睿智、见解独到，紧跟全球信息化发展进程，是政府和企业决策的重要咨询力量。在此，选择一些有代表性的观点，供林业信息化建设者参考。

第一节 发展思路

一、电子政务发展思路

大力推进电子政务是我国“十二五”的重要任务，是落实科学发展观、加快转变经济发展方式、深化改革开放的必然要求，是政务部门提升履行职责能力和水平的重要途径，也是深化行政管理体制改革和构建服务型政府的战略举措。正确认识和准确把握电子政务的发展趋势，是推进电子政务持续快速健康发展的基础，国内一些知名专家学者的观点为我们提供了有益参考（专栏16-1、专栏16-2和专栏16-3）。

专栏16-1

电子政务发展模式的转变

工业和信息化部副部长　杨学山

这几年来，由于技术的发展、应用需求的发展以及电子政务实现环境的变化，我们已经可以十分清晰地看到电子政务的发展模式正在发生十分重大的变化。其实，不仅仅是电子政务，而是信息技术利用的模式正在发生重大的变化，而且更加重要的是经济社会发展的模式正在发生重大的变化。

在座的多数是年轻人，感到我们生活在一个正在发生重大变革的时代。但是在这我只是讲电子政务发展模式的变化。

电子政务发展模式的变化主要来源于技术方面和来源于需求或者是政务方面。从技术的角度看，我们主要看到有三个方向在对电子政务实现模式产生着重要的影响。

一、网络基础设施

电子政务的发展，原来都是局域网和专网，后来发现对企业和公民的服务，才利用了互联网。但是到今天，电子政务发展依赖的基础设施：信息基础设施、网络基础设施已经发生了重大的变化，而且正在发生更大的变化。这种变化仍然导向电子政务实现的方式发生转变。发生什么变化？总的说来就是移动、宽带、泛在。

移动，使得我们电子政务的实现再不要局限在办公室里边，我们走到哪儿可以工作到哪儿。宽带，使得我们不再是只处理一些文字的文件，而是能够根据实时发生的各种情况来进行处理。泛在，使得无论是监管的应用、公共服务的应用，还是城市和社会管理的应用，都会在原来的电子政务基础之上有非常大的拓展。因此，网络基础设施发生了变化。

二、终端设备和计算模式发生了变化

大约20年以前或10年以前，电子政务主要依托的工作平台是桌面终端。桌面终端和当时的手机相比是不可比的。但到了今天，手持终端和桌面计算机终端，尤其对电子政务领域来说，基本上是可以相媲美的。而且再过不了多长时间，移动终端的技术性能将超越桌面终端，这是由于需求的推动。所以，我们使用的终端发生了变化，后台计算方式发生了变化，原来一个系统依托的后台相应的主机、服务器，一个屋一个系统，将来我们会转向由一组计算的能力、一组服务器来共同支撑，而不再是孤立的系统。当然不见得一个部门、一个屋、一台服务器的模式会变化。若干部门共用一组计算模式，这样会持续替代旧的模式。所以，我们使用的终端，后台计算能力发生了变化。

三、系统需要重构、重建

电子政务系统，不管是办公系统还是其他系统，这些系统的起点都已经有了20年以上，最少也不少于10年以上的历程，这些系统的起点都有了那么长的时间。那么长的时间意味着什么？意味着它在那个时候我们对电子政务的认识，意味着我们在那个时候可以得到的技术能力、网络和计算能力基础之上来设计的。而今天当时依赖的业务基础发生了变化，同时当时做电子政务最主要的事情是先做需求分析，把需求做完然后变成软件提供。当时做的需求分析和今天在新环境、新技术条件下来做政府履行职责业务分析已经是不同的概念了，或者说我们用今天的词，我们用政府改革方式来看，那么业务实现方式也在变化。无论是技术因素还是业务因素都发生了质的变化。这个质的变化使得原来支撑业务系统要发生重大变化。

从技术方面这3个角度我们看到电子政务发展模式的必然变化，而且这个变化已经在开始。从需求的角度、从政务的角度，我们始终说电子政务不能是依据原来业务流程的报表，而是依据原来的制度，在这个制度之上，在这个流程之上来建设电子政务。过去这种模式正是我们出现信息孤岛、不能互联互通、不能使政府履行职责的原因所在。在新的平台、新的技术条件下，发生了重大变革，它为我们建设服务型政府，为行政体制管理改革以及为我们走向社会主义民主政治，为我们政府更好地履行职责将发挥更大的作用。

如果我们只是简单地复制原来的流程，在原来制度下来实现计算机化是不能实现电子政务所要承担的历史责任的。更重要的是，我们政府履行职责或者在信息化条件下需要及时提升执政能力。我们面临的对象系统或者说环境发生了重要的变化，政府履行职责已经不是10年、20年前的行政相对方所使用的技术手段和技术方式。

所以在这样的情况下，我们必须进行重大的调整。简单来说，这几年来电子政务创新社会管理在各个地方有了很多创新，三五十项重大的社会创新在实现。但是在这样的创新发展过程里，我们哪些是真正有了重大的突破，哪些是我们面临的最大困难呢？

例如，成都肉的溯源系统，各个部门协同花了将近一年的时间才实现了猪肉溯源（从屠宰场一直到成都市几千个肉的销售点，完整的溯源过程）。那么这样一个具体的事项对政府履行职责来说是一个很小的事项，但是贯穿了多个部门。如果把这件事情再放大一点，变成食品的溯源，将会有多少的事项和我们原来政府的制度、流程是不一样的。所以说，需求、执政环境面临的变化，这个模式必须要改变。改变的方向主要是以下3个方面。

从技术的角度看，主要是走向云模式。这是一个必然的不可抗拒的不可逆转的趋势；从最简单的角度看，它对于资源可以更好地利用，也就是说建设成本不断降低，资源可以得到充分利用，具有十分重要意义。更重要的是云模式可以在技术上为解决我们长期以来所做的信息不能共享、业务不能协同等长期以来的弊病，提供了技术上实现的条件。同时云模式还有一个重要的好处，就是使应用能够更加规范、更加标准，从而使得运行维护的成本大幅度降低。

第二个方向是业务系统逐渐回归到政府履行职责本质，而不是各个部门的分工。这一点可能是在信息化条件下提升执政能力、政府行政管理体制改革的最主要的动力和方向。

政府履行职责无非是宏观调控、市场监管、公共服务、社会管理，我们在各个方面任何一个事情提起来都是跨部门的，几乎没有一件事情不是跨部门的。所以从业务改革角度来看，就是按政府各项事务的本质来建设针对性的业务，而不是依据部门的职责来建设分散的割裂的业务。电子政务将跨越部门。现在有一些地方，在智慧城市和电子政务自身发展中，正在进行更大程度的综合。

浙江智慧城市的13个试点，它的每一项具体事物都是希望把这件事情办好。信息技术、信息系统如何支撑，从这个角度来推进。这是第二个重要的方向，就是电子政务将根据政府职责本身构建系统，跨越原来的按部门构建系统。我们10年前做电子政务规划时，不少部门就是按司局处室来构建系统，这个模式一定会发生变化。

第三个方向是从技术术语上来看是“大数据”，从原来的电子政务发展延续下来就是政府信息资源如何建设、如何管理、如何利用。我们在讲云计算，技术走向云模式，业务方向走向按政府职责来构建大系统、构建综合的系统，而这两个背后一个核心的东西就是必须有对应的综合信息资源的建设利用管理。没有这个支撑，这两个变革就会失去基础。

总之，电子政务变革必然会发生，无论是政府部门还是服务技术提供商，都要认真思考变化的来龙去脉，都要认真思考该做什么样的调整，使得电子政务的发展，从业务、技术、信息资源都跨到一个新的发展阶段，为我们提高信息化条件下的执政能力，深化行政管理体制改革，建设服务型政府以及每个政府部门更好地履行职责，发挥更重要的作用。

（摘自阅微网 www.yuewe.cn）

专栏16-2

电子政务需要政务云

国家信息化专家咨询委员会委员　汪玉凯

一、过去10年中国电子政务成就斐然

如果从2002年国务院信息化工作办公室建立为标志，中国电子政务已经整整经历了10年的发展历程。在过去的10年中，中国电子政务发展至少在5个方面取得了重要进展。

一是信息化基础设施建设为电子政务提供了保障。目前，我国的网络规模已经位居世界第一，宽带规模也仅次于美国，位居全球第二，固话、手机用户达到10亿，城市家庭的计算机普及率达到60%，全国的IP地址达到2.16亿，cn域名达到1190万，网站236万，这些基础设施的建设，为我国的电子政务快速发展提供了强有力的保障。

二是以行业为代表的电子政务系统建设取得了重要突破，作用日益显著。一大批带“金字头”的电子政务应用系统，如金桥工程、金卡工程、金关工程、金税工程等取得明显成效。

三是政府内部办公、对外管理和服务整体上对电子政务应用系统的依赖度提高。这从一个方面显示了电子政务应用逐步深入后产生的影响。

四是政府公务员的理念、管理行为发生重大变化，社会公众受电子政务发展的影响带动作用明显。例如，国家公务员对电子政务的认识和依赖，与10年前相比难以同日而语。

五是政府门户网站建设取得了重要进展。目前，全国的政府门户网站超过5万，县以上政府机构普遍都建立起门户网站。门户网站在提供信息服务、办事服务以及政民互动服务方面发挥着越来越重要的作用。

二、电子政务发展中的问题不容忽视

在充分肯定过去10年我国电子政务发展取得巨大成就的同时，我们也应清晰地看到电子政务建设和发展中存在的问题。这些问题，反映在多个方面，但集中起来看主要有“三难”，即资源共享难、互联互通难、业务协同难。

一是前10年我国电子政务建设主要集中在办公自动化和提高政府部门工作效率方面，面向公共服务和改善民生方面的建设重视不够，应用系统也相对较少。

二是网络建设不规范，系统分割、孤岛严重。目前，我们有政务内网、政务外网，还存在大量的政务专网。这些专网各自为政，相互封闭。有关方面对中央部委的38个部门的政务专网进行过调查，发现38个部门共建设了80多个政务专网，有的部委甚至司到司、处到处都有专网。目前全国32个省级单元都建设了外网：333个地级市，有283个构建了外网，占84.7%；县级2858个单元，有1500个已经构建了外网，占52%。这里暴露出的问题是，市以下应重点构建外网，但实际上许多市（县）的内网有明显扩大化的倾向，但外网建设却相对落后，重视不够。

三是信息共享、业务协同差。中央的38个部门的80多个政务专网中，横向交互率只有0.1%，基本上都是信息孤岛。

四是重建设，轻应用。前10年建设的网络资源应用率很低，大部分被闲置。据国家发展改革委的调查，过去10年建设起来的各种网络资源，使用率只有5%。

五是信息安全不容乐观。网络失密竟然占失密案件总数的70%。由于公务员的行为不当，网络成为最主要的失密渠道。

六是电子政务的各种应用系统建设中，国产化率很低，多数都使用外国产品，中国的电子政务培植了许多强大的国外IT企业，而我国如此大的电子政务需求，并没有培植起有影响力的民族品牌企业。

三、未来我国电子政务发展要重点解决的问题

电子政务发展要紧紧围绕政府管理的实际，以解决我国经济社会发展中的一些重要问题为目标，充分发挥电子政务的作用。从目前实际情况看，在电子政务建设中要遵循3个基本准则：一是要通过运用信息网络技术，解决社会活动中的一些重大问题。二是提高政府的信息能力，包括改善政府的宏观决策，提高政府规范经济秩序的能力、公共服务能力以及信息安全能力等。三是构建系统共享原则。电子政务构建的各种应用系统只有能够实现资源共享，才能真正显示出其强大的生命力。

与此同时，要通过电子政务实现政府管理活动的3大转变：一是政府功能的转变，即由注重政府内部办公效率的提高到注重政府整体效能和履行政府职责的转变；二是建设思路的转变，即从各自为政到跨部门共享；三是建设模式的转变，即由分散建设到集约化建设模式转变。

当然，电子政务建设受到多种因素的制约和影响，如政策环境、体制环境、社会环境和技术环境等，这中间任何一个因素的变化都可能对电子政务的建设和发展产生影响，这就需要我们认真研究这些制约因素的变化规律和它们之间的相互关系，以此不断调整、完善电子政务建设的思路和策略，只有这样才能促使我国的电子政务建设和发展步入一个良性的轨道。

四、2012年我国电子政务发展的趋势

按照我的理解，在整个“十二五”期间，我国的电子政务建设和发展的总趋势可以概括为10个字，即整合、互联、共享、重构、效率。所谓整合，就是对已有的应用系统要进行深入整合，实现重点业务领域的跨部门协同；所谓互联，就是要克服条块分割，加快实现互联互通；所谓共享，就是在整合、互联、协同的基础上，提高信息资源共享的水平和能力；所谓重构，就是按照政府组织体系的调整，重构一些重大综合应用系统、特别是面向公众的一些社会管理、公共服务的系统，提高政府公共服务能力和社会管理水平；所谓效率，就是要提高电子政务的资金使用效率，特别是要大力推进国产化水平。

除了“十二五”这个总趋势外，2012年我国电子政务建设和发展，还呈现出一些新的特点，如应用系统建设的重点下移，重点发展县、乡（镇）等面向公众的基层电子政务应用项目；围绕基本公共服务均等化，解决社会普遍关注的民生问题，构建一些全国性的重点应用系统，如食品药品安全系统，医疗、教育、社保、就业、住房等跨部门的应用系统等。与此同时，在电子政务建设中，将更加关注行政服务中心的信息化建设，突出政务公开，特别是以行政服务中心为重点的电子政务审批服务、办事服务将提升到一个新水平。

五、电子政务建设需要大力发展政务云

2012年中国电子政务发展的一个新趋势，就是随着云计算的广泛应用，为电子政务建设开辟一个全新的路径和解决方案，需要特别予以重视。

就云计算本身来看，其本质是通过互联网访问，将大量本该运行在自己计算机和服务器上的应用和服务交由第三方提供。它的目标是把一切都拿到网络上，云就是网络，网络就是计算机。云计算借助互联网的庞大资源体系，以一种全新的计算模式向用户提供服务。云计算的新颖之处在于它几乎可以提供无限的廉价存储和计算能力。云计算具有4个显著特征：

一是使用的便捷性。在云计算模式中所有应用和服务请求的数据资源均存储在云中。用户可以在任意场合、时间通过网络接入云平台，使用统一的云服务，按照自身的需求获取所需信息，并可以实现不同终端、设备间的数据与应用共享，为工作带来极大的便利和效率。

二是服务提供的多元性。云就是庞大的计算机群，具备极高的计算、存储能力，能够完成单机所完不成的海量计算、存储等工作。云将调用云中的计算机群，使用基于海量数据的数据挖掘技术来搜索网络中的数据库资源，并运用各种方法为用户反馈出尽可能详尽、准确的结果。云计算可以通过相应技术保持网络数据库信息的及时更新，用以保证用户服务的快速、准确。

三是用户端设备成本的低廉性。由于云计算模式下大量的计算及存储工作都被放到了网络上，作为个人的用户端就完全可以简化到只有一个浏览器了。云计算模式中用户只需通过网络使用服务商所提供的相关服务，并按实际使用情况付费，具体的计算机系统硬件配置、设备运行维护开支和服务器系统软、硬件升级都由云服务提供商来完成。云计算的端设备和现在的PC相比，云计算终端功耗低、成本低廉，终端用户使用简单、维护方便。

四是服务的安全性。分布式系统具有高度容错机制。可以实现严格、有效的控制、配置与管理，具有更好的可靠性、安全性和连接性能。高度集中化的数据管理、严格的权限管理策略可以让用户避免数据丢失、病毒入侵等麻烦。

云计算的本质、特征、功能等，决定成为解决电子政务3大难题的强大武器：最大限度地实现资源共享；最大限度地政务业务协同；最大限度地实现互联互通。

政务云对电子政务建设将产生革命性的影响。云计算已经成为全球信息产业变革的焦点。各国政府给予云计算高度重视，纷纷制定推出本国云计算发展计划，抢占新一轮国际信息产业变革制高点。云计算对促进我国软件服务业持续、快速发展具有重要的战略和现实意义。

那么云计算对电子政务会产生什么样的影响呢？一是为从根本上打破各自为政的建设思路提供了可能。在未来我国的电子政务系统建设中，一个机构或者部门可以不建立独立的数据中心，充分利用资源云。二是通过统筹规划，可以把大量的应用和服务放在云端，充分利用云服务。三是通过第三方、专业化的服务，可以增强电子政务的安全保障。四是可以大量节约电子政务的建设资金，降低能源消耗，实现节能减排。

正是从这个意义上，我们说电子政务建设正在呼唤政务云。原因很简单，电子政务信息产生的特殊性，决定不能完全被一般的云所市场化；电子政务信息使用的特殊性，决定不能完全被一般云所市场化；电子政务对信息安全要求的特殊性，也决定不能完全被一般云所市场化。因此，我们有理由相信，在电子政务建设和发展中，一方面急需发展安全可靠的政务云；另一方面要区分政务云、一般商务云、个人云的使用边界，通过使用适合的政务云，提升电子政务管理和服务能力，降低成本。

（摘自中国政务信息化网 www.chinaeg.gov.cn）

专栏16-3

国家电子政务工程必须按照“三个原则”建设

国家发展改革委高技术产业司副司长　顾大伟

2002年以来，在国家信息化领导小组的领导下，在中办、国办关于我国电子政务建设指导意见的指导下，我国电子政务建设取得了实质性进展，一批重点项目已经建成投入使用并发挥了重要作用。但是，10年来，我国电子政务建设也面临着很多问题，需要我们站在新的起点上，总结过去，展望未来，迎接“十二五”甚至是新的10年的挑战。在这样的背景下，我们全面总结分析了近10年我国电子政务建设经验和问题，充分利用了多年来电子政务工程理论创新和工程实践的成果，在此基础上，会同各部门、各地方和有关专家共同研究编制了《“十二五”国家政务信息化工程建设规划》。

这部规划得到了国务院有关部门的高度肯定，从国务院批复的文件也可以看出，国务院对于这部规划的实施落实也寄予了厚望，提出了很高的要求。这里，有3个关键问题必须解决：一是必须提高认识，统一思想。各有关方面要将电子政务建设思路统一到规划指导思想和基本原则上来。二是必须协同配合，形成合力。要强化部门间的协调，切实实现跨部门的业务协同与资源共享。三是必须注重建设实效。要强化需求分析，以解决社会问题为出发点；要有效控制投资规模，坚决避免重复投资、重复建设，切实发挥投资效益。这些问题的解决，是要靠大家共同努力的，是需要我们相互间的支持与配合的。对此，利用宣贯会的机会，向大家介绍规划编制的有关情况及下一步的工作安排，并就规划落实的有关要求讲几点意见。

规划编制工作始于2009年10月，经过了重大问题研究、起草和修改完善3个阶段，先后4次征求有关部门和地方发展改革委意见，历经数十次重大修改，经组织专家评估论证后，于2011年12月报送国务院。2012年4月国务院批复，并将规划定名为《“十二五”国家政务信息化工程建设规划》（以下简称《规划》）。目前，《规划》已正式对外发布。下面着重介绍规划的核心思想，概括来说就是要“实现三个转变、坚持三个原则、突出三个重点”。

所谓三个转变，就是我国电子政务工程建设，在建设目标上应该实现从过去注重业务流程电子化，提高办公效率，转向更加注重支撑部门履行职能，提高政务效能，有效解决社会问题；在建设方式上，应该从各自为政、相互封闭转向跨部门跨区域的协同互动和资源共享；其建设模式也应该从粗放式、离散化转向集约化、整体化的可持续发展。

要想真正实现上述3个转变，今后的国家电子政务工程建设，无论是项目建设单位还是项目审批部门都必须按照以下3个原则，进行工程项目的规划、设计和实施。

一是解决社会问题的原则。建设项目的取舍和建设内容的选择，应以服务公众为出发点，以解决经济社会重大问题和突出矛盾为落脚点。要想有效解决广大人民群众最关心最直接最现实的利益问题，就必须按照构建公共服务体系和创新社会管理的整体要求以及深化行政管理体制改革的有关要求，优化业务应用流程，改革公共服务模式，创新行政运行机制，促进政府职能转型。这是确定电子政务工程项目建设的必要性和紧迫性，合理设定部门建设任务的主要原则。

二是提升信息能力的原则。建设单位在规划设计电子政务项目时必须围绕提升信息能力来规划建设内容，包括提升处理国计民生重大事务宏观决策能力、提升监测和规范经济社会运行秩序的能力、提升社会公平普惠水平和公共服务的能力以及提升维护网络公共安全和国家安全的能力等。通过电子政务建设，充分利用信息技术手段，有效提升上述四个方面的信息能力，才能支撑部门提高履行职能的水平，切实有效解决矛盾和问题。这是用来确定国家电子政务工程建设项目是否具有必要性的主要原则。

三是构建整体系统的原则。按照五中全会《建议》和“十二五”规划纲要关于“推动重要政务信息系统互联互通、信息共享和业务协同”的基本要求，对国家电子政务建设工程进行顶层设计、合理布局。所建的工程，都必须围绕国民经济和社会发展“十二五”时期中的重大问题，整合相关部门的职能和具体建设项目，形成一个互联互通、信息共享、业务协同的整体性和系统化的国家重大信息化工程，以发挥信息网络化提高多部门协同水平和监测、决策、服务的信息能力的关键作用，从而大幅提升党和政府有效解决社会问题的效率和效能。这是国家电子政务建设有效促进部门间实现业务协同、资源共享，避免重复投资、重复建设，发挥国家投资效益的主要手段。

三个重点，是指电子政务工程所支撑的业务领域重点。“十二五”国民经济和社会发展的任务涉及方方面面，电子政务工程的选择重点是从两个维度来确定的：一是涉及人民群众的根本利益；二是信息化的关键作用。基于此，我们确定了保障和改善民生、维护经济社会安全、提升治国理政能力这三个重点。围绕这三个重点，具体安排了相关领域的信息化工程。例如，围绕保障和改善民生安排了健康、住房、社保、食品、药品等信息化工程；围绕维护经济社会安全安排了金融、价格、能源、信用、安全生产、应急维稳环保等信息化工程；围绕提升治国理政能力安排了行政执法、民主法制、执政能力等信息化工程。

总之，“十二五”及以后一段时期，国家电子政务工程必须按照实现三个转变、遵循三个原则、突出三个重点的总体思路进行建设，以切实发挥工程实效。

在这样的指导思想和基本原则下，在全面落实“17号文件”的基础上，并结合“十二五”时期的新形势、新任务、新要求，《规划》提出了4大类29项工程，基本框架就是两网、五库、7大信息安全基础设施、15个重要信息系统。这些工程任务的提出，每一项都是按照建设服务型政府的总体要求，以及创新运行机制，改革服务模式，优化业务流程，实现跨部门的资源共享和业务协同的原则，进行工程设计和具体任务部署的。目的就是要使所建工程能够有效支撑多部门合力解决共同面临的社会难题，提升党和政府有效解决社会问题的效率和效能。同时，还可最大限度地避免盲目建设和重复投资，使我国电子政务建设真正迈向深化应用、资源共享的历史阶段。

关于《规划》的6项保障措施，包括科学组织实施工程建设、落实工程建设资金、加强工程全过程管理、推进工程建设管理创新、加强信息安全保密、强化规划监测评估等。这些措施主要是围绕以下几个方面展开的。一是强化顶层设计和统筹规划，解决好国家工程与部门项目以及中央本级建设和地方建设的整体关系；二是加强项目的全过程管理，就是要加强项目建设前期准备和实施及验收评价等各个环节的管理，保障中央和地方各个层次建设内容的一致性，以确保工程建设取得实效，提高国家投资效益；三是坚持改革创新，探索新模式、新机制，促进国家电子政务工程建设的可持续发展，保障重要信息系统的安全可靠运行；另外，规划还从充分利用统一的国家电子政务网络、保障建设经费和运维经费以及安全保密等方面提出了相关要求。

《规划》的落实，是一项涉及面广、时间跨度长的复杂工作，既涉及众多的建设部门，包括部门内部的业务部门和信息化建设管理部门，也涉及有关咨询服务、系统集成等机构，还会涉及项目审批、预算管理、监察审计等部门。因此，《规划》落实工作必须系统安排、精心组织，必须大家共同努力、协同推进。

对此，我就规划落实的有关要求提几点意见。

第一，要加强工程建设的跨部门协调。国家电子政务工程，每一项都是多部门参与的，必须加强跨部门协调。跨部门协调的主要方式是由工程牵头部门组织专家和相关部门，基于规划的总体架构开展专题研究，细化工程的体系架构，确定部门间的业务协同关系和信息共享需求，明确具体项目的建设范围、实施步骤和相关部门的责任义务。只有在操作层面上完成这种切实有效的跨部门协调，才可能真正实现工程所必需的互联互通、信息共享和业务协同，完成规划提出的主要任务和建设目标。

第二，要建立健全工程建设的"一把手"负责制。无论是实现部门间的业务协同和信息共享，还是部门项目自身实现目标驱动和业务创新，都需要得到部门决策层的支持。因此，项目建设部门要建立健全"一把手"负责制，形成建设部门内部的业务主导和资源统筹的工作机制，才能顺利开展项目的需求分析，完善项目的体系架构，落实自身机制创新和业务重构的需求，以及部门间信息共享业务协同的需求。在此基础上，才能较好地形成具体的项目实施方案，真正实现跨部门业务协同和信息共享，切实避免重复投资、重复建设，提高国家投资效益。

第三，要加强中央和地方共建项目的整体规范和过程指导。《规划》所列工程项目，大都是中央地方共建项目，都需要通过国家统一立项，以实现国家电子政务项目"全国一盘棋"的合理布局。在国家电子政务工程建设工作中，中央部门应负责项目的总体规划、整体立项和标准规范制定，要会同地方建设部门共同开展需求分析，并认真做好对地方建设部分的指导工作。对涉及地方的建设部分，中央部门应充分听取地方意见并在征求地方投资主管部门的意见后，方可形成整体立项的项目建议书，避免上下脱节，各行其是。只有加强中央和地方共建项目的统筹规划，加强统一标准规范制定，发挥中央对地方统一指导作用，才能使国家电子政务建设协调发展。

第四，要严格落实需求分析制度。项目建设单位在立项准备阶段组织要开展项目需求分析，科学确定项目建设的必要性和体系架构。重点是分析确定项目在支撑部门履行职能、解决社会问题、实现政务目标中应发挥的关键作用。应按照创新行政运行机制，实现信息共享、业务协同的总体要求，强化信息资源组织，优化业务流程，做好项目的系统规划。应采用量化分析的方法，合理测算系统支撑能力的需求，为确定项目的建设规模和投资规模提供参考。

另外，需要着重强调两点：一是电子政务的核心是政务而不是电子，信息化手段是支撑作用，因此，需求分析工作要做到业务部门为主导，业务部门要把好业务需求的关，信息化部门要起到支撑作用。二是项目建设单位和咨询评审机构应基于项目需求分析确定的体系架构和量化指标编制和评审项目建议书、项目可行性研究报告、项目初步设计和投资概算，要合理确定项目建设目标、建设内容和投资规模，避免项目建议书与需求分析脱节。

第五，要充分发挥统一电子政务网络作用。项目建设单位必须充分利用统一的国家电子政务网络，开展本部门的电子政务工程建设。各部门应抓紧研究制定现有业务专网的迁移规划。各项目建设单位应在需求分析阶段，确定需在内外网上部署的业务应用及其相应的网络覆盖面和网络通信能力的需求；在项目建议书编制阶段，应与内外网建设运维管理单位共同研究制定内外网业务应用的部署和迁移计划；在可行性研究阶段，应结合国家电子政务内外网建设的实际情况和支撑能力，进一步研究确定具体业务应用的部署方案以及专网业务向内外网迁移的具体方案。国家发展改革委原则上不再审批建设部门专用网络，有关具体要求我们正在准备和公安部、财政部、国家保密局、国家电子政务内网建设和管理协调小组办公室联合印发《关于进一步加强国家电子政务网络建设和应用工作的通知》，近期会正式印发，请各部门按照通知内容做好落实工作。

第六，要强化信息安全保密工作。项目建设单位在项目的需求分析报告和建设方案中，应同步落实涉密信息网络分级保护和非涉密信息系统信息安全等级保护的相关要求，在电子政务工程建设中，将安全、保密措施与业务应用紧密结合，形成技术上能实现自主可控的信息安全和保密解决方案。项目建设任务完成后试运行期间，项目建设单位应组织开展信息安全风险评估工作。

另外，从项目建设前期的技术方案，到项目的招标采购，均应按照优先采购自主可控的软硬件产品的原则，进行设备选型和招标，尤其是核心网络设备、基础软硬件产品、信息安全装备等关键技术和产品，其采购情况应作为项目验收和绩效评价的重要内容。

第七，要鼓励开展机制和模式创新。在国家电子政务工程建设中，鼓励采用物联网、云计算、下一代互联网、绿色节能、模拟仿真等新技术，积极探索信息资源共享和基础设施集约化利用的新方法、新形式。鼓励采用服务外包、项目代建等项目建设新模式，探索电子政务工程建设运行的新机制。

以上，也只是一些初步的规划落实有关要求，这些要求其实就是对于三个转变、三个原则的具体化，某些内容还需要在规划的推进落实中进一步细化部署，不断研究总结、调整完善。但是大的原则基本上都有了，对于这些原则性的要求，项目建设部门必须严格遵守落实，如果有些要求不能实现，按照国务院批复精神，项目审批部门将对部门申报项目采取“不予立项”的措施。比如，对于各自为政、不支持信息共享和业务协同、不满足国家电子政务工程整体建设要求的项目，审批部门不予立项；对于项目需求分析不到位，项目建议书、项目可行性研究报告、项目初步设计和投资概算中未落实需求分析设定目标的，必要性和可行性不充分的，审批部门不予立项和审批等。这些严格的限制和约束措施，可以说是《规划》得以落实的重要保障。

（摘自中国政务信息化网 www.chinaeg.gov.cn）

二、信息化发展思考

党的十八大报告有多处论述信息化、信息网络、信息技术与信息安全。特别是报告明确把“信息化水平大幅提升”纳入全面建成小康社会的目标之一，并提出了走工业化、信息化、城镇化、农业现代化道路，促进“四化”同步发展，这必将对我国信息化发展产生重大而深远的影响。如何又好又快地推进我国信息化发展，国内一些专家学者的观点为我们提供了有益参考（专栏16-4、专栏16-5）。

专栏16-4

中国信息化要同时实现两个转变

国家信息化专家咨询委员会常务副主任　周宏仁

距离实现社会与产业信息化，中国仍然相当遥远。宽带信息化阶段严重落后，3G决策拖延了8年，三网融合政策拖延了12年，宽带中国国家政策至今没有出台，这些使得我国信息化再次处于落后状态。

一、差距：认识欠缺和机制掣肘

过去10年，我国在传统产业的信息化改造亦即两化融合方面，取得了重大进展。在钢铁、石油、航空、电力、电子等领域，特别是一批大型的企业集团，在研发、设计、生产、管理信息化方面进步惊人，不少已经达到国际上比较先进的水平。总体来看，我们虽然基础较差，但发展很快。目前的水平大约与发达国家20世纪末、21世纪初的水平相当。对于世界上最先进的制造业而言，我们已经从“望尘莫及”走到“望其项背”。我们的主要差距：平均水平还不够高，特别是中小企业的信息化发展水平还有待提高；在产品的信息化创新方面还需迎头赶上，比如我们的数控机床90%依靠进口，即使是出口的数控机床，机械部分是我们制造的，数控部分许多还是进口的。最后，在两化融合的核心技术方面亟待提高，比较重要的工业软件仍然依赖进口。接下来，我们需要加快从“望其项背”到“并驾齐驱”，再到“引领潮流”的发展。

首先，是对于信息化的认识欠缺。过去10年，中央和地方各级领导干部对信息化的认识有了很大的提高，开始在各项工作中重视信息化。但是，这种认识还只是停留在将信息化作为一种发展经济有用的工具、一个解决问题有效的手段，而没有认识到一个新的时代已经来临。基于这样的认识，信息化并没有作为最重要的国家发展战略受到应有的重视。中国作为信息时代的世界第二大经济体，信息通信技术发展指数（IDI）却排名世界第八十位，两者很不匹配。系列信息化的全球指标表明，近年来，我国与发达国家在信息化领域的差距实际上是在不断地扩大。比如宽带，几乎所有的发达国家到2020年的目标是达到100MB下行、50MB上行，目前我国平均水平才1MB左右。全世界人均移动终端，我国在金砖四国排名最后，落后于俄国、印度、巴西等国，这个差距就是近几年发生的。落后的原因就在于对信息化的认识，只是把它作为从属的工具，需要时拿来用一下，却没有看到时代变了，核心竞争力变了，导致对信息化执行的力度不够。事实上，我国在工业化、全球化进程中遇到的大量矛盾和问题，正是因为我们的许多领导干部对信息时代已经来临及其带来的时代变革认识、准备不足，并因而缺乏主动应对的创新的政策、战略和策略所造成的。

其次，对于信息化进程中的体制机制创新重视不够，许多困难问题难以解决。信息化不仅是一个技术的进程，而且是一个社会的进程，它不仅改变生产力，而且改变生产关系。显然，我们对于信息化进程中生产关系的变革，使生产关系适应生产力的发展重视和努力不够。我们的规划当中很少提到体制机制怎么做出相应的改变，这是影响我们信息化进程的一个很重要的因素。

二、战略：同时实现两个转变

事实上，包括信息化、工业化、城镇化、农业现代化“四化”同步发展已经被作为我国保障经济可持续协调发展，从经济“失衡”走向经济“均衡”的关键。在7月23日在北京举行的省部级主要领导干部专题研讨班开班式上，胡锦涛同志在讲话中就指出：“推动工业化、信息化、城镇化、农业现代化同步发展，不断增强长期发展后劲。”

中国不能走西方发达国家先工业化后信息化的老路，而必须在一个历史时期内同时完成由半工业社会向工业社会、由工业社会向信息社会的两个转变，以实现跨越式发展。要同时实现这两个转变，就需要制定一系列战略目标和实现路径。

第一，实现传统产业的改造和优化升级。对传统产业进行信息化的改造，提高传统产业的劳动生产率和国际竞争力，是我国实现工业化必须完成的任务之一。其中，特别重要的是利用现代信息技术的潜力，对我国的粗放型经济进行信息化改造，实现资源的节约和对环境的保护。

第二，建立支撑国家信息化新的产业体系，催生新兴的产业部门。其中，特别重要的是发展信息技术产业（以微电子、计算机、通信和软件产业为核心）、信息内容产业、信息服务产业、知识产业以及其他信息时代的新兴产业。当然，建立支撑我国信息化的新的产业体系，其核心目标不仅是解决我国国家信息化的供给问题，更重要的是通过促进新兴产业的发展，改变我国传统的经济增长方式，加快实现我国的经济社会转型和“两个转变”，提供新的、巨大的就业空间。

第三，掌握信息化的核心科学与技术，为传统产业的改造和新兴产业的发展奠定坚实的技术基础。就像工业革命依靠的是科学技术的支撑一样，信息革命也需要靠科学技术的支撑。在信息时代，不掌握核心的现代信息科学技术，就不可能有我国自己的信息产业体系，我国也不可能成为一个信息社会的世界强国，国家信息化发展也没有可持续性。

第四，在政治、经济、军事、科技、文化、社会等各个领域普及信息化应用，根据各个领域的紧迫需求，抓住机遇，促进各行各业的信息化改造和发展。其中，最根本的目标是要利用信息技术这个手段，使我国经济社会转型的过程成为一个可观测和可控制的过程，确保我国经济与社会转型平稳、顺利实现。

（中国信息产业网 www.cnii.com.cn）

专栏16-5

“十二五”电子政务网络建设如何推进

国家信息化专家咨询委员会委员　宁家骏

“十五”“十一五”以来，以部门业务系统为代表的“12金”等电子政务业务应用工程推进较快，在提升我国政府决策、监管和服务水平方面，发挥了重要作用。与此同时，随着支撑各部门业务应用的纵向专网建设不断扩张，出现了纵向专网利用率不高、安全保障水平不一的现象，对更好地实现电子政务建设促进执政能力和提升服务水平的根本目标产生了不利影响。“十二五”期间，如何加快推进电子政务网络建设，值得我们认真思考。

一、我国电子政务网络发展　待进一步增强

整体上看，我国电子政务网络的发展距离中央“17号文件”和“18号文件”的要求还有比较大的差距。作为这些电子政务系统运行基础环境的国家统一电子政务网络建设，特别是内网建设相对缓慢。

我国电子政务网络的发展现状主要有以下4个方面的问题：

一是国家电子政务网络总体建设面临发展瓶颈：各地政务网络建设发展还不平衡，覆盖面无法满足业务部门需要。安全和保密相关政策的模糊，使得政务网络的使用存在顾虑。中央和地方关键技术路线不统一，影响了网络的纵向互联互通。各地方受体制机制、技术力量薄弱等因素制约，全国统一服务体系建设难度较大。

二是部门业务专网仍然大量存在，政务网络整合工作推进困难。

三是国家电子政务内网建设遇到了顶层互联互通协调不畅和纵向延伸边界不清的难题。

四是一些地方电子政务网络各自为政，缺乏统一规范，难以互联互通。

这些问题的存在，有认识、体制、机制等深层次的原因，需要认真研究。

首先，对电子政务网络的认识存在误区，主观认识不到位影响了我国电子政务网络的发展环境。这些认识误区包括把电子政务网络等同于基础网络；把电子政务网络建设仅仅限定为网络接入；把电子政务网络建设与实际应用分离；把电子政务发展中的问题全部归咎于网络问题。

其次，中央和地方分级建设的模式往往不适应电子政务网络作为公共基础设施建设的特点。还有，现行的电子政务管理和建设保障体制不顺，阻碍我国电子政务网络建设的整体推进；应用推进机制缺乏也制约了我国电子政务网络效益的发挥；顶层设计的滞后也导致了中央和地方电子政务网络难以形成统一体系。

归纳起来，影响我国电子政务网络顺利推进的基本原因是电子政务建设本身存在的问题；根本原因是政务问题，即服务和执政理念的问题；内在原因是利益问题，各部门利益高于整体利益的格局仍需进一步改变；特别是由于对各部门电子政务的投入产出比没有科学的度量和精确的财政预算，主观上导致了各部门自建自管电子政务网络的需求膨胀，客观上导致了各部门电子政务建设和运维投入与开支无限膨胀。

二、我国电子政务发展对统一电子政务网络的紧迫需求

从电子政务总体发展战略看，未来我国电子政务将逐步进入由网络互联互通到信息共享和业务协同的发展阶段，进而发展到信息资源深度加工和智能分析阶段。统一的政务网络建设能够保证基础架构的一致性，促进网络的互联互通，从而使体系内信息资源的配置达到更合理的水平。

就当前来说，新时期、新形势对统一电子政务网络发展提出了新的需求。

首先，整合提升执政能力和服务水平要求大力推进电子政务网络建设。中央“十二五”规划建议提出，大力推进国家电子政务网络建设，整合提升政务部门执政能力和服务能力。

其次，实现电子政务的集约化可持续发展要求加快建设统一的国家电子政务网络。我国电子政务投入巨大，自2002年“17号文件”发布至2009年年底，仅中央政府投资超过130亿元，地方投资则更大。电子政务投入产出比低，重复建设问题十分突出。据不完全统计，卫生等部门在“十二五”期间提出新建网络的预算逾400亿元，国家财力难以负担，电子政务建设迫切需要走集约化、可持续的发展道路。

最后，信息环境下安全和保密的需求要求统一管理国家电子政务网络。我国处在整体矛盾的一个突发期，信息技术安全和内容安全相互交织，网络信息安全和社会稳定相互交织，国内安全与国际安全问题相互交织。网络群体性的事件越来越多，影响到我国政治、社会稳定；窃密、泄密非常严重；安全漏洞普遍存在；欺诈和犯罪不断增长。这些都对我们电子政务网络的安全、特别是对内网的安全提出了更高更严格的现实需求。

三、加快推进我国电子政务网络的基本思路和对策建议

在加快推进我国电子政务网络建设的基本思路上，我们应该坚持：统一思想、统一认识；强化中央主导作用；完善体制、创新机制；更加注重顶层设计；更加注重推进应用；更加注重安全保障。

在具体对策上，有8条建议：

第一，建议“十二五”期间优先推进国家电子政务公共基础设施建设，尤其是国家电子政务网络建设。2002年中央“17号文件”就提出建设和整合统一电子政务网络，解决各自为政、重复建设、结构不合理的问题，“十五”“十一五”部门业务系统的快速发展，进一步强化了这种不合理性。“十二五”期间，一定要把统一电子政务网络建设放在优先推进的位置，只有这样，才能逐步解决条块分割、烟囱林立的问题。

第二，建议尽快组织研究国家电子政务网络发展战略，编制《国家电子政务网络建设和应用“十二五”专项规划》。电子政务网络位于我国电子政务总体框架的最底层，在我国电子政务建设中，具有基础性、全局性和战略性地位，其发展水平直接影响到我国电子政务能否迈上新的台阶，影响到国家的综合竞争力和国家网络空间安全。进入“十二五”开局之年，我国电子政务面临新的关键时刻，有必要重新回到道路原点上，对电子政务网络相关发展战略问题进行研究和探讨，以明确未来发展方向。

第三，建议加大中央财政对国家电子政务网络纵向骨干建设的支持力度。国家电子政务网络链接中央、省、市、县的纵向骨干，作为网络中的“国道”，是链接各级道路、形成“交通网络”的核心，是基础设施中的核心设施。“国道”的建设不宜完全采用分级投入的模式，应加强中央在“国道”建设中的主导地位，加大中央财政投入支持力度。建议“国道”由中央财政投资建设，或考虑由中央和地方财政共同投资建设，所需运行维护经费，中央也应当给予地方一定比例的补贴。

第四，建议开展已有业务系统的梳理，有计划地向统一电子政务网络上迁移。同时，对已建的部门业务专网，要建立使用绩效的考核机制，推动已有专网的整合，可分别整合到国家统一的内网或外网平台上来。

第五，建议尽快组织制定和完善国家电子政务网络统一标准规范，加强顶层设计。国家统一标准规范应主要关注于全局性、涉及互联互通的标准，主要包括总体框架、IP地址和域名规划、互联互通规范、国家电子政务网络电子认证体系规范等。

第六，建议按照“十二五”规划建议提出的“以信息共享、互联互通为重点，整合提升政务部门执政能力和公共服务能力”要求，大力推进基于国家电子政务网络的应用。依托政务网络，加速部署国家重点业务系统；依托政务网络，建设政务应用网关和政府信息服务网关，支撑政府门户网站提高在线办事和信息服务的能力；依托政务网络，建设信息资源目录体系和交换体系，促进政务信息共享和业务协同。

第七，建议在统一电子政务网络的基础上，逐步建立并不断完善我国电子政务网络的整体安全防御体系。按照“内网规模适度、扩大外网”的原则，进一步清晰网络边界。整合政务部门互联网出口，加强对统一出口的监测。进一步增强电子政务网络的安全管理，特别是增强全网安全态势感知能力。依托国家电子政务网络，建立统一电子认证体系。

第八，建议进一步完善电子政务网络的管理体制。在我国电子政务的管理体系中，电子政务公共基础设施特别是电子政务网络的管理，要作为相对完整部分予以独立考虑。在国家电子政务决策和协调体系层面，要有明确的电子政务网络战略规划职责；在国家电子政务的管理体系层面，要有明确的电子政务网络建设和应用专项规划、标准规范制定等职责；要有明确的电子政务网络的项目管理和决策，应用组织和推进，运行经费保障、绩效评价等职责；在中央和地方电子政务事权划分中，要强化中央层面在推进电子政务基础设施协调发展方面的主导作用。

四、关于内网建设的几点思考

建设好内网当务之急是冷静地分析需求，首先要突出“内”字特点。能否科学识别和约束内网建设扩大化的需求是内网能否顺利推进和可持续发展的关键。内网建设在一段时期内推进比较缓慢，很大的原因是对内网边界的认识存在差异。对内网承载业务的需求，传输、处理和存储信息内容的需求，信息共享的需求，网络边界的需求和网络用户的需求，要冷静地进行分析。对于内网来说，这些需求不一定是越大越好，越多越好、而应该是要越准越好。有了涉密网，并不等于在涉密网上的信息都可以共享，涉密的信息只能够是谁有权限处理，谁才能够使用，这和外网以及其他网是完全不一样的，所以我们一定要约束好需求。

其次，内网建设顺利推进和可持续发展的关键在于防止扩大化。“十二五”新时期推进内网建设迎来了大好机遇，需求紧迫、时间紧、任务重但形势越好，任务越急、越要冷静，谨防以下几个范围的扩大化：内网接入与互联的范围；内网传输信息内容的范围；内网承载业务应用的范围；内网接入用户的范围；内网接入用户的访问权限；内网承载信息的共享范围。

再次，内网建设不必盲目追求“大一统”的模式。内网建设由于自身属性的特征，要因内而异，因具体需求而异，不必过分追求“大一统”。除了实现顶层互联之外，在现阶段，内网建设应允许适度分割。即使顶层互联，也可适度考虑分级分域顶层互联。内网各网络域及各级之间的联通度应依据需求适当受控和受限。内网各业务系统之间的隔离强度应有所差别。所以在内网建设中也要坚持在统一规划下的通过试点逐步推广的正确路径。

总之，发展内网面临的最大挑战，不是技术，而是观念。在建设过程中一定要头脑冷静，要根据具体的需求，来制定切实的发展策略和发展路径。开始的时候，宁可步子和规模小一些，规划与设计考虑得再周密一些，避免在许多问题尚未确定时就仓促上马。要在确定发展模式、发展策略和发展路径的情况下，我们才去小步快走。因此，建设内网的关键是要创新模式，包括信息资源共享的模式、信息交换的模式、怎么样处理好在不同网络域之间的安全等等。只有科学识别需求，把握好需求，才能够把网络建设得既积极又稳妥。

（摘自CIO时代网 www.ciotimes.com）

第二节 技术前沿

《国民经济和社会发展第十二个五年规划纲要》把新一代信息技术产业列为战略性新兴产业的重要内容之一，指出要重点发展新一代移动通信、下一代互联网、三网融合、物联网、云计算、集成电路、新型显示、高端软件、高端服务器和信息服务。以大数据、智慧城市、云计算、物联网、移动互联网为代表的先进信息技术，正成为全球关注的热点。如何抢抓新一代信息技术应用先机，实现信息化的“弯道超越”，是各级林业信息化主管部门应思考的重大问题。国内一些专家学者的精辟见解为我们提供了有益参考（专栏16-6、专栏16-7、专栏16-8）。

专栏16-6

下一代互联网的中国机遇与使命

中国工程院院士 邬贺铨

互联网技术正处在换代前夕，技术走向尚未定型，但以IPv6为起步点已成事实。在此基础上，CNGI的发展将面临众多新的机遇与挑战。例如，云计算、两化融合、三网融合、宽带中国战略、移动互联网、物联网、智慧城市等的广泛应用，都将为我国互联网技术与应用的发展带来新的机遇。当前需要抓住宽带中国战略的实施、抓住3G和LTE的发展，特别是移动互联网和智能终端的普及，推动向IPv6的过渡。

CNGI作为中国下一代互联网示范工程，在推动下一代互联网的发展中应起到引领作用。IPv6是下一代互联网的起点，向下一代互联网发展的路线虽然没有明确其寻址协议一定基于IPv6，但从目前所提议的技术方案来看，IPv6的帧结构留有支持各种新技术功能的时隙。革命路线与IPv6并不矛盾。

IPv4地址协议转向IPv6地址协议是下一代互联网的起点，将对移动互联网和新媒体的发展起到重要的支持作用。云计算是当前互联网基础架构层面的主要发展趋势之一。云计算的服务模式可以分为3大类，即SaaS、PaaS和IaaS。对于提供者而言，云计算有3种部署模式，即公共云、私有云和混合云。借助虚拟化技术和云计算的部署，互联网应用的规模和环境将进一步扩展，下一代互联网技术的发展将为这种部署提供更加高效和更大规模的基础平台。

三网融合、宽带中国、智慧城市、移动互联网、物联网等新技术和应用的结合，为CNGI发展注入新的内容。

以制造技术为代表的工业信息化发展使网络化和全球化成为工业制造两化融合的关键基础。信息网络技术的广泛应用正在不断推动生产方式发生改变。“从20世纪60年代的刚性化制造，到80年代的柔性化制造，90年代的智能化制造，再到21世纪初的网络化制造和全球化制造及2010年后的绿色化制造，信息化网络技术成为生产方式变革的方向。”胡锦涛总书记在2010年两院院士大会上的讲话，进一步推动了两化融合的发展进程，为下一代互联网的应用提供了保障。

电视的网络化和智能化及三网融合，是互联网进入广播电视领域应用的体现。电视节目和终端经历了从模拟到数字；从地面到卫星；从无线到有线；从固定到移动；从电路到IP；从广播到点播；从标清到高清；从2D到3D；从视频到多媒体；从终端到云端；从硬件到服务；从功能电视到智能电视的发展历程。数字化的电视节目可以在地面无线广播网、有线电视网、卫星网、移动通信网、互联网和可管理的IP网上传送，三网融合给用户以屏蔽上述不同网络差异的体验。

移动网络向高速和宽带无线网络的演进，推动LTE向全IP化的发展，关键技术从OFDMA到多点协作、移动中继和MIMO优化等，使高速移动宽带网络成为支持下一代互联网发展的关键技术平台。按照市场研究公司Canalys的数据，2011年全球智能手机出货量(4.877亿部)首次超过PC(4.146亿部)，而PC发货量中更有15%来自于平板电脑。2011年智能手机销量全球4.72亿部，占手机1/3，中国1.18亿部，占手机26%，为全球1/4。移动终端和智能终端的广泛应用是推动下一代互联网高速发展和普及的新动力。

物联网M2M应用对高带宽有着海量的需求，发展物联网给发展下一代互联网开拓了新的应用。在2010上海世博会期间，上万个安全监视摄像头安装在公共汽车、卡车和应急车辆上，如果采用8MB/s的摄像头，一小时将产生3.6GB的数据量，如果半数的摄像头每天累计传送2分钟，一个月将产生18TB，这高于2007年全球的移动数据量。物联网带来的大量数据交互和丰富的应用创新，必将推动基础网络技术向下一代互联网的迅速演进。

智慧城市与智能城市、数字城市、无线城市的规划与发展，也需要建立基于下一代互联网技术的基础网络架构。无线设施是数字城市设施的关键组成，但无线城市仅仅是数字城市的第一步。数字城市（或称为智慧社区、信息城市、电子城市等）则指的是基于开放的产业标准组合宽带通信设施、灵活的面向计算的设施和创新的服务来连接社区以满足政府和它的雇员、市民及企业的需要。数字城市提供可交互的、基于互联网的政府服务，这些服务使能泛在连接性以实现政府内跨部门和雇员及外部到市民和企业的关键的政府流程的转型。而智能城市被定义为城市的虚拟重构或称为虚拟城市、智能环境、创新与ICT共存的地区、多层的区域创新系统。

智慧城市的概念与数字城市或智能城市相同，都是聚焦在ICT设施的作用，但智慧城市更多的是关注人力资源、教育、社会、有关的资源及环境作为城镇化发展的重要驱动力的影响方面。

2010年在全球互联网流量中，美国6337PB/月，占全球31%，韩国2196PB/月，占全球10%，中国1277PB/月，占全球6.3%。而人均互联网流量最高的国家分别是韩国45.55GB/月，加拿大22.88GB/月，美国21.10GB/月。对全球下载速度最快的国家的统计数据显示，最高为韩国16.6Mbps，日本8Mbps，荷兰6.5Mbps。我国与这些国家在互联网的应用和技术发展上均有一定的差距。

同时，移动互联网使用量占目前全球互联网使用总量的比重越来越高。自2010年以来，通过移动设备访问互联网的人数增加了一倍。市场研究机构StatCounter统计，2012年1月份的全球互联网使用量中，移动设备（不包括平板电脑）所占的比例达到8.5%，比2011年同期增长了一倍。预计2011～2016年，全球移动数据流量平均年增长78%，2016年将较2011年增长18倍。2016年全球移动数据业务量中2/3为视频，为2011年的25倍。预计2016年中国产生的移动数据流量占全球10%以上（2011年是5%）。2016年平均的移动网连接速度为2.9Mbps，为2011年（189kbps）的9倍。2016年39%的移动设备能够连接IPv6，2011年仅为10%。

国内的下一代互联网发展也面临着前所未有的机会。国务院确定了宽带中国战略，启动宽带中国创新发展工程，加快发展光纤接入和无线移动通信，开展LTE规模商用示范，实施下一代互联网商用推广，推进数字电视网建设。实施物联网和云计算创新发展工程：加快CNGI、3G/4G、高性能计算机、高端服务器、网络存储、安全防御、数字电视下一代传输、三网融合智能终端的产业化和应用。国家宽带创新战略中要求2015年城市和农村每户接入带宽分别达到20Mbps和4Mbps。同时，国家三网融合试点方案中规定2012年试点地区要实现100Mbps接入。

“十二五”规划中更加明确地提出了全面提高信息化水平的战略目标：第一，积极构建下一代信息基础设施，形成超高速、大容量、高智能国家干线传输网络；全面提高宽带普及率和接入带宽；推动物联网关键技术研发和在重点领域的应用示范；加强云计算服务平台建设；实现电信网、广电网、互联网三网融合。第二，加快经济社会信息化，推动经济社会各领域信息化。积极发展电子商务，大力推进国家电子政务建设。加强市场监管、社会保障、医疗卫生等重要信息系统建设。第三，加强网络与信息安全保障，最终加快建设宽带、融合、安全、泛在的下一代国家信息基础设施，推动信息化和工业化深度融合，推进经济社会各领域信息化。

IPv6是明天的技术平台，它的采用保证了互联网的增长前景，开拓了创新的空间，将在未来深刻地改变我们的生活。CNGI作为中国下一代互联网示范工程，必将肩负起中国互联网高速发展和全面建设信息社会的新使命。

（摘自中国教育和科研计算机网www.edu.cn）

专栏16-7

云技术在电子政务中的应用

工业和信息化部信息产业研究院副研究员　金江军

一、影响分析

云计算技术将对政府机房建设、政府网站建设、政府信息共享与业务协同、政府信息安全、电子政务管理体制等产生深远的影响。

（一）对机房建设模式的影响。在传统电子政务建设模式，省（市）政府各部门一般自行建设机房，导致大量硬件设备的利用率不高，各部门累计的运行维护费高居不下。如果建设统一的大机房，根据各部门业务量统一采购服务器、交换机等硬件设备，统一进行运行维护，可以大大提高硬件设备的利用率，降低硬件设备的运行维护成本，并便于管理。通过引入虚拟化技术、云计算技术，可以使大机房成为政府云计算中心。此外，以前每个单位的机房都要配备一定数量的人员，而采用基于云计算的统一大机房建设模式，可以减少机房工作人员数量。目前，许多部委已进入数据大集中阶段，云计算在建设大机房、数据中心方面可以发挥其技术优势。

（二）对政府网站建设模式的影响。在传统电子政务建设模式，省（市）政府各部门一般自行建设本部门的网站。这种模式的缺点：一是政府网站建设、管理、运维等方面的费用较高；二是不利于部门网站与门户网站的信息交换；三是各政府部门网站风格不一，难以树立政府统一形象；四是需要配备一定数量的网站管理人员。如果采用基于云计算技术的政府网站群建设模式，政府网站平台在政府云计算中心运行，对各部门网站进行统一建设、统一管理、统一运维，则可以显著降低政府网站建设成本，实现部门网站与门户网站信息同步更新，统一政府网站形象，减少政府网站工作人员。随着政府门户网站访问量快速增长、网站内容多媒体化，网站的计算量、存储量呈现爆炸式增长，而云计算的技术特性正好切合这一需求。

（三）对政府信息共享与业务协同的影响。经过“金字工程”等电子政务重大工程的建设，垂直管理部门的纵向电子政务已经达到比较高的水平。但国务院、各省市政府的横向电子政务比较滞后。因此，政府信息共享与业务协同是当前和今后一个时期电子政务的重点和难点。云计算技术的发展给政府信息资源横向整合带来了契机。例如，建设基于云计算技术的大OA系统，使之具有网上办公、信息发布、行政审批、电子监察、信息归档等功能，各部门可以定制自己的业务流程，并实现跨部门业务流程在各部门的对接，就可以实现政府部门之间的信息共享和业务协同。

（四）对政府信息安全的影响。采用基于云计算技术的电子政务建设模式，可以促进信息安全从单部门的分散管理走向某级政府所有部门的集中管理。统一购置网络安全硬件设备及防火墙、防病毒等信息安全软件，降低保障政府信息安全所需成本。不过，云计算也带来了新的信息安全问题。特别是由于我国在CPU、操作系统、数据库等核心技术领域的落后，在传统电子政务模式下，某个部门出现信息安全问题不会影响到其他部门，信息安全问题是局部的。而在云计算模式下，信息安全问题是全局的。为了确保我国下一轮电子政务的健康发展，突破信息产业核心技术已经到了刻不容缓的地步。

（五）对电子政务管理体制的影响。传统电子政务模式下，政府部门各自为政，电子政务系统分散建设、分散管理、分散运维，暴露出很多问题，如重复建设、信息孤岛、高投入低效益等。采用基于云计算技术的电子政务模式，统一采购软硬件设备，对政府信息系统进行统一管理、统一运维，不但可以减少政府财政投入，而且便于信息资源整合，发挥电子政务的整体效益。随着云计算技术在电子政务领域的应用，传统分散的电子政务管理体制已经不适应新形势，必须向集中管理方向发展。

二、应用策略

云计算技术发展势不可挡，电子政务工作者必须正视新技术带来的新变革，积极推进云计算技术在电子政务领域的应用。

一是正确认识云计算。目前，云计算概念五花八门，并存在概念泛化等问题。一些厂商把IDC、服务器集群等包装成云计算产品或解决方案。一些地方政府在没有明确需求的情况下就盲目开始建设所谓的云计算中心、基地。政府的性质决定了政府云是一种私有云，政府投资建设公共云是违背市场规律的。建云计算中心不是简单的盖楼和买服务器，一定要面向需求。政府云不只是技术问题，还需要配套的政策法规和管理制度。

二是抓住历史机遇。我国许多政府部门的计算机等硬件设备即将面临更新换代。要采取集中采购的方式，建设政府云计算中心。考虑规模效益和专业人才，在省、自治区建制市一级政府建设云计算中心，区（县）一级政府一般不需要建设云计算中心，由所在地级市或设区市统一建设。2012年党的十八大召开以后，根据以往惯例又将进行新一轮政府机构改革。建议编制部门在设计三定方案时，设置电子政务集中管理部门，负责电子政务统一规划、统一建设、统一管理、统一运维。

三是选好切入点。对于国家部委，推进垂直系统的数据大集中，扩建机房和数据中心，并把机房和数据中心升级为云计算中心；推进各类业务应用系统SaaS化，供下属单位使用，避免重复开发或采购。对于地方省（市）政府，推进机房大集中和通用软件SaaS化，实现软硬件统一采购、统一运维；加快建设基于云计算的大OA系统、政府网站群，促进政府信息共享和业务协同。

四是坚持“以用促业”。云计算产业的健康发展，取决于云计算应用效果。如果云计算技术应用的确能取得实实在在的效果，应用需求的大量兴起，云计算产业自然而然就会快速发展。虽然政府云计算中心的建设离不开云计算产业的支撑，但拔苗助长式地推进云计算产业发展，而不深入思考云计算的应用问题，就显得本末倒置了。云计算正好切合新时期电子政务发展方向，开展政府云计算技术应用试点示范，带动产业界的云计算技术应用，进而带动全社会的云计算技术应用，是促进我国云计算产业健康发展的有效途径。

（摘自中国政务信息化网www.chinaeg.cn）

专栏16-8

聚焦智慧城市　建设智慧政府

中国社科院信息化研究中心秘书长　姜奇平

现在所说的数据，尤其说大数据，这个“大”是哪来的呢？很多报纸对这个“大”的理解就是多，认为这是数据的堆积。其实，这里面有一个误区，这应该是叫“智慧数据”，“数据”加“意义”等于“数据”，也就是说，数据是客观的，但是意义是主观的，有意义的数据就是智慧。

今天，进入到信息时代、数据时代、知识时代，我们怎么看大数据的意义呢？从个体来说是数据，那么，从实质主体方面说是意义，也就是数据和意义的结合。所以我觉得第一个想跟大家分享的观点就是，在处理大数据时，千万别陷进一堆数据和技术里面去，头脑要想清楚这是有意义还是没有意义，它会使我们明确大数据的所以然，包括智慧城市、智慧政府的所以然，要考虑智慧城市的意义何在。那么第二个，我们来看大数据的作用和意义，有了大数据对这件事产生了什么影响呢？我认为，面向意义，即面向智慧。也就是说，这个大数据是围绕意义而转的。如果没有一个用意义来取舍信息的机制或体制建设，那么将来会导致灾难。接着，“意义”到底是什么？我认为，现在有一个为服务赋予意义的作用。智慧政府，或者说智慧城市，为人民服务是城市和政府需要做的事。过去，城市建设和政府在为人民服务中做了很多辛苦的事情，这些事情可以归结于为提供有价值，也就是服务于生存发展，但是进入大数据服务时代以后，那么会有更多的服务从生存发展需求转向意义需要。

一、着力推进以公众为中心的网上服务

现代很多都涉及网上办实事，这和过去提供给人民群众抽象的服务不一样了。现在以公众为中心的网上服务需求是多种多样的，我们来看它的难点在什么地方。在过去同质化的时代，大家都一样，但是到了差异化、2.0的时代，大家不一样了。如果按照过去的政府模式，或者非智慧政府、智慧城市，显然是满足不了的。那么，现在我们是要解决这样的一个问题。服务领域跨时空就是说除了为领导服务，能不能跨时空为每一个街区、每一个家庭进行服务。还有服务方式个性化，也是一种挑战。所以我特别觉得杨冰之说的精彩地方是服务对象网民化，服务对象不是抽象的，而是我们的人民群众，这些网民的需求都是非常具体的。这时，我们有没有可能给他们提供满足。这就是未来10年，面向网民后的主要需求与挑战。

二、利用数据云建设平台型政府

随着大数据的兴起，智慧型政府变成平台型政府。那么，他是怎么实现的呢？这其实是云与大数据合流。这时，有可能极大地降低差异化成本，也就是说以平台的方式推进服务化。在原来的这种发展方式之下，我们解决不了的问题，苹果公司解决了，它提出了Appstore，它提供了Store的大平台，给每个人提供一对一的个性化服务。这就是我们所说的数据产生的背景。所以，第一个提出的小要点就是建设云服务型的政府，只说云服务型政府还不够，它分为“云”之上和“云”之下，“云”的平台和“云端”两种方式，在“云端”里要产生，在平等的付出中要能解决问题。那么，通过资源整合，我们称作向扩展型政府转型，也就是说过去我只靠政府来提供服务，现在要发动大家、发动社会在平台上一起来为社会提供服务，这时服务效率会成倍地增加，这样就能彻底地解决问题。今天上午说到联合国经济和社会部提到的概念，它里面就说到公民既是公共服务的使用者，又是创造者。这个和Appstore模式很像。在以前非智慧城市的情况下，我们会认为公务员提供服务，老百姓接受服务，没想到老百姓可以提供自我服务，你只要给他们搭建一个平台，就像Appstore那样的平台，这个App就是老百姓为老百姓服务，这个社会模式是“社会为我，我为人人”。数据共享是需要“云”的帮助的，高新民先生提出了电子政务发展经历部门型、整合型和平台型3个阶段，标志着信息化从单一机构应用到跨部门协同，再到社会参与公共治理的转变，这既是电子政务深化的规律，也是政府转型的趋势。

在开放数据的这个问题上，目前的政策实际上可以在现有的政策上看到证据，新的政策实际上是从现有政策中延伸出来的。那么，现在有政策就提到了建设集约化、应用平台化、服务整体化，提高电子政务效益。这些都可以落实到提高电子政务效益里面。中国政府信息公开这一块在探索一些新的发展方向，就是在“黑色”信息和“白色”信息中间发展非密敏感信息，也就是“灰色”信息。只有这样，才能明确哪些信息可以使用，哪些不可以使用。政府平台将会有一个大的发展。

接着，可以用几种方式来建设云服务型政府，下面介绍4种模式。第一种是扩展型服务模式，也就是把政府服务当做是基础型服务，把平台调用的服务叫做增值服务。通过政府整合，提供政府服务的扩展，政府只有一双手，但是通过扩展，让社会和个人力量调动起来，政府就可以有千只手。第二种模式是基础服务和应用服务模式，把政府可以合并同类项的服务建立成为一种平台和增值应用并联的关系。另外还有就是政务服务和社会服务，这种服务我们以市民卡为例。市民卡其实不是政府服务，里面很多是公共、交通、金融、商业服务，我们以前是严格区分这样的服务，但是按照将来这种模式的发展，可以把政务服务和社会甚至商业服务同平台，整合资源，提供一卡式、一站式服务，从而提高老百姓的满意度。第三种模式是小前端和大平台模式服务，它完全是一种生态系统，它的意义在于激发小前端，在这个过程中，在公共服务里打破了个人服务和公共服务的界限来实现。第四种模式是未来的一种模式，它是比较激进的一种模式，在我们生活中是很常见的，它就是2.0模式。它完全是拓扑化的，基于节点之间的关联，这是在扁平结构化中产生的一种新的系统。

三、把城市建立在智慧数据基础上

第二个观点是要把城市建立在智慧数据基础上。分两方面来看：一是从个体资源配置来看问题，二是以人为本，从利益关系角度看智慧城市。首先，从发展方式转变来说，实际上，城市有省、市发展方式，政府也有政府发展方式，发展方式主要是解决资源配置的问题。以智能化为特征的新一代信息技术正在引发城市发展方式的深刻变革。智慧城市是信息化和城镇化的结合点，我们可以得出这个结论，这个结论可以大大提高工作的意义。

我们能注意到在智慧城市建设中有3个聚集点，也就是在信息流、资金流、物质流中都会有一个数据化的过程。在信息流里面能够看到非常明显的特征，在各行各业中，出现一种主营化的趋势。资金流很有可能形成一种智慧金融，通过信息来调动金融，从而对金融体系造成彻底的改造。同时，在物流方面，对我们的小物质流也会产生冲击性的影响。

第二个，从人的角度来看，要怎么建设智慧城市。刚才我们说了，要有意义才会有智慧。习近平同志就说了，人民对美好生活的向往，就是我们的奋斗目标。也就是说，你在智慧城市建设中，必须建立一个专业化的、能把意义输送给智慧的通道。这个问题不解决，将来就有可能建设出一个“傻”的智慧城市来。所以，一定要让意义输送变得专业化，总结来说，就是离开人民，就没有意义；数据没有意义，就没有智慧；没有智慧，就没有智慧城市。

宿迁提出“智慧在民间、力量靠群众”，通过网络，问政于民、问需于民、问计于民，充分地汲取最广大的民间智慧，集中网络民智，了解网络民意。再比如，佛山禅城区网站上有每个官员的发言，有一个呼吸系统，有非常满意、满意、一般满意、不满意等选项，可以让你感受到和人民共呼吸。网站测评提供了很多案例，大约几十个案例供学习，包括实现用户体验方面。例如，水利部就能用图线来和你亲近，再比如说林业局的网上大厅，它让你像是走进了一个真实的大厅，让你感到政府和人民群众的关系是那么密切。

我认为，能够解决这两个问题，才能称得上是智慧政府，只有在这样的智慧政府下，建设智慧城市，才能是真正的智慧城市。

（摘自中国信息产业网 www.cnii.com.cn）

评测篇

Annual Report

on Forestry Informatization Development in China

第十七章　2012年全国林业信息化发展水平评测报告

林业信息化是我国现代林业建设的重要组成部分，是推动林业快速发展的重要力量。对林业信息化发展水平进行科学的评估和分析，有助于把握林业信息化的发展现状，促进林业信息化科学发展。2012年全国林业信息化发展水平评测按照林业信息化建设、应用和保障3个方面设定指标，采用散点图、聚类分析等数理统计方法，对全国林业信息化发展水平进行了科学的分析评测。

通过对评测结果、年度对比、先进省（区、市）亮点等多维度、全方位的分析，结果显示：湖南、辽宁、北京、浙江、福建、广东、湖北、吉林、四川、上海、江西、河南林业信息化发展水平处于全国领先水平，甘肃、云南、四川、湖北发展速度较快，进步较大；与2011年相比，数据库建设、网站建设、管理保障、数据库应用、应用系统使用、数据库和应用系统支撑核心业务几项指标的得分率呈明显增长趋势。林业信息化建设整体呈现出“管理体制不断完善，人才队伍逐渐充实，基础设施扎实推进、信息化应用凸显，信息安全、自主技术创新等工作不断受到重视”等特点。

引　言

21世纪是信息化的时代，迅猛发展的信息技术，已经并将更为深刻地影响人类社会，更为深刻地改变整个世界。党的十八大报告中，有19处提及信息化、信息技术、信息网络、信息公开等关键词，并明确要求“信息化水平大幅提升”“四化”同步发展，充分体现了信息化的影响力，充分反映了党和国家对信息化发展的高度重视。加快信息化是时代发展的必然趋势，是建设中国特色社会主义现代化国家的战略选择。

林业信息化是现代林业建设的重要组成部分，是促进林业科学发展、推动林业现代化的重要手段，是提高林业科技含量、提升林业管理水平、增加林业建设内涵的重要支撑和保障，是关系林业工作全局的战略举措。加快推进林业信息化，有利于促进林业决策科学化、办公规范化、监督透明化、服务便捷化，为林业建设奠定扎实基础。

2012年，国家林业局和各级林业主管部门认真贯彻落实“加快林业信息化，带动林业现代化”的总体思路，坚持“五个统一”的基本原则，服务林业大局、服务业务工作、服务基层单位、服务林农群众，科学谋划、周密部署，扎实推进各项工作，为发展生态林业和民生林业做出了重要贡献。

国家林业局十分重视林业信息化的建设和管理工作，2008～2011年连续4年开展了全国林业信息化发展水平评测，对提升林业信息化发展水平起到了重要的推动作用。为准确把握2012年度全国林业信息化发展变化情况，国家林业局组织开展了2012年度全国林业信息化发展水平评测工作，旨在定量分析林业“信息化”程度，及时发现建设过程中出现的问题，找出地区间的差距，使各级林业主管部门对信息化建设过程及结果做出客观的评判，优化解决方案，使资源得到有效利用，推动全国林业信息化快速、健康、持续发展。

第一节 评测方法

一、评测目的

更好地适应当前我国林业科学发展的需要，加快推进林业信息化建设，提升林业信息化整体水平。通过评测，全面客观地了解我国林业信息化发展现状，包括优势、特点和不足，为做好“十二五”后半期林业信息化工作提供决策依据。

二、评测范围

评测范围包括全国31个省（区、市），4个森工（林业）集团，新疆生产建设兵团和5个计划单列市，1个示范市（新增），共计42个单位（表17-1）。

表 17-1 2012年全国林业信息化发展水平评测范围

类 别	单位名称
省（区、市）（31个）	北京、天津、河北、山西、内蒙古、辽宁、吉林、黑龙江、上海、江苏、浙江、安徽、福建、江西、山东、河南、湖北、湖南、广东、广西、海南、重庆、四川、贵州、云南、西藏、陕西、甘肃、青海、宁夏、新疆

（续）

类　别	单位名称
森工（林业）集团（4个）	内蒙古森工、吉林森工、龙江森工、大兴安岭
新疆生产建设兵团（1个）	新疆生产建设兵团
计划单列市（5个）	大连、宁波、厦门、青岛、深圳
示范市（1个）	沈阳

三、评测标准

为了保持与各年度评测结果的可比性，本次评测的指标体系遵循了以往评测指标的设定，即按照林业信息化的建设、应用和保障3个方面设定指标，包括3个一级指标，18个二级指标（表17-2），新增了1个二级指标，即信息技术自主创新/技术保障。

表 17-2　2012年林业信息化发展水平评测指标体系

一级指标	二级指标	分值/分
林业信息化建设水平（40分）	网络建设	7.0
	机房建设	5.5
	计算机等终端建设	5.5
	数据库建设	7.0
	应用系统建设	7.0
	网站建设	8.0
林业信息化应用水平（30分）	数据库应用	6.0
	应用系统使用	6.0
	数据库和应用系统支撑核心业务	6.0
	OA系统应用	5.0
	内外网应用	7.0
	机构保障	8.0
	队伍保障	4.0
	资金保障	6.0
	制度标准保障	4.0
	信息安全保障	4.0
	管理保障	2.0
	信息技术自主创新/技术保障	2.0

四、评测过程

2012年9月，确定评测范围及评测标准等。

2012年10月，印发《国家林业局信息办关于做好近期林业信息化几项具体工作的通知》（信综发〔2012〕75号）。

2012年11月，各省（区、市）报送本次调查数据；集中收集整理各省（区、市）调查数据，并对数据进行审核。

2012年11～12月，对照评测标准，对各省（区、市）的调查数据进行综合评分，评测结果报有关专家和领导审定后，得出2012年全国林业信息化发展水平评测结果，并对各省（区、市）的分项指标得分情况进行认真分析，编写评测报告。

第二节　评测结果分析

一、总体评测结果

2012年，全国各地林业信息化发展水平平均得分69.2分，比2011年提高2.6分，其中得分在60分以上的有29个单位，达到69.05%，比2011年提升了近12个百分点（表17-3）。

表 17-3　2012年全国林业信息化发展水平评测结果

排　名	单　位	总 得 分/分
1	湖南	97.0
2	辽宁	95.3
3	北京	94.2
4	浙江	90.2
5	福建	86.0
6	广东	84.6
7	湖北	83.6
8	吉林	82.7
9	四川	81.9
10	上海	81.0
10	江西	81.0

（续）

排 名	单 位	总 得 分 / 分
10	河南	81.0
13	内蒙古	78.3
14	甘肃	76.2
15	吉林森工	76.1
16	陕西	76.0
17	青海	74.7
18	山东	73.0
19	江苏	72.2
20	沈阳	71.1
21	广西	71.0
22	安徽	70.3
23	宁波	70.1
23	云南	70.1
25	河北	64.8
26	青岛	63.0
27	深圳	61.0
28	山西	60.3
28	黑龙江	60.3
30	宁夏	58.9
31	天津	57.8
32	大连	57.3
33	龙江森工	57.0
34	海南	56.4
35	大兴安岭	55.7
36	新疆兵团	55.1
37	新疆	54.8
38	贵州	54.1
39	厦门	52.9
40	重庆	51.2
41	内蒙古森工	35.0
42	西藏	33.6

排在前10位的省（区、市）分别为湖南、辽宁、北京、浙江、福建、广东、湖北、吉林、四川、上海、江西、河南（上海、江西、河南并列第十）。其中，湖南、辽宁、北京、福建连续5年保持前4名；湖北、吉林、四川上升至前10名。排在后10位的省（区、市）分别为龙江森工、海南、大兴安岭、新疆兵团、新疆、贵州、厦门、重庆、内蒙古森工、西藏。对比林业信息化排名前后10名图表，可明显看出前后10名在林业信息化建设、应用和保障方面均存在较大差距（图17-1和图17-2）。

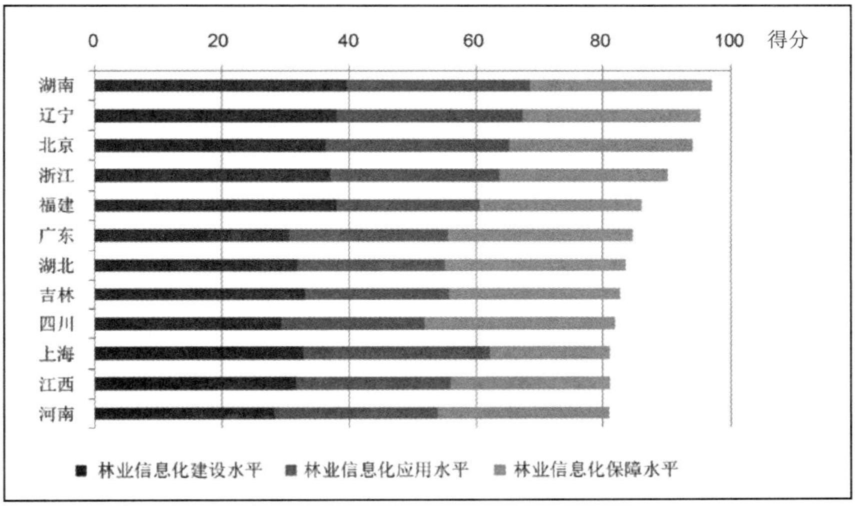

图17-1　2012年林业信息化发展水平排名前10名

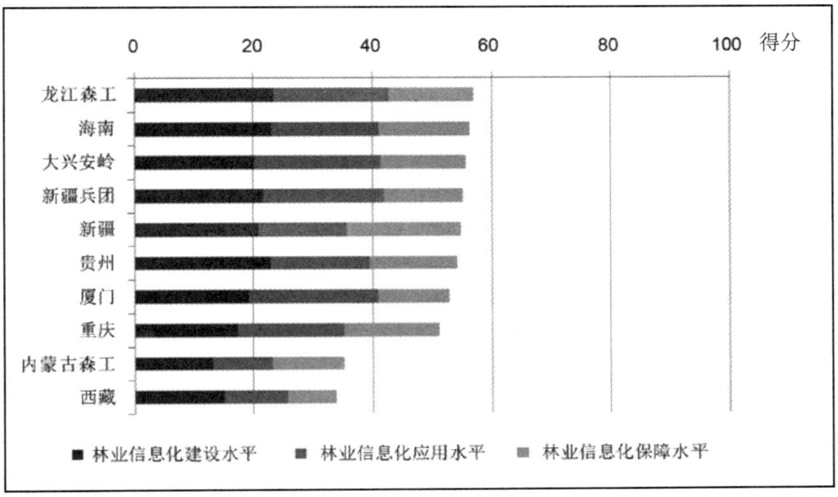

图 17-2　2012年林业信息化发展水平排名后10名

二、整体得分情况分析

（一）整体分布

2012年全国各地林业信息化发展水平持续升高，平均得分达到69.2分，比2011年提高2.6分。但是全国各地林业信息化整体发展水平依旧不平衡，最高分与最低分相差63.4分；从图17-3可以看到，处于平均水平以上的较多，40分以下的仅有两个单位，分布点存在跳跃性，离趋势线的距离差距较大，表明全国林业信息化发展水平不平衡，差距较大。

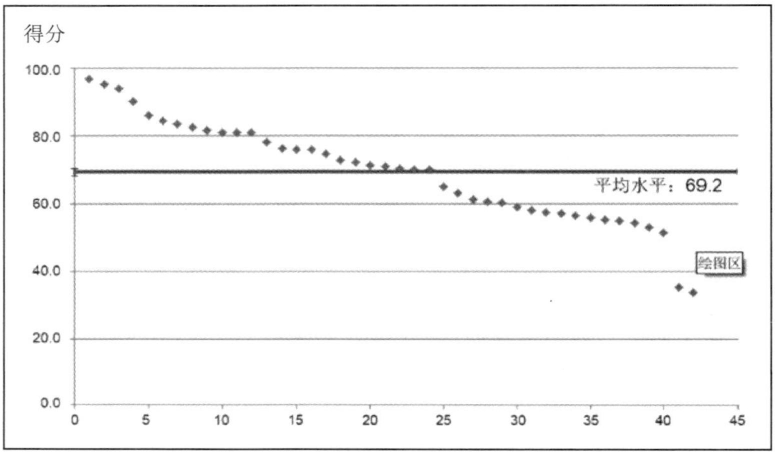

图 17-3　2012年全国各地林业信息化发展水平分布

（二）聚类分析

运用专业的统计分析工具，采用科学的系统聚类法，结合3大指标得分情况进行聚类分析，将42个单位分为3个阶段，即总体领先阶段、应用发展阶段和建设起步阶段。总体领先阶段，得分75分以上的单位，共计16个，占总数量的38.10%；应用发展阶段得分为60～75分的单位，共计13个，占总数量的30.95%；建设起步阶段得分为60分以下的单位，共计13个，占总数量的30.95%（表17-4和图17-4）。由此可见，林业信息化整体水平较去年有所提升。

表 17-4　2012年全国各地林业信息化发展水平评测结果分类

阶　段	省（区、市）	
	数量 / 个	名　　称
总体领先阶段（75 分以上）	16	北京、内蒙古、辽宁、吉林、上海、浙江、福建、江西、河南、湖北、湖南、广东、四川、陕西、甘肃、吉林森工

（续）

阶 段	省（区、市）	
	数量 / 个	名 称
应用发展阶段（60 ～ 75 分）	13	河北、山西、黑龙江、江苏、安徽、山东、广西、云南、青海、宁波、青岛、深圳、沈阳
建设起步阶段（60 分以下）	13	天津、海南、重庆、贵州、西藏、宁夏、新疆、内蒙古森工、龙江森工、大兴安岭、新疆兵团、大连、厦门

总体领先阶段，此类省（区、市）得分高于75分，信息化发展水平较高，处于全国前列。其中，多数省（区、市）位于经济发展速度较快的东部沿海地区，同时也有多个中部地区发展势头较快，跨入领先阶段。另外，此类地区信息化的基础建设工作较为完善，为信息化应用提供了有利支撑，信息化工作得到了高度重视，在各项保障机制建设及人才资金投入方面力度较大，林业信息化总体建设较为均衡且发展态势良好。

应用发展阶段，此类地区得分60～75分，信息技术能够与各项林业工作有效结合，在林业信息化应用方面快速发展。此类地区信息化建设基础有待完善，信息化保障体系发展缓慢，难以对快速发展的信息化应用提供支撑和保障，整体信息化发展水平尚不均衡。

建设起步阶段，此类地区得分低于60分，信息化综合水平较弱。其中，部分东部地区在信息化建设、应用和保障方面仍需加速推进，充分发挥区位优势，其他地区应结合地区特点并积极借鉴其他城市发展经验，不断提升信息化应用能力。

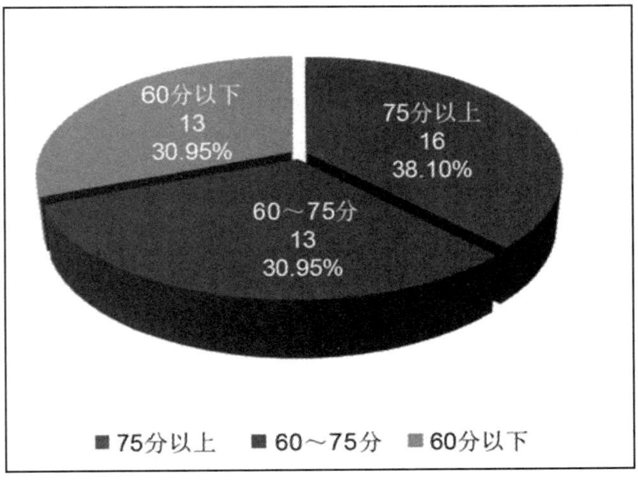

图 17-4　2012年全国各地林业信息化发展水平各分数段分布比例

三、一级指标评测结果

由图17-5可见，各分项指标的绩效指数与整体水平相差不大，3类分项指标发展比较均衡，林业信息化建设水平、应用水平、保障水平的得分率分别为68.06%、71.82%、68.14%，应用水平得分率略高于建设水平和保障水平的得分率。由此可见，全国林业信息化应用水平发展情况较好，信息化应用受到重视。

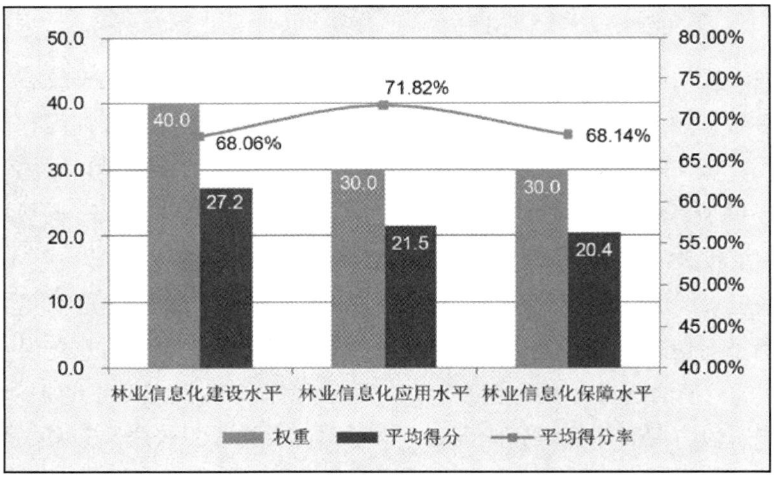

图 17-5　2012年全国各地林业信息化分项指标对比情况

（一）林业信息化建设水平

林业信息化建设水平分析：2012年全国林业信息化建设水平总分40分，平均得分27.2分，较2011年平均分提升了0.1分，平均得分率为68.06%，得分率低于60%的仍有13个地区，所占比例为30.95%，尽管比2011年下降了3.2%，但仍占较大比例。其中，湖南、福建、辽宁、浙江、北京位居前5位，得分率均高于90%。总体看来，在职人员的数量和计算机配备情况较好，内网专用计算机区域之间差距较大，仍有9.5%的地区没有设置内网专用计算机；对数据库和应用系统建设的重视程度逐渐提升，已有35.71%的地区能够将数据库整合在省级统一平台上；技术支撑力度不断加大，已有76.19%建有省级基础地理信息数据库；网站群整合的力度较弱，多数省（区、市）未实现网站群整合，23.81%尚未建立OA系统，显示出各单位内部信息化工作支撑力度仍然不足。2012年各省（区、市）信息化建设水平得分情况见表17-5。

表 17-5 2012年林业信息化建设水平得分（满分40分）

排 名	单 位	得 分 / 分	得分率
1	湖 南	39.5	98.8%
2	福 建	38.0	95.0%
3	辽 宁	37.9	94.9%
4	浙 江	37.1	92.6%
5	北 京	36.3	90.8%
6	吉 林	33.0	82.6%
7	上 海	32.6	81.6%
8	沈 阳	32.5	81.3%
9	青 海	32.0	80.1%
10	湖 北	31.8	79.4%
11	江 西	31.6	79.0%
12	吉林森工	31.5	78.8%
13	陕 西	31.0	77.5%
14	广 东	30.5	76.3%
15	甘 肃	30.3	75.9%
16	安 徽	30.2	75.4%
17	四 川	29.3	73.2%
18	江 苏	29.2	72.9%
19	河 南	28.4	70.9%
20	宁 波	27.6	69.1%
21	云 南	27.6	69.0%
22	青 岛	26.8	67.1%
23	内蒙古	26.8	67.0%
24	山 东	26.5	66.2%
25	天 津	25.5	63.8%
26	河 北	25.3	63.2%
27	广 西	25.1	62.7%
28	山 西	24.2	60.5%

（续）

排　名	单　位	得　分/分	得分率
29	宁　夏	24.1	60.3%
30	龙江森工	23.3	58.2%
31	大　连	23.2	57.9%
32	海　南	22.8	57.1%
33	贵　州	22.6	56.6%
34	新疆兵团	21.6	54.1%
35	黑龙江	21.0	52.5%
36	深　圳	20.8	52.1%
37	新　疆	20.8	52.0%
38	大兴安岭	20.3	50.7%
39	厦　门	19.3	48.1%
40	重　庆	17.4	43.6%
41	西　藏	15.0	37.5%
42	内蒙古森工	13.0	32.5%

林业信息化建设水平各项指标得分率分析：2012年林业信息化建设水平各项指标得分率为，网络建设50.89%、机房建设81.17%、计算机等终端建设75.67%、数据库建设71.21%、应用系统建设56.63%、网站建设76.09%（图17-6），其中，数据库建设与网站建

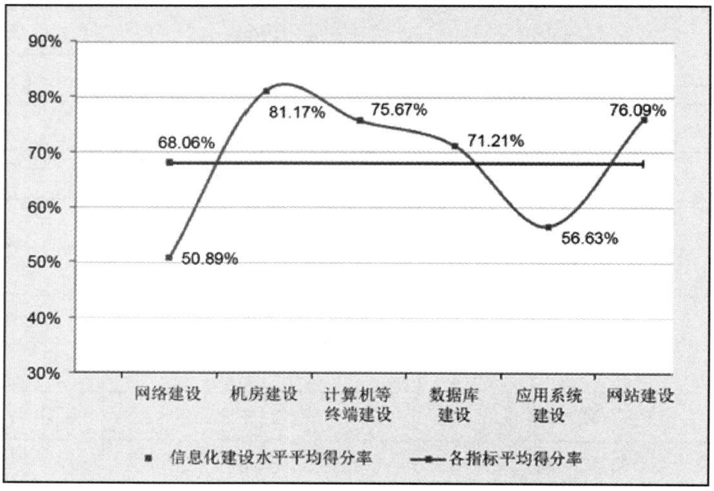

图 17-6　2012年林业信息化建设水平各项指标得分率

设得分率比2011年（2011年数据库建设得分率为60.77%、网站建设得分率为61.33%）进步明显，得分率分别高出10个百分点和14个百分点；网络和应用系统建设均低于平均水平，需不断加大建设力度。

（二）林业信息化应用水平

林业信息化应用水平分析。应用水平总分30分，平均得分21.5分，得分率为71.82%。应用水平得分率在90%以上的省（市）有4个。辽宁、上海、湖南和北京在信息化应用方面相对较为突出。应用水平区域性差异也较为明显，排名在前列的多数为东部沿海地区。数据库和应用系统有部分省（区、市）的使用情况较差，存在业务协同和共享意识不强、数据格式及标准不统一、数据未能及时更新、应用系统建设不完整、设备陈旧、无法与国家相应系统对接、缺少建设资金、系统开发和后期维护难以开展等多种原因。信息发布方面，全年外网发布量最高达80 017条，内网达61 792条，在线办事达650 000件。湖南省在互动交流方面成绩突出，全年公众留言1240条，回复1100条；领导信箱来信1210条，并全部回复；开展访谈14次，在线调查26次。2012年各省（区、市）信息化应用水平得分（表17-6）。

表 17-6 2012年林业信息化应用水平得分（满分30分）

排 名	单 位	得 分/分	得分率
1	辽 宁	29.4	98.0%
2	上 海	29.4	98.0%
3	湖 南	29.0	96.6%
4	北 京	28.9	96.2%
5	浙 江	26.6	88.8%
6	河 南	25.5	85.0%
7	广 东	25.1	83.7%
8	陕 西	25.0	83.3%
9	山 东	24.9	83.1%
10	江 西	24.4	81.3%
11	江 苏	24.2	80.7%
12	青 岛	23.9	79.7%
13	内蒙古	23.9	79.7%
14	宁 波	23.7	78.9%
15	云 南	23.4	78.0%
16	湖 北	23.4	77.8%

（续）

排 名	单 位	得 分/分	得分率
17	广 西	23.3	77.7%
18	吉 林	22.6	75.5%
19	四 川	22.6	75.3%
20	安 徽	22.6	75.3%
21	福 建	22.5	75.0%
22	甘 肃	22.3	74.2%
23	吉林森工	22.1	73.7%
24	厦 门	21.6	72.1%
25	大兴安岭	21.1	70.4%
26	黑龙江	20.5	68.3%
27	新疆兵团	20.2	67.3%
28	深 圳	19.9	66.3%
29	大 连	19.8	66.1%
30	沈 阳	19.8	66.0%
31	龙江森工	19.4	64.8%
32	河 北	18.9	63.0%
33	青 海	18.7	62.2%
34	海 南	18.2	60.7%
35	重 庆	17.5	58.3%
36	宁 夏	17.2	57.3%
37	贵 州	16.7	55.5%
38	天 津	15.8	52.7%
39	山 西	15.6	51.8%
40	新 疆	14.7	49.1%
41	西 藏	10.6	35.3%
42	内蒙古森工	10.0	33.3%

林业信息化应用水平各项指标得分率分析。应用水平整体较2011年有明显进步，其中数据库应用得分率为84.30%，比2011年数据库应用得分率高出12个百分点，应用系统使用

得分率为84.84%，比2011年得分率高出5个百分点，数据库和应用系统支撑核心业务得分率为70.83%，比2011年得分率高出2个百分点，但OA系统使用得分率为57.73%，内外网应用得分率为60.86%，OA系统仍略低于及格水平，需进一步强化OA系统使用（图17-7）。

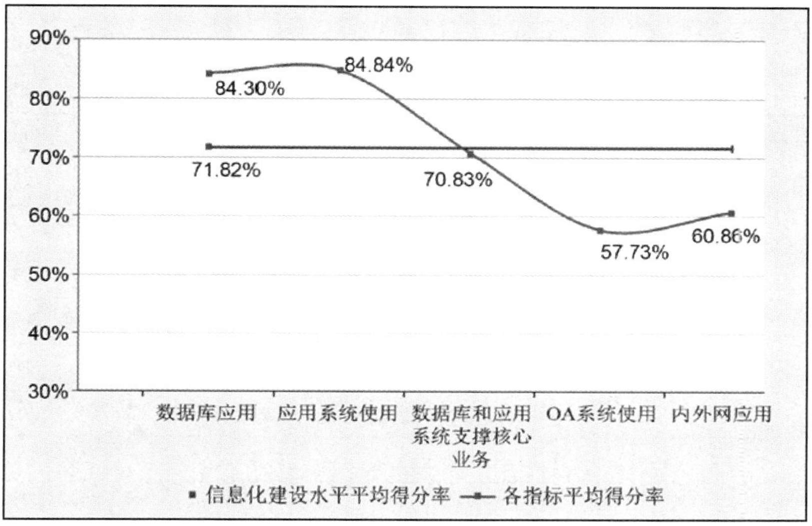

图 17-7 2012年林业信息化应用水平各项指标得分率

（三）林业信息化保障水平

林业信息化保障水平分析。保障水平总分30分，平均得分20.4分，比2011年提升了6.51%，平均得分率为68.14%，提升幅度较大。其中，得分率在90%以上的占21.43%，得分率在60%以下的占33.33%（表17-7）。目前，河北、辽宁、黑龙江、浙江、湖北、广东中高级以上职称在编工作人员均占工作人员总数的50%以上，队伍保障不断完善；52.38%的单位在资金保障方面得分低于3分，资金保障力度仍需不断加大；26.19%的单位建立了较为完善的制度标准；就信息安全保障、管理保障、信息技术自主创新3个方面的得分情况来看，四川、北京、广东、湖北、内蒙古5个省（区、市）表现较为突出。

表17-7 2012年林业信息化保障水平得分（满分30分）

排 名	单 位	得 分/分	得分率
1	四 川	30.0	100.0%
2	北 京	29.0	96.7%
3	广 东	29.0	96.7%
4	湖 南	28.5	95.0%

（续）

排 名	单 位	得 分/分	得分率
5	湖 北	28.5	95.0%
6	辽 宁	28.0	93.3%
7	内蒙古	27.6	92.0%
8	河 南	27.1	90.3%
9	吉 林	27.0	90.0%
10	浙 江	26.5	88.3%
11	福 建	25.5	85.0%
12	江 西	25.0	83.3%
13	青 海	24.0	80.0%
14	甘 肃	23.6	78.7%
15	广 西	22.6	75.3%
16	吉林森工	22.5	75.0%
17	山 东	21.6	72.0%
18	河 北	20.6	68.7%
19	山 西	20.6	68.7%
20	深 圳	20.3	67.7%
21	陕 西	20.0	66.7%
22	新 疆	19.3	64.3%
23	云 南	19.1	63.7%
24	上 海	19.0	63.3%
25	沈 阳	18.8	62.7%
26	江 苏	18.8	62.7%
27	宁 波	18.8	62.7%
28	黑龙江	18.8	62.7%
29	宁 夏	17.6	58.7%
30	安 徽	17.5	58.3%
31	天 津	16.5	55.0%
32	重 庆	16.3	54.3%
33	海 南	15.3	51.0%
34	贵 州	14.8	49.3%

（续）

排 名	单 位	得 分/分	得分率
35	龙江森工	14.3	47.7%
36	大 连	14.3	47.7%
37	大兴安岭	14.3	47.7%
38	新疆兵团	13.3	44.3%
39	青 岛	12.3	41.0%
40	厦 门	12.0	40.0%
41	内蒙古森工	12.0	40.0%
42	西 藏	8.0	26.7%

林业信息化保障水平各项指标得分率分析。2012年林业信息化保障水平各项指标得分率分别为：机构保障76.64%，队伍保障74.11%，资金保障49.01%，制度标准保障69.70%，信息安全保障77.08%，管理保障85.12%，信息技术自主创新/技术保障41.67%（图17-8）。其中，资金保障和信息技术自主创新/技术保障得分率均低于平均水平，而管理保障得分率明显高出平均水平，说明各单位在评测工作、信息安全检查、信息安全培训等方面能够不断提升重视程度并开展落实工作，而在新技术的开发应用以及资金投入方面仍需加大力度。

四、各省（区、市）离散分析

由表17-8可见，全国林业信息化发展总体水平、建设水平、应用水平与保障水平的离

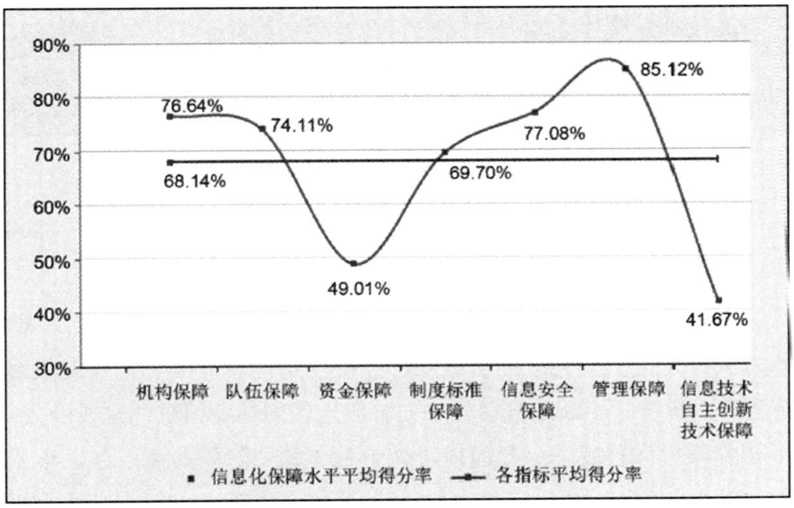

图17-8 2012年林业信息化保障水平各项指标得分率

散系数分别为0.21、0.23、0.21和0.28，各省（区、市）林业信息化发展水平离散程度较2011年已有所缩小（2011年离散系数为0.25），其中保障水平的离散系数最大，表明其离散程度最明显。整体上看，总体水平与三类分项指标离散系数相差仅0.07，由此可见，全国林业信息化发展水平各项指标离散程度处于同一水平。

表 17-8　2012年全国各地林业信息化发展水平离散程度分析

指　标	林业信息化建设水平	林业信息化应用水平	林业信息化保障水平	总体水平
平均分	27.22	21.55	20.44	69.21
标准差	6.18	4.43	5.63	14.73
离散系数	0.23	0.21	0.28	0.21

五、不同区域对比分析

评估结果显示，东部地区林业信息化发展水平得分率为72.41%，较2011年提升了2%；中部地区为73.18%，较2011年提升了0.1%；西部地区为62.21%，较2011年提升了5%；由此可见，各区域的林业信息化水平均有提升，但受区域经济发展水平、思想认识水平、人员素质水平、技术水平等发展因素制约，不同区域的绩效指数依旧存在差距，尤其是西部与东中部的差距较大，而中部林业信息化发展相对较快，发展水平已经略超过东部地区（表17-9）。

表 17-9　2012年不同区域林业信息化发展水平对比

区　域	2012 总得分率	2011 总得分率	2012 信息化发展水平得分情况		
			信息化建设水平得分率	信息化应用水平得分率	信息化保障水平得分率
东　部	72.41%	70.27 %	72.3%	77.0%	67.9%
中　部	73.18 %	73.03 %	71.5%	74.6%	74.0%
西　部	62.21%	57.34 %	60.1%	63.3%	63.9%

东部地区发展不均衡问题比较严重，处于总体领先阶段和应用发展阶段的省（区、市）均占比例较大。东部沿海地区拥有较强的经济优势，林业信息化发展相对滞后的地区应当充分发挥各方面优势，不断追赶总体领先阶段地区的林业信息化建设步伐。

中部地区林业信息化发展呈上升趋势，处于总体领先阶段的省（区、市）增多，而处于建设起步阶段的单位仅两家。由于中部地区发展相对均衡，未达到及格水平的单位明显少于东部和西部。

西部地区目前处于建设起步阶段的省（区、市）较多，处于总体领先阶段的有4个，包括四川、内蒙古、甘肃和陕西。西部地区多为经济基础薄弱地区，在发展信息化的过程中，信息化投入不足，机构队伍保障不够，因此，该地区林业信息化整体水平相对较低（表17-10）。

表 17-10 不同区域林业信息化发展水平分类对比

阶段	东部		中部		西部	
	数量（个）	省（区、市）	数量（个）	省（区、市）	数量（个）	省（区、市）
总体领先阶段	6	北京、辽宁、上海、浙江、福建、广东	6	吉林、江西、河南、湖南、湖北、吉林森工	4	内蒙古、四川、陕西、甘肃
应用发展阶段	7	河北、江苏、山东、宁波、青岛、深圳、沈阳	3	山西、黑龙江、安徽	3	广西、云南、青海
建设起步阶段	5	天津、海南、宁夏、大连、厦门	2	龙江森工、大兴安岭	6	重庆、贵州、西藏、新疆、内蒙古森工、新疆兵团

六、年度结果对比分析

（一）各年度评测结果整体对比分析

通过2008～2012年的评测数据（表17-11），从最高分、最低分、中数等参数可以看出，全国林业信息化发展水平5年来始终保持稳步提升，且2012年提升幅度明显。

表 17-11 各年度统计参数对比

分类	2008年	2009年	2010年	2011年	2012年
最高分	91.6	93.09	95.19	95.3	97.0
最低分	20.36	22	24.88	32	33.6
中数	58.95	59.9	65.3	67.8	70.6
几何平均	56.45	59.08	58.83	64.45	67.5
极差	71.24	71.09	70.31	63.3	63.4
标准差	15.63	15.76	18.62	16.39	14.7
离散系数	0.27	0.26	0.3	0.25	0.2

2012年，全国林业信息化发展水平评测最高分由2008年的91.6分上升到97.0分；最低分由2008年的20.36分上升到33.6分，分值增长较快；信息化发展水平领先地区不断创优，落后地区信息化建设意识也越来越高，并不断赶超。中数到2012年，由2008年的58.95分上升到70.6分，可见大部分地区信息化发展水平相对较高，得分率均达到及格水平以上。从极差、离散系数等参数来看，极差由2008年71.24分缩小至63.4分；离散系数由2008年的0.27缩小至0.2，各省（区、市）的差异在不断地缩小，全国林业信息化发展共识越来越强，但受区域经济水平等因素制约，不同区域的得分指数差距仍然较大。

几何平均数到2012年，由2008年的56.45分上升到67.5分，增幅达16.4%，可见全国林业信息化发展这5年来取得了显著的成绩；但今后仍需不断提升全国林业信息化建设、应用、保障水平。

（二）各年度评测结果排名对比分析

从2008-2012年各地区林业信息化发展水平排名情况看（图17-9），湖南、辽宁、北京三省（市）5年来一直占据着全国林业信息化发展的领先地位，其中辽宁3次夺得榜首，湖南2次夺得榜首，北京紧追其后，处于第三名。甘肃、四川、云南、湖北进步迅猛，其中甘肃2010年以前处于39名的位置，在2011年出现跳跃式发展，前进10个名次；在2012年再次大跨越15个名次，位居14名；湖北、四川、云南等省（区、市）分别从2011年的17名、19名、36名前进至2012年的7名、9名和23名，均取得了10个名次及以上的突破。

（三）各年度指标对比分析

通过5年来全国林业信息化发展水平三大指标评测来看，全国林业信息化建设水平得分率逐年递增，从2008年的53.40%逐步提升到2012年的68.06%，得分率增幅达14.66%；说明我国林业信息化在基础建设方面不断加强，各地区逐步对软硬件设备、网络设施、技术力量以及运行环境等进行了全面扩建和完善；同时，随着各级领导对林业信息化重视程度的提高，5年来全国林业信息化保障水平得分率大幅提升，从2008年的54.60%提升到2012年的68.14%，得分率增幅达13.54%（表17-12）。

表 17-12　各年度各项指标得分率对比

分　类	2008 年	2009 年	2010 年	2011 年	2012 年
信息化建设水平得分率	53.40%	56.70%	62.50%	68.00%	68.06%
信息化应用水平得分率	70.10%	72.90%	58.90%	70.00%	71.82%
信息化保障水平得分率	54.60%	55.60%	64.50%	62.00%	68.14%

通过图17-10不难发现，这5年来全国林业信息化应用水平的增幅在三大类指标中是最小的，这是因为我们对林业信息化应用有了更深层次的认识，在评测中也不断要求各地林

2008年			2009年			2010年			2011年			2012年		
排名	省份	总得分	排名	省份	总得分	排名	省份	总得分	排名	省份	总得分	排名	省份	总得分
1	湖南	91.6	1	辽宁	93.09	1	辽宁	95.19	1	辽宁	95.30	1	湖南	97.00
2	辽宁	87.64	2	湖南	92.71	2	湖南	94.05	2	湖南	94.20	2	辽宁	95.35
3	北京	87.56	3	北京	87.8	3	北京	92.00	3	北京	93.90	3	北京	94.17
4	福建	79.37	4	福建	86	4	福建	87.93	4	福建	88.80	4	浙江	90.20
5	山东	77.26	5	广东	81.61	5	浙江	86.53	5	浙江	87.20	6	福建	86.01
6	广东	77.09	6	浙江	80.51	6	广东	83.19	6	广东	83.50	6	广东	84.62
7	浙江	75.37	7	山东	79.76	7	山东	80.39	7	江西	82.50	7	湖北	83.61
8	江西	74.96	8	江西	76	8	安徽	78.10	8	河南	82.10	8	吉林	82.69
9	吉林森工	73.73	9	吉林森工	74.8	9	上海	75.12	9	上海	81.70	9	四川	81.87
10	河南	70.63	10	河南	74.52	10	河南	74.63	10	内蒙	81.20	10	上海	81.03
11	陕西	70.08	11	陕西	74.27	11	陕西	73.91	11	陕西	80.90	10	江西	81.02
12	山西	68	12	山西	69.8	12	江西	73.89	12	吉林	80.60	10	河南	80.98
13	内蒙古	67.8	13	内蒙古	69.54	13	内蒙	73.24	13	山东	80.50	13	内蒙古	78.30
14	上海	62.7	14	上海	65.2	14	大兴安岭	71.85	14	安徽	78.70	14	甘肃	76.22
15	湖北	61.76	15	吉林	64.1	15	吉林森工	71.18	15	吉林森工	74.50	15	吉林森工	76.10
16	宁夏	60.93	16	深圳	63.82	16	湖北	70.64	16	河北	72.10	16	陕西	76.00
17	吉林	60.5	17	湖北	63.74	17	河北	69.73	17	湖北	71.38	17	青海省	74.72
18	大兴安岭	60.2	18	宁夏	62.43	18	吉林	69.69	18	青海	71.10	18	山东	73.00
19	青海	59.63	19	大连	61.44	19	青海	69.00	19	四川	69.20	19	江苏	72.15
20	四川	59.1	20	河北	60.64	20	宁波	66.67	20	江苏	68.60	20	沈阳	71.10
21	青岛	58.95	21	大兴安岭	59.5	21	山西	66.30	21	山西	67.80	21	广西	70.99
22	深圳	58.28	22	四川	59.6	22	四川	63.95	22	宁夏	67.10	22	安徽	70.27
23	大连	57.98	23	青岛	58.95	23	江苏	63.09	23	宁波	66.80	23	宁波	70.11
24	河北	56.5	24	黑龙江	56.88	24	宁夏	62.97	24	大兴安岭	66.60	23	云南	70.10
25	江苏	55.45	25	青海	56.54	25	海南	56.69	25	青岛	57.10	25	河北	64.80
26	广西	54.27	26	广西	54.82	26	大连	55.03	26	广西	56.80	26	青岛	63.03
27	黑龙江	51.16	27	安徽	54.64	27	新疆	51.04	27	大连	56.74	27	深圳	61.04
28	安徽	50.64	28	江苏	53.45	28	云南	50.11	28	海南	56.70	28	山西	60.34
29	新疆	50.6	29	龙江森工	52.61	29	龙江森工	49.96	29	甘肃	54.80	28	黑龙江	60.30
30	重庆	50.39	30	重庆	52.23	30	广西	48.41	30	黑龙江	53.60	30	宁夏	58.91
31	厦门	49.61	31	云南	51.75	31	黑龙江	48.40	31	深圳	52.30	31	天津	57.80
32	海南	46.62	32	新疆	51.61	32	深圳	47.08	32	龙江森工	51.70	32	大连	57.31
33	宁波	44.85	33	厦门	49.61	33	青岛	45.98	33	新疆	51.44	33	龙江集团	57.01
34	龙江森工	44.84	34	宁波	45.85	34	重庆	44.94	34	天津	51.30	34	海南	56.36
35	天津	44.4	35	贵州	43.9	35	贵州	41.46	35	贵州	50.90	35	大兴安岭	55.69
36	贵州	41.88	36	天津	43.56	36	内蒙森工	40.87	36	云南	50.23	36	新疆兵团	55.13
37	云南	40.26	37	海南	43.05	37	天津	34.81	37	重庆	45.10	37	新疆	54.81
38	新疆兵团	38.7	38	新疆兵团	42.6	38	厦门	33.54	38	厦门	41.90	38	贵州	54.09
39	甘肃	33.64	39	甘肃	38.73	39	甘肃	30.85	39	新疆兵团	41.20	39	厦门	52.88
40	内蒙森工	32.98	40	内蒙森工	37.72	40	新疆兵团	26.32	40	内蒙森工	40.97	40	重庆	51.23
41	西藏	20.36	41	西藏	22	41	西藏	24.88	41	西藏	32.00	41	内蒙森工	35.00
												42	西藏	33.61
	平均	58.76		平均	61.28		平均	62.01		平均	66.60		平均	69.20

图 17-9 2008～2012年各地区林业信息化发展水平排名情况

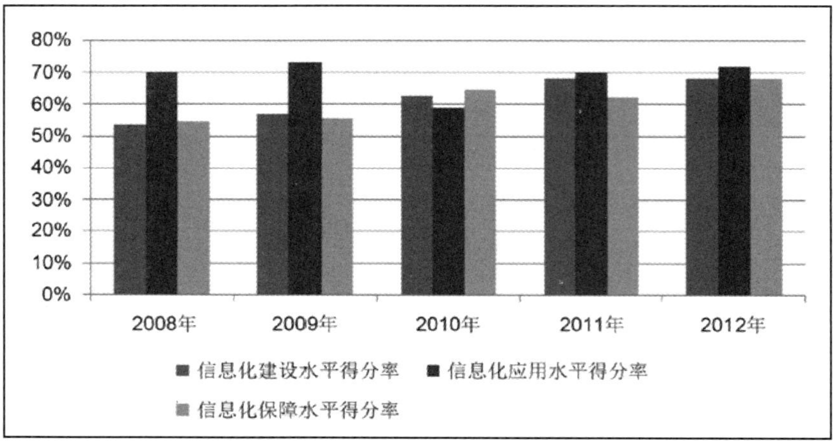

图 17-10　各年度各项指标得分率对比

业信息化应用手段要多样化，服务范围要广泛化。

（四）各年度建设水平对比分析

据各省（区、市）2008～2012年林业信息化建设水平得分率对比分析图来看（图17-11），近5年林业信息化建设水平稳步提升，全国林业信息化建设水平得分率由2008年的53.4%、2009年的56.7%、2010年的62.5%、2011年的68%，到2012年提高到了68.06%，表明我国各地区林业信息化的建设水平正在不断地提高，努力向更高发展阶段迈进。同时，对比各年度信息化建设水平，不难发现2012年度林业信息化建设水平提升幅度不大，在当前信息技术快速发展的形势下，各地区还需进一步认识信息化建设基础工作的重要性，不断创新和优化信息化建设环境。

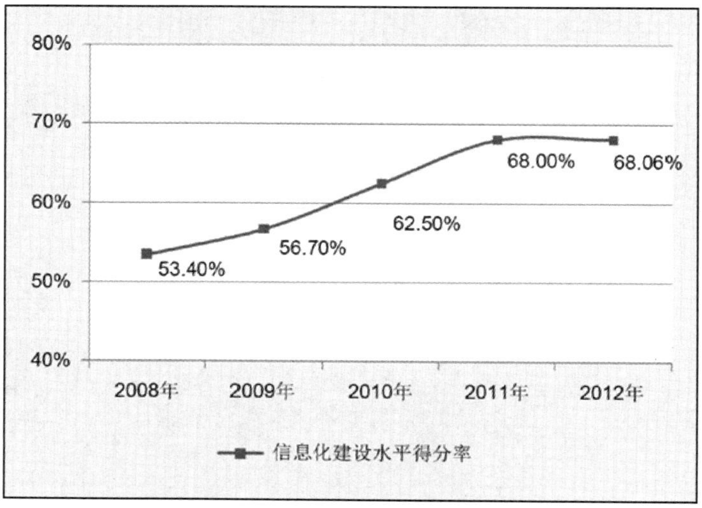

图 17-11　2008～2012年建设水平得分率对比分析

（五）各年度应用水平对比分析

从各省（区、市）2008～2012年林业信息化应用水平得分率对比分析图可以看出（图17-12），近5年全国各地区林业信息化整体应用水平变化并不明显，全国林业信息化应用水平得分率由2008年的70.1%、2009年的72.9%，到2010年降到58.9%，再到2011年的70%，2012年的71.82%。但是，由于林业信息化应用水平要求逐年提高，所以这两年林业信息化应用水平的深度和能力相比过去还是有所提升的，在实效性方面取得了很大的进展。

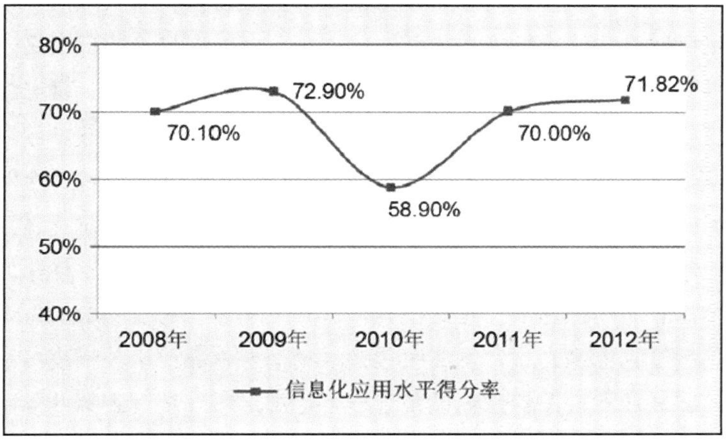

图 17-12　2008～2012年应用水平得分率对比分析

（六）各年度保障水平对比分析

从各省区市2008～2012年林业信息化保障水平得分率对比分析图可以看出（图17-13），近5年全国各地区林业信息化整体保障水平处于逐步上升阶段，全国林业信息化保障水平得分率由2008年的54.6%、2009年的55.6%、2010年的64.5%、2011年的62%，2012年提

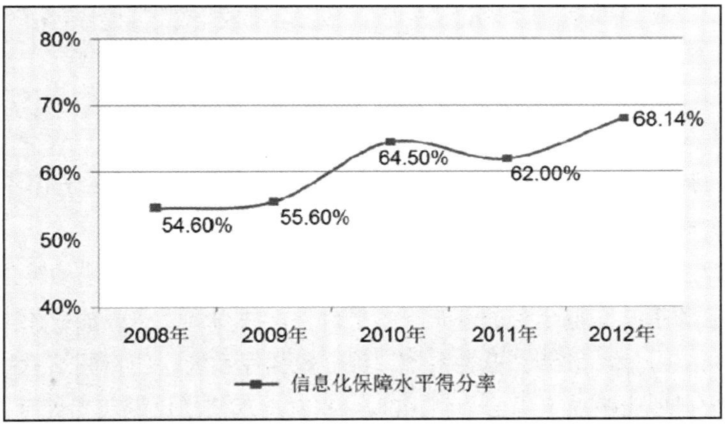

图 17-13　2008～2012年保障水平得分率对比分析

高到了68.14%，表明全国林业信息化队伍不断壮大，制度规范和安全管理不断完善，保障体系建设逐步得到加强。

七、先进省（区、市）亮点分析

（一）湖南省

湖南省在本次评测中以97分的成绩位列榜首。湖南省历年来十分重视林业信息化工作，全省林业信息化水平不断提高。尤其在林业信息化建设和应用方面，成绩突出。信息化建设方面，机房建设和计算机终端使用情况良好，内外网建设情况良好，数据库和应用系统的建设数量最多，分别为34个和44个，且建成的数据库均得到了良好的应用，各个应用系统都整合在了省林业厅的统一平台上。信息化应用方面，OA系统应用效果最为理想，使用OA的人数达到3000人，全年OA系统办结文件数量达到105 153件，全年通过各种形式办文总量达到了156 202件。内外网建设和信息发布情况均较好。信息化保障方面，机构、队伍、制度、管理和信息技术自主创新保障方面均做得较好，设立了林业信息化领导小组和办公室，并经过省编制管理部门正式批复，2012年林业信息化投资 2200 万元，并制定了完善的信息化制度、标准、规定，其中包括《湖南省林业厅机关报废信息化设备处置实施细则》《湖南省林业厅机关信息化设备管理暂行规定》《湖南省林业厅网络机房管理制度》《湖南林业电子政务网林业政务信息考核办法》等。总体来看，湖南省能够科学规划，整合林业信息化资源；强化领导，不断加大林业信息化投入；强化培训，快速提升林业队伍信息化素质，不断加快林业信息化示范省建设步伐。

（二）辽宁省

辽宁省以95.3分的成绩位居第二名，其信息化应用水平尤为突出，在42个省（区、市、单位）中排名第一。已建成17项数据库和18项应用系统，建设难度较大的核心业务共涉及25个领域；内外网的应用比较到位，全年内外网信息发布总量为98 233条，全年在线办事和审批181 342件，在线办理率高达100%；互动交流效果理想，能够对公众提交的公众留言、领导信箱信件给予100%回复。此外，信息保障成绩显著，机构建设到位；定编人数为14人，其中中高级职称人数为11人，占定编人员的78.6%；在制度保障与安全保障方面做得最好，制定的制度最全面、数量最多，为其信息化的发展奠定了良好基础。

（三）北京市

北京市以94.2分的成绩位居第三名，其信息化应用和保障方面成绩突出。建设的18个数据库和18个业务系统均整合到了市统一的平台上，并得到了良好的应用，主要建设了北京市园林绿化局综合信息平台、报表系统、综合数据库系统、门户网站系统等18个系统，基础地理信息数据库的覆盖范围已达到100%，基础地理信息比例尺为城区 1：2000（郊区1：10000），卫星影像分辨率达到了0.2m（郊区0.6m），大大提高了其监管能力。内外网的应用也比较到位，外网网站总访问量达到2224.50万人次，全年信息发布11 462条，全年在线办事和审批3911件。专网覆盖率已达到100%，覆盖全部159个乡镇；在信息技术保障方面，北京开通了政务微博，且增加了智能手机客户端应用服务。

（四）浙江省

浙江省林业信息化总体水平良好。在信息化建设、应用与保障方面的工作值得肯定，较为突出的是信息化建设，已建设数据库数量5个，省级基础地理信息数据库的覆盖范围已达到100%；已建成的应用系统31个，在建系统1个，同时均已经整合到省林业厅的统一平台上，并得到了良好的使用；内外网使用情况较好，全年信息发布总量达到18 504条，全年在线办事数量达到1110件，在线审批量为992件，在线办理率为91.1%，办事效率高；省林业厅机构建设情况较好，有林业信息化工作领导小组及其办公室，并经过省编制管理部门正式批复。制度建设情况较为理想，结合浙江省林业系统的实际，制定了《浙江省林业信息化管理办法》《浙江省林权信息化建设规范》《浙江省森林灾害远程视频预警监控系统技术规范》等管理制度、建设标准、技术规定共18项；信息化保障工作取得了很大成绩，投资总额达到了1334万元，对全省林业信息化建设提供了支撑。

（五）福建省

福建省林业信息化建设水平较高，专网覆盖率较好，已连通的市（县）均为100%。有省林业厅统一的独立机房，计算机普及率较高，内外网计算机配备率最高，人均一台，OA系统应用及内外网使用情况较好，其中OA系统使用人数为300人，全年OA系统办结件达到1983件。已建成数据库建设均整合在了省林业厅的统一平台上，已建成的福建省林政管理业务应用系统、森林资源监测管理应用系统、林权管理业务应用系统、林业厅内部办公系统、森林防火综合管理信息系统、森林公安综合管理系统、综合造林管理系统、有害生物防控管理系统、森林资源地理信息系统等。福建省信息化保障成绩突出，机构建设到位，定编人数8人，其中中高级职称7人，投资总额达到了3103万；全年在线办事和审批事项3541件，在线办理率达到100%，节约了办事成本和时间，互动交流渠道设置完善，大大拓展了公众与部门的交流方式。

（六）广东省

广东省林业信息化保障能力突出。机构建设到位，定编人数15人，其中中高级职称人数达到100%，财政投资1136万元，为信息化建设提供了有利支撑；管理制度、建设标准、技术规定等相关文件编制较为全面，共编制相关文件33件，其中管理制度包括《广东省林业厅信息系统设备安全管理制度》《机房安全管理制度》《网络管理暂行规定》《计算机信息系统安全保护管理暂行规定》《计算机软件资产管理制度》等。信息安全保障方面，采用了防火墙、防病毒安全体系、网络安全审计系统、VPN、入侵检测系统及漏洞扫描系统等安全性措施；设有专门的安全保障专职人员，能够定期进行安全检查及开展信息安全教育培训；在信息技术创新方面，建设广东省林业厅云计算中心，开展林业云终端等创新应用，开通省林业厅微博、移动门户网站等。

（七）湖北省

湖北省高度重视林业信息化建设，经过近两年的努力，全省林业信息化在应用和保障方面均取得了显著成效，尤其在信息化保障方面，成绩较为突出。设立了信息化工作领导小组和办公室，并经过省编制管理部门正式批复。年信息化投资额达到2714万元，为信息化基础设施建设提供了资金保障。管理制度、建设标准、技术规定等相关文件编制较为全面，共出台18项管理制度。信息安全保障工作扎实，采用了防火墙、防病毒安全体系、网络安全审计系统、VPN和漏洞扫描系统等安全保障措施，而且在管理中能够对重要信息系统等级保护备案以及开展相应的信息安全检查，设有安全保障专职人员。在新技术保障方面，湖北省林业厅使用了OA综合移动办公平台、移动门户网站、门户网站RSS阅读等先进技术。

（八）吉林省

吉林省林业信息化在建设和保障方面成绩很好。专网已做到100%连通所有的市（县），有省林业厅统一的独立机房，数据库建设覆盖范围为100%，基础地理信息的比例尺为1：25000，卫星影像数据的分辨率为2.5m。已建成的应用系统有综合办公系统、公文传输系统、地理信息系统、远程教育培训系统、“三北”工程营造林管理信息系统、木材运输管理系统、林业统计报表管理平台、林业检疫签证系统、林业工作站数据管理系统、重点公益林管理系统等。在信息化保障方面，吉林省林业厅年信息化投资额500多万元，且具有持续性，能够较好地支撑吉林省林业信息化基础建设。出台管理制度、建设标准及技术规定24项，制度包括《中心机房管理办法》《林业专网管理办法》《电子公文传输管理办法》《信息安全管理办法》《办公内网管理办法》和《吉林林业网管理办法》；标准包括《应用系统开发集成规范》《安全与单点登录标准》《林业地理信息数据库及系统建设管理技术规范》《森林区划规范及视频会议系统标准》等；规定包括《视频会议室建设技术规定》《内网综合布线技术规定》《数据处理技术规定》和《信息报送采编规范》等，为吉林省林业信息化保持良好发展态势提供了强大的基础保障。

（九）四川省

四川省林业信息化保障水平相当突出，得分率达到100%，排名第一。全省林业信息化定编人员为12人，中级以上职称人数比例达到100%。2012年，全年信息化投资额高达5621万元，在所有省（区、市）中投资力度最大。信息安全保障方面，采用了防火墙、防病毒安全体系、网络安全审计系统、VPN、入侵检测系统及漏洞扫描系统，实行等级保护备案制，同时设有专门的安全保障专职人员。在管理保障方面，定期进行信息安全检查，开展信息安全教育培训等工作。

（十）上海市

上海市林业信息化在数据库、应用系统建设和应用方面成绩突出。已建数据库和在建数据库数量占应建数据库的100%，且所有已建数据库和应用系统均能够得到良好应用，已建成数据库和应用系统支撑的业务领域数量较多，包括森林资源监管、野生动物资源监管、营造林管理、资金监管、湿地资源监管、野生植物资源监管、森林病虫害应急管理、野生动物疫源疫病应急管理；OA系统使用良好，使用人数达500人，实现本级单位所有文件通过OA系统办理。在资金保障方面，2012年共投入566万元，为林业信息化发展提供了强大支撑。

（十一）江西省

江西省林业信息化建设在应用和保障方面均取得了明显的成绩。信息化建设方面，内外网网站建设良好，建成了省林业厅门户网站，内外网能够完全物理隔离。信息化应用方面，所有数据库和应用系统均得到良好应用，已建成的应用系统主要包括育林基金系统、厅邮件系统、博思票据系统、视频会议系统、公益林地理信息系统、林权交易系统、林产品网上商城、森林防火指挥辅助决策系统、森林防火信息系统、森林防火跟踪定位系统、森林火险预警监测系统、森林公安OA系统、森林公安邮件系统、森林公安被袭系统、森林公安刑事案件系统、中德合作江西造林项目信息管理系统、鄱阳湖国家级自然保护区实时监测调度系统等。信息化保障方面，机构建设到位，定编人数为7人，其中中高级职称人数为6人，占定编人员的85.7%，为信息化发展提供了重要保障。

（十二）河南省

河南省在林业信息化保障建设方面成绩突出。全年总投资达到3390万元，充分体现出对信息化工作和信息化作用的高度重视。在安全保障方面，设置有防火墙、防病毒安全体系、网络安全审计系统、VPN、入侵检测系统、漏洞扫描系统等，注重信息系统等级保护备案，设有专门的安全保障专职人员。在制度保障方面，制定了机房管理制度、机房值班制度、河南林业信息网管理办法、计算机安全网络管理规定、计算机操作人员守则、计算机保密工作责任书、视频会议系统管理办法、综合办公电子传输系统管理办法、林业厅电子公文收发管理制度、办公自动化系统管理办法、林业信息化建设项目管理办法、林业信息化建设规范、信息化建设项目验收办法等。已建成的数据库和应用系统均得到良好应用。

第三节 总体结论

一、管理统筹力度加大，以评促建效果凸显

2012年，全国林业信息化紧紧围绕林业中心工作，认真贯彻落实国家林业局“加快林业信息化，带动林业现代化”的战略部署，坚持“五个统一”的基本原则，科学谋划、周密部署，扎实推进各项工作。在管理制度、建设标准、技术规定等方面不断出台相关规范，为信息化工作提供了可靠依据和坚实基础。评测评估工作连续5年持续促进了林业信息化工作的不断提升，2012年全国林业信息化发展水平评测结果显示：多项指标得分率明显提升，尤其是在数据库建设、网站建设、管理保障、数据库应用4个方面的得分率较2011年有较为明显的增长。

二、基础建设扎实推进，应用发展态势良好

2012年，全国林业信息化基础设施建设稳步推进，评测结果显示：目前已有39家单位建立了独立的机房；在职人员的数量和计算机配备情况较好，90.5%的地区设置了内网专用计算机。同时，对数据库和应用系统建设的重视程度逐渐提升，已有35.71%的省（区、市）能够将数据库整合在省林业厅的统一平台上；并且技术支撑力度不断加大，已有76.19%建有省级基础地理信息数据库。其中，2012年甘肃省完成全省林业中心机房和网络改造工程，购置了核心交换机等信息处理和存储设备，并对厅机关网络系统进行了升级。

各项应用开发取得阶段性成果，野生动植物资源监管、森林防火应急管理、森林病虫害应急管理、野生动物疫源疫病应急管理、集体林权制度改革、林业重大工程管理、物联网应用护林员监管、温湿度预警等系统投入应用，成效显著。

三、技术保障不断完善，自主创新助力发展

随着新一代信息技术的迅猛发展，林业信息化发展不断拓展思路，将技术研发应用与具体工作落实结合起来，为林业信息化发展提供动力，提升整体信息化水平。评测结果显示：湖南、北京、广东、湖北、吉林、深圳等林业主管部门不断开拓创新，如开通政务微博、增加智能手机客户端应用服务、建设林业云计算中心、开展林业云终端、OA综合移动办公平台、移动门户网站、门户网站RSS阅读等创新应用。但仍有52.38%的省（区）仍未能充分地利用新技术，需不断转变观念，开展林业信息技术产品研发与应用推广，积极鼓

励和推动林业信息技术领域的产学研结合，加快林业信息技术成果转化和信息产品研发，通过政策引导和资金扶持，提升林业信息化发展空间，助力林业信息化发展。

四、信息安全得到重视，具体工作得到落实

随着林业信息化发展水平的不断提升，信息安全逐渐得到各地的重视，多数省（区）均采用了防火墙、防病毒安全体系、网络安全审计系统、VPN和漏洞扫措系统等安全保障措施，并能够对重要信息系统等级保护备案以及相应的信息安全进行检查，有80.95%的省（区）设有安全保障专职人员，并能进行相应的信息安全检查，有52.38%的省（区）开展了年度信息安全教育培训。

五、人才队伍不断充实，智力支撑逐渐增大

随着林业信息化建设任务的不断加大和信息化地位的不断提高，林业信息化建设工作越来越需要智力支持，人才队伍的不断充实为各单位的信息化工作提供有力支撑。2012年，全国林业信息化发展水平评测结果显示，从事林业信息化工作的人数逐年增加，学历和能力不断提高，40.48%的省（区）中级职称以上工作人员拥有率占到50%以上，其中河北、广东、内蒙古森工、青海4个省（区、单位）中级职称以上工作人员占到100%，同时还有14.29%的单位拥有50%以上的中高级工作人员，但也有30.95%的单位缺乏中高级人才，仍需在现有基础上通过多种渠道招贤纳士，不断充实人才队伍。

第四节 工作建议

林业信息化是现代林业建设的重要组成部分，是实现林业科学发展的重要支撑，是关系林业工作全局的战略举措和当务之急。国家林业局连续开展的全国林业信息化发展水平评测，实现了以评促建和以评促用，成效显著，推动了林业信息化全面、深入发展。通过评测，全面地了解林业系统信息化建设的总体情况和存在的问题，发挥了评测工作的导向功能，为信息化科学决策提供了支撑。今后，必须持之以恒，采取强有力措施，加强统筹规划，全面加快林业信息化建设步伐。

一、提高思想认识，适应形势发展

深入贯彻落实党的十八大和全国林业厅局长会议精神，紧紧围绕建设生态林业和民生林业，按照“加快林业信息化，带动林业现代化”的总体思路和“五个统一”的基本原

则，突出建设、应用、运维3个重点，坚持强化基础、提升水平、拓展领域、深化合作、规范管理，推动林业信息化发展阶段由互联网向物联网推进，建设领域由电子政务向电子商务拓展，技术手段由现代信息技术向下一代信息技术提升，应用服务由局部向整体延伸，努力使林业信息化实现新的突破。结合全国林业信息化工作实际，认真总结分析“十二五”前期工作，深化认识，统一思想，研究部署“十二五”后期工作，为服务林业全局工作做出重要贡献。

二、统一标准规划，促进资源共享

林业信息化是一项复杂的系统工程，其内部关系相互交织，建设程序环环相扣，实际应用互联互通，整体性、系统性都很强。各地要在国家林业局统一指导下开展工作，立足全局，通盘考虑，统一规划，分步实施，从基础建设向应用推进，从简单应用向主体业务推进，建设一个成功一个，切实发挥应有作用。要实行统一标准，使林业信息化实现互联互通、资源共享。标准不统一，必然形成“信息孤岛”，造成林业信息的破碎化。必须统一数据采集规范，统一交换模式，为实现基础平台、应用系统的互联互通奠定基础。

三、加强队伍建设，深化支撑保障

在国家、省、市、县四级林业主管部门均设立专门的信息化管理机构，负责本地区、本单位林业信息化建设的组织、协调、指导、监督、管理。逐步推行政府首席信息官（CIO）制度，提高信息化管理机构在林业发展决策中的参政议政水平。为信息化管理配备强有力的工作人员，努力实行公务员制度管理。加强信息化培训，提高从业人员的信息化意识、业务素质和创新能力。充分利用网络、多媒体等技术，创新培训方式、丰富培训内容、扩大受众范围，按照分类培训、按需培训等原则，举办高级研修班、专题研修班、信息技术培训班等。选派优秀人员出国培训，造就一批具有国际化视野的高级信息化人才。

四、建立有效机制，保障资金投入

研究建立林业信息化建设经费保障长效机制。在各级政府财政预算中设立林业信息化建设专项资金，确保年度投入稳中有升。在育林基金、生态效益补偿金等长期性林业建设投资中，设立林业信息化建设专项，提取一定比例的资金专门用于信息化建设与应用。加强林业建设项目审查和预算管理，确保信息化建设内容和资金投入的延续性。坚持项目带动原则，以重大林业信息化建设项目，带动各级林业部门加大对信息化的资金投入。加强林业信息化建设资金统一管理、统筹协调和审计监督，切实提高投资效益。充分发挥市场在资源配置中的基础性作用，在经济效益明显的领域，积极吸收社会投资。

五、注重试点先行，实现稳步推进

全面加快林业信息化建设步伐，选择条件比较成熟的省份和单位先行试点示范，取得经验后，逐步推广应用。通过试点示范，探索科学的技术路线，积累经验，指导全国，少走弯路，减少风险，提高效率。各示范单位要采取有效措施，抓好各项工作落实，努力为全国林业信息化建设大胆探索，创经验、出成果，真正起到示范带头作用，引领全国林业信息化迈上新台阶，为全面推进林业信息化做出更大贡献。

六、加强交流合作，促进互利共赢

各地区间应加强学习和交流，落后地区要主动学习和借鉴优秀地区的成功经验，以优秀地区为发展标杆，加大林业信息化建设和投入力度，完善信息化人员轮岗制度、借调制度、基层锻炼制度、对口支援制度等，促进林业系统内信息化部门和人员之间的交流与合作。完善信息化专家咨询制度，充分发挥专家智囊团和桥梁纽带作用。通过举办林业信息化论坛、专家讲座、调研座谈、合作研究、调研考察、服务外包等，深化与国家部委、先进行业、先进地区、教学科研单位、优秀IT企业、发达国家等之间的交流与合作，学习先进经验，促进互利共赢。

七、加强新一代信息技术的应用

积极研究云计算、物联网、大数据等前沿技术在林业信息化发展中的作用，全面分析新技术对林业信息化发展的影响，积极建设中国林业云、中国林业物联网，大力推动发射中国林业星，努力做好北斗卫星应用示范等工程建设，促进物联网、云计算、IPv6、新一代移动通信等信息技术在林业行业的普及应用，大幅提升林业信息化的建设和应用水平。充分发挥既有资源的作用和新一代信息技术潜能，加快林业信息化发展创新，减少重复浪费、避免各自为政、信息孤岛等问题。鼓励各地林业部门采用新技术，降低林业信息化建设和运维成本，提高信息化发展质量，增强信息化安全保障能力。紧紧抓住信息化从“互联时代”向“物联时代”发展的良好契机，组织实施智能林业物联网应用示范项目，科学制定林业物联网发展规划，积极推进物联网建设，从“数字林业”到“智慧林业”，使林业尽快实现物联世界。

第十八章　2012年全国林业网站绩效评估报告

网站建设是林业信息化工作的突出体现，是衡量林业信息化水平的有效标准。对网站进行科学评估，有助于提升网站建设和管理水平，促进林业服务创新。

2012年，全国林业网站绩效评估，采用人工测评、平行测试、用户体验、问卷调查、软件测试相结合的方法，对全国林业系统42个省（区、市、单位）网站，47个司局和直属单位子站，84个专题子站以及国家林业局内网应用情况等进行了评估。

结果表明，全国林业网站整体水平大幅提升。北京、湖北、福建、江苏、广东、四川、上海、湖南、甘肃、河南、黑龙江和辽宁在省（区、市）网站中处于领先位置，场圃总站、科技司、信息办、造林司、濒管办、政法司、保护司、计财司、西北院和公安局在司局和直属单位子站中处于领先位置，国家林业局办公室、计财司、信息办、科技司、保护司、公安局、场圃总站、造林司、资源司、科技中心和林改司内网综合办公系统应用情况良好，福州和重庆仙女山国家森林公园、广西高峰和河北木兰围场国有林场、福建洋口林场国家杉木良种基地和中国林科院亚林中心油茶良种基地、陕西牛背梁和太白山国家级自然保护区在专题子站中处于领先位置。

同时，通过对评估结果的分析，总结了整体网站特点、点评了优秀网站、分析了存在的不足、提出了合理建议，为全国林业网站更好更快发展提供了科学支撑。

引 言

网站作为电子政务建设的重要组成部分，是政府服务社会的窗口、政务在线办理的平台、政民沟通的便捷渠道。在新的时代特征下，责任和作用日益凸显。

网站作为林业系统各单位的窗口和门户，是提供信息服务的重要载体和推进信息化建设的重要依托，其建设质量是衡量林业电子政务发展程度的重要标志。长期以来，国家林业局高度重视林业系统网站建设和管理工作，持续开展网站绩效评估，网站建设水平大幅提升，成效凸显。为深入贯彻落实《国务院办公厅关于进一步加强政府网站管理工作的通知》（国办函〔2011〕40号）、《全国林业信息化工作管理办法》（林办发〔2011〕187号）和《中国林业网管理办法》（林办发〔2011〕185号）等文件精神和要求，在认真总结前几年评估经验的基础上，国家林业局组织开展了2012年全国林业网站绩效评估，旨在清晰把握全国林业网站建设情况和运营水平，提高网站建设质量，加强网站内容管理，促进网站良性发展，为发展生态林业和民生林业做出新的贡献。

第一节 评估概述

一、评估目的

通过评估，全面掌握网站建设和管理情况，总结现阶段网站特点，客观分析存在的问题和不足，进一步提升网站的建设管理水平和服务水平。

二、评估范围

本次绩效评估对象涵盖42个林业网站，47个国家林业局司局和直属单位子站，84个专题子站和38个国家林业局内网应用单位，具体评估范围见表18-1。

三、评估方法

为确保评估客观、科学，本次评估采用人工测评、平行测试、用户体验、问卷调查、软件测试相结合的方法。其中，问卷调查法只在省（区、市、单位）林业网站评估中使用。

人工测评法。评测人员采用分组交叉法在相同时段内登录网站，根据评估指标采集相关数据。

平行测试法。每项指标由同一个人负责，并在同一个时间段内完成数据采集工作，确保指标评测标准、评分尺度和采集时间相同。

表18-1　2012年全国林业网站绩效评估范围表

类　别	单位名称
国家林业局 司局和直属单位子站 （47 个）	政法司、造林司、资源司、保护司、林改司、公安局、计财局、科技局、国际司、信息办、场圃总站、工作总站、基金总站、宣传办、濒管办、天保办、三北局、退耕办、治沙办、世行中心、湿地办、科技中心、经研中心、人才中心、林科院、规划院、设计院、林干院、出版社、竹藤中心、林学会、中动协、花协、中绿基、碳汇基金、森防总站、东航中心、南航总站、南京警院、华东院、中南院、西北院、昆明院、治沙学会、建设协会、经济林协会、乌鲁木齐专员办
省（区、市、单位） 林业网站 （42 个）	北京、天津、河北、山西、内蒙古、辽宁、吉林、黑龙江、上海、江苏、浙江、安徽、福建、江西、山东、河南、湖北、湖南、广东、广西、海南、重庆、四川、贵州、云南、西藏、陕西、甘肃、青海、宁夏、新疆、内蒙古森工、吉林森工、龙江森工、大兴安岭、新疆兵团、大连、宁波、厦门、青岛、深圳、沈阳
专题子站 （84 个）	森林公园站群（21 个）、国家林场站群（21 个）、 种苗基地站群（20 个）、自然保护区站群（22 个）
内网 应用单位 （38 个）	办公室、政法司、造林司、资源司、保护司、林改司、公安局、计财司、科技司、国际司、人事司、机关党委、监察局、老干部局、服务局、信息办、场圃总站、工作总站、基金总站、宣传办、濒管办、天保办、三北局、退耕办、治沙办、世行中心、科技中心、经研中心、人才中心、合作中心、湿地办、亚太中心、规划院、中动协、花协、中绿基、中产联、碳汇基金会

用户体验法。评测人员模拟网站用户对相关功能进行实际体验。

问卷调查法。设计调查问卷，根据填报内容获得组织领导、人员保障、网站访问量、安全管理等数据。

软件测试法。利用专业软件，测试网站稳定性和访问速度等技术指标。

四、评估过程

2012年9月，制定绩效评测指标体系，确定评估范围。

2012年10～11月，下发调查问卷，根据填报内容进行数据统计。

2012年11～12月，根据评测指标，采集相关数据。

2012年12月，按照评估标准，根据调查问卷和采集数据统计得分，对评估网站进行综合评分。经过审定后，编写评估报告。

五、评估标准

为保持评估工作的延续性和评估结果的可比性，本次省（区、市）林业网站、司局和直属单位子站在沿用2011年评估指标体系的基础上，增加了新技术应用指标，调整了部分指标分值，从信息发布、在线服务、互动交流、网站管理与设计4个方面对网站进行了全面评估（表18-2、18-3）；专题子站从信息发布量、访问量和更新频率3个方面进行评估（表18-4）；国家林业局内网主要根据综合办公系统应用情况进行评估。

表 18-2 省（区、市）林业网站评估指标

一级指标	二级指标	三级指标	指标说明	分值
信息发布（40分）	信息公开专栏	公开指南	本部门信息公开指南及制定情况	1
		公开目录	是否按照《政府信息公开目录系统实施指引》中的有关要求建设	2
			是否通过单击目录即可访问到文件内容	2
		公开年度报告	是否发布本年度信息公开报告	1
		依申请公开	依申请公开指南、程序、办理时限和收费标准、受理机构等信息发布情况，并开设在线依申请公开的渠道	4
信息发布（40分）	主动公开	机构职能	领导简介、分工、联系方式等发布情况。部门职责与内设机构及分工发布情况	2
		政府文件	本部门发布的公文网上发布情况	3
		通知公告	本单位发出的通知公告网上发布情况	2
		人事任免	干部任免、公务员考录或工作人员招考信息发布情况	3
		财政公开	政府采购与招标信息发布情况。部门预算信息发布情况	3
		计划规划	本省（区、市）各级林业规划或专项规划发布情况。年度计划信息发布情况	3
		林业统计	本省（区、市）林业统计信息发布情况	2
		专题建设	反映本地重点工作的专题专栏建设情况	4
	信息发布规范	信息发布总量	网站信息加载总体数量	4
		信息发布频度	网站信息更新频率，包括多少天更新 1 次，每次更新多少条等	2
		信息发布时效	网站发布的动态类信息在信息生成后 5 个工作日内发布	2

（续）

一级指标	二级指标	三级指标	指标说明	分值
在线服务（20 分）	下载服务	资料下载	提供各种资料下载（包括表格、文本、图片、软件等）的数量和质量	3
		表格下载	提供表格下载的行政许可事项占本部门所承担全部行政许可事项的百分比	3
	办事服务	办事指南	提供办事指南的行政许可事项占本部门所承担全部行政许可事项的百分比	4
		在线申报	实现在线申报功能的行政事项占本部门所承担全部行政事项的百分比	4
		结果反馈	实现办事结果查询和反馈的行政许可事项占本部门所承担行政许可事项的百分比	3
		服务整合	是否将网上办事全流程应覆盖的 5 项服务，即办事指南、表格下载、在线申报、结果反馈等进行全面整合	3
互动交流（20 分）	信件投诉	信件投诉	有网上投诉和信访渠道。投诉内容、投诉处理结果情况	4
	在线咨询	渠道建设	是否开通在线咨询渠道	2
		在线答疑	在线咨询的处理与反馈更新情况	2
	民意征集	征集渠道	网站是否提供民意征集的渠道	2
		征集效果	征集渠道易用性、征集形式、意见反馈等情况	2
	网上调查	网上调查	是否设有网上调查栏目。调查主题是否与当前的政务相关	4
	访谈直播	访谈直播	访谈直播的质量。访谈直播的更新情况	4
网站管理与设计（20 分）	组织领导	领导小组	是否有网站管理领导小组，是否由本单位主要领导担任组长	1
		管理人员	是否设立网站管理岗位、内容保障岗位、运行维护岗位	1
	制度建设	管理制度	网站管理制度的制定情况	1
		内容保障制度	内容保障制度的制定情况	1
	页面设计	首页布局	网站首页布局的合理性，是否能够少于 3 次单击即可定位查询内容	1
		个性设计	页面简洁、美观、大方，特色突出	1
		栏目设置	栏目设置是否方便用户查询和浏览	1
	功能服务	搜索功能	是否提供全文和关键字检索及高级检索	2
		导航链接	站点地图、栏目导航的质量，林业系统上下级单位网站的链接数量和质量	1
		联系方式	是否提供网站维护单位及联系方式	1

（续）

一级指标	二级指标	三级指标	指标说明	分值
网站管理与设计（20分）	新技术应用	新技术应用	是否开通了微博或建立移动终端门户	2
	网站访问	总访问量量	网站总体访问情况及变化，包括总访问量、页面浏览量等	1
		日均访问	网站日均访问情况及变化	1
	安全管理	访问检查	定期检查网站页面访问情况	1
		内容审核	有专人进行内容审核、有保密检查	1
		防攻击和篡改	是否有安全网关、防火墙、防篡改措施	1
		防病毒和应急预案	是否有防病毒措施，是否定期升级和检查。是否有应急预案，有无演练	1
		备份恢复情况	是否有备份机制并坚持定期备份。是否有恢复机制，有无演练	1

表 18-3　司局和直属单位子站评估指标

一级指标	二级指标	三级指标	指标说明	分值
信息发布（45分）	机构设置	领导简介	是否发布本单位主要领导姓名、工作简历、工作分工、工作照等信息	2
		组织机构	网站是否发布本单位职能、机构设置情况，包括内设机构和下属单位名称、职能、联系方式等信息	2
	信息加载	通知公告	网站是否及时发布本单位发出的各种通知和公告信息	3
		业务信息	网站对本单位业务信息发布的全面性和信息质量，如领导讲话、各业务类别信息等是否都发布	7
		信息发布总数	网站信息加载总体数量	5
		信息发布频度	网站信息更新频率，包括多少天更新1次，每次更新多少条	4
		信息发布时效	网站发布的动态类信息在信息生成后5个工作日内发布	4
	热点专题	专题建设	围绕会议、活动、部门职责等建立的专题栏目的丰富度，专题内容及质量	5
		专题更新	热点专题栏目的内容更新情况	2
	法规政策	法规政策	是否发布有关法律法规和政策文件	2
		政策解读	有关政策制度的解读情况	3
	规划计划	发展规划	本单位制定的相关规划的公开情况	2
		工作计划	本单位年度、专项工作计划及执行情况的信息发布情况	2
	项目成果	成果展示	网站对单位业务成果的展示情况	2

（续）

一级指标	二级指标	三级指标	指标说明	分值
在线服务（15分）	办事渠道	业务办理	是否提供单位业务在线办理功能，如办事指南、表格下载、在线申报等	6
	办事内容	办理类别	网站在线办理业务的类别有多少	3
		办理查询	网站是否提供在线办理业务的在线查询功能，如业务办理状态查询、业务办理结果查询等	6
互动交流（10分）	业务咨询	交流渠道	是否提供业务咨询的渠道	2
		互动效果	业务咨询交流平台的易用性、在线交流的形式、意见回复等情况	3
	民意征集	征集渠道	网站是否提供民意征集的渠道	2
		征集效果	征集渠道易用性、征集形式、意见反馈等情况	3
网站管理与设计（30分）	组织领导	领导小组	是否有网站管理领导小组，是否由本单位主要领导担任组长	2
		工作机制	信息采集报送及发布是否有明确流程	2
	人员保障	管理人员	网站是否设立或指定网站管理、内容保障、运行维护的工作岗位，配备专职或兼职管理人员	2
		内部配合	内部职责分工及对网站管理响应度	2
网站管理与设计（30分）	对主站信息的贡献	信息报送	对主站内容的信息报送情况，对主站设立的相关栏目的信息更新情况	5
		职责配合	对主站在线服务和访谈直播活动的支持情况，领导活动的配合情况	5
	网站访问	总访问量	网站总体访问情况及变化，包括总访问量、页面浏览量等	3
		日均访问量	日均访问情况及变化	2
	页面展示	页面效果	首页布局、个性化设计、栏目安排的合理性与相对全面性	3
	功能服务	搜索功能	搜索引擎功能的实用性和易用性	2
		导航链接	是否提供网站地图，设置站内导航，是否可轻松返回上级页面以及与主站等相关网站的链接情况	1
		联系方式	是否提供网站维护单位及联系方式	1

表 18-4　专题子站评估指标

指　标	指标说明
信息更新量	本年度网站信息更新情况，包含文字、图片和视频等信息
网站访问量	本年度网站总体访问情况，包括总体访问量和页面浏览量
更新频率	网站信息更新频率，即网站是否持续更新、更新周期等，分快、一般、慢3档

第二节 整体评估结果分析

专题子站和国家林业局内网与省（区、市）林业网站、司局和直属单位子站评估指标设置不同，本章只对省（区、市）林业网站、司局和直属单位子站两类网站做整体评估。专题子站和国家林业局内网评估结果分析详见第五节、第六节。

一、平均得分分析

2012年，全国林业网站总体平均绩效63.7分，其中省（区、市）林业网站平均绩效67.72分，超过平均分的有20个省（区、市），占总数的47.62%；司局和直属单位子站平均绩效59.74分，超过平均分的有21个单位，占总数的44.68%。评估得分前10名见表18-5和表18-6。

表18-5 省（区、市）林业网站综合得分排名（前10名）

总排名	省（区、市）	信息发布 / 分	在线服务 / 分	互动交流 / 分	网站管理与设计 / 分	总得分
1	北 京	37.3	20.0	15.5	19.0	91.8
2	湖 北	34.6	19.0	16.5	19.6	89.7
3	福 建	34.8	18.0	17.5	18.7	89.0
4	江 苏	36.2	18.5	17.0	16.3	88.0
5	广 东	35.5	20.0	13.0	18.1	86.6
6	四 川	36.0	15.7	18.0	16.6	86.3
7	上 海	36.3	17.5	12.0	20.0	85.8
8	湖 南	35.4	12.9	18.0	17.3	83.6
9	甘 肃	31.4	16.5	17.5	18.1	83.5
10	河 南	33.7	16.7	15.0	17.8	83.2
10	黑龙江	34.6	17.0	16.5	15.1	83.2
10	辽 宁	34.3	17.5	14.0	17.4	83.2

表18-6 司局和直属单位子站综合得分排名（前10名）

总排名	单 位	信息发布 / 分	在线办事 / 分	公众参与 / 分	网站管理与设计 / 分	总得分
1	场圃总站	35.5	15.0	2	23.1	75.6
2	科技司	32.0	15.0	2	23.8	72.8
2	信息办	38.5	6.5	2	25.8	72.8
4	造林司	32.0	15.0	2	23.3	72.3
5	濒管办	33.0	15.0	2	21.0	71.0
6	政法司	27.0	14.0	2	25.8	68.8
7	保护司	30.0	15.0	2	21.0	68.0
8	计财司	39.0	4.5	2	21.8	67.3
9	西北院	35.5	5.0	2	24.6	67.1
10	公安局	34.0	4.5	2	26.5	67.0

从全国林业网站信息发布、在线服务、互动交流、网站管理与设计4大模块指标看，网站管理与设计得分率相对较高，省（区、市）林业网站为81.25%，司局和直属单位子站为72.59%。其次是信息发布，省（区、市）林业网站为72.48%，司局和直属单位子站为63.87%；在线服务、互动交流得分率相对偏低，省（区、市）林业网站分别为58%和54.4%，司局和直属单位子站分别为46.72%和22.13%（图18-1）。

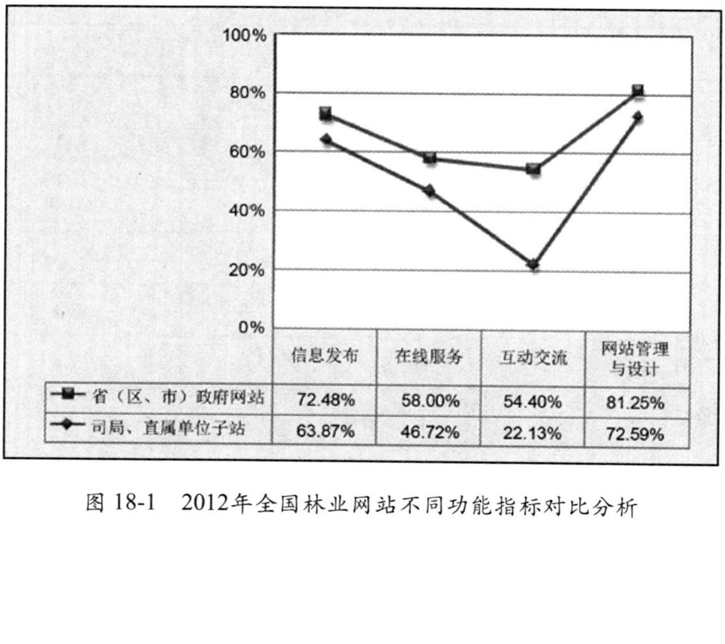

图 18-1 2012年全国林业网站不同功能指标对比分析

二、发展阶段分析

根据评估结果，将网站划分为5个发展阶段，即起步阶段（0≤绩效＜30）、建设阶段（30≤绩效＜60）、发展阶段（60≤绩效＜75）、优秀阶段（75≤绩效＜90）、卓越阶段（90≤绩效≤100）。本次评估的89个网站大部分处于建设和发展阶段，所占比例分别为41.57%和38.20%，处于卓越阶段的为1.13%，处于优秀阶段的为19.10%，网站发展阶段及特征见表18-7。

表 18-7 2012年全国林业网站发展阶段及特征

发展阶段	数量	所占比例	网站特征	省（区、市）	司局和直属单位
卓越阶段（90分以上）	1	1.13%	有内容——更新及时、原创比例大、信息价值高 有服务——整合程度高、服务一体化、易用性好 有人气——访问量大、使用率高、有固定用户群 有品牌——基于自身业务形成用户欢迎的平台 可持续发展——信息高度共享、业务协同力强、持续保持领先、应用不断创新	北京	
优秀阶段（75~90分）	17	19.10%	有风格——网站定位准确、风格成型、鲜明，服务包容性强 有内容——更新及时、信息量大 有服务——服务趋于集成化、人性化 有互动——后台形成整合处理机制，信件处理能力强 有创新——具有地域或行业特色的服务栏目与功能	辽宁、黑龙江上海、江苏、浙江、福建、江西、河南、湖北、湖南、广东、四川、甘肃、大连、宁波、深圳	场圃总站
发展阶段（60~75分）	34	38.20%	有维护——网站各项应用和管理得到规范有效维护 有内容——网站动态信息量较大 有服务——在线办事能力已得到体现 有互动——建立互动渠道但形式单一、处理能力不强	河北、山西、内蒙古、吉林、安徽、山东、广西、云南、陕西、吉林森工、大兴安岭、厦门、青岛、沈阳	科技司、信息办、造林司、濒管办、政法司、保护司、计财司、西北院、公安局、工作总站规划院、基金总站资源司、林科院、治沙办、碳汇基金中动协、昆明院、科技中心、中南院

（续）

发展阶段	数量	所占比例	网站特征	省（区、市）	司局和直属单位
建设阶段（30~60分）	37	41.57%	有信息——信息发布为主要表现形式，但更新量小 有服务——以信息服务为主，服务的广度、深度不够 有渠道——开通互动交流渠道，但互动效果差	天津、海南、重庆、贵州、西藏、青海、宁夏、新疆、内蒙古森工、龙江森工、新疆生产兵团	湿地办、设计院、世行中心、天保办东航中心、花协、林改司、三北局、国际司、南航总站退耕办、竹藤中心林学会、森防总站治沙学会、华东院南京警院、林干院出版社、中绿基、经研中心、人才中心、建设协会、经济林协、宣传办、乌鲁木齐专员办
起步阶段（30分以下）	0	0	有网页——网上已有站点，但无政府网站特征 有信息——以静态信息为主要内容，更新缓慢		
合计	89	100%			

从表18-7可以看出，省（区、市）林业网站多处于优秀阶段及发展阶段，集中度为71.43%，处于建设阶段的为26.19%，其余2.38%进入卓越阶段；司局和直属单位子站多处于发展阶段和建设阶段，集中度为97.87%，其余2.13%进入优秀阶段（图18-2）。

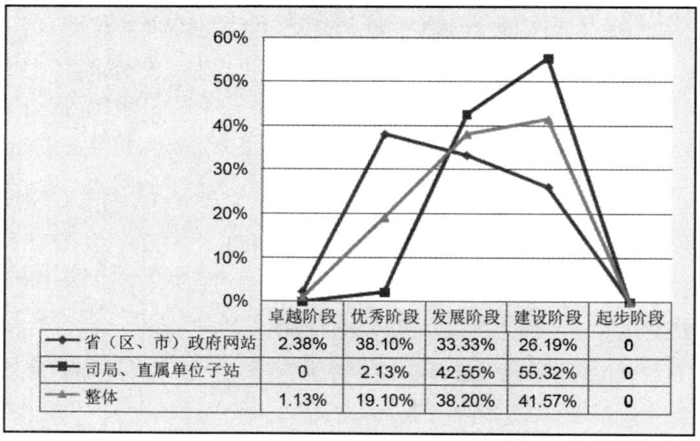

图 18-2　2012年全国林业网站发展阶段对比分析

三、整体特点

（一）总体发展势头良好，质量稳步提升

全国林业网站整体水平、社会认知度和满意度进一步提升。评估的89个网站，平均分达到63.7分，其中1个处于卓越阶段，17个处于优秀阶段，34个处于发展阶段，37个处于建设阶段，整体发展态势良好，涌现出一批业务特色突出、资源整合到位、示范意义较好的优秀网站。

（二）信息公开有序推进，成效逐步彰显

省（区、市）林业网站政务信息公开目录编制和信息发布平台建设完成，政府网站作为政务公开第一平台的作用得到充分发挥。省（区、市）林业网站信息发布得分率为72.48%，各司局和直属单位子站信息公开得分率为63.78%，比2011年明显提高。

（三）公众服务意识增强，服务效果初显

大部分网站根据本单位业务特点，提供了相关服务内容，并具有办事指南、表格下载、在线申报等功能。省（区、市）林业网站服务整合度得分率为60.50%，司局和直属单位子站在线服务得分率为46.72%，网站业务资源集成度明显提高，办事能力和人性化程度进一步提升。

（四）公众参与渠道健全，双向互动活跃

大部分网站设置领导信箱、在线咨询、投诉建议和在线调查等交流渠道，并能够及时解答网友提问，反馈有关意见，回复提交的信件，为广大公众提供一个良好的互动交流平台，提高了参与热情，实现政民良好互动。

（五）建设管理能力增强，组织保障到位

各级林业主管部门不断加大网站建设管理力度，网站建设逐步向实用化、规范化、易用化和集成化方向发展。省（区、市）林业网站的网站管理指标得分率为72.59%，司局和直属单位子站为81.25%，均处于较高水平。组织领导、制度建设和人员保障等指标的得分率均接近100%，为网站建设提供了强大支撑。

第三节 省（区、市、单位）林业网站评估结果分析

一、整体情况分析

（一）网站得分分析

评估结果显示，省（区、市、单位）林业网站平均得分为67.70分，其中最低分与最高分相差近2倍。北京以91.8分位居榜首，湖北、福建、江苏、广东、四川、上海、湖南、甘肃、河南、黑龙江、辽宁排名前10位。80分以上的网站达到15个，占总数的36%。但也有11个网站未达到及格水平，占26.19%（表18-8）。

表 18-8 省（区、市、单位）林业网站综合排名

总排名	单位	总得分（100分）
1	北京	91.8
2	湖北	89.7
3	福建	89.0
4	江苏	88.0
5	广东	86.6
6	四川	86.3
7	上海	85.8
8	湖南	83.6
9	甘肃	83.5
10	河南	83.2
10	黑龙江	83.2
10	辽宁	83.2
13	深圳	82.7
14	浙江	82.3
15	江西	80.8
16	大连	78.6
16	宁波	78.6

（续）

总排名	单位	总得分（100分）
18	安徽	73.1
19	厦门	70.4
20	陕西	70.2
21	云南	65.2
22	沈阳	65.0
22	山东	65.0
24	青岛	64.8
25	广西	64.4
26	山西	63.3
27	吉林	62.9
28	吉林森工	62.0
29	河北	61.9
30	内蒙古	61.5
30	大兴安岭	61.5
32	海南	59.4
33	宁夏	56.9
34	重庆	56.0
35	贵州	51.3
36	青海	49.5
37	龙江森工	45.1
38	新疆	39.8
39	内蒙古森工	37.5
40	天津	34.4
41	西藏	33.1
42	新疆兵团	33.0
平均得分		67.7

（二）发展阶段分析

从发展阶段看，42个省（区、市、单位）林业网站中，1个处于卓越阶段、16个处于优秀阶段、14个处于发展阶段、11个处于建设阶段，分别占总数的2.38%、38.10%、33.33%

和26.19%（图18-3）。

（三）功能指标得分分析

从网站功能指标的得分情况看，网站管理与设计得分率最高，为81.25%；其次是信息发布和在线服务，得分率分别为72.48%和58.00%；而互动交流得分率最低，为54.40%（图18-4）。

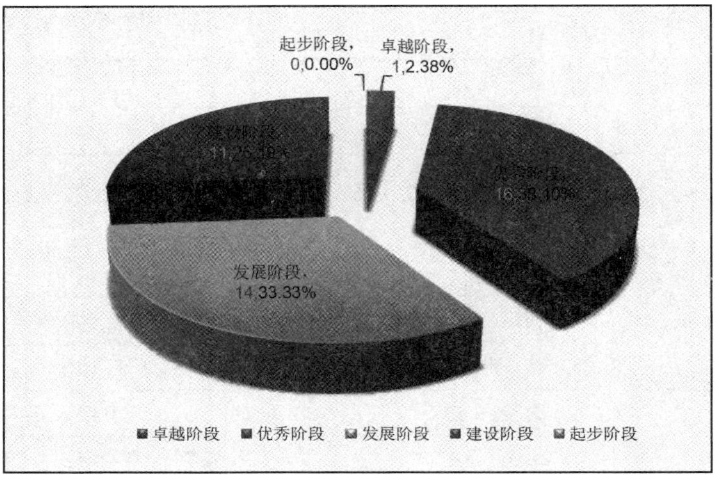

图 18-3　省（区、市、单位）林业网站发展阶段

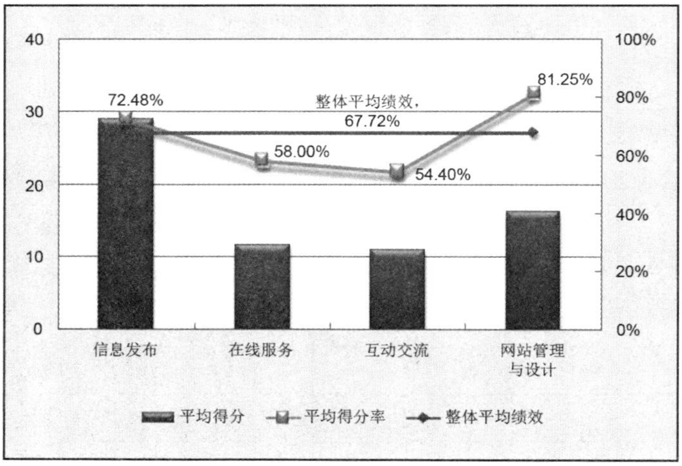

图 18-4　省（区、市、单位）林业网站功能指标得分分析

二、单项指标得分分析

（一）信息发布指标

省（区、市、单位）林业网站信息发布指标平均得分为29分，得分率为72.48%。其中，最高分37.3分，最低分12.6分，相差24.7分。北京、上海、江苏、四川、安徽、深圳信息发布指标成绩较好，位居省（区、市、单位）林业网站信息发布指标前列。新疆兵团、天津、西藏等省（区、市、单位）网站得分率较低，在40%以下（表18-9）。

表 18-9 省（区、市、单位）林业网站信息发布指标排名

指标排名	省（区、市、单位）	指标得分 / 分	得分率
1	北 京	37.3	93.25%
2	上 海	36.3	90.75%
3	江 苏	36.2	90.50%
4	四 川	36.0	90.00%
5	安 徽	35.8	89.50%
5	深 圳	35.8	89.50%
7	江 西	35.6	89.00%
8	广 东	35.5	88.75%
9	湖 南	35.4	88.50%
10	宁 波	35.0	87.50%
11	福 建	34.8	87.00%
12	黑龙江	34.6	86.50%
12	湖 北	34.6	86.50%
14	辽 宁	34.3	85.75%
15	河 南	33.7	84.25%
16	大 连	33.0	82.50%
16	青 岛	33.0	82.50%
18	浙 江	32.0	80.00%
19	甘 肃	31.4	78.50%
20	海 南	31.0	77.50%

（续）

指标排名	省（区、市、单位）	指标得分 / 分	得分率
21	广　西	30.8	77.00%
22	山　东	30.3	75.75%
23	厦　门	30.0	75.00%
24	宁　夏	29.7	74.25%
25	龙江森工	28.7	71.75%
26	河　北	28.5	71.25%
27	吉　林	27.6	69.00%
28	内蒙古	27.5	68.75%
29	大兴安岭	26.7	66.75%
30	沈　阳	26.3	65.75%
31	云　南	25.5	63.75%
32	重　庆	25.2	63.00%
33	山　西	24.0	60.00%
34	陕　西	23.3	58.25%
35	贵　州	22.5	56.25%
36	吉林森工	22.3	55.75%
37	青　海	22.0	55.00%
38	内蒙古森工	18.2	45.50%
39	新　疆	17.5	43.75%
40	新疆兵团	13.9	34.75%
41	天　津	13.3	33.25%
42	西　藏	12.6	31.50%
平均得分		29.0	72.48%

（二）在线服务指标

省（区、市、单位）林业网站在线服务指标平均得分为11.6分，得分率为57.99%。其中，北京、广东、浙江、上海、辽宁、陕西得分率较高。新疆、龙江森工和内蒙古森工得分率较低，在10%以下（表18-10）。

表 18-10 省（区、市、单位）林业网站在线服务指标排名

指标排名	单 位	指标得分 / 分	得分率
1	北 京	20.0	100.00%
1	广 东	20.0	100.00%
1	浙 江	20.0	100.00%
4	湖 北	19.0	95.00%
4	深 圳	19.0	95.00%
6	江 苏	18.5	92.50%
7	福 建	18.0	90.00%
8	大 连	17.8	89.00%
9	上 海	17.5	87.50%
9	辽 宁	17.5	87.50%
11	黑龙江	17.0	85.00%
11	陕 西	17.0	85.00%
11	河 北	17.0	85.00%
14	河 南	16.7	83 50%
15	甘 肃	16.5	82.50%
15	厦 门	16.5	82.50%
17	四 川	15.7	78.50%
18	云 南	13.5	67.50%
19	江 西	13.2	66.00%
19	安 徽	13.2	66.00%
21	湖 南	12.9	64.50%
22	宁 波	11.5	57.50%
22	沈 阳	11.5	57.50%
24	宁 夏	10.2	51.00%
25	山 西	9.2	46.00%
26	海 南	9.0	45.00%
27	青 岛	8.5	42.50%

（续）

指标排名	单 位	指标得分 / 分	得分率
27	吉林森工	8.5	42.50%
29	贵 州	8.2	41.00%
30	山 东	7.5	37.50%
31	广 西	7.2	36.00%
32	吉 林	6.7	33.50%
33	新疆兵团	6.5	32.50%
34	重 庆	6.0	30.00%
35	青 海	4.7	23.50%
35	天 津	4.7	23.50%
37	内蒙古	3.9	19.50%
38	西 藏	3.4	17.00%
39	大兴安岭	2.2	11.00%
40	新 疆	1.0	5.00%
41	龙江森工	0.2	1.00%
42	内蒙古森工	0.0	0.00%
平均得分		11.6	57.99%

（三）互动交流指标

省（区、市、单位）林业网站互动交流指标平均得分为10.9分，得分率为54.40%。其中，四川、湖南、福建、甘肃、江苏、湖北得分率较高，但也有19个网站得分率低于60%（表18-11）。

表 18-11 省（区、市、单位）林业网站互动交流指标排名

指标排名	单 位	指标得分 / 分	得分率
1	四 川	18.0	90.00%
1	湖 南	18.0	90.00%
3	福 建	17.5	87.50%
3	甘 肃	17.5	87.50%
5	江 苏	17.0	85.00%
6	湖 北	16.5	82.50%

（续）

指标排名	单　位	指标得分 / 分	得分率
6	黑龙江	16.5	82.50%
6	大兴安岭	16.5	82.50%
9	宁　波	16.2	81.00%
10	北　京	15.5	77.50%
11	河　南	15.0	75.00%
12	江　西	14.8	74.00%
13	辽　宁	14.0	70.00%
13	陕　西	14.0	70.00%
13	吉林森工	14.0	70.00%
16	广　东	13.0	65.00%
16	吉　林	13.0	65.00%
18	浙　江	12.5	62.50%
18	内蒙古	12.5	62.50%
20	上　海	12.0	60.00%
20	深　圳	12.0	60.00%
20	大　连	12.0	60.00%
20	山　西	12.0	60.00%
24	云　南	11.5	57.50%
25	广　西	11.0	55.00%
25	重　庆	11.0	55.00%
27	沈　阳	10.0	50.00%
27	山　东	10.0	50.00%
29	安　徽	9.5	47.50%
30	厦　门	9.0	45.00%
31	青　海	8.5	42.50%
32	青　岛	8.0	40.00%
33	贵　州	6.0	30.00%
33	新　疆	6.0	30.00%
35	海　南	4.0	20.00%

（续）

指标排名	单　位	指标得分 / 分	得分率
35	内蒙古森工	4.0	20.00%
37	西　藏	3.0	15.00%
38	河　北	2.0	10.00%
38	宁　夏	2.0	10.00%
40	龙江森工	1.5	7.50%
41	天　津	0.0	0.00%
41	新疆兵团	0.0	0.00%
平均得分		10.9	54.40%

（四）网站管理与设计指标

省（区、市、单位）林业网站管理与设计指标平均得分为16.2分，得分率为81.23%，在省（区、市、单位）林业网站一级指标中得分率最高。其中，上海、湖北、北京、福建、广东、甘肃、山西得分率在85%以上（表18-12）。

表18-12　省（区、市、单位）林业网站管理与设计指标排名

指标排名	单　位	指标得分 / 分	得分率
1	上　海	20.0	100.00%
2	湖　北	19.6	98.00%
3	北　京	19.0	95.00%
4	福　建	18.7	93.50%
5	广　东	18.1	90.50%
5	甘　肃	18.1	90.50%
5	山　西	18.1	90.50%
8	河　南	17.8	89.00%
8	浙　江	17.8	89.00%
10	内蒙古	17.6	88.00%
11	辽　宁	17.4	87.00%
12	湖　南	17.3	86.50%
13	江　西	17.2	86.00%
13	沈　阳	17.2	86.00%

（续）

指标排名	单　位	指标得分 / 分	得分率
13	山　东	17.2	86.00%
13	吉林森工	17.2	86.00%
17	四　川	16.6	83.00%
18	天　津	16.4	82.00%
19	江　苏	16.3	81.50%
20	大兴安岭	16.1	80.50%
21	宁　波	15.9	79.50%
21	陕　西	15.9	79.50%
21	深　圳	15.9	79.50%
24	大　连	15.8	79.00%
25	吉　林	15.6	78.00%
26	广　西	15.4	77.00%
26	海　南	15.4	77.00%
28	青　岛	15.3	76.50%
28	新　疆	15.3	76.50%
28	内蒙古森工	15.3	76.50%
31	黑龙江	15.1	75.50%
32	宁　夏	15.0	75.00%
33	厦　门	14.9	74.50%
34	云　南	14.7	73.50%
34	龙江森工	14.7	73.50%
36	贵　州	14.6	73.00%
36	安　徽	14.6	73.00%
38	河　北	14.4	72.00%
39	青　海	14.3	71.50%
40	西　藏	14.1	70.50%
41	重　庆	13.8	69.00%
42	新疆兵团	12.6	63.00%
平均得分		16.2	81.23%

第四节　司局和直属单位子站评估结果分析

一、整体情况分析

（一）网站得分分析

评估结果显示，司局和直属单位子站平均得分59.7分，最高分与最低分相差30.1分。其中，场圃总站以75.60分位居榜首，科技司、信息办、造林司、濒管办、政法司、保护司、计财司、西北院和公安局排名前10位。60分以上的网站21个，占总数的44.7%（表18-13）。

表 18-13　司局和直属单位子站综合排名

总排名	单　位	总得分（100 分）/ 分
1	场圃总站	75.6
2	科技司	72.8
2	信息办	72.8
4	造林司	72.3
5	濒管办	71.0
6	政法司	68.8
7	保护司	68.0
8	计财司	67.3
9	西北院	67.1
10	公安局	67.0
11	工作总站	66.0
12	规划院	65.3
13	基金总站	64.5
14	资源司	64.3
15	林科院	64.0
15	治沙办	64.0
17	碳汇基金	63.8
18	中动协	62.0

（续）

总排名	单　位	总得分（100 分）/ 分
18	昆明院	62.0
18	科技中心	62.0
21	中南院	61.8
22	湿地办	59.0
23	设计院	58.8
24	世行中心	58.6
25	天保办	58.5
26	东航中心	57.5
27	花协	57.1
28	森防总站	57.0
29	林改司	56.8
29	三北局	56.8
31	国际司	56.5
32	南航总站	56.0
33	退耕办	55.8
34	竹藤中心	55.5
35	林学会	55.3
36	治沙学会	54.0
37	华东院	53.5
38	南京警院	53.0
38	林干院	53.0
40	出版社	52.5
41	中绿基	52.3
42	经研中心	51.5
43	人才中心	50.2
44	建设协会	49.8
45	经济林协	46.5
46	宣传办	46.3
47	乌鲁木齐专员办	45.5
平均得分		59.7

（二）发展阶段分析

从发展阶段看，47个司局和直属单位子站1个处于优秀阶段、20个处于发展阶段、26个处于建设阶段，分别占总数的2.13%、42.55%和55.32%（图18-5）。

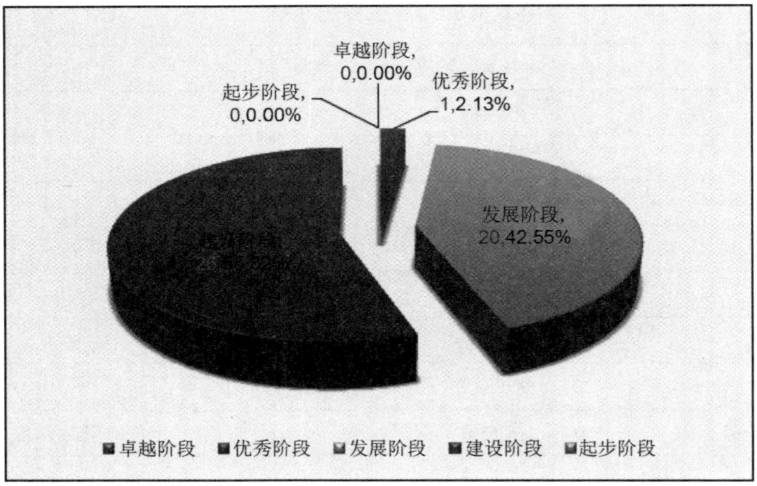

图 18-5 司局和直属单位子站发展阶段

（三）功能指标得分分析

从网站功能指标的得分情况看，网站管理与设计得分率最高，为72.59%，其次是信息发布和在线办事，得分率分别为63.87%和46.72%，而互动交流得分率偏低，为22.13%（图18-6），这与省（区、市、单位）林业网站情况相同。

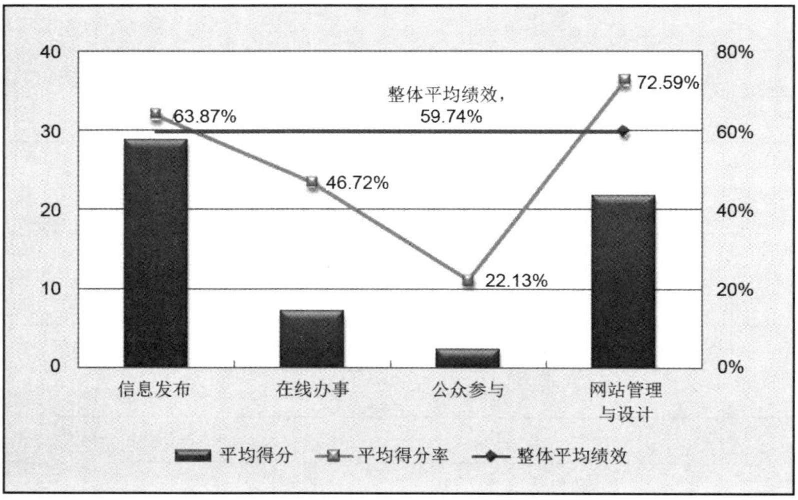

图 18-6 司局和直属单位子站功能指标得分分析

二、单项指标得分分析

（一）信息发布指标

司局和直属单位子站信息发布指标平均得分为28.7分，得分率为63.87%。其中，计财司、信息办得分较高，得分率达到了85%；其次是场圃总站、西北院等子站。但也有17个子站的信息发布指标得分率不足60%（表18-14）。

表 18-14　司局和直属单位子站信息发布指标排名

指标排名	单　位	指标得分 / 分	得分率
1	计财司	39.0	86.67%
2	信息办	38.5	85.56%
3	场圃总站	35.5	78.89%
3	西北院	35.5	78.89%
5	规划院	34.5	76.67%
6	公安局	34.0	75.56%
7	濒管办	33.0	73.33%
8	昆明院	32.5	72.22%
8	中南院	32.5	72.22%
10	科技司	32.0	71.11%
10	造林司	32.0	71.11%
12	林科院	31.7	70.44%
13	工作总站	31.5	70.00%
13	设计院	31.5	70.00%
15	中动协	31.0	68.89%
15	森防总站	31.0	68.89%
17	基金总站	30.5	67.78%
17	世行中心	30.5	67.78%
19	保护司	30.0	66.67%
20	碳汇基金	29.0	64.44%
21	东航中心	28.5	63.33%
21	南航总站	28.5	63.33%
21	林学会	28.5	63.33%

（续）

指标排名	单　位	指标得分 / 分	得分率
24	竹藤中心	28.2	62.67%
25	林改司	28.0	62.22%
25	中绿基	28.0	62.22%
27	治沙办	27.5	61.11%
27	治沙学会	27.5	61.11%
29	政法司	27.0	60.00%
29	花　协	27.0	60.00%
31	天保办	26.5	58.89%
31	三北局	26.5	58.89%
31	退耕办	26.5	58.89%
34	湿地办	26.0	57.78%
35	国际司	25.7	57.11%
36	华东院	25.5	56.67%
36	南京警院	25.5	56.67%
36	出版社	25.5	56.67%
36	经研中心	25.5	56.67%
40	资源司	25.0	55.56%
41	林干院	24.5	54.44%
41	建设协会	24.5	54.44%
43	科技中心	24.0	53.33%
44	宣传办	22.5	50.00%
45	人才中心	22.2	49.33%
46	经济林协	21.5	47.78%
47	乌鲁木齐专员办	19.0	42.22%
平均得分		28.7	63.87%

（二）在线办事指标

司局和直属单位子站在线办事指标平均得分为7分，得分率为46.72%。其中，场圃总站、濒管办、科技司、造林司、保护司、治沙办、资源司、科技中心和政法司9个子站在国家林业局在线审批系统上提供了相关办事事项，得分率较高（表18-15）。

表 18-15 司局和直属单位子站在线办事指标排名

指标排名	单 位	指标得分 / 分	得分率
1	场圃总站	15.0	100.00%
1	濒管办	15.0	100.00%
1	科技司	15.0	100.00%
1	造林司	15.0	100.00%
1	保护司	15.0	100.00%
1	治沙办	15.0	100.00%
1	资源司	15.0	100.00%
1	科技中心	15.0	100.00%
9	政法司	14.0	93.33%
10	森防总站	8.0	53.33%
11	工作总站	7.0	46.67%
12	信息办	6.5	43.33%
12	规划院	6.5	43.33%
12	昆明院	6.5	43.33%
12	设计院	6.5	43.33%
12	人才中心	6.5	43.33%
17	中动协	5.5	36.67%
17	基金总站	5.5	36.67%
17	世行中心	5.5	36.67%
17	天保办	5.5	36.67%
17	三北局	5.5	36.67%
17	华东院	5.5	36.67%
17	出版社	5.5	36.67%
24	西北院	5.0	33.33%
24	碳汇基金	5.0	33.33%
26	中南院	4.7	31.33%
26	治沙学会	4.7	31.33%
28	计财司	4.5	30.00%

（续）

指标排名	单　位	指标得分 / 分	得分率
28	公安局	4.5	30.00%
28	林科院	4.5	30.00%
28	东航中心	4.5	30.00%
28	南航总站	4.5	30.00%
28	林学会	4.5	30.00%
28	竹藤中心	4.5	30.00%
28	林改司	4.5	30.00%
28	中绿基	4.5	30.00%
28	花　协	4.5	30.00%
28	退耕办	4.5	30.00%
28	湿地办	4.5	30.00%
28	国际司	4.5	30.00%
28	南京警院	4.5	30.00%
28	经研中心	4.5	30.00%
28	林干院	4.5	30.00%
28	建设协会	4.5	30.00%
28	宣传办	4.5	30.00%
28	经济林协	4.5	30.00%
28	乌鲁木齐专员办	4.5	30.00%
平均得分		7.0	46.72%

（三）公众参与指标

司局和直属单位子站公众参与指标得分普遍偏低，平均分为2.2分，得分率为22.13%，在一级指标中得分率最低（表18-16）。

表 18-16　司局和直属单位子站公众参与指标排名

指标排名	单　位	指标得分 / 分	得分率
1	碳汇基金	9.0	90.00%
2	工作总站	5.0	50.00%
3	湿地办	4.0	40.00%

（续）

指标排名	单 位	指标得分 / 分	得分率
4	场圃总站	2.0	20.00%
4	濒管办	2.0	20.00%
4	科技司	2.0	20.00%
4	造林司	2.0	20.00%
4	保护司	2.0	20.00%
4	治沙办	2.0	20.00%
4	资源司	2.0	20.00%
4	科技中心	2.0	20.00%
4	政法司	2.0	20.00%
4	信息办	2.0	20.00%
4	规划院	2.0	20.00%
4	昆明院	2.0	20.00%
4	设计院	2.0	20.00%
4	人才中心	2.0	20.00%
4	中动协	2.0	20.00%
4	基金总站	2.0	20.00%
4	世行中心	2.0	20.00%
4	天保办	2.0	20.00%
4	三北局	2.0	20.00%
4	华东院	2.0	20.00%
4	出版社	2.0	20.00%
4	西北院	2.0	20.00%
4	中南院	2.0	20.00%
4	治沙学会	2.0	20.00%
4	计财司	2.0	20.00%
4	公安局	2.0	20.00%
4	林科院	2.0	20.00%
4	东航中心	2.0	20.00%
4	南航总站	2.0	20.00%

（续）

指标排名	单　位	指标得分 / 分	得分率
4	林学会	2.0	20.00%
4	竹藤中心	2.0	20.00%
4	林改司	2.0	20.00%
4	中绿基	2.0	20.00%
4	花　协	2.0	20.00%
4	森防总站	2.0	20.00%
4	退耕办	2.0	20.00%
4	国际司	2.0	20.00%
4	南京警院	2.0	20.00%
4	经研中心	2.0	20.00%
4	林干院	2.0	20.00%
4	建设协会	2.0	20.00%
4	宣传办	2.0	20.00%
4	经济林协	2.0	20.00%
4	乌鲁木齐专员办	2.0	20.00%
平均得分		2.2	22.13%

（四）网站管理与设计指标

司局和直属单位子站管理与设计指标得分相对较高，平均分21.8分，得分率72.59%，得分率在80%以上的子站有9个，60%以上的子站44个。其中，基金总站、公安局子站并列第一，得分率为88.33%（表18-17）。

表18-17　司局和直属单位子站管理与设计指标排名

指标排名	单　位	指标得分 / 分	得分率
1	基金总站	26.5	88.33%
1	公安局	26.5	88.33%
3	政法司	25.8	86.00%
3	信息办	25.8	86.00%
3	林科院	25.8	86.00%
6	西北院	24.6	82.00%

（续）

指标排名	单　位	指标得分 / 分	得分率
7	湿地办	24.5	81.67%
7	天保办	24.5	81.67%
9	国际司	24.3	81.00%
10	科技司	23.8	79.33%
11	花协	23.6	78.67%
12	中动协	23.5	78.33%
13	造林司	23.3	77.67%
14	场圃总站	23.1	77.00%
1	三北局	22.8	76.00%
15	退耕办	22.8	76.00%
17	中南院	22.6	75.33%
18	工作总站	22.5	75.00%
18	东航中心	22.5	75.00%
20	资源司	22.3	74.33%
20	规划院	22.3	74.33%
20	林改司	22.3	74.33%
23	林干院	22.0	73.33%
24	计财司	21.8	72.67%
25	濒管办	21.0	70.00%
25	保护司	21.0	70.00%
25	科技中心	21.0	70.00%
25	昆明院	21.0	70.00%
25	南航总站	21.0	70.00%
25	南京警院	21.0	70.00%
31	碳汇基金	20.8	69.33%
31	竹藤中心	20.8	69.33%
33	世行中心	20.6	68.67%
34	华东院	20.5	68.33%

（续）

指标排名	单　位	指标得分 / 分	得分率
35	林学会	20.3	67.67%
36	乌鲁木齐专员办	20.0	66.67%
37	治沙学会	19.8	66.00%
38	治沙办	19.5	65.00%
38	人才中心	19.5	65.00%
38	出版社	19.5	65.00%
38	经研中心	19.5	65.00%
42	设计院	18.8	62.67%
42	建设协会	18.8	62.67%
44	经济林协	18.5	61.67%
45	中绿基	17.8	59.33%
46	宣传办	17.3	57.67%
47	森防总站	16.0	53.33%
平均得分		21.8	72.59%

第五节　专题子站评估结果分析

一、评估结果

中国林业网专题子站群包括森林公园子站群（21个子站）、国家林场子站群（21个子站）、种苗基地子站群（20个子站）、自然保护区子站群（22个子站）共84个网站，建立在中国林业网统一平台上。开通运行以来，网站栏目建设与运维管理不断加强，信息内容不断丰富，服务能力不断增强，是各类单位展示形象的主窗口，是用户获取信息的主渠道，也对中国林业网的发展起到了一定的支撑作用。

由于各站群均采用统一模板建设，在网站风格、栏目架构、页面布局及功能方面基本一致。所以本次评估主要从信息更新量、更新频度、访问量3个方面进行评估。排在各专题子站群前2位的分别是①森林公园子站群：福州国家森林公园、重庆仙女山国家森林公园；

②国有林场子站群：广西国有高峰林场、河北木兰围场国有林场；③种苗基地子站群：福建洋口林场国家杉木良种基地、中国林科院亚热带林业实验中心油茶良种基地；④自然保护区子站群：陕西太白山国家级自然保护区、陕西牛背梁国家级自然保护区。

二、站群分析

专题子站群初具规模，栏目与页面设计合理，用户获取信息便捷，实用性强。内容持续更新，并能够结合业务特点和本单位实际情况提供相关服务内容，访问量不断提高。

但由于专题子站群建设时间短，整体发展不均衡，差异较明显。部分子站信息更新量少，更新频率低且信息种类不丰富，网站整体水平有待进一步提升。

三、各专题子站分类分析

本次评估主要对更新频率较高的栏目信息量、网站访问量及信息更新频率进行评估，具体如下。

（一）森林公园子站

森林公园子站各单位信息更新较少，更新频率较低。更新较好的“热点新闻”栏目，最高信息量不足50条。其中，更新最好的是福州国家森林公园和重庆仙女山国家森林公园，分别为37条和32条。除福州、仙女山、九龙江和九寨国家森林公园外，多数网站信息仅更新到2011年。各网站访问量均不高，访问量最高在1万次以上，大多数在1万以下（表18-18）。

表 18-18 森林公园子站相关数据统计

单位名称	信息更新量 / 条	访问量 / 人次	更新频率
九寨国家森林公园	14	11 820	慢
太岳山国家森林公园	20	4706	一般
铜钹山国家森林公园	10	4081	一般
福州国家森林公园	37	6046	一般
九龙江国家森林公园	20	14 517	一般
仙女山国家森林公园	32	5837	一般
雪乡国家森林公园	27	5926	一般
茅兰沟国家森林公园	9	3254	慢
米仓山国家森林公园	10	4647	慢
九龙山国家森林公园	9	3435	慢
百里杜鹃国家森林公园	9	3878	慢

（续）

单位名称	信息更新量 / 条	访问量 / 人次	更新频率
竹乡国家森林公园	14	3802	慢
神农架国家森林公园	8	4958	慢
措普国家森林公园	10	3616	慢
新丰江国家森林公园	8	2710	慢
西双版纳国家森林公园	8	4704	慢
吊罗山国家森林公园	8	6475	慢
云台山国家森林公园	8	4680	慢
旗山国家森林公园	8	3583	慢
拉法山国家森林公园	10	3737	慢
额济纳胡杨国家森林公园	9	3012	慢

（二）国有林场子站

国有林场子站各单位信息更新情况相对较好，访问人次相对较高。更新较好“信息动态”栏目，最高信息量167条，广西国有高峰林场和河北木兰围场更新量都在100条以上。其他网站的信息在2012年也都持续更新，仅两个网站更新到2011年（表18-19）。

表 18-19　国有林场子站相关数据统计

单位名称	信息更新量 / 条	访问量 / 人次	更新频率
河北省塞罕坝机械林场	60	20 059	快
河北省木兰围场国有林场	145	7571	快
河北省滦平县巴克什营林场	1	2251	慢
山西省中条山国有林管理局	42	6054	一般
山西省吕梁山国有林管理局	34	5555	一般
山西省吉县国营红旗林场	11	2798	慢
内蒙古自治区兴安盟五岔沟林业局	16	3438	慢
内蒙古自治区呼伦贝市巴林林业局	71	4983	快
内蒙古自治区呼伦贝市免渡河林业局	55	7855	快
内蒙古自治区克什克腾旗桦木沟林场	9	3735	慢
江苏省常熟市虞山林场	24	7409	一般
安徽省黄山市黄山区黄山公益林场	64	6180	快

（续）

单位名称	信息更新量 / 条	访问量 / 人次	更新频率
山东省淄博市原山林场	8	6947	慢
湖南省黄丰桥国有林场	45	10 969	一般
广西壮族自治区国有高峰林场	167	19 167	快
广西壮族自治区国有七坡林场	38	12 893	一般
广西壮族自治区天峨县国营林朵林场	0	3355	慢
贵州省龙里林场	21	5133	一般
甘肃省白龙江林业管理局洮河林业局治力关林场	38	6410	一般
甘肃省小陇山林业实验局党川林场	69	17 134	快
甘肃省庆阳市合水林业总场连家砭林场	4	4745	慢

（三）种苗基地子站

种苗基地子站各单位信息更新较少，更新频率不高。更新较好的“最新要闻”栏目，最高信息量不足80条，福建省洋口林场国家杉木良种基地信息量最大，其他单位都在50条以下。多数网站信息仅更新到2011年，只有中国林科院亚热带林业实验中心油茶良种基地，吉林省汪清林业局国家红松、云杉良种基地，福建省漳平市五一林场国家马尾松良种基地等7个网站在2012年进行了持续更新（表18-20）。

表 18-20　种苗基地子站相关数据统计

单位名称	信息更新量 / 条	访问量 / 人次	更新频率
中国林科院亚热带林业实验中心油茶良种基地	15	10 529	慢
河北省沧县国家枣树良种基地	10	5561	慢
山西省吕梁林管局上庄国家油松良种基地	5	4692	慢
辽宁省清原县大孤家林场国家落叶松良种基地	7	3057	慢
吉林省汪清林业局国家红松、云杉良种基地	14	4018	慢
黑龙江省林口县青山国家落叶松良种基地	8	3001	慢
江苏省泗洪县陈圩林场国家杨树良种基地	8	3390	慢
浙江省淳安县姥山林场国家马尾松良种基地	13	3026	慢
福建省洋口林场国家杉木良种基地	79	15 038	快
福建省漳平市五一林场国家马尾松良种基地	11	4367	慢
山东省冠县国有苗圃国家杨树良种基地	8	4793	慢

（续）

单位名称	信息更新量 / 条	访问量 / 人次	更新频率
河南省郏县国有林场国家侧柏良种基地	1	2768	慢
湖南省浏阳市国家油茶良种基地	4	6199	慢
广东省台山市红岭国家湿地松杂交松良种基地	11	4782	慢
广西壮族自治区东门林场国家桉树良种基地	8	5523	慢
贵州省黎平县东风林场国家杉木良种基地	10	3480	慢
陕西省桥山林业局国家油松良种基地	6	2973	慢
宁夏回族自治区中宁县国家枸杞良种基地	9	3051	慢
新疆维吾尔自治区阿克苏实验林场国家核桃枣树良种基地	6	4121	慢
大兴安岭国家樟子松、落叶松良种基地	9	4211	慢

（四）自然保护区子站

自然保护区子站各单位信息更新情况在4类子站中最好，最高信息量达到322条。陕西牛背梁、太白山、长青，四川卧龙等国家级自然保护区都更新量都在100条以上。多数网站信息更新到了2012年（表18-21）。

表 18-21　自然保护区子站相关数据统计

单位名称	信息更新量 / 条	访问量 / 人次	更新频率
江西省井冈山国家级自然保护区	89	无	快
广东省南岭国家级自然保护区	10	无	慢
广东省车八岭国家级自然保护区	8	无	慢
广东省象头山国家级自然保护区	9	无	慢
广东省内伶仃岛 - 福田自然保护区	10	无	慢
广东省湛江红树林国家级自然保护区	21	无	一般
四川省卧龙国家级自然保护区	149	无	快
四川省蜂桶寨国家级自然保护区	39	无	一般
四川省龙溪 - 虹口国家级自然保护区	55	无	快
四川省美姑大风顶国家级自然保护区	25	无	一般
陕西省长青国家级自然保护区	108	无	快
陕西省佛坪国家级自然保护区	13	无	慢
陕西省太白山国家级自然保护区	198	无	快

（续）

单位名称	信息更新量/条	访问量/人次	更新频率
陕西省青木川国家级自然保护区	7	无	慢
陕西省桑园国家级自然保护区	4	无	慢
陕西省牛背梁国家级自然保护区	322	无	快
广东省珠海淇澳-担杆岛自然保护区	11	无	慢
四川省瓦屋山自然保护区	14	无	慢
广东省英德石门台自然保护区	11	无	慢
广东省海丰鸟类自然保护区	12	无	慢
广东省曲江罗坑自然保护区	12	无	慢
广东省龙门南昆山自然保护区	8	无	慢

第六节 内网应用评估结果分析

国家林业局内网构建在国家林业局信息化基础平台之上，依托国家林业局基础平台提供的安全支撑，对整个内网门户系统进行统一用户管理。通过集成国家林业局内网办公业务系统和各专有业务系统，提高国家林业局内部办公效率，节省办公经费，实现办公业务系统与现有电子公文交换系统的无缝集成。

内网包括信息管理发布平台、前台展现和系统集成3大部分。信息管理发布平台即后台管理系统；前台展现即办公平台、信息平台、学习平台、生活平台、交流平台等5大平台；系统集成包括综合办公系统、空间信息展示系统、林业专家系统、树木百科查询系统、即时通信系统、内部邮件系统、信息共享查询系统、资源目录系统、统一用户管理系统和内外网文档交换系统等。

2012年5月，根据各单位的需求对内网进了栏目优化。优化更新后的内网，栏目布局更加合理，信息内容更加丰富，重要信息更加突出，进一步增加了内网的使用率和吸引力，满足了院内全体职工、院外直属单位及36个省级林业部门工作人员工作、学习和交流的需要，加快了林业行业行政办公电子化、文件传输网络化、办事办会便捷化、综合管理信息化的发展步伐。

为认真总结内网应用工作，进一步推进全局范围乃至全系统的应用，对2012年内网应用情况进行评估，具体如下。

一、办公平台

办公平台是国家林业局各司局、各直属单位办文、办会、办事的重要平台。2012年，共办理收文、发文、签报、建议提案共28 261件，数据量110GB。应用前10名的单位分别是办公室、计财司、信息办、科技司、保护司、公安局（防火办）、场圃总站、造林司、资源司、科技中心、林改司（并列）。

二、信息平台

信息平台是国家林业局内部信息发布的重要平台，设有领导讲话、内部要闻、内部文件、内部简报等20多个栏目，2012年共发布内部信息5946条。信息发布总数前5名单位分别是办公室、信息办、计财司、人事司、林改司。

三、学习平台

学习平台是全局职工内部在线学习的重要网络资源，设有时政分析、业务学习、金融发展、热点追踪、电子大讲堂、电子图书馆、电子阅览室等12个栏目，购置了大量有学习价值的文献资料和电子图书期刊。2012年共上传学习资料45 504件。应用总数前5名单位分别是信息办、规划院、濒管办、计财司、资源司。

四、生活平台

生活平台的开设，丰富了内部职工生活，增强了内网应用热情。设有生活时尚、理财之道、情趣爱好、旅游风情、数字电影院、数字音乐厅等12个栏目。2012年全年共加载各类生活信息2016条，信息发布前5名单位分别是信息办、濒管办、计财司、公安局、场圃总站。

五、交流平台

交流平台以林业论坛和司局专区为主。2012年全年共开展内部交流1369人次。大多数司局将内部工作总结、简报、资料等加载到内部专区，供本单位职工学习浏览和下载运用，发挥了很好的交流作用。据初步统计，全年共加载各类信息3100条。其中，前5名单位分别是信息办、科技中心、造林司、基金总站、规划院。

第七节　优秀网站点评

一、省（区、市）林业网站

（一）首都园林绿化政务网

首都园林绿化政务网在此次评测中总得分91.80分，在省（区、市）林业网站中位居榜首，整体建设情况良好。突出特点是对办事事项进行了有效分类，在网站中开辟“公共服务”栏目（图18-7），并整合了网上申报、办事指南、表格下载、办事结果查询等一体化服务流程，且在办事指南页面设置检索功能，公众可根据相关条件搜索办事事项，方便快捷，用户体验效果好（图18-8）。

图 18-7　首都园林绿化政务网

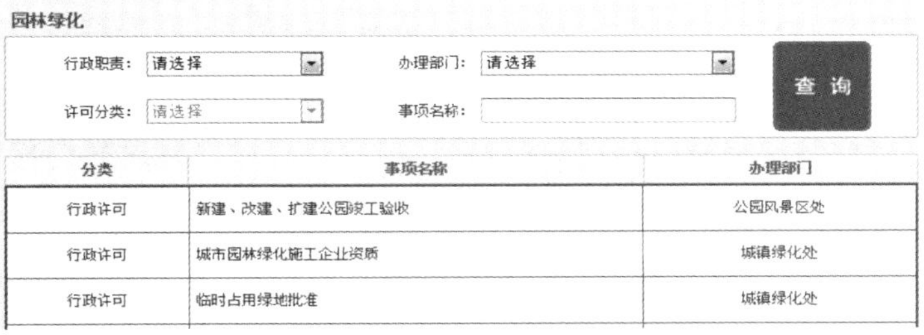

图 18-8　首都园林在线办事指南

（二）湖北省林业厅网站

湖北省林业厅网站总得分89.70分，在省（区、市）林业网站中排名第二。突出特点：一是开辟了“网上办事大厅”（图18-9），根据实际办事场景设置了导航，并提供办事指南、表格下载、在线申报、状态查询、办理情况发布等服务，用户足不出户即可办理相关事项；二是提供湖北省森林火险气象等级指数预报，每日进行更新，提前告知公众火险气象等级及每一等级的危险程度，并提供了相应的防护措施（图18-10）。

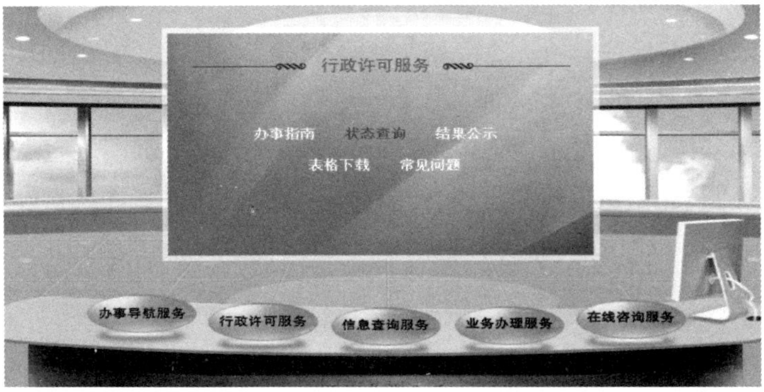

图 18-9　湖北省林业厅网上办事大厅

湖北省森林火险等级指数

等级	危险程度	易燃程度	蔓延程度	森林火险天气指数	对策建议
1	无危险	不能燃烧	不能蔓延	≤20	不会发生火灾，勿需警戒
2	低危险	难以燃烧	难以蔓延	21～40	一般不会发生火灾，若有则一般为火警
3	中危险	较易燃烧	较易蔓延	41～60	可能发生火灾，有时会发生大火，应发警报，采取一定预防措施
4	高危险	容易燃烧	容易蔓延	61～80	易发生火灾，常常会发生大火，应发警报，采取有效的防火、灭火措施

图 18-10　湖北省林业厅森林防火等级

（三）福建省林业厅网站

福建省林业厅网站总得分89.00分，在省（区、市）林业网站中排名第三。本站在首页设有“快速通道”栏目（图18-11），按照种植户、养殖户、经营加工户对用户进行了分类，提供符合用户需求的信息和服务，体现了以人为本的服务理念（图18-12）。

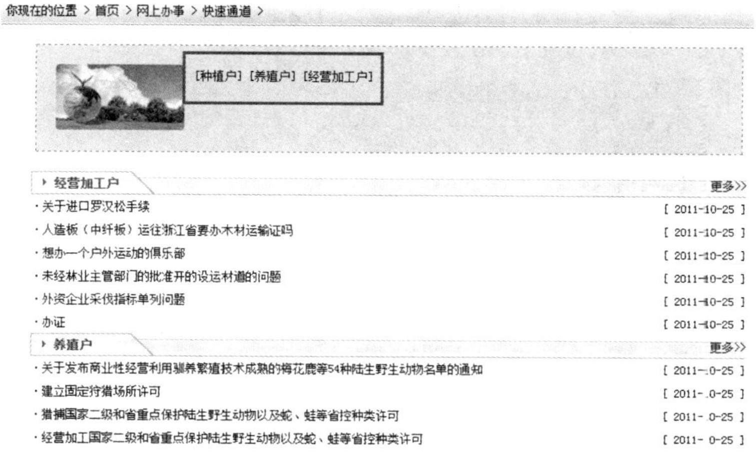

图 18-11　福建省林业厅快速通道

图 18-12　福建省林业厅经营加工户

（四）江苏省林业局网站

江苏省林业局网站总得分88分，在省（区、市）林业网站中排名第四（图18-13）。本站开通了局长信箱、在线调查、意见征集、热点评议、在线直播、咨询投诉等多个栏目，互动渠道丰富，实用性强。针对信箱渠道添加了来信说明，方便公众准确使用该渠道。各渠道信息回复时效性强、质量高，提高了公众互动交流的积极性，为加强政民互动、汇集民智民意、提供舆情参考提供了良好的平台。

图 18-13　江苏省林业局网站

（五）广东林业网

广东林业网总得分86.6分，在省（区、市）林业网站中排名第五。本站在首页设置邮件订阅及RSS订阅服务功能（图18-14），根据用户的需求和喜好采用推送方式提供信息和服务（图18-15），体现了政府网站“以人为本”的服务宗旨，并有英文版、纯文字版、手机版等网站满足不同用户群体需求。

图 18-14　广东林业网

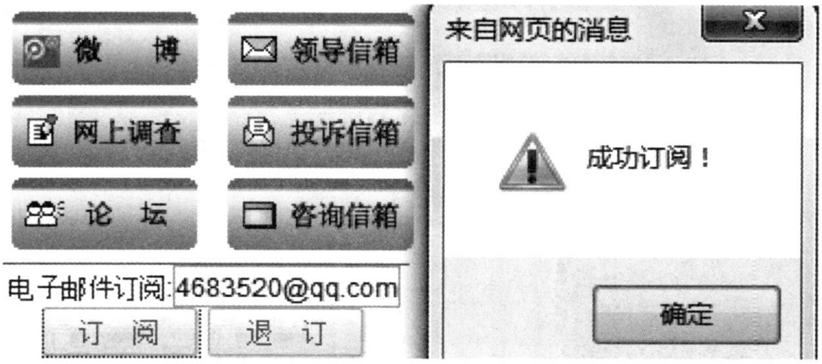

图 18-15　广东林业网多种订阅方式

（六）四川省林业厅网站

四川省林业厅网站总得分86.30分，在省（区、市）林业网站中排名第六。本站开设了“特别专题”栏目（图18-16），围绕本单位重大事件及公众关注的热点话题发布了丰富的专题信息，供公众参考学习，值得其他网站学习借鉴（图18-17）。

图 18-16　四川省林业厅“特别专题”栏目

图 18-17 四川省林业厅生态文明建设专题

（七）上海市林业局网站

上海市林业局网站总得分85.80分，在省（区、市）林业网站中排名第七。本站以用户为中心，以服务为导向，整合本单位职能相关的服务信息及查询服务。信息服务整合到位且内容丰富，查询功能便捷实用，体现了服务型政府形象（图18-18和图18-19）。

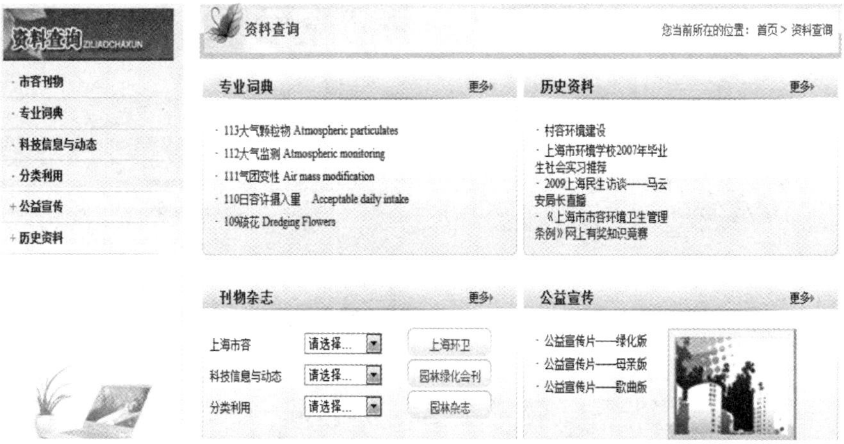

图 18-18 上海市林业局资料查询

图 18-19 上海市林业局查询服务

（八）湖南林业信息网

湖南林业信息网总得分83.60分，在省（区、市）林业网站中排名第八。本站按照三湘林情、林业动态、林改信息、通知公告、实用技术、市场信息、领导讲话等类别对动态信息进行了有效分类，且各栏目信息更新及时，为广大用户及时获取所需信息提供了便捷服务，真正体现了网站“以用户为中心”的服务理念（图18-20）。

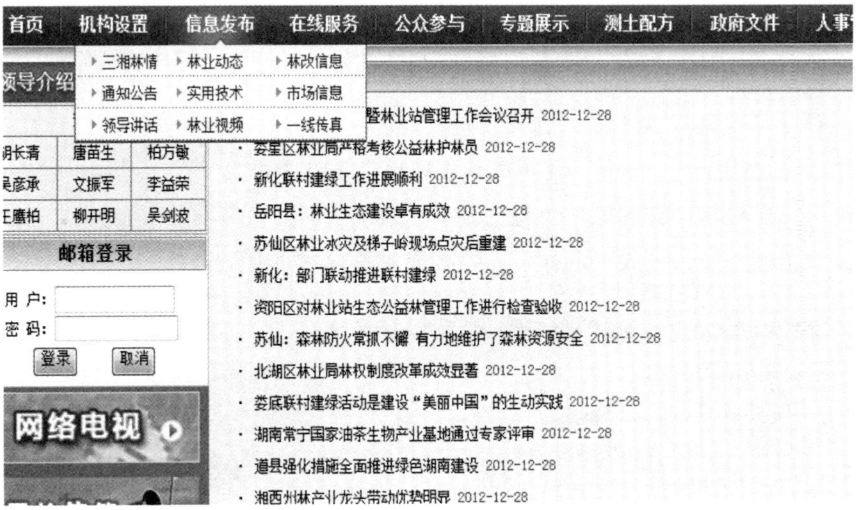

图 18-20 湖南林业信息网

二、司局和直属单位子站

（一）场圃总站子站

场圃总站子站总得分75.6分，在司局和直属单位子站中位居榜首，整体建设情况良好。突出特点是网站建设了“国家种苗交易市场价格行情”专栏，按树种、规格、数量、单价、日期、市场等提供各种苗木交易价格行情，信息发布量大、更新及时，让用户足不出户就能及时地了解最新行情（图18-21）。

图 18-21　场圃总站网站

（二）科技司子站

科技司子站总得分为72.8分，在司局和直属单位子站中排名第二。其中，“在线办事”单项指标得分位居榜首，在国家林业局在线审批系统上提供了多项办事服务。网站设有热点专题栏目，对全国林业科技成果进行了集中展示（图18-22和图18-23）。

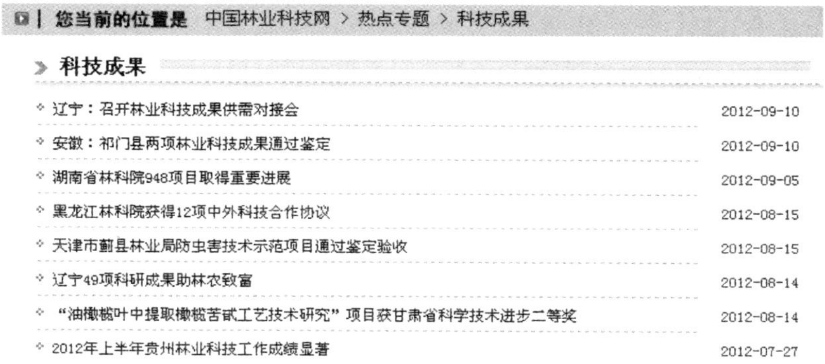

图 18-22　科技司子站“热点专题”栏目

图 18-23 科技司子站网站专题

（三）信息办子站

信息办子站总得分72.8分，在司局和直属单位子站中排名并列第二。网站信息丰富、发布及时、更新频率高，能够及时、主动地公开本单位的基本概况，包括领导简介、组织机构等（图18-24）；对公众关注的法规政策、发展规划、项目成果、业务信息公开全面；针对重大活动和事件开设了10多个专题，且内容丰富，形式新颖，访问量高（图18-25）。

图 18-24 信息办网站

图 18-25　信息办网站专题

（四）造林司子站

造林司子站总得分72.3分，在司局和直属单位子站中排名第四。其中，"在线办事"单项指标得分位居榜首，在国家林业局在线审批系统提供了多项办事服务。此外，本站信息发布情况较好，业务工作、法规政策、项目成果等信息发布频率高、时效性强，专题建设内容丰富、效果好（图18-26）。

图 18-26　造林司网站

（五）濒管办子站

濒管办子站总得分71分，在司局和直属单位子站中排名第五。其中，“在线办事”单项指标得分位居榜首，在国家林业局在线审批系统上提供了多项办事服务。网站设有“为您服务”栏目，对濒危物种进行了详细介绍，包括名字、类名、所属纲、所属目、分布、进出口有关的法律、法规、产品的鉴别等，为用户获取相关信息提供了便捷服务（图18-27和图18-28）。

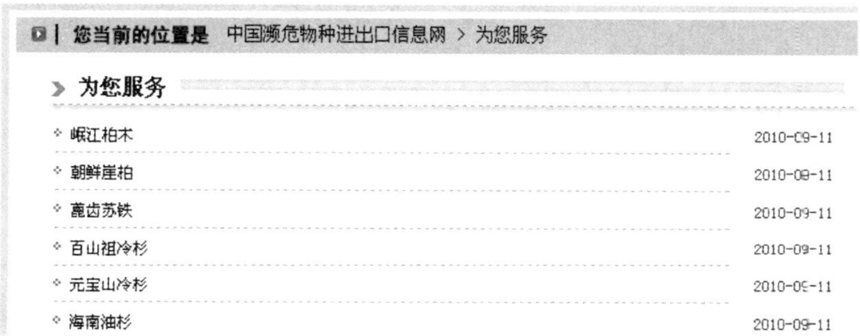

图 18-27 濒管办子站“为您服务”栏目

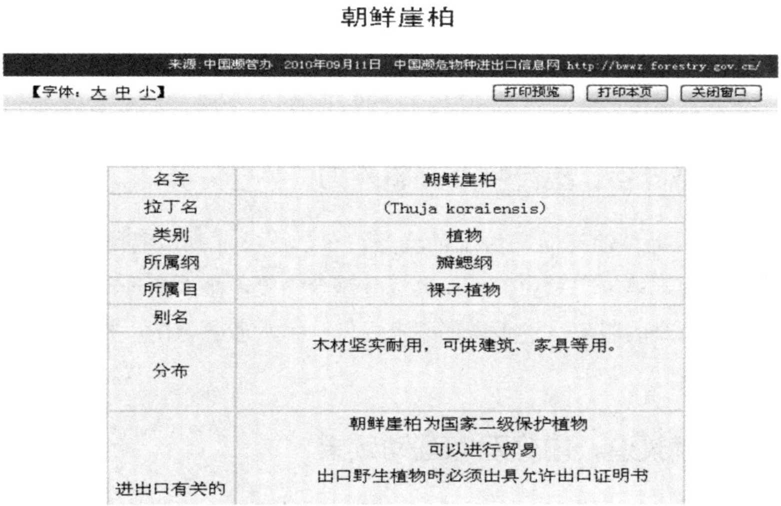

图 18-28 濒管办子站濒危物种介绍

第八节　工作建议

从评估结果看，全国林业网站建设和管理水平比2011年有了明显提升，在推进政府信息公开、强化政务服务和加强政民互动，建设透明型、服务型、民主型政府中发挥了重要作用。但网站得分差距较大，整体发展不平衡，部分网站处于建设阶段，仍需采取针对性措施不断完善提高。结合评估结果，提出如下建议。

一、规范网站建设，提升网站整体水平

尽快出台相关文件，如《关于全面加快林业信息化发展的若干指导意见》和《关于加强网站管理和信息安全工作的若干意见》等，明确网站在功能定位、内容保障、技术应用、运维管理等方面的要求，规范和指导全国林业网站建设，提高网站整体水平。

二、加强信息发布，注重关键信息公开

根据政府网站发展要求，制定完整的信息公开目录，发布信息公开指南，提供依申请公开在线受理渠道，建立完善的信息发布管理机制。加大计划规划、财政信息、统计数据、政策解读等关键信息的公开力度，确保内容的准确性、及时性、有效性。充分挖掘有价值信息资源，满足社会公众需求。

三、完善服务内容，提高网上办事能力

政府网站已经由提供信息向提供服务转变，在线服务成为政府网站建设的核心内容。各级林业网站应结合本单位实际业务，加大资源整合力度，全面梳理业务事项，完善服务框架，开展对企业和公众的服务，逐步增加服务内容、扩大服务范围、提高服务质量，提供网上“一站式”服务。

四、健全交流渠道，增强双向互动效果

林业网站互动交流整体薄弱，应不断加强互动栏目建设，提供多样化的互动渠道，如在线咨询、民意征集、网上调查、在线访谈等，并不断提高其应用程度。同时建立健全互动交流机制，注重反馈时效和质量，切实保障公众权利，不断提升互动效果。

五、采取多项措施，实现网站科学管理

网站建设是一项庞大、复杂的系统工程，涉及面广、资源整合难度大，建立有序、高效的组织与协同机制对于政府网站健康发展至关重要。应不断加强各级领导机构和组织体系建设，加强资源共享和业务协同，加强网站安全管理，加大网站建设和管理人员培训力度，制定相应奖励机制，大胆使用各种新兴技术，全面创新网站管理，提高网站建设水平。

附 录

一、2012年中国信息化大事记

1月9日

全国林业信息化工作座谈会暨信息办成立三周年总结会召开，国家林业局信息办正式发布《中国林业信息化发展战略研究》成果。

2月3日

组织开展2011年全国林业信息化发展水平评测工作。

2月20日

中国电信北京分公司宣布，已完成三档宽带用户提速，每档均免费提速到上一档，且无需用户申请，由系统默认进行。

2月29日

北京联通公司宣布，从2012年3月1日起，逐步对北京联通全网宽带用户免费提速，联通宽带用户网速因此将至少升级一倍。

2月24日

工业和信息化部发布《电子信息制造业"十二五"发展规划》（以下简称《规划》），《规划》提出要针对工业控制、机床电子、汽车电子、医疗电子、金融电子、电力电子等量大面广、带动性强的应用电子领域，加大研发投入，突破关键技术，努力实现产业化，形成新的增长点。

3月1日

国家林业局网络带宽扩至200兆。

3月12日

两大领先的网络视频上市公司优酷网与土豆网宣布以100%换股的方式合并。

3月14日

国家林业局发布《国家林业局2011年政府信息公开年度报告》。

3月25日

2012年深圳IT峰会召开，组委会发布2012年IT产业热点和趋势，其中智能化成为关键词。

3月27日

工业和信息化部发布《电子商务“十二五”发展规划》。

3月29日

第三届中国政府网站、政务微博最佳实践经验交流暨综合影响力评估总结表彰大会在成都举行。中国林业网荣获2011年度“管理创新型政府网站”“中国政府网站领先奖”荣誉称号。

3月31日

工业和信息化部宽带普及提速工程动员部署大会在北京召开，启动实施宽带普及提速工程。

4月11日

2012全球IPv6暨下一代互联网高峰会议于北京召开。峰会以“加速IPv6下一代互联网发展，助力‘宽带中国’国家战略”为主题，分享未来IPv6产业升级、建设、商用解决方案，展示国内国际运营商联网商用部署案例。

4月16日

中国移动互联网基地举办首届招商大会，发布了MM、飞信、飞信同窗、移动微博、139邮箱和无线城市6大产品线二十余项对外合作政策，当日共吸引200余家企业参与，现场深度洽谈合作项目近200项。同时，由中国移动公司联合共青团中央合作打造的第二届“型动创造未来——MM百万青年创业计划”在会上正式落下帷幕。

4月17日

《固定宽带接入速率测试方法》通信行业标准报批稿完成编制，并向社会公示。

4月29～30日

2012中国智慧城市大会在北京国际会议中心隆重召开，国家林业局信息中心荣获“智慧城市贡献单位”称号。

5月5日

国家发展和改革委正式印发《“十二五”国家政务信息化工程建设规划》。

5月7日

全国林业系统首届信息安全等级保护培训班在国家林业局管理干部学院开班。

5月9日

国务院常务会议研究部署推进信息化发展、保障信息安全工作。会议由国务院总理温家宝主持。会议讨论通过《关于大力推进信息化发展和切实保障信息安全的若干意见》，确定了实施“宽带中国”工程、推动信息化和工业化深度融合、加快社会领域信息化、推进农业农村信息化、健全安全防护和管理、加快安全能力建设等重点工作。

5月10日

2012全球移动互联网大会在北京开幕。

5月15日

《互联网行业的“十二五”蓝图》正式发布。

5月15日

微信正式向第三方应用开放API接口，推出“扫一扫会员卡”功能，尝试以二维码为入口。

5月16日

国家林业局信息办组织召开国家林业局林业资源综合监管服务体系试点建设项目终验会。标志着全国林业一张图建设取得阶段性成果。

5月17日

全程移动互联网启动仪式在北京钓鱼台国宾馆举办，为企业提供基础电子商务服务和移动电子商务服务的全程服务平台——全程服务通用地址（简称全程通址）同时正式推出。

5月23日

国家林业局林业资源综合监管服务体系试点建设项目通过了项目终验。

5月29日

中国“.C N”域名正式面向自然人开放注册。

5月下旬

谷歌公司发布一项名为“知识图谱”的新搜索功能，只要在搜索文本框里输入单词或者关键词，在传统搜索结果页的右侧就会出现一个栏目显示该词条的相关信息，智能化地理解用户搜索意图。

6月1日

国内快递巨头顺丰速运推出电子商务平台“顺丰优选”。

6月6日

国际互联网协会(ISOC)举办的“世界IPv6启动日”活动在全球启动，意味着IPv6正式进入实施阶段。

6月8日

由国家行政学院、国家信息中心举办，有关主管部门代表、著名专家学者、政府CIO、产业界代表参加的集约化电子政务建设模式研讨会在江西省南昌市召开。

6月11日

国家林业局信息办、国家林业局管理干部学院在北京签署关于加强林业信息化培训合作的框架协议。

6月16～17日

由工业和信息化部信息化推进司举办的“新技术在电子政务应用座谈会”在青海西宁召开。

6月26日

三大运营商已完成海量IPv6地址的申请。其中，中国电信获得了4099/32块地址（“块”为国际IPv6地址数量单位，1/32块为2^{96}个地址，大约为7.9×10^{28}个），中国移动和中国联通则分别获得了4098/32块地址。

6月28日

国务院发布《关于大力推进信息化发展和切实保障信息安全的若干意见》。

6月30日

中国林业网访问量不断攀升。截至2012年6月30日，访问总量已突破4亿人次。

7月2日

搜狐宣布以2580万美元回购此前阿里巴巴所持有的全部搜狗股份，约占总量10.88%，这距离阿里巴巴1500万美元入股不到两年时间，阿里巴巴获得175%的投资回报，而搜狗则获得1500万美元用于两年的发展。

7月16日

以“建构未来互联网新生活”为主题的“2012两岸互联网发展论坛”在台北开幕。

7月16日

腾讯公司与灵动快拍公司联合宣布，双方已达成合作，腾讯公司将为灵动快拍旗下“快拍二维码”的二维码扫描功能提供安全防护服务，双方将联手打造“最安全的二维码”服务，腾讯成为国内首家为二维码提供安全检测服务的互联网公司。

7月30日

《2011年全国林业信息化发展水平评测报告》正式发布。

8月16日

奇虎360低调推出综合搜索，并在不久之后在360网址导航将其设为默认搜索引擎由谷歌正式替换为360自主搜索引擎引擎。一周之内，360搜索迅速拿下搜索市场近10%的份额，成为国内第二大搜索引擎。

9月3日

百度世界2012大会在北京中国大饭店举行。

9月7日

第二届中国智慧城市建设博览会在宁波举行。

9月9日

亚马逊中国爆发大规模账户被盗事件，涉及用户可能超过千人。亚马逊中国回应此事正在调查，如果查实用户因账户被盗而受到损失，亚马逊中国将予以补偿。

9月14日

全国运用互联网开展法制宣传教育工作座谈会在辽宁大连召开。

9月17日

马化腾通过微博宣布，微信用户已突破2亿人。腾讯的微信业务于2011年年初推出，其发展速度超乎想象：从0用户到1亿用户，用了433天；从1亿用户到2亿用户，用了172天。

9月19日

乐视网CEO贾跃亭宣布，乐视网正式进军智能电视行业，并将推出乐视TV超级电视。

9月24日

上海公交车试水WiFi服务，首批试点150辆公交车。

9月25日

加利福尼亚州州长杰里·布朗签署一份法案，明确地将谷歌自动驾驶汽车合法化。

9月30日

所有顶级域名（Top-Level Domains）的域名注册总数超过了2.46亿个。

10月11日

德信无线（中国最大的手机研发公司）日前宣布正式更名为云狐网络有限公司。

10月16日

中国金融移动支付系列标准在北京通过审查，该标准的制定填补了中国金融移动支付领域标准的空白，可以满足当前和今后一段时间内我国金融移动支付发展的需求，对促进与规范我国移动支付发展具有积极的指导作用。

10月30日

无锡已有1万用户采用了IPv6协议上网。

11月1日

新浪认证的政务微博总数超过6万个，比2011年同期增长超过230%。腾讯认证的政务微博总数超过7万个，近2亿腾讯微博用户关注政务微博。

中国林业网访问量突破4亿人次以来，短短4个月时间，访问量继续攀升。截至11月1日，访问总量已突破5亿人次。

百度、360、中搜等12家互联网搜索引擎服务企业联合签署了《互联网搜索引擎服务自律公约》（以下简称《公约》）。据了解，《公约》的制定发布意在规范互联网搜索引擎服务，保护互联网用户的合法权益，而促使这一公约出台是两个月前的“搜索大战”。

广州白云公司推出97辆无密码免费WiFi出租车。

11月8日

国内知名第三方电子商务研究机构中国电子商务研究中心（100ec.cn）发布了《2012年Q3中国电子商务市场数据监测报告》。报告显示，2012年第三季度，中国电子商务市场交易额达2.05万亿元，同比增长38.51%，环比增长9.6%。

11月12日

阿里巴巴集团宣布，其双十一促销的支付宝总销售额191亿元，同比增260%，其中天猫为132亿元，淘宝为59亿元。

11月15日

IPv6过渡技术国际测试大会总结会议在北京召开，工业和信息化部电信研究院副院长CNGI专家委秘书处秘书长刘多宣布全部测试技术、产品合格率均超过80%。隧道技术通过率88.2%，翻译技术通过率超92%。这为IPv6应用提供了技术保障。

11月20日

无线网络服务商Meraki被思科12亿美元收购。

11月23日

移动互联网研究联盟（AMIR）在北京发布首份年度研究报告显示，人口的高流动性造就中国移动互联网的高速增长。

11月24日

杭州地铁一号线正式开通，成为全球首个全面覆盖TD-LTE 4G网络的地铁线。据测试，地铁车厢与站点内手机终端下载速度比3G网络快10多倍，高清视频可以流畅播放。

11月25日

陕西省教育厅出台《陕西省教育信息化建设三年行动计划（2012～2014年）》。

11月30日

工业和信息化部网站公布2012年10月通信业运行状况。1～10月，全国电信业务总量累计完成10 760.4亿元，比2011年同期增长11.6%；电信主营业务收入累计完成8937.2亿元，比2011年同期增长9.2%。

12月1日

中国3G用户总数达到2.2亿户，渗透率超过20%，新增移动智能设备数超过美国，跃居世界第一。

12月5日

中国互联网风云榜评选正式上线，开始了网友对各大风云榜的评选，针对“2012年度十佳移动互联网应用”的评选。

12月10日

中国移动在香港地区推出了移动电视服务“UTV”。

12月14日

由文化部、科技部、工业和信息化部、新闻出版总署、广电总局、国务院新闻办、共青团中央、北京市政府等主办的第10届中国国际网络文化博览会在北京全国农业展览馆开幕。

12月20日

由工业和信息化部信息安全协调司组织开展的网站可信认证服务试点工作在北京正式启动。

12月25日

国家发展改革委组织实施的“2008年下一代互联网业务试商用及产业化专项”的最大项目——“教育科研基础设施IPv6升级和应用示范”通过项目验收，这标志着我国下一代互联网应用已成功走完了第一步，为国内大规模发展奠定了重要基础。

12月28日

《关于加强网络信息保护的决定》等多项制度发布实施，推进中国互联网有序发展。

二、2012年中国林业信息化大事记

1月9日

全国林业信息化工作座谈会暨信息办成立三周年总结会召开，国家林业局信息办正式发布《中国林业信息化发展战略研究》成果。

辽宁省林业厅等网站获中国林业网各子站单项指标奖。根据网站调查数据，结合各地网站建设情况和用户使用体验，评选出信息发布等8个类别的单项指标领先奖。辽宁省林业厅网站获得信息发布领先奖，江西省林业厅网站获得在线服务领先奖，沈阳市林业局网站获得效能管理领先奖，吉林森工集团网站获得网络访问领先奖，首都园林绿化政务网获得网站设计领先奖，陕西林业信息网获得网络影响领先奖，湖南林业信息网获得数据整合领先奖，四川省林业厅网站获得互动交流领先奖。

1月10日

国家林业局2012年春节团拜会暨迎春联欢会在国家林业局礼堂举行，信息办编排的情景短剧《2020》闪亮登场，受到全体干部职工的一致好评。

2月1日

首套“中国林业信息化”丛书出版发行。

2月3日

国家林业局信息办开展2011年全国林业信息化发展水平评测工作。

2月14日

中编办电子政务中心副巡视员宋庆一行到国家林业局信息办调研，就政府网站建设管理、网站信息服务、办公自动化系统运行管理等内容座谈讨论。

3月1日

国家林业局网络带宽扩至200兆。

3月14日

国家林业局办公室印发《国家林业局2011年政府信息公开年度报告》。

3月16日

国家林业局信息办主任李世东一行到安徽农网等调研。

3月29日

“第三届中国政府网站、政务微博最佳实践经验交流暨综合影响力评估总结表彰大会”在成都举行。中国林业网荣获2011年度“管理创新型政府网站”“中国政府网站领先奖”荣誉称号。

3月30日

国家林业局信息办主任李世东一行到四川调研林业信息化建设情况。

4月2日

中国林业网信息办子站访问量突破200万人次。

4月18日

科技部信息中心到国家林业局调研，就网络电视建设管理等问题进行座谈。

国家林业局信息办主任李世东一行到浙江省考察指导林业信息化建设工作。

4月29日

2012中国智慧城市大会在北京国际会议中心隆重召开，国家林业局信息中心荣获“智慧城市贡献单位”称号。

5月5日

国务院正式批复《“十二五”国家政务信息化工程建设规划》，“金林工程”的主要建设内容被列入《规划》，这是林业系统第一次纳入国家层面的重大信息化工程。

5月7日

国家林业局信息办主办的全国林业系统首届信息安全等级保护培训班在国家林业局管

理干部学院开班。

5月16日

国家林业局信息办组织召开国家林业局林业资源综合监管服务体系试点建设项目终验会。

5月18～20日

国家林业局信息办主任李世东一行到沈阳市调研林业信息化建设工作。

5月30日

正式印发《全国林业系统信息办主任协作组会议制度》。

5月31日

国家林业局内网访问量突破100万人次。

6月11日

国家林业局信息办、国家林业局管理干部学院在北京签署关于加强林业信息化培训合作的框架协议。

6月28日

国家林业局信息办在北京主持召开网络植树视频会议。

6月30日

中国林业网访问量突破4亿人次。

国家林业局信息办举办了首届读书交流会。

7月5日

文化部信息中心有关负责同志到国家林业局信息办调研，就政府网站建设管理、网站信息服务、办公自动化系统运行管理等内容座谈交流。

7月9日

国家林业局信息办党支部精心组织开展了“永远跟党走——从一大到十八大”主题党日活动并取得圆满成功。

7月30日

《2011年全国林业信息化发展水平评测报告》正式发布，林业信息化发展总体水平全面提升，步入良性发展轨道。辽宁、湖南、北京、福建、浙江、广东、江西、河南、上海、内蒙古分列前10位，尤其是辽宁、湖南、北京继续保持领先地位，连续三年稳居前三名。

8月1日

《中国林业信息化发展报告2012》出版发行。

8月3日

“首届全国林业信息办主任协作组会议”在内蒙古赤峰市召开，会议主题为“融合与创新”。

9月28日

国家林业局信息办在中国林业网特别推出“热烈祝贺党的十八大胜利召开”专题。

10月18日

全国林业信息安全工作电视电话会议在北京召开，国家林业局副局长孙扎根出席会议并作重要讲话。

10月25日

《林业信息网络项目资金管理办法（试行）》等10多项管理制度正式印发。规定国家林业局信息办统一归口审核各预算单位林业信息网络项目支出预算，实现了林业信息网络项目资金统一归口管理。

11月1日

中国林业网访问量突破5亿人次。

11月6日

保护司等子站获国家林业局十佳网站。经综合评估，保护司子站、信息办子站、政法司子站、公安局（防火办）子站、计财司子站、基金总站子站、工作总站子站、西北院子站、规划院子站、林科院子站获得“国家林业局十佳网站”。

11月14日

在广西北海市召开的2012政府网站集约化建设与精品栏目颁奖大会上，中国林业网“最新资讯”栏目获得政府网站信息公开“精品栏目”奖，国家林业局信息办主任李世东被授予“政府网站最佳管理者”。辽宁林业网、湖北林业网的“信息公开”栏目，湖南林业信息网“测土配方”系统，浙江林业网“新闻动态”栏目及沈阳市林业局“网络交易”系统分别获得政府网站“精品栏目”奖。

11月16日

首片中国信息林植树活动在北京市园博园举行。

11月22日

国家林业局信息办、中国绿色碳汇基金会联合签署合作协议书，创建中国绿色碳汇基金会林业信息化专项基金。

12月5日

“第十一届（2012）中国政府网站绩效评估结果发布暨经验交流会”在北京人民大会堂隆重召开。中国林业网（国家林业局政府网）综合排名列73个部委网站第四名，首次进入前五名，在2011年首次进入前十名的基础上，取得重大历史性突破。

12月6日

2012中国电子政务论坛暨“中国电子政务十年实践进程”最佳案例颁奖大会在国家行

政学院召开，国家林业局组织申报的“国家林业局综合办公系统”荣获“中国电子政务最佳实践提名奖”。

12月7日

“2012中国智慧政府发展年会暨第七届中国特色政府网站评选大会”在北京隆重举行。中国林业网（国家林业局政府网）获得部委网站“运维管理奖”，国家林业局信息办主任李世东获得“电子政务优秀工作者”荣誉称号。

12月9日

12项林业信息化重点行业标准在全国林业信息数据标准化技术委员会2012年年会暨标准审查会上审定通过。

12月20日

国家林业局信息办、北京林业大学在北京签署《关于加强林业信息化教育合作的框架协议》。

12月27日

中国政府网发布2012年中国优秀政府网站综合影响力评估结果，中国林业网获评“2012年度中国互联网最具影响力政府网站”和“2012年度快速发展型政府网站”。

12月31日

首届“信息改变林业”故事网络征文大赛评选结果揭晓。

后 记

《中国林业信息化发展报告2013》是全国林业信息化战线集体智慧的结晶，在这里向为《报告》出版做出巨大贡献的各地林业信息化领导们表示衷心的感谢，他们是：强健、李果丰、刘凤庭、常光明、乔云、曹元、栾胜宽、杨克杰、孙龚林、傅兵、蓝晓光、汪炳瑜、王宜美、郭家、吴庆刚、张继敬、陈年山、吴剑波、陈俊光、李明琪、周亚东、王声斌、陶智全、黄永昌、刘一丹、郭林豫、范民康、张肃斌、邓尔平、李月祥、李东升、赵宝军、贾玉霞、李文达、于子君、杨江勇、胡振华、栾景玉、郭仕涛、皇甫伟国、张剑鸣等。

《报告》总结了各地好的经验和做法，为林业信息化建设指明了方向，在这里一并向各地具体的撰写人员表示感谢，他们包括：陈楠、吴西、张翠欣、胡晋焘、滕飞、高彦、薛利、郑实、胡春凌、李祥、徐浩、曾安全、肖胜、肖南、魏娟、来芳、袁传武、胡雨生、陈锦标、古大全、何聪、戴维立、钟祥清、李王刚、王锐、岳志磊、焦国锋、张廷峰、刘维栋、汤文正、李春勇、赵日洪、袁健、韩晓宇、李宝全、董理、胡振华、蒋海滨、姜胜勇、李飞峰、王炳贵。最后，向关注林业信息化发展和为信息化建设做出贡献的各界人士表示衷心的感谢！